A mon fils Steven pour son soutien.
A Mike James pour son inspiration.

Prologue

Par Colin Wilson

Dans son roman *Renaissance in Italy*, John Addington Symonds retrace les méfaits du plus épouvantable des tyrans de toute l'histoire, Ibrahim ibn Amehd, un prince d'Afrique et de Sicile du IXe siècle, probablement sadique et dément. Symonds raconte comment il tua 60 jeunes gens, «sélectionnés au départ pour son plaisir», en les brûlant alors qu'ils étaient encore vivants, ou en les étouffant dans un bain de vapeur. Huit de ses frères et son propre fils furent tués en sa présence.

Mais sa férocité était surtout dirigée à l'encontre des femmes dont il jalousait sinistrement la perpétuation de la race humaine. Epouse et concubines furent étranglées, sciées en morceaux ou enterrées vivantes si elles étaient enceintes. Ses propres enfants de sexe féminin furent tués immédiatement à leur naissance. Seize d'entre eux que leur mère avait réussi à cacher et à élever à ses risques et périls furent massacrées sur le champ lorsque Ibrahim découvrit qu'il en était le père.

Des chroniqueurs arabes contemporains qui se penchèrent sur la férocité et les passions lugubres de cet homme, en arrivèrent à la conclusion qu'il était atteint d'une étrange maladie, se manifestant par la sécrétion d'une bile noire de mauvaise augure produisant une mélancolie qui le poussait à des actes aussi abominables.

Quant à Symonds, il tenta d'expliquer les crimes d'Ibrahim simplement par un nouveau mot: «l'hematomania», qui signifie «la soif de sang».

Il faut se souvenir que Symonds écrivait cela aux alentours de 1870 et qu'à cette époque-là personne ne savait ce qu'était un crime sexuel, et encore moins ne pouvait en émettre l'idée. En effet, quelques années plus tôt en 1867, un prêtre nommé Frederick Baker s'approcha d'un groupe d'enfants près d'Alton dans le Hampshire et convainquit une fillette de huit ans, Fanny Adams, de venir se promener avec lui. On devait retrouver son corps littéralement dépecé quelques heures plus tard dans un champ de houblon. Sur son journal Baker avait écrit: «Tué une jeune fille aujourd'hui. Il faisait beau et très chaud.» En relatant ces faits, l'*Illustrated Police News* expliqua que Baker était le fils d'un alcoolique et qu'il souffrait de «manies». Mais personne ne mentionna la disparition des organes génitaux de l'enfant.

Traitant de cette affaire dans mon livre *Criminal History of Mankind*, je remarque que même le rapport dans l'*Illustrated Police News* nous donne un certain nombre d'indices intéressants sur la psychologie du tueur. En effet, lorsque la mère de Fanny rencontra Baker immédiatement après l'enlèvement et lui demanda ce qui était arrivé à sa fille, Baker resta parfaitement calme et imperturbable, lui assurant que sa fille était allée acheter des bonbons. Les vêtements de Baker ne portaient aucune trace de sang, ce qui paraissait impossible, sauf si Baker s'était dévêtu avant de tuer Fanny, ce qui laissait à penser qu'il avait prémédité son crime, et pris d'une irrésistible pulsion de culpabilité, se constitua prisonnier. En effet, toute personne venant se constituer prisonnière suite à une impulsion effroyable, devrait être bouleversée et se sentir coupable. Ainsi, Baker avait tout prévu. En fait peu de tueurs sexuels commettent leur crime d'une façon inattendue ; beaucoup d'entre eux ruminent leur viol pendant un certain temps et collectionnent les photos pornographiques. Frederick Baker qui était pédophile, aimait à se complaire dans des rêveries sadiques pendant des mois voire des années, avant de mettre ses fantasmes à exécution. Il se voyait aussi décapiter ses victimes, la tête de Fanny ayant été la première partie de son corps retrouvée.

Quelques vingt années plus tard, ce que j'ai appelé « l'ère du crime sexuel » devait prendre son envol suite aux méfaits d'un maniaque, inconnu jusqu'à présent, et se faisant appeler « Jack the Ripper ». Comme chacun le sait aujourd'hui, il éventra, dans le quartier de Whitechapel à Londres entre août et novembre 1888, cinq femmes à qui il préleva les organes internes. Mais un des aspects les plus atroces des crimes de « Jacques l'Eventreur », était que l'époque Victorienne ne reconnaissait pas ce genre de meurtres comme des crimes sexuels. Le Commissaire de police en fonction, Sir Melville McNaghten, diligenté pour conduire cette enquête, qualifiera plus tard le « Ripper » de « malade sexuel », étant un fanatique religieux qui détestait les péripatéticiennes de part leur immoralité. En fait, cette théorie très populaire à cette époque, dépeignait tout simplement « Jack the Ripper » que la haine de l'immoralité féminine conduisit à la folie.

En 1899, onze ans après les meurtres commis par « Jack the Ripper », apparut en Angleterre un ouvrage *Psychopathia Sexualis* écrit par un médecin allemand Richard von Krafft-Ebing. Ce fut le premier ouvrage médical important sur la perversion sexuelle, et dont le dernier chapitre traitait des problèmes posés par la criminalité sexuelle. Cette prise de conscience dit Krafft-Ebing, se fait jour de plus en plus et tout particulièrement concernant le viol des enfants de moins de quatorze ans. En effet, il y avait au XIXe siècle une telle pauvreté que n'importe quel «gentleman», ayant cinq shillings en poche, pouvait s'offrir une fille de la classe ouvrière. Walter, l'auteur anonyme du classique sexuel de l'époque victorienne *My Secret Life*, décrit des douzaines de relations de ce genre avec des jeunes filles qui étaient vierges. Il était ainsi inutile de commettre un viol sur une adolescente qui, pour cinq shillings, était consentante. Mais les enfants étaient encore interdits, ce qui explique la raison pour laquelle au milieu du XIXe siècle, 90% des viols jugés concernaient les enfants. Il fallut attendre le début du XXe siècle, lorsque les femmes commencèrent à travailler en usines ou dans les bureaux, pour qu'elles cessent d'être à la merci de «Don Juans» comme Walter, et que ce genre de procédé soit interdit. C'est alors que le taux des statistiques des viols commença à augmenter.

Mais il est intéressant de noter que le peu de crimes sexuels mentionnés par Krafft-Ebing étaient tous commis par des personnes mentalement déficientes ou «dégénérées», ayant une histoire avec l'alcoolisme et la démence. En fait, il cite plus de cas d'exhibitionnisme que de crimes, et trouve bien entendu ceci assez difficile à expliquer, si ce n'est en termes de folie ou de «dégénérescence». Il explique que la pudeur est une caractéristique enracinée de toute société civilisée et que, par conséquent, celui qui heurte les convenances de ceux qui l'entourent en s'exhibant, ne peut être que mentalement déficient ou dégénéré.

Il va de soi qu'il néglige une alternative de choix, dans le sens qu'une personne parfaitement normale peut avoir des pulsions sexuelles telles, et une frustration si grande qu'elle perdra toute inhibition civilisée et se dévêtira devant une écolière ou tentera de l'agresser sexuellement. Pourquoi fait-il l'impasse sur un fait aussi évident? Tout simplement parce qu'il est né en 1840 et a grandi dans une société où le crime sexuel était chose rare, sauf dans le monde des ivrognes et des dégénérés.

Il n'est pas surprenant que Krafft-Ebing se heurte à la véritable nature du problème. Même aujourd'hui, avec près d'un siècle de recul, nous commençons seulement à comprendre ce qui s'est passé. Et ce qui se passa est en effet très étrange. Au cours des siècles précédents, il y avait très peu de crimes sexuels au sens moderne du mot. *The Newgate Calendar* (1774) qui est un des ouvrages les plus explicites du crime au XVIIIe siècle ne relate que trois ou quatre «crimes sexuels» – un lord qui enleva et viola une Quaker, un professeur qui avait des relations sexuelles avec une bonne de dix ans, et ainsi de suite. La grande majorité des crimes s'associe aux vols, car au XVIIIe siècle la plupart des gens étaient si pauvres que leur problème majeur était de subsister. De plus, le sexe était facile à trouver, si bien que le viol était devenu superflu.

Une des plus grandes révolutions du siècle eut lieu en 1740 lors de l'apparition chez les bouquinistes de Londres d'un roman intitulé *Pamela.* Il fut écrit par Samuel Richardson qui racontait l'histoire d'une jeune domestique dont le maître s'acharna à lui voler sa virginité et finit par l'épouser. *Pamela* fut le premier roman au sens moderne du terme. En effet des douzaines de romans, voire des milliers, furent écrits auparavant mais ce n'était, pour la plupart, que de bons vieux contes d'aventures et de voyages. *Pamela* se définissait plus comme un feuilleton à l'eau de rose dans lequel chaque lecteur pouvait «s'identifier». En un ou deux ans, les romans devinrent la distraction la plus populaire de l'époque, et beaucoup d'entre eux comme *Pamela* renfermaient une forte propension au voyeurisme érotique.

Sept ans après la publication de *Pamela*, un jeune aventurier sans un sou, John Cleland écrivit un roman érotique *Memoirs of a Woman of Pleasure*, davantage connu que *Fanny Hill*, le premier roman pornographique. Il raconte l'histoire d'une jeune fille de la campagne venue à Londres pour travailler comme serveuse dans un lieu que sa fraîche innocence ne lui avait pas permis de reconnaître comme étant une maison close. Elle fut initiée à tous les plaisirs du sexe par une lesbienne, puis perdit sa virginité entre les bras d'un jeune gentleman qui la récompensa en conséquence, puis elle finit par vendre son corps pour vivre. Le gouvernement très choqué par ce roman, consentit à Cleland une pension à vie à la condition qu'il ne publie plus aucun livre, et c'est ainsi qu'il vécut heureux pour le reste de ses jours. Il fallut encore une cinquantaine d'années avant que la pornographie se vulgarise – en grande partie suite à la popularité d'avant-garde des romans du Marquis de Sade. Avant 1830, peu de temps avant l'avènement de la Reine Victoria, l'Angleterre fut inondée de romans pornographiques (dont beaucoup étaient édités à Amsterdam) comme *The Lustful Turk* and *The Bedfellows*. Les partisans de la pornographie (comme Lord Houghton, le biographe de Keats) notèrent une importante différence entre *Fanny Hill* et *The Bedfellows*. *Fanny Hill* était d'un genre grivois, sans aucune gêne et Rabelaisien, qui représentait une pornographie à tendance très sournoise. C'est l'exemple même d'une histoire qui décrit comment une enfant de dix ans qui, regardant à la dérobée à travers la fenêtre du garde-manger, voit le maître d'hôtel se masturber. Curieuse d'en apprendre plus, elle saisit la première opportunité pour lui demander ce qu'il faisait. Après lui avoir fait jurer de ne rien dire, le maître d'hôtel lui enseigna les bases du sexe... Puis, quelques jours plus tard, il la rejoignit dans son petit lit et «en fit une femme». Le sexe avait cessé d'être un plaisir décrit au moyen d'un langage paillard que Shakespeare aurait pu utiliser pour devenir matière à imagination, curieusement empreinte d'une atmosphère de désir et de forte excitation. En effet, à cette époque, la pornographie était constituée d'incestes, de séduction sur les mineurs et de regards furtifs à travers le trou de la serrure de la porte des toilettes. Ce fut l'époque où un ingénieur découvrit le principe de la chaleur fournie par la vapeur et il ne serait pas inexact de dire que l'époque victorienne voit s'établir une «sexualité exacerbée».

C'est ce que Krafft-Ebing ne pouvait pas comprendre, c'est-à-dire qu'une personne normalement constituée pouvait devenir un obsédé sexuel pouvant le conduire jusqu'au crime. Mais il est vrai qu'à l'époque de Krafft-Ebing, cette théorie n'était nullement évidente. Le cas de Frederick Baker, que nous avons déjà mentionné, fut l'un des premiers crimes sexuels commis par un notable en Angleterre et que Krafft-Ebing rapporta dans une édition postérieure de *Psychopathia Sexualis*. Mais Baker était évidemment instable mentalement, comme l'était aussi Eusebius Pieydagnelle, un apprenti boucher français qui devint tellement obsédé à la vue du sang, que finalement il dévoila sa nature meurtrière et poignarda sept personnes à mort tout en jouissant sexuellement. Ce fut aussi le cas de Jesse Pomeroy, un adolescent américain doté d'un penchant sadique, qui tua deux enfants à Boston; puis l'italien Vincenz Verzeni qui ne pouvait jouir sexuellement qu'en étranglant des femmes. Et enfin, ce fut le cas du «Jack the Ripper» français, Joseph Vacher, qui parcourut la campagne dans les années 1890 et commit meurtres et viols dès qu'il en avait l'opportunité. Il caractérisait un avant-goût effrayant du «tueur en série». Lorsque Krafft-Ebing décéda en 1902, il était nullement évident que le tueur sexuel puisse être, à bien des égards, un individu presque normal.

Mais plus nous avancions dans le temps, plus cela devenait évident. Au début de l'année 1895, un catéchiste appelé Théodore Durrant, attira deux jeunes filles dans une église baptiste de San Francisco, où il les viola et les tua. Un homme nommé Hadley loua une maison à San Francisco dans laquelle il attira une jeune baby-sitter et laissa son corps nu étendu sur un lit pendant des semaines – il ne fut jamais arrêté. En 1913, une adolescente nommée Mary Phagan fut assassinée dans les sous-sols d'une usine à Atlanta dans l'Etat de Géorgie; Léo Frank, le directeur qui était juif, fut alors accusé du crime et lynché. De nombreuses années plus tard, il s'avéra que le vrai coupable était un homme de couleur, le gardien du bâtiment. Le plus intéressant fut de constater la réaction que cette affaire suscita dans le monde, ce qui prouvait que le crime sexuel était encore chose rare.

Mais ce fut pendant et au-delà de la Première Guerre Mondiale que l'époque de la criminalité sexuelle commença réellement. Dans un village près de Budapest, un homme répondant au nom de Bela Kiss attira dans sa propriété plusieurs femmes, qu'il tua et dépouilla; puis cacha les corps nus dans des bidons d'essence. Kiss avait l'allure d'un Don Juan très admiré des femmes mais, c'était aussi un «satyre» doté d'un tel besoin sexuel qu'il faisait plusieurs fois l'amour à des prostituées dans une journée. Il les payait avec l'argent de ses victimes. «Le satyrisme» peut être ou ne pas être anormal mais il est certainement assez courant. En effet en 1981, le romancier Georges Simenon admit dans ses «Mémoires Intimes» qu'il avait été toute sa vie un satyre, faisant l'amour à des dizaines de milliers de femmes, pour la plupart des prostituées. Un certain nombre de criminels sexuels allemands, dont Fritz Haarmann, Karl Denke, Georg Grossmann, Adolf Seefeld et, le «Vampire de Düsseldorf», Peter Kürten opérant pendant et après la Première Guerre Mondiale, développèrent le concept de tueur en série à travers toute l'Europe, concept qui avait causé un vent de panique à l'époque de «Jack the Ripper». Pendant ce temps, aux Etats-Unis, Earle Nelson plus connu sous le nom de «Gorilla Murderer» vagabondait de Seattle à Buffalo laissant sur son passage des corps violés et étranglés, pendant que Carl Panzram, un rebelle violent tuait au hasard parce qu'il trouvait la vie si affreuse, qu'il pensait faire une faveur à ses victimes en les aidant à la quitter.

Alors que nous arrivons à la fin du XXe siècle, le crime sexuel, comme le fait remarquer Brian Marriner, est devenu une véritable industrie. Nous ne comprenons pas pourquoi, mais une raison évidente apparaît: le taux de promiscuité sexuelle a toujours été très élevé dans les quartiers pauvres. A Whitechapel, le fief de «Jack the Ripper», où le nombre moyen de personnes occupant une pièce est de sept, l'inceste est courant et les enfants jouent tout naturellement «au papa et à la maman». Un jour en effet, un ami de Lord Salisbury descendait une rue d'un quartier pauvre quand il vit un garçon et une fille, tous deux âgés d'environ dix ans, s'essayer à des relations sexuelles sur le trottoir. Alors qu'il saisissait le garçon il s'entendit reproché d'une façon indignée: «Pourquoi me tenez-vous de la sorte, nous sommes des milliers à faire cela?» Plusieurs années après, un zoologiste du nom de John Calhoun tenta l'expérience de mettre dans une même cage plusieurs rats. A son grand étonnement il constata qu'au-delà d'un certain degré de surpeuplement, il élevait des rats criminels qui se déplaçaient en bande pour se dévorer entre eux et commettre des viols. Ceci explique alors ce qui se passe dans les grandes villes comme New York, où une bande d'adolescents à Harlem, violèrent et sodomisèrent une joggeuse à Central Park, qui devait en garder les séquelles toute sa vie. Dans notre monde surpeuplé, nous sommes en train de reproduire le «syndrome du surpeuplement des rats» à une échelle terrifiante.

Un des problèmes majeurs des policiers enquêtant sur le viol, est qu'il n'est pas aisé de traquer le criminel sexuel avec les méthodes scientifiques normalement mises à disposition. En effet, il frappe par hasard et contrairement au voleur, laisse rarement derrière lui ses empreintes. C'est pourquoi «Jack the Ripper» ne fut jamais arrêté; c'est pourquoi Joseph Vacher échappa à la police française pendant trois ans; c'est pourquoi le «Yorshire Ripper» resta en liberté pendant plus de cinq ans, avant d'être appréhendé par hasard. En revanche, l'affaire Colin Pitchfork marque indubitablement un tournant phare dans l'histoire de la chasse aux criminels. La découverte de «l'empreinte génétique» signifie que chaque violeur, sauf s'il prend soin de porter un préservatif, laisse son «empreinte» dans le corps de sa victime. Et même s'il se protège, une simple goutte de son sang ou un fragment de peau sous les ongles de sa victime, suffit à révéler son identité. Tout comme la découverte des empreintes digitales dans les années quatre-vingt changea l'histoire de la chasse aux criminels, la découverte de l'empreinte génétique permettrait de faire du crime sexuel le crime le plus aisé à détecter. Mais ceci demandrait de la part du gouvernement un acte de bravoure considérable. Au début, le gouvernement argentin décida qu'il serait très simple d'établir un registre universel dans lequel seraient consignées les empreintes de chaque nouveau-né à leur naissance. Mais cette idée rencontra de telles protestations qu'elle tomba à l'eau, et qu'aucun gouvernement n'osa la présenter à nouveau. C'est pourtant une idée simple et pratique qui, dans l'ensemble, réduirait d'une façon spectaculaire le taux des crimes, tout comme celui des crimes sexuels serait diminué si l'on pratiquait la technique des empreintes génétiques sur les délinquants sexuels. Et si cette technique était appliquée à la naissance, les crimes prémédités, comme ceux commis par Bundy, John Duffy et Michael Fairley «le Renard», disparaîtraient comme par enchantement, le violeur sachant à l'avance qu'il laisserait sa signature derrière lui.

Ce n'est pas le lieu pour examiner les nouveaux problèmes posés par «le tueur en série» – Brian Marriner s'y est suffisamment attardé dans ce volume. Grâce à cela nous remarquons que les nouvelles techniques comme «le profil psychologique» utilisé dans l'affaire Duffy, et le développement des ordinateurs mis à la disposition des commissariats ont prouvé leur efficacité aussi bien que l'analyse vocale et les empreintes digitales dans la dernière décennie du XIXe siècle.

Après un siècle de crimes sexuels, tout est mis en œuvre pour aider la police à combattre les criminels. Bien que relatant des faits épouvantables et atroces, le message premier que ce livre veut faire passer ne peut être traduit que par le terme «optimisme», considérant que dans un climat aujourd'hui de progrès scientifiques, le crime sexuel est destiné à devenir aussi obsolète que l'attaque d'une diligence ou un vol de bétail.

Introduction

Un siècle de tueurs sexuels

C'est un sujet sur lequel j'écris depuis de nombreuses années, relatant la mort de chaque victime dans ses moindres détails et parfois il est difficile de rester indifférent face à de telles horreurs, bien qu'un certain détachement s'avère capital pour tout écrivain devant relater de telles atrocités. Après des années à ce régime, tout ce qui vous entoure exhale l'odeur du crime et après avoir étudié des centaines de cas de ce genre, vous finissez par ressentir un terrible sentiment de gaspillage.

Consacrer un livre sur les crimes sexuels n'est pas chose aisée. C'est une immersion dans l'esprit abominable de ces tueurs qui peut avoir sur vous des conséquences psychologiques, mais je pense qu'il est nécessaire de le réaliser. Le crime sexuel est en pleine expansion et pour le combattre il est primordial d'essayer de comprendre le processus de pensée et les motivations perverses d'un violeur et d'un criminel sexuel.

Je pense que tout meurtrier sexuel nous parle avec une sorte de code et que c'est à nous d'essayer d'en interpréter le sens. C'est un moyen pour lui d'exprimer et de faire passer son désespoir. La phrase écrite par William Heirens «Pour l'amour du ciel attrape-moi avant que je tue à nouveau» est un désir de mort inhérent à la plupart des criminels sexuels. En comparant les différentes affaires et en notant les motifs qui en ressortent, nous pouvons identifier très vite ces criminels.

Le problème est urgent. En Angleterre en 1938, on recensait 5018 crimes sexuels. En 1951, le nombre atteignait 14 633, en 1955 il était de 17 078 pour dépasser les 20 000 en 1961. Aujourd'hui, ce nombre semble doubler chaque année. Les statistiques sont effrayantes et nous sommes face à un nouveau tournant dans le marché du crime.

Si nous remontons dans le temps, nous constatons qu'au XIXe siècle le criminel utilisait le poison et tuait pour l'argent. «Palmer the Poisoner» qui supprima son épouse, ses enfants et plusieurs de ses associés et qui fut publiquement pendu à Stafford en 1855, se fondait très bien dans cette catégorie, tout comme le Dr Pritchard (1865), Florence Maybrick (1889), le Dr Crippen (1910) et Herbert Rousse Armstrong (1922). Tous ces cas relèvent d'un motif essentiellement pécuniaire.

Burke et Hare, les déterreurs de cadavres d'Edimbourg, vendaient les corps à la faculté de médecine et lorsqu'en toute bonne foi ils n'avaient plus de cadavres disponibles, ils tuaient pour s'en procurer. Ici encore le motif était totalement lucratif, c'était un moyen de survivre face à l'immense pauvreté qui régnait à cette époque. Il est bien connu qu'en ce temps-là celui qui volait une baguette de pain était pendu. Les temps étaient durs et de nombreux crimes étaient une réaction à la pauvreté. Un jour, un voleur protesta devant la cour pour avoir été condamné à la pendaison pour le vol d'un cheval. «Non» corrigea le juge, «vous avez été condamné à la pendaison pour ne plus voler de chevaux».

Aujourd'hui, nous avons une augmentation du crime sexuel. Le sexe a toujours représenté un motif puissant dans la criminalité, généralement à cause d'une affaire d'adultère où l'on retrouve «l'éternel triangle». C'est le cas du crime du «Red Barn» en 1827, lorsque William Corder assassina sa maîtresse, Maria Marten, au Red Barn à Bury St Edmunds.

Mais aujourd'hui, le criminel a adopté un tout autre style, il a soif de sexe comme le tueur d'autrefois avait soif d'argent. Parce que les crimes de «Jack the Ripper» en 1888 furent les premiers véritables crimes sexuels, non reconnus comme tels à cette époque, ses contemporains disaient de lui qu'il était «moralement fou». Mon opinion personnelle est que Christie fut le premier véritable tueur sexuel de ce siècle. Ce psychopathe tua au moins six femmes à son domicile de Londres, 10 Rillington Place, entre 1943 et 1953, auxquelles il faisait ensuite l'amour. C'était un véritable nécrophile dont l'histoire effraie encore aujourd'hui. Christie fut suivi de Heath et de la longue lignée des tueurs sexuels et de leurs méfaits épouvantables, tels que le «Yorshire Ripper», Dean Corll, John Wayne Gacy qui tua trente-trois garçons, et Ted Bundy aux USA.

Nous pensons que les premiers criminels sexuels viennent des USA, puis de Grande-Bretagne et même d'Australie où commencent à apparaîtrent les mêmes symptômes.

En juin 1987, cinq jeunes australiens furent condamnés à la prison à vie pour le viol et le meurtre d'une ex-reine de beauté. Après avoir kidnappé une infirmière de vingt-six ans, ils la violèrent à plusieurs reprises puis jetèrent son corps pratiquement décapité dans un champ.

Le public à la Cour d'assises de Sydney applaudit fortement lorsque le juge Allan Maxwell déclara que sur les dossiers officiels des détenus, serait inscrit en toutes lettre : «A ne jamais libérer.»

De toutes les impulsions, que ce soit l'avidité, la peur, la haine, le désir sexuel est le plus humain et le plus compréhensible. Il existe en nous tous, mais l'impulsion sexuelle peut être soit romantique comme une poésie, soit vil et sordide. Le crime sexuel peut être représenté sous la forme de deux images, soit l'Everest dans le fameux triangle d'une situation passionnelle, soit les profondeurs de l'océan dans le cas d'un meurtre d'enfant, comme dans l'affaire des «Tueurs de la Lande» et bien d'autres.

Si nous étudions un crime motivé par le sexe (comme les affaires Rattenbury et Stoner ou Bywaters et Thompson), alors nous voyons une sorte de tragédie grecque. Si l'on place les personnages à l'époque précise et dans les circonstances adéquates, alors il y a une fatalité sinistre dans le meurtre final. Aristote disait que le but d'une tragédie était «de purifier le cœur à force de pitié et de terreur» et ainsi furent les destins d'Alma Rattenbury et d'Edith Thompson. Notre pensée s'oriente alors vers l'adage «à la grâce de Dieu». C'est certainement ce que Goethe voulait dire quand il écrivait qu'il n'avait jamais décrit les détails d'un crime qu'il ne s'estimait pas capable de commettre. Mais ceci nous entraînerait trop loin. Aucun de mes lecteurs, et je l'espère, ne pourrait se transporter et se regarder commettre les crimes atroces contenus dans ce livre.

Le problème est que la nature a doté l'être humain d'un besoin sexuel de loin trop important pour son but biologique qu'est la procréation. En bref nous sommes très portés sur la chose, ce qui d'ailleurs a toujours été et c'est pourquoi les crimes sexuels recensés sont les résultats d'un phénomène moderne. Il est alors vital de se demander pourquoi et d'étudier un cas type pour réponse.

Robert Poulain était un jeune canadien de dix-huit ans. En 1975, il attira une voisine de dix-sept ans dans sa maison d'Ottawa, la menotta au lit, la viola, la sodomisa, puis la poignarda jusqu'à la mort. Il mit le feu à la maison, alla à son école armé d'un pistolet et commença à tirer au hasard sur ses condisciples. Il blessa sept d'entre eux avant de retourner l'arme contre lui et de se faire exploser la cervelle. Quand les policiers entreprirent des recherches à son domicile, ils trouvèrent une collection de magazines pornographiques et une poupée de caoutchouc grandeur nature. Il avait écrit dans son journal: «J'ai pensé à me suicider, mais je ne voulais pas le faire avant d'avoir eu le plaisir de baiser une fille.» Il racontait également comment il avait commandé la poupée par correspondance. Puis, plus loin il écrivait: «La poupée arriva. Grosse déception.» C'était le cas triste et pathétique d'une jeunesse absurde qu'il désirait améliorer par des attentes sexuelles. La réalité était tellement décevante.

Mais la soif de sexe est évidente. Peut-être à cause de l'insistance pernicieuse et excessive du sexe dans notre société par les médias, les jeunes attendent plus que la réalité ne peut leur donner et sont amenés à tuer par frustration.

En 1824, Thomas de Quincey publia son célèbre essai *Murder Considered As One of The Fine Arts*. C'était soi-disant un ouvrage destiné à la «société pour l'encouragement au meurtre» a souvent été incompris en tant qu'humour macabre. De Quincey utilisait l'ironie afin de faire ressortir les vérités psychologiques. Mais, en supposant qu'une telle «société» existe, comment encouragerait-elle le crime sexuel? En faisant précisément ce que nous faisons, c'est-à-dire en exploitant et en présentant le sexe comme un produit commercial; ou comme le Dr Lawrence l'aurait dit «en malmenant le sexe». Les livres et les vidéos pornographiques ont peut-être contribué à l'incitation aux crimes sexuels et à l'augmentation de 29% des viols plus que d'autres facteurs... Le lecteur sera frappé par les cas énoncés dans ce livre où le tueur était en possession d'une importante bibliothèque de magazines pornographiques et de vidéos.

Hunger était le titre d'un roman remarquablement écrit par Knut Hamsun et relatant une étude frappante et impressionnante sur l'aliénation. *Hunger* représente une privation et une soif d'appétit d'un besoin qui s'il n'est pas satisfait conduit à un comportement associal. *Hunger* peut avoir plusieurs faces, sexuelle ou financière par exemple, mais son aspect le plus intéressant est sa soif de reconnaissance, de renommée, afin de *ne pas rester dans l'ombre*. Nous ressentons tous ce besoin en nous, mais chez le criminel il est anormalement élevé.

Dans l'affaire Christie on se souvient de l'image de ses sentiments face au corps de Muriel Eady qu'il venait d'étrangler et de violer: «Immédiatement je ressentis cette quiétude, cette émotion paisible. Je n'avais aucun regret.» Dans ce cas nous constatons clairement le mécanisme de cette soif, comme si pour certaines personnes l'acte lui-même, cependant monstrueux, pouvait les rendre apathiques devant la réalité. Ce besoin est une réalité de la psychologie humaine que l'on ne peut ni condamner, ni approuver. Il existe tout simplement. Cette soif peut être un facteur positif ou négatif dans la vie d'un individu. S'il est positif il conduit à aller de l'avant, et à construire, mais chez le criminel il est toujours en position négative.

Nous sommes les témoins de l'apparition d'un nouveau type de criminel que j'ai appelé *Reactive man*. En d'autres termes, le *Reactive man* refuse d'accepter la vie comme elle est. Autrefois le criminel volait une pomme dans le verger, aujourd'hui le *Reactive Man* met le feu au verger. Il est le charognard et le pillard vivant comme une épave de la civilisation. La liberté, dont le problème est ce qu'il va en faire, est sa maladie. L'ennui, est son état naturel. Il se sent étouffé, pris au piège, ne visant que la violence pour s'échapper de cette camisole de force. Il représente le criminel parfait dont la vie n'est que réaction en chaîne que seuls la mort ou la prison à vie peuvent arrêter.

Le *Reactive Man* réagit contre tout ce qu'il ressent comme contrainte et répression dans notre société. Il n'a jamais tort, il n'est jamais désolé. Il se reproduit vite, plus vite qu'il ne faut pour nous permettre de l'accueillir. Il est l'étranger parmi nous. Nous lui collons de nombreuses étiquettes mais aucune d'entre elles ne nous dit vraiment ce qu'il est exactement. Rebelle, psychopathe, terroriste. Toutes ces étiquettes sont des codes marquant un état d'esprit qui n'est que haine. Freud disait que si un nouveau-né en avait le pouvoir, il sauverait le monde de cette rage issue de la frustration de ses désirs infantiles. Le *Reactive Man* est peut-être simplement immature. Il se sent certainement supérieur face à nous.

Cette attitude de supériorité se retrouve fortement dans l'affaire des *Tueurs de la Lande*. Brady avait corrompu Hindley avec son mélange de sexe et le Marquis de Sade. Chacun avait le sentiment que les autres n'étaient que des insectes, des minus, des asticots, des légumes. Ils méritaient d'être tués... Peter Sutcliffe, plus connu sous le nom de «Yorshire Ripper», assassina treize femmes en cinq ans. Quand enfin il fut arrêté, on trouva dans son véhicule une lettre manuscrite qui disait: «Dans ce camion se trouve un homme dont le génie latent secouerait les nations s'il venait à se déchaîner... Immédiatement le problème était posé, à savoir comment un homme peut-il considérer que le meurtre de treize femmes sans défense puisse relever du génie? Sutcliffe était l'exemple type d'une affirmation effrénée du moi qui caractérise tant les tueurs sexuels aujourd'hui.

Que devons-nous faire alors? Continuer à mettre nos indésirables en prison? Cela ne semble pas résoudre le problème. Nous ne pouvons pas ne pas penser que le criminel sexuel est un malade qui mentalement n'est pas normal. Sa vie n'est qu'un acte de désir. Pour le traiter il nous faut déjà savoir pourquoi il agit ainsi. Le punir n'est pas très opportun, c'est comme mettre un animal en cage, il devient fou et sa soif de désir est encore plus forte.

Un cas type se déroula aux USA au cours de l'été 1980. Douglas Daniel Clark âgé de trente-quatre ans et sa petite amie Carol Bundy, de trois ans son aînée, roulaient le long de Sunset Boulevard et faisaient monter des filles dans leur voiture. Une fois à l'intérieur, Clark les forçait à lui faire une fellation, pendant que sa rondelette de petite amie les regardait. Puis au moment où il atteignait l'orgasme, il les tuait d'une balle dans la tête. Il avait supprimé ainsi cinq filles allant de quinze à vingt-quatre ans. Il gardait les têtes de ses victimes dans le congélateur de son domicile qu'il partageait avec Carol Bundy, et le soir il sortait chacune d'entre elles. Carol Bundy alors les maquillait et les peignait, puis tous deux jouaient avec elles comme avec des «poupées Barbie» selon l'expression de Carol. Clark fut condamné à mort et sa petite amie à la réclusion à perpétuité. Clark disait avoir été inspiré par la lecture d'un livre intitulé *Ted Bundy, All-American Killer*.

(Le cas de Ted Bundy est relaté dans le livre: «Serial Killers – les Nouveaux monstres» ouvrage numéro 6 de notre collection.)

Ici ressort une attitude commune aux criminels sexuels, qui est le manque total d'identification avec la victime qui reste un «objet». Nous rencontrons le cas en Angleterre dans l'affaire Patrick Byrne, le tueur du YWCA de Birmingham qui en 1959 coupa la tête de ses victimes avec un couteau et les amputa d'un sein. Pour s'excuser, il disait: «Je voulais en finir avec les femmes car elles me rendaient nerveux sexuellement.»

Nous avons le sentiment d'avoir créé un personnage doté d'un blocage sexuel car, à la base, le sexe est de loin plus une activité mentale que physiologique. La phrase clé est en effet la suivante: *nous* avons créé, car le criminel se façonne mais ne naît pas meurtrier. Il est le produit de notre société. Nous l'avons supporté, nous l'avons élevé et nous lui avons donné forme. Nous devons en accepter la responsabilité. Nous sommes une société dont les valeurs font défaut.

Il est trop facile de se cacher derrière la psychiatrie et de reléguer le meurtre au rang de la maladie, il est trop facile de considérer le tueur sexuel comme étant tout simplement quelqu'un de très malade. Il est temps de voir les choses en face. Ils sont comme nos dragons que nous devons tuer ou laisser périr. Il n'y a pas de réponse facile à cela. Enfermer les criminels sexuels en prison est la pire des réponses, car ils vont accumuler des désirs pervers qu'ils mettront à exécution dès qu'ils seront relâchés. La castration n'est pas non plus une réponse. Certains cas ont été relatés aux USA dans lesquels les délinquants furent castrés suite à des agressions sexuelles. Nous serons peut-être amenés à considérer le problème de la peine de mort un peu plus longtemps, tout en espérant ne jamais nous trouver dans cette situation. Les solutions les plus radicales n'ont jamais fait leur preuve en matière de guerre contre le crime.

Ce résumé sur les criminels sexuels n'est nullement complet – il est impossible de citer toutes les affaires dans un espace réduit comme ici – mais les cas les plus importants y sont relatés.

Chapitre I

Qui était «Jack the Ripper»?

Nous devons essayer de comprendre pourquoi «Jack the Ripper» continue à exercer un tel pouvoir sur le monde. Il reste le criminel sexuel le plus connu de tous, ayant inspiré des films, des pièces, des romans et même des opéras, sans compter la *Ripper industry* qui a produit des centaines de livres dont chacun revendiquait la vérité sur le mystère de la personne de «Jack the Ripper». La liste des ouvrages concernant «Jack the Ripper» tient dans un volume entier et, à l'automne 1987 on ne vit pas moins de sept livres édités, ainsi qu'une série télévisée. Le nom the Ripper était presque devenu un jeu de société, avec pléthore de livres nous présentant de nombreuses théories toutes plus astucieuses, et franchement grotesques, les unes que les autres sur l'identité du Ripper. Aucun nouveau livre ne nous en dira plus que nous ne savons déjà. Les faits sont tous réunis, mais la seule chose qui nous manque est le nom de ce tristement célèbre criminel que nous ne connaîtrons jamais. Selon toute probabilité, c'était quelqu'un de triste, de dément, un individu des plus ordinaires que l'on ne remarquait pas, et dont le nom n'est jamais apparu dans aucun registre, ni rapport de police – les documents officiels de Scotland Yard seront mis à disposition du public en 1992.

Il est tout à fait évident, par exemple, que si Peter Sutcliffe, le «Yorshire Ripper», avait mis fin à son carnage après sa douzième victime, nous n'aurions jamais su qui il était et que sans doute nombre de livres en auraient fait une pop star, un capitaine de cricket ou un policier. Dans l'état actuel des choses, nous avons des livres déclarant que «Jack the Ripper» était soit le Duc de Clarence, soit un médecin fou, soit un avocat, soit un anarchiste russe, soit «Jill the Ripper», soit l'artiste William Sickert, soit les Docteurs Neill Cream et George Chapman, et enfin même Arthur Conan Doyle.

De notre point de vue, il est difficile de comprendre pourquoi «Jack the Ripper» continue à nous fasciner. Il tua cinq et probablement six prostituées à la fin de l'été et à l'automne 1888 dans un quartier pauvre de Whitechapel à Londres. Il les tua sur une période de dix semaines, toujours de bonne heure et toujours le week-end. Il les tua au milieu d'un espace grouillant de monde, sous les yeux d'une patrouille de police et cependant il ne fut jamais pris en flagrant délit. Il tuait avec une rapidité incroyable, avec une habilité et une aisance arrogantes et d'une façon sauvage et des plus choquantes.

Sa longévité réside peut-être dans la manière dont il procédait pour tuer. Les français l'appelaient «Jacques L'Eventreur», «Jacques l'Ouvreur d'Estomac», noms qui reflètent tout à fait ce qu'était le «Ripper». Il éventrait ses victimes jusqu'aux entrailles avec une frénésie enragée. Contrairement à ce que de nombreux écrivains ont pu écrire, il est inexact que chaque meurtre était espacé d'une période de plus en plus courte comme si le meurtrier était animé d'une folie de plus en plus dangereuse. Lorsque nous examinons les dates, le dossier officiel établit que le «Ripper» tua cinq fois, cinq fois seulement, Mary Nicholls étant la première sur la liste. Mais je pense que Martha Turner fut assassinée par le «Ripper», ce qui rétablit la chronologie de la façon suivante: le 7 août, Martha Turner; le 31 août, Mary Nicholls; le 8 septembre, Annie Chapman; le 30 septembre, Elizabeth Stride et Catherine Eddowes et enfin le 9 novembre, Mary Kelly. Le schéma est remarquablement toujours le même: un meurtre après la première semaine de chaque mois, avec un autre meurtre à la fin du mois. Pourquoi alors un double meurtre le 30 septembre? Tout simplement parce que Jack fut dérangé au cours du premier crime et que, furieux et frustré de ne pas avoir pu s'emparer des organes qu'il désirait, partit à la recherche d'une autre victime. Un peu plus loin il rencontra Catherine Eddowes qu'il éventra et à laquelle il prit les reins et l'utérus. D'après cette chronologie, nous nous attendions à ce que l'Eventreur frappe autour du 30 novembre, mais il ne le fit pas.

A partir de là, l'affaire du «Ripper» devint une véritable fascination, précisément par ce qu'il ne fut jamais arrêté et qu'il avait cessé de tuer. Le Professeur Camps le souligne clairement lorsqu'il écrit: «Les tueurs sadiques de ce type, ni ne s'épuisent, ni ne prennent leur retraite.» Les cas de Peter Sutcliffe et Dennis Nilsen corroborent les dires du Professeur Camps: ils auraient continué à tuer s'ils n'avaient pas été appréhendés. Seuls la mort, l'émigration, l'incarcération ou l'hôpital psychiatrique peuvent expliquer l'arrêt brutal des meurtres de *Jack the Ripper*. Sir Melville McNaghten, adjoint au commissaire de la Metropolitan Police laissa en 1894, peu de temps après les meurtres de *Jack the Ripper*, des écrits faisant référence à trois suspects. Ces notes sont pratiquement les seules preuves réelles que nous possédions et de nombreuses absurdités ont été écrites à leur propos. On dit qu'elles ont refait surface dans les années cinquante lorsque Daniel Farson les relata dans son livre *Jack the Ripper*. Il les détenait de la fille de McNaghten, Lady Aberconway. Mais en fait ces notes privées avaient été citées auparavant par le Major Arthur Griffiths, inspecteur des prisons de Sa Majesté, dans son livre *Mysteries of Police and Crime* (vol.1) publié en 1898, exactement dix ans après les meurtres. Le Major Griffiths qui était un ami de Macnagthen, le cite de façon tellement exacte qu'il dut avoir accès aux notes en question qui relatent les faits suivants :

> Je relate le cas de trois hommes contre lesquels la police avait de forts soupçons. Personnellement, après une étude approfondie et mûre réflexion, je fus d'avis d'innocenter les deux derniers cas, mais j'ai toujours gardé de fortes présomptions concernant le numéro 1, qui n'ont fait que se confirmer. La vérité, cependant, ne sera jamais connue et je risquerais de me retrouver au fond de la Tamise si mes suppositions s'avéraient exactes.
>
> *Numéro 1:* Monsieur M.J. Druitt, médecin d'une quarantaine d'années et d'assez bonne famille disparu au moment du jugement de l'affaire Miller. Son corps fut retrouvé flottant sur la Tamise le 31 décembre, c'est-à-dire sept semaines après ledit meurtre. Le corps était resté dans l'eau pendant un mois ou plus... Je sais de source privée que sa famille le soupçonnait d'être le meurtrier de Whitechapel, et prétendait que c'était un malade sexuel.
>
> *Numéro 2:* Kosminski, un juif polonais, qui demeurait au cœur du quartier où les meurtres avaient été commis. Il était devenu fou suite à des années de «frustration solitaire». Il avait une haine incom-

mensurable vis-à-vis des femmes, doublée d'une rage meurtrière. Il fut (et je le pense) enfermé dans un asile d'aliénés en mars 1889. Selon toute vraisemblance, cet homme ressemblait fortement à l'individu aperçu par la police de la ville près de Mitre Square.

Numéro 3: Michael Ostrog, un médecin russe fou, qui fut jugé et incontestablement reconnu dangereux. Cet homme avait la réputation d'être cruel envers les femmes et de porter en permanence sur lui des scalpels et autres instruments de ce genre. Ses antécédents étaient des pires et son emploi du temps au moment des meurtres de Whitechapel n'a jamais pu être établi de façon satisfaisante. Il est toujours en vie.

Il y avait une erreur dans les notes de McNaghten, car le Dr M. J Druitt n'était pas médecin, mais avocat. Il était âgé de trente et un ans, et aucun rapport de police de Mitre Square ne signalait la présence d'un individu. Bien que les notes prises par McNaghten devaient certainement refléter l'atmosphère qui régnait à Scotland Yard, les officiers supérieurs de la police impliqués dans l'affaire étaient en désaccord sur l'identité de «Jack the Ripper», sur la date de sa mort ou sur son incarcération, comme nous le verrons plus tard.

Il est tout à fait concevable que «Jack the Ripper» ne se soit pas suicidé, ni qu'il soit incarcéré dans un asile. Peut-être a-t-il tout simplement «guéri» de ses pulsions. Si nous acceptons la théorie que dans certains cas le meurtrier tue par «crainte du pire» – l'acte de tuer l'empêche alors de devenir fou – il est possible que le meurtrier agisse pour se libérer d'une émotion. Dans son livre

The Ability to Kill, Eric Ambler avance l'hypothèse que «Jack the Ripper» était schizophrène et dans un état second lorsqu'il tuait. «Il est même tout à fait possible qu'il n'ait jamais eu connaissance du meurtre de Marie Kelly. Ces élaborations incroyables avaient atteint leur apogée. Peut-être avait-il, en touchant l'apothéose de l'horreur, enfin exorcisé le diable qui le hantait.»

Mais cette théorie ne pouvait pas tenir car, quoique fut le Ripper, il n'avait rien d'un schizophrène. Au sens littéral du terme, le mot schizophrénie signifie «esprit fissuré», ce qui ne veut pas dire deux ou plusieurs personnalités séparées, comme Jekyll et Hyde. C'est en fait une désintégration de l'esprit qui se manifeste par des mouvements désordonnés, avec un processus de pensée confus, accompagné d'hallucinations visuelles et auditives. Bien que le schizophrène puisse représenter un danger pour son entourage, ce n'est pas un tueur en série. Le schizophrène est irrationnel et impulsif, et n'a pas la capacité de planifier des crimes rusés et sadiques. Il est incapable d'agir avec préméditation.

En revanche, le psychopathe est un tueur en série. Apparemment normal, même charmant, c'est un manipulateur sans pitié mais sain d'esprit, qui pense que les règles normales de la société ne s'appliquent pas à lui. Souvent d'une intelligence au-dessus de la normale, le psychopathe est un meurtrier ingénieux qui réussit à tuer pendant des années sans se faire prendre. Le *Zodiac Killer*, le *Green River Strangler* et *Jack the Ripper* entrent dans cette catégorie.

Le psychopathe peut jouer avec lui-même et la police en lui envoyant des lettres sarcastiques, mais les psychopathes refusent de se faire arrêter et pour cela font preuve parfois d'une grande astuce jusqu'à modifier leur modus operandi, comme ce fut le cas dans l'affaire Peter Kürten qui admit être passé de l'utilisation d'un couteau à un marteau pour duper la police. Il est significatif que lorsqu'un psychopathe est appréhendé, il joue très souvent la démence (comme le faisait Peter Sutcliffe, Manson, Bianchi et Son of Sam), jusqu'à berner des experts en psychiatrie.

Qui que ce fut, «Jack the Ripper» fut certainement un psychopathe sexuel, qui s'arrêta de tuer après le meurtre de Marie Kelly. Mais nous n'avons pas encore décrit la fascination que «Jack the Ripper» exerce encore aujourd'hui après un siècle. En tant que tueur en série, il reste bien en arrière du classement.

En effet, Peter Kürten fit neuf victimes ; le Dr Palmer quatorze ; Fritz Haarmann vingt-sept ; Petiot soixante-trois ; Henry Lee Lucas se vante d'avoir commis trois cent soixante meurtres aux USA avec des méthodes bien connues : couteau, armes à feu, strangulation, mutilation et décapitation. A ce jour, le FBI a recensé cent quarante-quatre de ses meurtres. En remontant dans le temps, dans les années 1870, Mary Ann Cotton empoisonna quatorze ou quinze personnes en Angleterre.

Aujourd'hui, Peter Sutcliffe clame avoir tué treize femmes et Dennis Nilsen quinze jeunes hommes. Aussi pourquoi un homme dont on ne connaît pas l'identité qui assassina cinq ou six femmes est-il le tueur le plus célèbre du monde ?

La réponse se trouve dans les conditions sociales de son époque et dans le fait qu'il fut le premier criminel sexuel «isolé». Auparavant, des hommes avaient déjà tué pour le sexe – le viol isolé qui se terminait par la mort – mais jamais d'une façon aussi soutenue et étrange.

Je possède un vieux journal qui relate cela en caractères gras :

« La terrifiante exécution de John Meux.
Le pire des monstres !

Celui qui fut jugé à Niemes a payé pour le viol et le meurtre des plus horribles sur la personne de Laura Vipont. Après l'avoir violée, il lui plongea un couteau dans la poitrine, but son sang et mangea une partie particulière de son corps ! Il fut condamné par la Haute Cour de Justice de Niemes à être étranglé puis pendu par des chaînes pour viol et assassina, le 5 novembre 1824. »

Mais « Jack the Ripper » fut le premier homme à tuer pour lui. C'était un sadique qui tuait pour le plaisir, sans aucune intention de choquer.

Un jour une certaine Mary Burridge s'écroula et « s'éteignit dignement » à son domicile du 132 Blackfriars Road, au sud de Londres, l'après-midi du 8 septembre 1888, alors qu'elle lisait la dernière édition du journal *The Star* qui relatait « le dernier des crimes odieux à Whitechapel », Annie Chapman venait d'être retrouvée éventrée. Le tueur, dont le nom « Jack the Ripper » n'était pas encore connu, menaçait la société du poing et la mort de Mme Burridge était une forme de protestation involontaire de la part de cette société dans laquelle il pouvait se passer de telles horreurs. Un rapport dans un journal contemporain le *Daily Telegraph* relatait lundi 10 septembre, les faits suivants :

« De bonne heure samedi matin, un crime épouvantable eut lieu près de Spitalfields Market. Le dernier acte de férocité avait plongé Whitechapel dans un état de panique total... tout s'étant passé avec une telle habilité qu'aucun indice n'avait pu être relevé. Nous pensions alors tenir une piste en la personne d'un sinistre rôdeur dans les quartiers est de Londres... qui connaît très bien les lieux, qui sait faire la cour à ses victimes pour abuser d'elles, qui est suffisamment costaud pour les maîtriser au moment où la passion criminelle prend le pas sur le désir, qui est suffisamment rusé pour choisir l'heure la plus calme et le lieu le plus tranquille pour se livrer à des violences sexuelles et qui possède une certaine habilité effrayante à utiliser le couteau...»

Lorsque Mary Burridge décéda, la plupart des crimes étaient de nature pécuniaire. En effet, il est vrai que la grande majorité des crimes célèbres durant la période victorienne avaient lieu dans les quartiers de classe moyenne mêlant jalousie et conflits familiaux, et étaient l'œuvre de personnes pauvres et désespérées. Les meurtres de «Jack the Ripper» étaient effrayants car ils paraissaient délibérément diaboliques. Le tueur inconnu semblaient sortir tout droit des ouvrages du Marquis de Sade. Cependant aujourd'hui, un siècle plus tard, ce genre de crimes est devenu monnaie courante.

Le meurtre de Charlotte Dymond illustre comment la simple suggestion d'un crime sexuel peut soulever les foules pour assister à l'exécution de son assassin Matthew Weekes, alors qu'il n'était pas un véritable tueur sexuel, mais un prototype sorti tout droit de l'imagination de l'ère victorienne. «Jack the Ripper» saura leur montrer la triste réalité.

Il fit littéralement éclater le problème du sexe dans la société victorienne, l'obligeant à l'admettre et à ramper dans sa propre crasse. On força les femmes qui, à cette époque étaient assez idéalistes, à regarder le danger encouru par leurs sœurs déchues. Le secret du sexe, qui était d'un intérêt morbide, se dévoila lorsque que le

«Ripper» commit des actes en public, dont de nombreux hommes (des pères ou des frères) à cette époque, travaillant dans des bureaux respectables, en avaient peut-être une envie secrète. Ils lurent avec frissons et une certaine jalousie, le rapport relatant ce qui semblait être le dernier meurtre de ce dément. Comme pour le viol, dans les cas de meurtres sexuels, le tueur déploie une immense furie dans le but de dominer sa victime. Pour ses contemporains, «Jack the Ripper» cachait sous une façade du philanthrope, sous l'aspect soigné du capitaliste, de l'aventurier idéaliste ou du scientifique, la personnalité d'une brute. Lytton Strachey tua plusieurs vaches sacrées dans son *Eminent Victorians*, mais le fait était que dans une société regroupant Charles Darwin, l'explorateur le Dr Livingstone, des héroïnes comme Florence Nightingale, il y avait également «Jack the Ripper», et il savait très bien se rappeler à elle.

En ce qui nous concerne, lorsque nous essayons de comprendre le fonctionnement d'un criminel sexuel, «Jack the Ripper» n'était pratiquement d'aucune utilité. Il nous est difficile de comprendre ses motivations, car contrairement à Peter Kürten, nous ne savons rien sur son enfance, et pas plus sur lui car il a toujours été introuvable. Mais au moins, nous pouvons utiliser nos connaissances d'aujourd'hui et regarder les différents cas de tueurs sexuels pour essayer de lever le voile du temps, d'interpréter ses actes, de retrouver les indices qu'il a pu laisser derrière lui, et d'attraper au vol les contours de cette silhouette qui terrorisa Londres au siècle dernier.

Tout d'abord, examinons les meurtres en détails. Ils ne furent pas tous commis à Whitechapel, mais tous eurent lieu aux alentours du London Hospital. Aux toutes premières heures du 7 août 1888, le corps de Martha Turner, âgée de trente-cinq ans (connue aussi sous le nom de

Tabram) fut retrouvé étendue sur le palier du premier étage d'un appartement du 35 George Yard Buildings. Elle avait été aperçue parlant à un soldat à la fermeture du pub *Angel and Crown* près de Whitechapel Church, la veille au soir. La victime était une prostituée qui logeait à Star Place, sur Commercial Road. A 3h 30 du matin, Albert Crow, un chauffeur de taxi, aperçut un corps recroquevillé et pensa que c'était un ivrogne qui dormait sur le sol. A 5h, un autre locataire John Reeves, sortant de chez lui pour aller travailler, découvrit Martha étendue dans une mare de sang. Il appela du secours et ce n'est qu'à l'autopsie que l'on se rendit compte de l'étendue de ses blessures. Elle avait reçu trente-neuf coups de couteau dans la cage thoracique avec deux armes différentes, neuf à la gorge, et d'autres à la poitrine et à l'abdomen. Le médecin qui effectua l'autopsie fit remarquer que «celui qui avait fait cela savait comment et où frapper». Nous retrouvâmes le soldat qui avait été vu avec la victime, mais il put prouver qu'il avait rejoint ses amis à 1h 30, et la victime avait été aperçue retournant seule au pub Angel and Crown aux environs de 1h 40. Nous procédâmes alors à une vérification d'identités, sans résultat.

Le vendredi 31 août à 3h 45 du matin, George Cross, qui tirait une charrette descendait Bucks Row à Whitechapel, lorsqu'il vit ce qu'il pensait être un morceau de toile dans le caniveau. Il traversa la rue, regarda de plus près et vit une femme étendue sur le ventre. Tout d'abord il pensa qu'elle avait bu, mais constata que sa jupe était relevée jusqu'à la taille, laissant penser à un viol. A ce moment, un homme, du nom de John Paul, arriva. Cross lui demanda de l'aider à soulever la femme, mais lorsque Paul toucha ses mains et son visage, il vit qu'elle était morte. Les deux hommes allèrent avertir la police. L'agent de police Neil fut le premier sur les lieux. Grâce à la lumière de sa lanterne, il vit que la victime avait la gorge sauvagement lacérée. Un médecin du quartier, le Dr Ralph Llewellyn, fut appelé et il ordonna que le corps soit transporté à la morgue de Whitechapel. Là, il découvrit l'étendue des blessures: l'abdomen avait été ouvert et les boyaux ressortaient, la mâchoire était couverte de bleus, ce qui laissait sous-entendre que le tueur avait surpris sa victime par derrière, peut-être en l'étranglant, avant de procéder à des mutilations effroyables. A part les incisions dans l'abdomen, il y avait deux blessures provoquées par des coups de couteau dans les organes génitaux. Au cours de l'enquête, le médecin déclara que les mutilations étaient l'œuvre d'un gaucher, utilisant un couteau à grande lame, que le tueur avait des connaissances chirurgicales et qu'il était probablement le meurtrier de Martha Turner (point de vue que la police ne partageait pas). La victime fut rapidement identifiée: elle se nommait Mary Ann Nicholls, «Poly pour ses amis», et avait quarante-deux ans. C'était une prostituée habitant 18 Thrawl Street, à Spitalfields. Elle avait été vue vivante pour la dernière fois à 2 h 30, le matin du meurtre, titubant comme si elle était ivre, le long de Whitechapel Road à la recherche d'un client qui la paierait quatre pence pour lui permettre de dormir à l'asile de nuit. A 3 h 45 elle était retrouvée morte et selon le médecin, sa mort ne remontait pas à plus d'une demi-heure. Après avoir identifié ses restes, on entendit son mari dire: «Je te pardonne maintenant que je te vois ainsi.»

La troisième victime était aussi une péripatéticienne, demeurant également à l'abri de nuit au 35 Dorset Street. Annie Chapman, âgée de quarante-sept ans et connue sous le nom de «Dark Annie» avait été renvoyée de l'asile de nuit le samedi 8 septembre à 2 h 00 du matin parce qu'elle ne pouvait pas payer quatre pence. elle avait bu et ergotait, demandant au gardien de lui réserver un lit. «Garde-moi mon pieux, je reviens avec l'argent.» On retrouva son corps mutilé quatre heures plus tard, à 6h du matin, sur un chantier derrière le 29 Hanbury Street, près de Spitalfields Market, juste à mi-chemin de Bucks Row. C'est John Davies qui le découvrit alors qu'il partait travailler. Il vit qu'elle avait la gorge tranchée et courut chercher de l'aide au centre de police Commercial Street.

Les policiers et l'inspecteur Frederick Abberline de Scotland Yard, arrivèrent immédiatement sur les lieux. Les blessures de la victime étaient absolument horribles. La tête était presque détachée du tronc, la femme avait été éventrée et une partie des intestins avait été placée près de son épaule gauche. Le Dr George Bagster Phillips, médecin légiste d'une grande expérience, examina le corps, puis le fit conduire à la morgue. En étudiant les lieux du crime, il découvrit un morceau d'enveloppe portant le sceau du Sussex Regiment affranchi à «Londres, 28 août 1888». Tout près des pieds de la victime se trouvaient deux anneaux de cuivre qui avaient été retirés de ses doigts, ainsi que quelques pence et deux nouvelles pièces. La façon soignée avec laquelle ces articles avaient été déposés laissait à penser à un rituel et toute forme de rituel est une sorte de message. Il fut également trouvé un tablier de cuir, d'où l'origine du premier nom donné au tueur: «Leather Apron.»

La chasse commença pour «Leather Apron» un juif polonais du nom de John Piser (localement connu sous ce surnom) fut arrêté, mais aucune preuve ne put être retenue contre lui. L'autopsie pratiquée sur la victime dévoila, ce que nous savions déjà, des bleus sur le visage, la gorge et le thorax, et deux incisions parallèles au niveau de la gorge pratiquées par un gaucher.

La victime avait été éventrée et le tueur avait emporté l'utérus et les ovaires qu'il avait coupés en morceaux. Pour le Dr Phillips «ce travail était bien entendu celui d'un expert, ou du moins d'une personne ayant des connaissances d'anatomie du corps humain ou de pathologie, pour pouvoir enlever d'un coup de couteau les organes pelviens». Il pensait que l'arme du crime avait une lame très étroite, pointue et mesurant au moins vingt centimètres de long.

Ce fut alors la panique dans le quartier est de Londres. Les gens étaient effrayés non par le meurtre (ce qui était monnaie courante), mais par ce spectacle des plus fous et cette intelligence diabolique, si bien que la police devint leur souffre-douleur. Ils reprochèrent en particulier au Commissaire Sir Charles Warren, un ancien général de l'armée, de porter plus d'intérêt aux bottes et aux selles de cheval, ainsi qu'aux exercices équestres, qu'à l'arrestation des criminels.

A l'instar de la *Star*, des groupes d'autodéfense se formèrent: «Les habitants des quartiers pauvres doivent faire leur propre police.» Le coroner chargé de l'enquête des trois crimes commis par «Jack the Ripper», Wynne Baxter, déclara: «Il ne peut y avoir aucun doute que si ces malheureuses femmes avaient été tuées dans les quartiers touristiques de Londres, les récompenses n'auraient pas été refusées.» (Le groupement d'autodéfense avait demandé au Ministère de l'Intérieur une récompense à qui arrêterait le tueur, mais ce dernier refusa.)

Après la tension nerveuse de la population suite aux crimes récents, un «double événement» la conduisit à l'hystérie. A l'aube le 30 septembre, le Ripper frappa deux fois. A une heure du matin, un colporteur conduisait sa charrette et son cheval dans la cour derrière le 40 Berners

Street, où se trouvait l'*International Workers Educational Club*. A l'intérieur, des juifs polonais et russes dansaient sur une musique assez forte, mais la cour était sombre et quelque chose que l'on ne pouvait pas distinguer dans l'obscurité effraya le cheval. C'est alors que le colporteur découvrit le corps d'Elizabeth Stride, âgée de quarante-cinq ans, une prostituée connue sous le nom de «Long Liz». Elle mesurait environ un mètre soixante ce qui, pour l'époque, était exceptionnellement grand. Elle avait la gorge couverte de sang, mais aucune mutilation au niveau de l'estomac.

Le colporteur avait certainement dû interrompre «Le Ripper» dans son travail, qui avait disparu dans l'obscurité, furieux et frustré, cherchant une autre victime pour assouvir son désir sexuel.

A ce moment-là, une prostituée, Catherine Eddowes, âgée de quarante-trois ans, était relâchée de *Bishopsgate Police Station* où elle avait été arrêtée en état d'ivresse sur la voie publique. Ayant prouvé qu'elle pouvait tenir debout, elle adressa à haute voix un joyeux «Bonne nuit, vieille bite» au policier de garde et se dirigea en direction de Houndsditch. Avec son petit mètre cinquante et ses cheveux auburn. Elle fut attrapée par le Ripper qui la conduisit à Mitre Square à Aldgate. Il y avait trois entrées contrôlées par un policier toutes les quinze minutes. A 1 h 30, le policier Watkins de la City Police ne vit rien d'anormal, mais un quart d'heure plus tard il découvrit le corps d'une femme étendue sur le trottoir et «ouverte de haut en bas comme un cochon sur un marché», selon ses propres termes. Les policiers qui se trouvaient sur les lieux du premier crime, arrivèrent aussitôt. Le Ripper avait frappé deux fois en l'espace d'une heure, mais le second meurtre relevant de la juridiction de City Police et non de Metropolitan Police, les deux forces de police étaient impliquées dans les crimes de «Jack the Ripper».

Le médecin légiste, le Dr Phillips, examina les restes d'Elizabeth Stride et ce fut le Dr Burn qui s'occupa de Catherine Eddowes qui était allongée sur le dos, jambes écartées. Elle avait la gorge tranchée et les vêtements remontés sur la poitrine. Elle avait l'abdomen ouvert, les intestins retirés et placés à côté de son épaule droite. Elle avait le nez et les joues balafrés. Ce crime fournissait à la police plus d'indices que les précédents. Un des reins avait été enlevé et le Dr Burn nota: «Le rein gauche fut soigneusement retiré et emporté... Seule une personne qui connaît l'emplacement des reins peut effectuer ceci.»

Dans sa fuite, «Jack the Ripper» (plus communément appelé «Le Ripper») s'était arrêté pour se laver les mains au lavoir de Glouston Street et s'essuyer dans un morceau de tablier pris sur sa victime. Le Major Henry Smith, commissaire de la City Police, arrivé en hâte dans un fiacre, trouva des gouttes d'eau tachées de sang sur les rebords du lavoir... Plus important encore, un message que le policier aurait juré avoir déjà vu, était griffonné à la craie et disait:

«Les – Juifs – sont des Hommes qui ne Veulent pas être condamnés pour Rien.»

Le Major Smith voulut prendre ce message en photo mais Sir Charles Warren demanda à ce qu'il soit effacé, déclarant qu'il ne ferait que soulever des émeutes antisémites, ce qui fut le résultat d'un désaccord entre la City Police et le Met.

Puis pour la première fois, «Le Ripper» eut un nom. Il se baptisa lui-même d'un pseudonyme qui passa à la postérité. La police publia alors une lettre envoyée au *Central News Agency* deux jours avant le double meurtre et qui disait:

Cher Patron,

J'apprends que la police met tout en œuvre pour m'attraper, mais ils ne m'ont pas encore arrêté. J'ai ri lorsque j'ai entendu la police dire qu'elle était sur la bonne piste. La blague à propos de «Leather Apron» me convenait tout à fait. Je me rendis alors chez les putes que j'éventrai avec acharnement. Le dernier ouvrage était grandiose, ne laissant pas le temps à la victime de crier. Comment la police peut-elle m'attraper? J'adore mon travail et je n'ai pas l'intention de m'arrêter. Vous entendrez parler de moi très bientôt, ainsi que de mes petits jeux très amusants.

La lettre continuait ainsi: «Mon prochain travail sera de couper les oreilles de la femme...

Votre bien dévoué, «Jack the Ripper».

Ce point précis était important, car il avait déjà essayé de couper une oreille à Catherine Eddowes. Quelques heures après le double meurtre, nous reçûmes une carte qui visiblement faisait suite à la lettre, et qui disait:

«Je ne blaguais pas, mon vieux, ce n'était qu'un avant-goût. Demain vous entendrez parler du travail de Saucy Jack. Cette fois-ci, ce fut un double meurtre. Le numéro un cria un peu, puis ce fut fini. Je n'ai pas eu le temps de faire parvenir les oreilles à la police. Merci de garder ma dernière lettre jusqu'à ma prochaine victime.

Jack the Ripper»

La police prit en compte ces deux écrits suffisamment au sérieux pour les publier, et y ajouter la note qui suit: «Toute personne identifiant cette écriture est priée de se rendre au poste de police le plus proche.» Les Londoniens furent horrifiés lorsqu'ils lurent le compte rendu du «double meurtre» dans le *Daily Telegraph* du lundi 1er octobre 1888.

Deux nouveaux meurtres commis avec le même sang-froid... eurent lieu hier de bonne heure... ce qui prouve la présence dans les rues de Londres, en toute liberté, d'un monstre ayant forme humaine et d'une cruauté épouvantable narguant les forces de police d'une façon méprisante... C'est une raison suffisante pour soulever la colère des habitants et la panique face aux massacres effroyables maintenant connus du public dans leurs moindres détails... Le Ministère de l'Intérieur attend-il que le nombre des meurtres passe de sept à huit ou neuf pour réagir ? Se contente-t-il d'appliquer « ses méthodes types » pour rechercher un tueur de femmes qui hante du pas de la Mort les rues de la Métropole à minuit ?

Face à l'indignation croissante de la Commission d'autodéfense de Whitechapel, Monsieur George Lusk demanda au gouvernement une récompense. Le maire avait personnellement offert £ 500, mais le Ministère de l'Intérieur ne changea pas d'avis. Monsieur Lusk se vit refuser sa demande, mais le 16 octobre il reçut une petite boîte en carton à l'intérieur de laquelle se trouvaient la moitié d'un rein et une lettre qui disait :

« De l'enfer.

Monsieur Lusk, Sir,

Je vous envoie un demi-rein que j'ai prélevé sur le corps d'une femme pour vous. L'autre moitié, je l'ai mangée après l'avoir cuisinée ; c'était délicieux. Je peux vous faire parvenir le couteau ensanglanté dont je me suis servi si cela peut vous faire gagner du temps. Signé Attrapez-moi quand vous le pourrez. Monsieur Lusk. »

Cette lettre n'était pas signée « Jack the Ripper », et les erreurs qu'elle contenait étaient celles d'un individu qui de toute évidence voulait se faire passer pour un illettré.

Parmi toutes les lettres du «Ripper», celle-ci fut considérée comme la plus authentique, notamment parce que le rein qui fut envoyé au Dr Openshaw, médecin au *London Hospital*, fut reconnu comme appartenant à Catherine Eddowes. Le rein mettait en évidence une néphrite, tout comme chez la victime, et de plus un morceau d'artère rénale était encore attaché au rein, ainsi qu'à l'intérieur du corps, totalisant une longueur normale de trois pouces. Le Major Smith crut à la véracité de la lettre, car un expert en graphologie découvrit «la lame du couteau et les coups portés» dans le graphisme du mot «rein» qui laissait apparaître des traits négatifs d'un caractère conduisant certainement à des accès destructeurs.

Dès le mois de septembre le *Daily Telegraph* rapportait: «Il est clair que l'inspecteur de Scotland Yard se trouve dans un désespoir total et en très mauvaise posture...» Aujourd'hui, la presse entière porte des attaques envers le commissaire Sir Charles Warren,qui fit preuve d'une indélicatesse, voire d'une attitude ridicule lorsqu'il loua des chiens policiers pour traquer «Le Ripper». Aux épreuves de sélection effectuées à Regent's Park, Sir Charles tenait le rôle du lièvre, et aussitôt les chiens prirent la poudre d'escampette! *The Pall Mall Gazette* et *Punch* s'amusèrent beaucoup aux dépens de l'impopulaire commissaire James Monro, chef de la police judiciaire, qui démissionna le 31 août, le jour où le corps de Mary Ann Nicholls fut découvert à Bucks Row. Il fut remplacé par Sir Robert Anderson qui, ayant la nostalgie de la Suisse, y retourna au bout de deux mois. La police judiciaire n'ayant plus de direction, la Reine Victoria écrivit à Scotland Yard afin de faire part de ses propres suggestions pour traquer le tueur. Le 8 novembre, Sir Charles Warren démissionna de son poste; la nouvelle fut saluée par des acclamations à la Chambre des Communes.

Le jour suivant, le vendredi 9 novembre, ce fut le jour du maire avec le défilé habituel. Ce fut aussi le jour où l'on découvrit la dernière victime du «Ripper», après une accalmie de cinq semaines. Mary Jeanette Kelly, âgée de vingt-quatre ans, prostituée, occupait une chambre au 13 Miller's Court, Dorset Street à Spitalfields. Elle n'avait pas beaucoup de succès dans son travail et se retrouvait avec des arriérés de loyers s'élevant à plus de trente-cinq shillings. L'employé du propriétaire se rendit chez elle à 10h 45 ce matin-là, afin de se faire payer. Il frappa à la porte, mais n'ayant aucune réponse, il regarda à travers une vitre brisée et vit un corps massacré, étendu dans un bain de sang. Frappé de stupeur, il courut chez le propriétaire qui l'envoya au poste de police de Commercial Street pour donner l'alerte. Les policiers furent immédiatement sur les lieux du crime, le Commissaire Divisionnaire Arnold fut convoqué par télégramme, pendant que l'on avertissait également l'Inspecteur Abberline de Scotland Yard, et que le Dr Phillips était envoyé chercher. Le policier Walter Dew qui, plus tard devait être célèbre pour l'arrestation du Dr Crippen, était sur les lieux.

Abberline arriva sur place à 11h 30 et fit poser les scellés. Le Dr Phillips vit à travers la fenêtre qu'il n'y avait plus rien à faire pour la victime. Ayant été découpée en morceaux, c'est à peine si l'on reconnaissait que c'était un être humain. Abberline fit parvenir un télégramme à Sir Charles Warren lui demandant de lui envoyer sur les lieux du crime ses fameux limiers, ne sachant pas que Warren avait démissionné la veille. A une heure et demie de l'après-midi, le commissaire Arnold décida qu'il ne pouvait pas attendre plus longtemps. Il avait enlevé l'encadrement de la fenêtre pour que les photographes puissent faire leur travail, puis il entra en forçant la porte, laissant apparaître une vision épouvantable sur un corps mutilé, et une pièce dans laquelle chaque centimètre paraissait être couvert de sang humain et de chair humaine. Pour ajouter à toute cette horreur, la victime était enceinte de quelques semaines.

La suite de ce carnage fut publiée dans l'*Illustrated Police News:*

«La gorge coupée à l'aide d'un couteau, laissait pratiquement pendre la tête au tronc. L'abdomen était partiellement éventré et les deux seins retirés de la poitrine, le bras gauche et la tête étaient rattachés au tronc par un simple morceau de peau. Le nez avait été coupé, le front lacéré et les cuisses jusqu'aux pieds n'étaient plus qu'un amas de chair. L'abdomen avait été tailladé avec un couteau de bas en haut, le foie et les entrailles retirés. Le foie avait été placé entre les pieds de la victime, et le reste des cuisses et des jambes, ainsi que les seins et le nez avaient été déposés par le meurtrier sur la table et une des mains de la victime, enfoncée dans le ventre.»

La chambre du meurtre était un véritable puzzle d'indices. Contrairement à ce que l'on aurait pu croire, le candélabre qui se trouvait dans la pièce n'avait pas servi à éclairer le tueur dans sa tâche macabre, mais un feu avait été allumé dans la cheminée. Parmi les cendres il y avait des débris de vieux vêtements féminins et pourtant, les habits que portaient la victime étaient soigneusement rangés sur une chaise. Le tueur s'était-il habillé en femme pour pouvoir entrer dans la chambre? (Cela ajoutait foi à la thèse que *Jill the Ripper* était une sage-femme complètement folle). La police avait photographié les yeux de la victime, pensant que la rétine pouvait avoir imprimé l'image du tueur.

La police recherchait les témoins qui avaient vu la victime vivante pour la dernière fois, mais leurs témoignages, comme ceux des précédents, n'aboutirent à rien. La veille au soir, vers 11 h 45, une prostituée avait aperçu Mary Kelly en compagnie d'un homme petit et gros, portant des moustaches rousses. A une heure du matin, elle entendit Kelly chanter. Une dénommée Mme Prater qui occupait la chambre au-dessus de celle de Kelly rentra chez elle à 1 h 30, puis s'endormit immédiatement. Entre 3 h 30 et 4 h du matin, elle fut réveillée par une voix qui criait : « à l'assassin ! » mais elle se rendormit aussitôt. Sarah Lewis qui demeurait en face de chez Mary Kelly, avait remarqué aux alentours de 2 h 30 le vendredi matin, un homme sur le trottoir qui regardait en direction de Miller's Court. Il était corpulent et portait un chapeau noir. Elle s'était alors assoupie, puis vers quatre heures du matin fut réveillée par une voix qui criait : « à l'assassin ! » mais n'y prêta aucune attention, ce genre d'appel étant courant dans les quartiers pauvres.

Le témoin le plus important fut peut-être George Hutchinson, un ouvrier, qui travaillait à Commercial Street. Dans un rapport de police, il disait avoir vu Kelly à deux heures le matin du meurtre, qui lui avait demandé de lui prêter six pence, qu'il n'avait d'ailleurs pas sur lui. Alors qu'elle continuait son chemin, il vit un homme s'arrêter près d'elle et tous deux partirent ensemble. L'homme tenait à la main un petit paquet entouré d'une sangle. Il était âgé d'environ trente-cinq ans, mesurait dans les 1,70 m, avait le teint pâle, les yeux noirs, une légère moustache retroussée aux deux extrémités, les cheveux noirs, à l'allure revêche. Il était bien habillé, un « gentleman », une large chaîne en or à son gilet, et une cravate retenue par une pince en or en forme de fer à cheval, assez originale. Hutchinson finissait son rapport en disant : « D'apparence juive. Peut être identifié. »

Mais les témoignages des autres témoins ne firent qu'embrouiller la situation. Un tailleur déclara avoir vu

Kelly vivante à 8h du matin. Un voisin, M. Maxwell dit avoir parlé à Mary Kelly à 8h 30. D'autre part, un autre voisin déclarait avoir vu Kelly quelques heures plus tard, aux environs de 10h. En revanche, le Dr Phillips fixa l'heure du crime à 2h de ce même matin, donc les cris «à l'assassin» ne pouvaient pas avoir eu lieu entre 3h 30 et 4h du matin.

Concernant les autres crimes, des témoins disaient avoir vu un homme peu avant la découverte du cadavre, et de l'amalgame de toutes ces descriptions se dessina un homme d'environ trente ans, de taille moyenne, portant de petites moustaches blondes et une casquette à la Sherlock Holmes. La description officielle de la police était celle d'un homme «d'environ vingt-huit ans, mesurant à peu près 1,70 m, le teint mate, portant une petite moustache brune... d'apparence respectable et tenant un paquet enveloppé dans du papier journal». La *Gazette de la police* donnait une autre description avec quelques variantes: «L'homme était âgé de trente ans, il mesurait environ 1,70 m, de corpulence moyenne, avait le teint et les moustaches clairs, et portait une casquette à visière il ressemblait à un marin.»

Mary Kelly fut enterrée au cimetière de Leytonstone le 18 novembre, et avec elle le dernier des crimes du «Ripper» et les ultimes indices de son identité. Le tueur inconnu avait ravi la vie à cinq ou six femmes, mit fin à la carrière d'un commissaire de police, puis il s'était arrêté. Peut-être avait-il expérimenté sa dernière sensation et n'avait-il plus rien d'autre à se prouver. Peut-être, comme Ambler le laissait à penser, s'était-il «guéri» lui-même de sa folie. Mais l'enterrement de Mary Kelly ne marqua pas seulement la fin du règne du «Ripper», il donna libre court à un siècle de spéculations.

Maintenant étudions les différents rapports établis

par les officiers de police ayant participé à l'enquête du «Ripper». Il faut se souvenir que les dossiers concernant le «Ripper» n'avaient pas été clos après le meurtre de Mary Kelly, puisque la police continua de traquer «Jack» sans beaucoup de résultat et ce, jusqu'à la fin de l'année 1890, suite à des meurtres de prostituées faussement attribués à «Jack the Ripper».

Nous avons déjà mentionné que Sir Melville McNaghten suspectait le «médecin» dont le corps avait été retrouvé flottant sur la Tamise à la fin de l'année 1888, qui en fait était un avocat déchu du nom de Montague John Druitt, âgé de trente et un ans. L'*Acton, Chiswick and Turnham Green Gazette* de janvier 1889, rapporta le déroulement de l'enquête de sa mort. Bien habillé, les poches remplies de pierres, son corps fut retrouvé dans la Tamise près de Chiswick le lundi 31 décembre 1888, après avoir séjourné environ un mois dans l'eau.

Le frère de la victime, Wil-liam, avocat à Bournemouth certifia que Druitt avait été renvoyé de son poste d'enseignant à l'école de Blackheat, que sa mère était folle et que lui-même avait peur de le devenir à son tour. Il avait laissé un écrit qui disait: «Depuis vendredi, j'ai l'impression que je vais devenir comme ma mère et je pense que la meilleure des solutions est de mourir.» Sur sa tombe était inscrite la date de sa mort, «le 4 décembre 1888». McNaghten écrivit: «Je pense que le tueur se suicida autour du 10 novembre.» Druitt n'est probablement pas suspect, car 6h après la mort d'Annie Chapman, il jouait au cricket. Cependant, dans son livre *Jack the Ripper* écrit en 1972, Dan Farson émit la thèse que Druitt était «Le Ripper». Les preuves à cette théorie venaient d'Albert Backert membre du comité d'autodéfense de Whitechapel, qui rapporta: «Cette information me fut livrée confidentiellement en mars 1989. La police étant certaine que

«Le Ripper» était mort.. il avait été repêché de la Tamise deux mois auparavant, demandait la suppression du groupe d'autodéfense.»

Watkins Williams, le petit-fils de Sir Charles Warren, écrivait: «Je pense que le criminel est un malade sexuel qui s'est suicidé après le carnage de Miller's Court. Il est possible que ce soit le jeune médecin dont le corps a été trouvé flottant sur la Tamise le 31 décembre 1888.»

McNaghten déclara connaître aussi l'identité du journaliste qui avait «falsifié» les lettres du «Ripper». Vingt ans après les meurtres du «Ripper», McNaghten publia ses mémoires dans le *Sun*. Il déclara que le «Ripper» avait assassiné cinq femmes et non six, Martha Turner ayant été tuée par un soldat, mais que par peur un témoin avait refusé de l'identifier. Puis il ajouta: «Bien que le meurtrier de Whitechapel mit probablement fin à ses jours aussitôt après l'affaire de Dorset Street, en novembre 1888, certains faits laissent à penser que ces conclusions n'étaient pas en possession de la police les quelques années qui suivirent mon arrivée.»

Le sergent Ben Leeson qui, à cette époque, était au département judiciaire, raconta dans ses mémoires:

«Je ne connais rien concernant l'identité du «Ripper», mais il régnait, au commissariat qui s'occupait de l'affaire, le sentiment qu'un certain médecin que je connaissais, était au courant de bien des choses... Il n'était jamais loin au moment des crimes.»

L'inspecteur Frederick Abberline était convaincu de la culpabilité de George Chapman, plus connu sous le nom de Severin Klosowski. Chapman avait empoisonné trois femmes afin de les dépouiller de leur argent. Lorsqu'il fut arrêté en 1902, Abberline dit à ses officiers de police: «Je constate que vous avez enfin attrapé ‹Jack the Ripper›.» Chapman fut pendu le 7 avril 1903. Dans son livre *Forty Years of Manhunting* (1932), l'inspecteur Neil écrit: «Nous n'avons jamais été certains de la culpabilité de Chapman. En tout cas, c'est la solution la plus adaptée et la plus sensée pour identifier le meurtrier. Cela semble à peine probable qu'un tueur tel que ‹Jack the Ripper› puisse changer sa façon de tuer en empoisonnant ses victimes à l'arsenic.»

Sir Robert Anderson déclare dans ses mémoires que l'on connaissait l'identité du «Ripper»: c'était un juif polonais, protégé «par son peuple» et enfermé dans un asile psychiatrique. Sir Robert, qui était à la tête de la police judiciaire du Metropolitan, rapporte cette affaire en trois étapes: en 1907, 1910 et en 1920 dans son *The Police Encyclopaedia*, où il énonce que l'identité du «Ripper» était connue. Il s'était donné beaucoup de mal pour faire admettre que «cette identité avait été vérifiée». «Le suspect appartenait certainement à la classe ouvrière des juifs polonais, car il est de fait que les membres de cette classe sociale dans les quartiers pauvres n'abandonneraient pas un des leurs à la justice.» Après avoir laissé entendre que le «Ripper» était incarcéré dans un asile d'aliénés, il nota dans le *Lighter Side of My Official Life* (1916):

«Je suis presque tenté de divulguer l'identité du meurtrier et du journaliste qui écrivit la lettre mentionnée ci-dessus. Mais cela n'apporterait rien de plus... En disant qu'il était juif polonais, je ne fais que confirmer un fait déjà vérifié... J'ajouterais simplement que la seule personne qui vit le meurtrier l'identifia sans aucune hésitation au moment de la confrontation, mais qu'elle refusa de divulguer toute preuve contre lui.»

Plus tard, il ajouta:

«Il n'y avait aucun doute sur l'identité du meurtrier, et si la police de Londres avait pu avoir recours aux méthodes des Foreign Police Forces, il serait passé en justice.»

Sir John Moylan, assistant du sous-secrétaire du Ministère de l'Intérieur, écrivait: «Nous sommes maintenant certains que le meurtrier échappa à la justice en se suicidant à la fin de l'année 1888.» Sir Harold Scott, ex-Commissaire de Police, publia en 1961 *Concise Encyclopaedia of Crime and Criminals.* Le début de la partie réservée au «Ripper» commençait ainsi: «Cinq sur les neuf policiers impliqués dans cette affaire pensaient que le meurtrier était un médecin russe ou polonais.» Puis l'auteur continue à relater les différents suspects:

«Un chirurgien-barbier russe alias Alexander Pedachenko, Vassily Konovalov et Mikhail Ostrog... travaillait à Walworth, dans les quartiers pauvres de Londres au moment des crimes, où il aidait un médecin à la clinique de Camberwell dans laquelle, à ce que l'on dit, il examina quatre des victimes du ‹Ripper›.»

Le récit racontait que ce suspect qui était retourné en Russie, avait été incarcéré dans un asile suite à l'assassinat d'une femme à Saint-Petersbourg en 1891. C'est sur cette théorie que Donald McCormick basa son livre *The Identity of «Jack the Ripper»* en 1959.

Parmi les criminels reconnus comme pouvant être «Jack the Ripper», il y avait le Dr Neill Cream, le «Lambeth Poisoner» pendu à la prison de Newgate le 15 novembre 1892. Alors qu'il se tenait sur l'échafaud, il cria «Je suis Jack le...» puis la trappe s'ouvrit. Ces derniers mots furent confirmés par le bourreau, James Billington.

Cependant, Cream était incarcéré à la prison de Joliet dans l'Illinois aux USA, alors que le Ripper commettait ses meurtres. Il y resta de 1881 à 1891 purgeant une peine de prison pour meurtre. Frederick Deeming pendu à la prison de Melbourne en Australie, le 23 mai 1892, prétendait également être le Ripper.

Puis nous arrivons aux «détectives de salons» qui publièrent de nombreux livres sur l'identité du «Ripper». Beaucoup de ces théories sont d'accord pour dire que «Le Ripper» était médecin, au vu de la nature des mutilations et sur le fait que tous les meurtres eurent lieu dans les environs du London Hospital et que trois des médecins qui pratiquèrent l'autopsie des victimes, les Docteurs Phillips, Llewellyn et Brown, parlent du «Ripper» comme une personne «compétente et adroite». D'autres thèses avancent aussi l'existence d'un «dandy», apparemment sorti de la classe ouvrière et irresponsable pour réaliser de telles mises en scène.

Après avoir lu des documents écrits en français par le moine Raspoutine, William Le Queux publia en 1923 un livre dans lequel il accusait le Dr Alexander Pedachenko d'être «Le Ripper». Malheureusement, Le Queux était un menteur invétéré et un journaliste à court d'argent, spécialisé dans la rubrique des chiens écrasés. Cependant, Donald McCormick réalisa son livre à partir de cette thèse.

Leonard Matters, membre du Parlement, publia le premier roman en 1923, *Mystery of «Jack the Ripper»*. Il racontait la vengeance d'un chirurgien d'Harley Street appelé Dr Stanley, dont le fils avait contracté la syphilis au contact d'une prostituée du nom de Kelly. Il tua alors des péripatéticiennes jusqu'à ce qu'il atteigne le bout de sa vengeance. Ce fut une tentative de fiction.

Dans *«Jack the Ripper»*, William Stewart avança en 1939 la théorie de Jill the Ripper où il dépeint une sage-femme comme étant la meurtrière. Dans les années 1930, Aleister Crowley soutenait que «Le Ripper» était un illusionniste faisant de la magie noire. En effet, un homme qui s'essayait dans les sciences occultes, un certain capitaine Roslyn d'Onston, de son vrai nom Stephenson, écrivit à Scotland Yard le 26 décembre 1888, dénonçant un interne en chirurgie du London Hospital, le Dr Morgan Davies, comme étant *Jack the Ripper*.

Dans *Autumn of Terror* en 1965, Tom Cullen accuse Druitt d'être le tueur, tout comme le fit Daniel Farson en 1972. En 1965, Robin Odell raconte dans *Jack the Ripper, in Fact and Fiction* comment un schochet juif, c'est-à-dire qui tue selon un rituel, peut être «Le Ripper».

Dans *A Casebook on «Jack the Ripper»* en 1975, Richard Whittington-Egan ne nomme personne mais passe en revue les différents témoignages. Dans cela il diffère de Stephen Knight qui dans son livre sur «Jack the Ripper»: *The Final Solution* en 1972, avance la thèse du complot. Ceci servit de scénario à une série télévisée produite par la BBC *The Ripper File* en 1973, qui raconte l'histoire du Duc de Clarence, petit-fils de la reine Victoria, fils d'Edouard VII, héritier au trône et secrètement marié à une vendeuse qui lui donna un enfant placé aux bons soins de Mary Jeanette Kelly. Sir William Gull, le médecin royal et autres francs-maçons tuèrent des prostituées jusqu'à ce que Kelly rende l'enfant.

Bien avant cela, le Dr Stowell avait accusé Clarence d'être «Le Ripper» dans un article de journal qui fit sensation. Afin de réfuter cette théorie, Michael Harrison dans sa biographie en 1972 *The Duke of Clarence*, présenta le professeur de Clarence, James Kenneth Stephen comme étant le Ripper. Harrison et Sir William Gull complotèrent afin de couvrir la Royauté impliquée dans les meurtres du Ripper. Clarence serait mort de la syphilis.

Nous pouvons penser à un manque d'imagination, ou peut-être à une trop grande maturité chez les écrivains qui vont jusqu'à accuser le peintre William Sicker d'être le Ripper. Et pour cela, ils se basent sur certaines de ses peintures morbides dont l'une s'intitule *The Camden Town Murder*.

Plus tard, certains livres dénotent une imagination et une véracité encore plus fortes. Dans *The Crimes, Detection and Death of Jack the Ripper* en 1987, Martin Fido après des recherches approfondies, révèle l'identité du «Ripper». De son nom Nathan Kaminsky, âgé de vingt-trois ans, un juif polonais atteint de la syphilis et soigné à l'infirmerie des hospices de Whitechapel pendant six semaines. Il demeurait à Black Lion Yard, là où eurent lieu les crimes, puis il fut envoyé à l'asile de Colney Hatch Lunatic en décembre 1888 sous le nom de David Cohen. Il y mourut en octobre 1889 de la «maladie de Tourette».

Colin Wilson et Robin Odell travaillèrent ensemble sur *Jack the Ripper* dans un ouvrage intitulé *Summing up and Verdict* en 1987. Ce livre relate du début jusqu'à la fin tous les indices prouvant que le tueur est quelqu'un d'ordinaire que personne ne pourrait soupçonner. Wilson donne un profil psychologique imaginaire d'un tueur probable.

Mais où cela nous mène t-il? De toute évidence, il est impossible de mettre un nom sur le criminel en question, mais nous sommes autorisés à dresser le portrait d'un homme qui a massacré six femmes à l'automne 1888. Nous avons eu connaissance dans les années qui ont suivi, de l'existence de tueurs sexuels en série. Dans ce domaine, le FBI aux USA fit un énorme travail et établit un portrait robot de ce type de meurtrier: C'est un homme, n'ayant pas plus de quarante ans, qui est soit en prison, soit dans un asile psychiatrique pour démence sans espoir d'amélioration. S'il est jeune, sa frénésie de mutilation sera d'une violence extrême. En revanche, s'il est plus âgé, les meurtres seront organisés et commis de sang-froid. Le point commun qui relie ces personnalités est leur double facette: désorganisés ou organisés, ils peuvent être efficaces dans leur travail de tous les jours à 75% et faire partie normalement de la société.

Il est clair qu'au vu des connaissances que nous avons aujourd'hui sur les tueurs sexuels, on remarque qu'ils fantasment longtemps avant de passer à l'action. C'est en effet le cas de Peter Sutcliffe, le Yorkshire Ripper. Nous savons de lui qu'il était un garçon calme, avec une adolescence sans histoire, et un comportement sans aucune agressivité. En revanche, il avait une telle fascination pour les prostituées, qu'il s'installait dans sa voiture afin de les observer à travers les lumières rouges du quartier de Bradford, manquant de courage pour les aborder. Plus tard, lorsqu'il fut un homme, il se fit escroquer par l'une d'entre elles et se sentit humilié. Alors, il la suivit et la frappa à la tête avec une brique enveloppée dans une chaussette. Une année plus tard, il fut arrêté dans le jardin d'une maison, un marteau à la main. La police l'accusa d'avoir «l'intention de cambrioler» et il fut condamné à une amende de £ 25. Plus tard, il tua treize femmes, toujours avec le même modus operandi: tout d'abord il les frappait à la tête à l'aide d'un marteau, puis leur poignardait le ventre avec un tournevis. Sutcliffe n'était ni fou, ni guidé par une pulsion incontrôlable de tuer. C'était tout simplement une personne calme, qui se sentait victime de la société et qui voulait prendre sa revanche. Pour Sutcliffe, poignarder le ventre des femmes devenait un substitut obsessionnel de l'acte sexuel.

En résumé nous pouvons dire que *Jack the Ripper* était un jeune homme doté d'une intelligence normale, qui demeurait dans le quartier de Whitechapel. Il était à la fois un client régulier des prostituées, et pour beaucoup d'autres, «monsieur tout le monde». Rien dans son travail, ni dans sa vie de tous les jours, ne soulevait le moindre soupçon. Le problème est de savoir pourquoi il s'arrêta de tuer. Soit il déménagea, mais dans cette hypothèse il aurait commis des meurtres ailleurs, soit il fut enfermé dans un asile psychiatrique. La thèse du suicide est improbable, aucun tueur sexuel en série connu ne s'est suicidé, sauf *Jack the Stripper* qui sévissait au milieu des années soixante.

Aussi longtemps qu'il y aura des écrivains pour les écrire, des ouvrages sur *Jack the Ripper* seront édités, car le public semble être insatiable. D'autres noms seront émis, d'autres indices seront découverts, mais nous serons loin de la solution finale promise par tant d'écrivains. Cela se passait il y a un siècle et les victimes sont depuis longtemps oubliées. Le pub qu'Annie Chapman quitta pour aller à la rencontre de sa propre mort, le Ten Bells fut baptisé le *Jack the Ripper*. On y sert du vin rouge... Les touristes américains viennent en voyages organisés sur les sites des meurtres, et se régalent de contes sur les ovaires disparus. «Le Ripper» exerce encore une telle fascination, que les recherches sur son identité se poursuivront au cours des siècles à venir.

Chapitre II

Peter Kürten: «Le Vampire de Düsseldorf»

De tous les criminels sexuels, Peter Kürten ressort comme l'unique gargouille, c'est-à-dire à la fois le plus horrible, le plus effrayant, et le plus perplexe. Il demeurait au 71 Mettmännerstrasse, mais pour le «folklore» criminel il donnait des adresses notoires telles que 10 Rillington Place et 39 Hilldrop Crescent. Aucune étude sur les tueurs sexuels ne serait complète sans s'arrêter sur le cas de Kürten, décrit au cours de son procès comme «le Vampire de Düsseldorf». Ce monstre allemand présente un intérêt spécifique car dans la plupart des cas, nous avons très peu d'ouvrages sur l'intimité des tueurs. Concernant Kürten, nous en savons presque trop, grâce aux investigations effectuées par Karl Berg, docteur en médecine, qui passa l'année entre l'arrestation et l'exécution de Kürten à discuter avec lui et à l'étudier. Son livre, *The Sadist* en 1945, relate les motifs profonds et les réactions d'un homme pratiquement unique dans les annales du crimes au cours du XXe siècle, un homme qui pourrait s'apparenter à un «monstre».

Le Dr Berg, Professeur de médecine médicolégale à Düsseldorf et Médecin légiste à la Cour d'assises de Düsseldorf, fut personnellement impliqué dans les «Meurtres de Düsseldorf» et son livre reste déterminant en médecine légale pour avoir été le premier à étudier en détail le mental d'un tueur en série. Il commence par les mots suivants: «L'épidémie d'outrages et de meurtres sexuels qui apparut à Düsseldorf entre les mois de février et novembre de l'année 1929, fut la cause d'une vague d'atrocités et d'indignations à éradiquer d'Allemagne et du monde entier.» Ceci eut un gros impact sur l'humanité, d'autant plus que le Dr Berg révéla que les meurtres étaient variablement nommés par la presse les *Ripper Murders, Wampire Murders et Werewolf Murders.*

Il est très important de comprendre le milieu social dans l'affaire Kürten, et la place du meurtre en Allemagne à cette époque. Avant Kürten, l'Allemagne connut trois criminels et des pires: George Grossman, Karl Denke et Fritz Haarmann. C'était comme si ce trio annonçait la venue de Kürten, qui était peut-être encore pire qu'eux. Grossman tua et découpa des filles dont il vendit la chair là où régnaient la famine et le manque de viande suite à la première guerre mondiale. Il fut incarcéré en 1921 et se pendit dans sa cellule avant d'être exécuté. Denke tua de jeunes garçons auxquels il retirait la chair qu'il faisait mariner et qu'il vendait. Avec la minutie bien connue des germaniques, il gardait un grand livre sur lequel il notait le nom, la date et le poids de chaque victime qu'il fit mariner. Il sévit entre 1921 et 1924, et fut connu pour avoir assassiné au moins trente jeunes garçons. Lui aussi se pendit dans sa cellule. Haarmann tua au moins vingt jeunes gens, voire cinquante, et vendit aussi leur chair comme viande de boucherie. Il fut arrêté en 1924 et fut décapité un peu plus tard. La place était chaude pour l'arrivée d'un supermonstre, qui débarqua en bonne et due forme en 1929, quoique pas sans un long apprentissage.

Peter Kürten naquit le 26 mai 1883. Venant d'une famille de treize enfants, avec un père ivrogne et violent, il connu très jeune la pauvreté, et fut élevé dans une atmosphère «surchargée de sexe», devant dormir avec ses sœurs et participant d'une façon audiovisuelle aux «ébats amoureux» de ses parents. Kürten raconta qu'une de ses sœurs tenta de le séduire, mais ce qui est certain c'est que son père fut condamné à trois années de prison pour inceste sur sa fille de treize ans. La déviation sexuelle de Kürten avait déjà connu quelques prémices avec un employé de la fourrière qui demeurait dans la même maison et qui enseigna à Kürten à masturber les chiens. «Ma jeunesse fut un calvaire» dit-il à Berg.

Le grand-père de Kürten avait purgé une peine de prison pour vol, et des problèmes mentaux furent décelés du côté de la famille de son père. Ceci est peut-être la preuve d'un facteur héréditaire dans le développement d'un criminel, ou inversement, comme le préconise la sociologie, c'est l'environnement qui crée le criminel. Il est certain que les longues années passées en prison n'ont rien arrangé. Elles ont plutôt aidé à développer ses désirs pervers.

Selon ses dires, Kürten commit son premier meurtre à l'âge de neuf ans. Il poussa un garçon hors d'un radeau sur le Rhin et, lorsqu'un de ses camarades plongea pour l'aider, Kürten le poussa sous le radeau et ainsi les deux garçons se noyèrent. A l'âge de treize ans il commença à pratiquer ses premières atrocités sur des moutons, des porcs et des chèvres. Sa première éjaculation coïncida avec les coups de couteau portés à un mouton alors qu'il avait un rapport sexuel avec lui. Il découvrit que la vue du sang lui procurait un immense plaisir. A partir de ce moment là, s'établit très clairement dans son esprit, un lien entre le sang et le sexe.

A seize ans il quitta sa famille, vola de l'argent pour aller jusqu'à Coblence, où il vécut avec une prostituée ayant des tendances masochistes, ce qui l'encouragea à la torturer. Puis, il fut arrêté pour vol et passa son premier séjour en prison. Ce fut sa première condamnation sur les dix-sept qu'il eut en vingt-sept ans de vie. Ce premier séjour en prison dura quatre ans dans des conditions très dures que Kürten dénonça plus tard à ses juges: «Lorsque je sortis de prison, je croyais être devenu fou... je pense que cette condamnation était beaucoup trop lourde pour mon âge.» Il purgea sa première peine à Berger Gate, où il se retrouva sous l'influence de criminels endurcis. Il s'était lui-même tatoué, ce qui était d'usage en prison. Il se plaignait toujours d'avoir des peines trop lourdes pour de banales infractions.

A sa sortie de prison en 1899, il commença par vivre avec une prostituée qui avait deux fois son âge et, comme la précédente aimait être maltraitée. Ceci répondit à une période sadique grandissante, le confirmant dans l'idée que la douleur et le sexe était inextricablement liés. En 1899, selon ses dires, il commit son premier meurtre d'adulte, étranglant une fille alors qu'il faisait l'amour avec elle dans la forêt. Cependant, aucun incident de ce genre ne fut enregistré par la police. Entre 1900 et 1904, il passa son temps en prison, purgeant deux peines: la première pour fraude mineure, l'autre pour avoir tenté de tuer une fille en lui tirant dessus. Au cours de ces deux périodes, il admit avoir rêvé d'une vengeance contre l'injustice de la société qui l'avait envoyé en prison. Il dit au Dr Berg:

«Les longues peines que j'ai purgées alors que j'étais encore très jeune, me furent très néfastes. Je ne me masturbais pas. J'atteignais mon paroxysme de jouissance lorsque j'imaginais quelque chose d'atroce dans ma cellule le soir. Par exemple, ouvrir le ventre de quelqu'un et m'imaginais la réaction horrifiée des gens. La simple pensée de blesser m'était une jouissance sexuelle particulière, et ainsi je pouvais éjaculer. Cela dura pendant des années. Si je n'avais pas eu cela, je me serais pendu.»

Kürten allait jusqu'à désobéir délibérément aux règles de la prison, ainsi on le plaçait dans une cellule seul, et là, il pouvait s'adonner à ses fantasmes en toute liberté.

Après la prison, il fut appelé à l'armée d'où il déserta rapidement. C'est à ce moment-là qu'il fut pris de pyromanie, mettant le feu aux granges et aux meules de foin, tout en espérant que des clochards y dormaient. «J'ai du plaisir sexuel à regarder les feux que j'ai allumés, mais ceci ne me fait pas éjaculer» dit-il au Dr Berg.

En 1905, il fut condamné à sept ans de prison pour trente-quatre vols et douze cambriolages. Il purgea sa peine à la prison de Münster , où il disait: «Dans ma cellule j'avais atteint la folie.» Une fois il s'était enveloppé de papier de soie, prétendant qu'il était un ver à soie. S'il était une chrysalide, allait naître alors un tueur des plus effrayants. Kürten disait qu'il était capable d'empoisonner les détenus de l'hôpital de la prison, ce qui ne fut jamais prouvé. Du fond de sa cellule il peaufina ses rêves de vengeance. La prison peut briser un esprit faible – la majorité des détenus qui purgent une peine pour la première fois, ne récidivent pas – mais pour certains individus c'est un moyen de s'aguerrir et de s'endurcir. Lorsque Kürten sortit de prison en 1912, il était devenu un homme sans sentiment et sinistre, déterminé à se venger de la société.

Il n'était pas sitôt sorti de prison qu'il y retourna un an pour maltraitances sur une serveuse pendant des relations sexuelles, et pour avoir vidé son chargeur dans un restaurant alors qu'il essayait d'accoster une femme et qu'un serveur tentait de le mettre dehors. Suite à sa mise en liberté le 25 mai 1913, et selon ses dires, il était capable de se souvenir en détail des dix années passées. Il avait commencé comme cambrioleur professionnel, puis un soir il entra dans un pub, le Wolfstrasse, à Köln-Mulheim, alors que la famille était partie à la foire. Dans une des chambres, il trouva une enfant âgée de treize ans, répondant au nom de Christine Klein, qui était endormie. Dans ses propre mots, il raconte à la Cour:

« Balayant la chambre à l'aide d'une lampe de poche, je vis alors dans un lit une fille d'environ neuf ans. Dans un état d'agitation extrême, je me suis jeté sur elle et je l'ai étranglée, puis avec mon canif je lui ai tranché la gorge… Ma première intention était seulement de la voler. Mais lorsque je la vis, le souvenir de mes souffrances horribles et les humiliations durant mes années de prison, m'envahirent… Le souvenir de ces sanctions trop dures et injustes et les pulsions sexuelles dont j'avais héritées de mon père, me rendirent complètement fou. »

Il disait qu'après avoir commis ce meurtre, il se sentait pour la première fois « libre ». En fait, il avait étranglé la petite fille, lui avait tranché la gorge et avait pénétré son vagin à l'aide de ses doigts. Par pur hasard, Kürten avait laissé son mouchoir sur les lieux du crime, et comme il portait les mêmes initiales que le père de la fillette, Peter Klein, ce fut ce dernier que l'on accusa de ce crime atroce.

En 1913, Kürten attaqua un couple d'inconnus, un homme et une femme, en les frappant à l'aide d'une hachette, puis voyant le sang il fut pris d'une excitation sexuelle. Ensuite il mit le feu à un chariot de foin et tenta d'étrangler deux femmes.

Kürten passa les huit années suivantes, de 1913 à 1921, en prison où il endura « les souffrances les plus terribles », et son désir fou de vengeance ne fit qu'empirer. C'était devenu un cercle vicieux: plus il séjournait en prison, plus le besoin de se venger s'amplifiait. En 1921, Kürten retourna à Altenberg, racontant à tout le monde qu'il avait été «prisonnier de guerre» en Russie. C'est à cette époque qu'il tenta d'étrangler une veuve de guerre. Puis, il rencontra celle qui devait devenir sa femme. C'était une paysanne paraissant prématurément âgée, et qui avait également fait de la prison. Née en 1880, elle fut engagée par un jardinier qui en fit sa maîtresse pendant huit ans avant de la jeter dehors. Elle avait alors trente ans et sentit qu'elle n'avait pas vraiment vécu. Elle tira sur l'amant trompeur et se retrouva en prison pour cinq ans. Elle fut relâchée en 1915 et en sortit stoïque, acceptant les difficultés de la vie comme un juste retour de son crime. Plus tard, elle dira «J'ai tout accepté comme une sanction pour la vie que j'ai menée.» Il était difficile de comprendre l'attirance de Kürten pour elle, mais elle était devenue son point d'ancrage, celle qui lui servit de bâton d'appui dans son existence. Jamais il ne la maltraita et lui montra un grand respect. Elle était la seule personne pour qui il ressentait une véritable affection. Plus tard, il se sentit beaucoup plus coupable de l'avoir trahie par son infidélité que par ses actes meurtriers. Kürten la considérait probablement comme une âme sœur. Après tout, elle aussi avait souffert en prison. Quand Kürten lui proposa de l'épouser, elle refusa, mais lorsqu'il menaça de la tuer, elle accepta.

Pendant les deux années suivant leur mariage en 1923, Kürten vécut une vie normale d'homme marié à Altenberg, assurant un bon job et devenant actif dans le monde des syndicats. A deux reprises, il fut accusé de maltraitance sadique sur des serveuses, mais réussit à se disculper des charges retenues contre lui.

En 1925, Kürten et son épouse déménagèrent pour Düsseldorf. Il marchait dans la rue, fantasmant sur ce qu'il pourrait faire dans cette ville. Ayant un domicile fixe au 71 Mettmännerstrasse, Kürten commença par quelques agressions largement espacées dans le temps, comme s'il répétait pour un évènement important. Les agressions devinrent plus fréquentes et plus violentes, selon le parcours type d'un psychopathe sexuel. En 1925, il y eut trois tentatives de strangulation sur des femmes ; en 1926 une seule et en 1927 cinq cas de pyromanie et une tentative de strangulation. En 1928, il commença avec six cas d'incendies sur des granges et des meules de foin. Il alluma onze incendies criminels et six de plus en 1929. Puis, le 3 février, il agressa une femme. Ainsi avait commencé le « Règne de la Terreur » à Düsseldorf.

Le 3 février au soir, un homme porta vingt-quatre coups de couteaux à Madame Kühn, dont certains aux tempes. Elle survécut, mais le Dr Berg remarqua la rapidité avec laquelle ces coups furent infligés.

Il y eut quelques confusions de date concernant le premier meurtre. Le Dr Berg parle de quarante-six cas le 9 février ; mais on enregistre aussi quarante-cinq et quarante-sept cas avec les affaires Kühn et Scheer, également en février. Dans son livre *The Monster of Düsseldorf* en 1932, Margaret Wagner, suivie par d'autres écrivains, retient la date du 8 mars pour le meurtre Ohliger. Mais étant donné que le Dr Berg se présente au procès de Kürten comme un témoin expert, je me range à ses dires.

Le 9 février à neuf heures du matin, des ouvriers trouvèrent le corps de Rosa Ohliger, âgée de huit ans. Elle portait de nombreux coups de couteaux à la poitrine, mais avait d'abord été étranglée. On avait aussi tenté de faire brûler son corps avec de la paraffine. L'autopsie révéla des sévices sexuels, l'hymen de la victime ayant été déchiré. Le Dr Berg remarqua que le meurtrier n'avait pas éjaculé à l'intérieur du vagin, mais le tueur avait inséré à l'intérieur un doigt maculé de sperme. A cette époque-là, la police ne fit aucun lien entre le crime de Mme Kühn et celui de l'enfant.

Le 13 février, Rudolf Scheer, âgé de quarante-cinq ans, fut poignardé à mort de vingt coups de couteau dont plusieurs à la tempe. Rien ne lui fut dérobé et le crime semblait n'avoir aucun motif. Rétrospectivement, le Dr Berg déclara que les trois crimes avaient des facteurs communs : chaque agression avait été soudaine et dans un lieu isolé ; chacune avait été commise à la tombée de la nuit ; chaque fois le tueur utilisait un couteau et dans les trois cas, il n'y avait aucun motif apparent, comme par exemple le vol.

A ce stade de l'enquête, un malade mental du coin fut arrêté et interrogé pour deux meurtres. Il avait certainement agressé deux femmes en tentant de les attraper au lasso. Il avoua volontiers les deux meurtres avec maints détails. Hans Strausberg, âgé de vingt et un ans, était épileptique, il avait un bec-de-lièvre et un âge mental de huit ans. La police retint ses aveux comme véridiques et l'enferma dans un hôpital psychiatrique pour démence criminelle. On s'attendait à ce que cessent les meurtres, mais il n'en fut rien.

Il y eu une longue accalmie, puis en août 1929 une recrudescence d'agressions et de meurtres réveilla à nouveau la frayeur de la population locale. Le soir du 21 août, une certaine Mme Mantel fut poignardée dans le dos, sans issue fatale. Peu de temps après, une fille nommée Anna Goldhausen et un homme, Gustav Kornblum, furent poignardés de la même façon. Tous les deux survécurent. C'était comme si un agresseur inconnu retirait une espèce de satisfaction perverse en poignardant un être humain. Puis le 24 juillet, un double meurtre laissa la ville sans mot. Les corps de deux fillettes, Gertrude Hamacher âgée de cinq ans, et Louise Lenzen âgée de quinze ans, furent retrouvés étranglés et poignardés sur un terrain vague près de chez elles. Elles avaient la gorge tranchée laissant à penser à l'acte gratuit d'un criminel, mais ni l'une ni l'autre n'avait subit de sévices sexuels.

Le lendemain, une serveuse du nom de Gertrude Schulte fut accostée par un homme se faisant appelé Fritz Baumgart. La fille qui se rendait à une fête du quartier, accompagna l'homme en question pour une promenade en forêt. C'est alors qu'il tenta d'avoir une relation sexuelle avec elle, se tenant debout, mais elle refusa et lui dit: « Plutôt mourir. » Baumgart répondit froidement: « Et bien meurt! » Il lui infligea alors plusieurs coups de couteau, d'une telle violence et d'une telle rapidité que la pointe de la lame se brisa à l'intérieur de la colonne vertébrale de la jeune fille qui survécut à ses blessures et put donner à la police un signalement très détaillé de son agresseur.

C'est à partir de là que la police suggéra qu'il pouvait y avoir deux tueurs, car il était à peine pensable que l'homme qui avait tué deux filles samedi soir, ait pu encore commettre un autre meurtre le dimanche.

En septembre, trois femmes se firent agresser. Une jeune fille fut jetée dans une rivière voisine, après que son meurtrier ait tenté de l'étrangler. Mais un autre crime à la fin du mois de septembre fit forte impression, car il était le premier d'une série d'agressions à coups de marteau. Dimanche, Ida Reuter une serveuse, sortit faire un tour, mais elle ne devait jamais rentrer chez elle. Le lendemain, le 24 septembre, elle fut retrouvée dans une prairie près du Rhin à Düsseldorf. Elle était étendue, les jambes écartées qui laissaient voir ses organes génitaux, comme si le tueur l'avait fait délibérément. On retrouva du sperme dans le vagin de la victime et sa culotte avait été volée. Sa mort avait été causée par une série de coups de marteau portés à la tête d'une façon très vicieuse. Maintenant la police suspectait l'existence de trois meurtriers car un meurtrier de ce type ne peut pas changer son *modus operandi*, et par conséquent celui qui tue à coups de couteau ne peut pas être le même que celui qui tue avec un marteau.

Le 12 octobre, à six heures et demie du matin, une serveuse qui avait disparu, Elizabeth Dorrier, fut retrouvée gravement blessée et inconsciente près de la rivière Düssel. Elle devait mourir le lendemain sans jamais reprendre connaissance. Elle avait reçu des coups de marteau sur la tête et avait une blessure au vagin, indiquant des sévices sexuels. On ne retrouva ni son chapeau, ni son manteau.

Le 25 octobre eut lieu une double agression au marteau à deux endroits différents de la ville. Mme Meurer, âgée de trente-quatre ans fut retrouvée inconsciente suite à des coups de marteau assénés par un homme, et Mme Wanders, une prostituée, fut également retrouvée sans connaissance de la même façon.

Le 7 novembre, une fillette de cinq ans, Gertrude Albermann, disparut de son domicile. Deux jours plus tard, son corps fut retrouvé près de la cour d'une usine, étendu au milieu des orties et des morceaux de briques. Elle avait été étranglée et frappée de trente-six coups de couteau. Elle était étendue sur le ventre, les jambes écartées. Sa petite culotte était déchirée et elle portait des blessures au vagin et à l'anus.

La ville était dans un état de complète hystérie, aggravée par les gros titres des journaux tels que *Vampire Murder*. La panique était à son comble quand Kürten, qui imitait «Jack the Ripper» qu'il admirait énormément, commença à envoyer des lettres à la police et aux journaux, leur indiquant au moyen d'une carte qu'il avait dessinée, où se trouvait le corps d'une nouvelle victime. Dans une prairie, la police trouva le cadavre de Maria Hahn, une jeune serveuse, morte depuis le mois d'août et dont la police déterra le corps le 14 novembre. Elle était complètement nue et avait reçu vingt coups de couteau, dont trois à la tempe, sept au cou et dix à la poitrine. Le Dr Berg nota *coitus per anum*. Des milliers de spectateurs morbides venaient en masse sur les lieux où son corps avait été retrouvé.

La panique provoquée à Düsseldorf conduit le plus réputé des policiers en Allemagne, l'inspecteur chef Gennat de Berlin, à s'occuper de cette affaire. Il avait une excellente réputation, ayant une fois suivi pas moins de 800 indices qui l'amenèrent à traquer un meurtrier. La première chose qu'il fit, fut de tenir une conférence de presse au cours de laquelle il expliqua aux journalistes que le cas présent était unique dans l'histoire de la criminologie, et que «Jack the Ripper» était un enfant de chœur face à son nouveau disciple. «Ayant un désir ardent de publicité», il prédit que le tueur ferait une faute qui l'amènerait à se faire arrêter. L'inspecteur Gennat essaya de réorganiser la police locale qui se trouvait dans un état fort déprimé, convaincue qu'elle devait rechercher pas moins de quatre meurtriers isolés dans la ville. Un tueur à coups de couteau. Un étrangleur. Un tueur opérant à coups de marteau. Un homosexuel qui ne tuait que les hommes. L'intérêt que réveillait ce cas était si grand qu'Edgard Wallace réserva une chambre dans un hôtel de Düsseldorf.

L'inspecteur Gennat s'arrangea pour qu'un mannequin, habillé des vêtements d'Elizabeth Dorrier, se rende au dancing de Düsseldorf dans l'espoir que quelqu'un la reconnaisse et se souvienne de son compagnon le jour de sa mort.

Mais, inconnus de la police et des habitants de Düsseldorf, les meurtres touchaient à leur fin. En dix mois il y avait eu huit meurtres et quatorze agressions. Les agressions devaient continuer les six mois suivants, incluant les tentatives de strangulations sur des femmes, dont une en février 1930 (Hilda); deux en mars (Maria et Irma), trois en avril suivies par d'autres sur plusieurs filles et une agression au marteau sur Charlotte Ulrich. En mai ce fut une tentative de strangulation sur Maria Büdlick, surnommée «Butlies», et finalement une tentative de meurtre sur Gertrude Bell.

Ce fut l'agression sur Maria Büdlick le 14 mai 1930 qui permit d'arrêter Kürten. Il avait enfin commis la faute prédite par l'inspecteur Gennat. Maria était une domestique venue de Cologne à Düsseldorf pour chercher du travail. Lorsqu'elle arriva à la gare, elle fut accostée par un homme assez étrange qui essaya de la faire venir avec lui. Kürten intervint, accusant l'homme de perversité, et offrant à la jeune fille sa protection, ce qui lui donna confiance. Il avait une voix douce et de bonnes manières.

Kürten conduisit la jeune fille chez lui au 71 Mettmännerstrasse lui proposant un rafraîchissement. Il lui donna un verre de lait et un sandwich, et lui offrit de la conduire à un hôtel. Mais au lieu de cela, il l'emmena faire une promenade dans les bois, à Grafenbergerwald, lui disant que l'hôtel se situait dans le «Wolf's Glen». Une fois dans la forêt, il tenta de lui faire l'amour pendant qu'il l'étranglait. Pour une raison qui nous est inconnue, il s'arrêta, relâcha la jeune fille et lui demanda si elle se souvenait de son adresse. Elle répondit que non et il la laissa partir.

Plus tard, la jeune fille relata cet incident dans une lettre à un ami qui arriva à une fausse adresse et fut ainsi transmise à la police. Les policiers retrouvèrent la trace de Maria Büdlick qui les conduisit à Mettmännerstrasse le 21 mai, mais elle fut incapable de se rappeler la maison. Ils s'arrêtèrent devant une bâtisse et discutèrent avec la logeuse. A ce moment-là, Kürten descendit et reconnut

Maria et la police. Il réalisa alors que son arrestation était proche et réussit à s'esquiver sans être vu.

Il était difficile de savoir pourquoi Kürten avait tout arrêté à ce moment précis. La police aurait pu l'accuser de tentative de viol sur Maria Büdlick, mais ne pouvait pas prouver qu'il était l'auteur des crimes. Quelque fut la raison, il souffrait d'un manque de spiritualité et décida que le moment était venu. Cette nuit lorsque sa femme rentra du restaurant où elle travaillait, Kürten qui avait pour habitude de l'attendre dehors afin de la protéger du «monstre», lui avoua tout. Tout d'abord elle refusa de le croire et le força à relater les détails de ses meurtres. Il l'invita à dîner dehors pour la dernière fois, mais elle était tellement bouleversée qu'elle ne put terminer ce qu'il y avait dans son assiette. Kürten mangea sa part, puis finit celle de son épouse. A aucun moment de sa vie son appétit ne l'abandonna.

Kürten persuada sa femme de le livrer à la police afin qu'elle puisse toucher l'argent de la récompense. Finalement, le 24 mai, Mme Kürten se rendit à la police. Elle ne connaissait rien de la double vie de son mari, qui profitait de son absence la nuit alors qu'elle travaillait, pour commettre ses agressions. Elle dit à la police: «Il faisait très souvent l'amour avec moi, même contre mon gré. Au cours des deux dernières années, il fut très passionné.» Puis elle ajouta que son mari était au courant de sa visite, et quatre policiers armés se rendirent au domicile de Kürten pour l'arrêter. Il se laissa emmener sans réticence, un sourire ironique aux lèvres.

Personne ne pouvait croire à la culpabilité de Kürten. Ses employeurs le décrivirent comme un «bon ouvrier» et aux yeux de ses voisins, il était un homme respectable. Ils se souvenaient qu'au moment de l'assassinat de la petite Rosa Ohliger, il leur avait dit que l'auteur de telles atrocités devrait être lynché.

Pour la police ce fut la fin d'une enquête compliquée. Pas moins de 2650 indices furent étudiés ; 200 personnes avaient fait de fausses dépositions ; 250 accusations arrivaient au quartier général de la police chaque jour, ainsi que 13 000 lettres ; 9000 personnes furent interrogées et un fichier de 70 000 entrées fut dressé. On retrouvera plus tard les mêmes problèmes avec le « Yorshire Ripper ».

Immédiatement, Kürten avoua ses crimes, même si plus tard il se rétracta. Gertrude Schulte le reconnut formellement. Il fut traduit devant la Cour en juin 1930 et placé en détention provisoire jusqu'à son jugement en avril 1931. Pendant cette année, le Dr Berg eut de longues conversations avec lui.

Le Dr Berg trouvait Kürten « franc et ironique » à la fois. Il possédait une édition de poche de Lombroso, se servait de l'hérédité de son père comme excuse à ses meurtres, et disait avoir acquis ses fantasmes de vengeance en prison. Il raconta au Dr Berg qu'il était arrivé à s'intéresser à ses propres désirs pervers, et dit : « En ce qui concerne les raisons de mes actes… j'ai commencé à peser le pour et le contre parce que l'inspecteur de la crime était très intéressé par l'aspect psychologique de l'affaire. Mais je dois admettre que malgré cela, j'ai toujours eu l'esprit clair lorsque j'éprouvais du désir, ou si vous préférez l'envie de tuer une personne. Plus il y avait de monde, mieux c'était, et si j'en avais eu la possibilité j'aurais tué une masse de personnes, ce qui aurait provoqué une catastrophe. Chaque soir, lorsque ma femme travaillait, je rôdais en quête d'une victime… Le désir sexuel était toujours très fort en moi, particulièrement ces dernières années, et il ne faisait que croître au moment où je tuais. C'est pourquoi, je passais mon temps dehors à la recherche d'une autre victime… »

Je lui demandai alors comment il faisait pour avoir des

relations sexuelles normales avec sa femme, et il me répondit que cela avait été très difficile. Pour y arriver, il devait s'adonner à un tas de fantasmes sadiques. Il ajouta au cours d'un autre interrogatoire : « Ce qui m'importait le plus était de voir du sang... je ressentais alors une excitation sexuelle. » Il confirma que l'acte de poignarder le faisait éjaculer, et il raconta :

– J'étais étendu sur la petite Albermann, le pénis dans son vagin, alors que je continuais à lui lacérer la poitrine à coups de couteau... Je n'ai éprouvé aucune satisfaction au cours de l'acte sexuel, mais seulement plus tard au moment où je l'ai étranglée. Je suis devenu à nouveau impassible, et je lui ai tranché la gorge. Le sang a jailli alors de la blessure, je l'ai bu et alors j'ai éjaculé. J'en buvais probablement de trop, car après je vomissais.

Heureux pour sa femme qui avait touché l'argent de la récompense, il dit : « Je me suis toujours bien entendu avec elle. Je ne l'aimais pas pour des raisons sensuelles, mais je l'ai toujours respectée pour la noblesse de sa personne. »

L'affaire comportait des éléments de nécrophilie. Le corps nu avait subi des sévices sexuels, tant au niveau du vagin que de l'anus ; des détritus avaient été retrouvés à l'intérieur de l'anus. Kürten admit qu'après avoir tué et enterré Maria Hahn, il décida de la changer d'endroit. Il la déterra, embrassant tendrement son cadavre. Il raconta avoir eu l'intention de clouer son corps à un arbre afin de « ressentir de l'excitation », mais il était trop lourd. Il enterra à nouveau Maria Hahn et vint souvent sur sa tombe. Il était capable d'éjaculer simplement en mettant le doigt dans la terre qui la recouvrait.

Les révélations de Kürten au Dr Berg exercent encore un pouvoir assez terrifiant. A plusieurs reprises, il souligna que chaque fois qu'il entendait le bruit du sang qui jaillissait, il éjaculait et raconta qu'une fois, alors qu'il était parti en quête d'une victime potentielle au Hofgarten, il décapita un cygne pendant son sommeil. «En ce printemps de l'année 1930, j'ai remarqué un cygne endormi sur les bords d'un lac... Je lui ai tranché la gorge, le sang a alors jailli et je l'ai bu en léchant le moignon, jusqu'à ce que j'éjacule.»

Lorsqu'il mettait le feu ou commettait un meurtre, il se mélangeait à la foule qui se rassemblait et atteignait l'orgasme par le tumulte qui régnait au milieu des spectateurs. Cependant, il insista auprès du Dr Berg et lui dit: «Je ne suis pas fou.» Puis il raconta au Dr Berg ses fantasmes de faire exploser les ponts, d'empoisonner les puits et de faire sauter Düsseldorf à la dynamite. Alors, peut-être sauverait-il Düsseldorf du «monstre» et serait-il alors acclamé par une foule reconnaissante marchant en procession et tenant des torches allumées. Au départ, il tenta de convaincre le Dr Berg qu'il tuait «pour se venger de la société», mais plus tard il admit que la raison essentielle de ses crimes était le sexe. Il dit au Dr Berg: «Lorsque le Professeur X arriva ici pour la première fois, il était accompagné de son assistante qui avait un si joli cou blanc, que j'aurais adoré le serrer entre mes mains.»

Il avoua également que pendant ses années de prison, il avait éprouvé du plaisir sexuel, simplement en lisant. «J'ai toujours lu les histoires de meurtres dans les journaux. Cela m'excitait... J'ai lu plusieurs fois ‹Jack the Ripper›.»

Le procès de Kürten commença le 13 avril 1931 dans les locaux du quartier général de la police de Düsseldorf. Il fut fait un étalage macabre des crânes de ses victimes, des armes qu'il utilisait pour tuer, et même de la bêche dont il se servit pour enterrer Maria Hahn. Selon la coutume allemande, le tribunal était composé de trois juges et d'un jury. Kürten se tenait debout au banc des accusés, élégamment vêtu, les cheveux bien peignés, l'air agréable et attentif. Il avait maintenant près de quarante-huit ans et avait passé plus de vingt années de sa vie en prison. Il était accusé de neuf meurtres et de sept tentatives de meurtres.

Le Dr Jansen, représentant l'accusation, demanda à plusieurs reprises de faire évacuer la presse face à des dépositions peu agréables, mais les juges refusèrent. Le président de la Cour, le Dr Rose, demanda à Kürten de décliner son identité. «Je suis né en 1883... enfant j'ai beaucoup souffert de la brutalité de mon ivrogne de père.»

Le juge: – Pourquoi avez-vous écrit ces lettres à la presse et à la police?

Kürten: – J'espérais une réaction de leur part face à un tel sadisme, et j'ai réussi.

Le juge: – Qu'est-ce qui vous a fait passer du couteau au marteau pour agresser vos victimes?

Kürten: – J'espérais avoir plus de plaisir... mais cela ne m'a pas apporté la satisfaction que j'attendais. Kürten parlait d'une voix douce, comme s'il avait peur de se mettre à jour.

Plus tard au cours d'une déposition, Kürten dit: «En prison, je commençais à mettre au point la manière dont j'allais prendre ma revanche sur la société et cela, en lisant des histoires à sensation. J'ai lu, par exemple, tout sur Jack the Ripper, plusieurs fois. Lorsqu'il m'arrivait de penser à ce que j'avais lu en prison, je ressentais le plaisir que me donneraient toutes ces ‹choses› lorsque je les ferai une fois sorti.» Il parlait de son excitation sexuelle et de l'immense jouissance que lui procuraient le choc et l'indignation de ses actes criminels. Il admit également avoir délibérément changé le choix de son arme «pour faire croire à la présence de plusieurs meurtriers».

Le Professeur Berg témoigna, et décrivit Kürten comme

«le Vampire de Düsseldorf». Kürten, dit-il, ne pouvait pas être classé dans une catégorie. Il n'avait aucun *modus operandi*. Parfois, il volait ses victimes, d'autres fois, non. Il agressait des hommes, des femmes, des enfants, ce qui montrait une totale aberration sexuelle et cependant, vivait une vie normale de mari avec sa femme qui jamais ne le soupçonna. Ce n'était pas un faible, mais il savait ce qu'il voulait et avait une mémoire incroyable à propos des crimes commis ces vingt dernières années. C'était un pyromane, un mégalomane, et un malade sexuel. Kürten diffère du sadique normal en ce sens qu'il exerce «différentes méthodes de violence» de façon alternative. Au lieu de suivre un *modus operandi* fixe, il change délibérément de méthode pour tromper la police et il y réussit. Il a une grande capacité à mentir et à décevoir, il a une forte présence d'esprit et une facilité à bluffer.

Quelques années auparavant, Kürten était un cambrioleur professionnel, qui devint un meurtrier afin d'éviter de se faire prendre. C'était un criminel habile et vaniteux. Son excuse de se venger contre une société injuste n'était qu'un masque pour cacher ses pulsions sexuelles sadiques. Ses années de solitude passées en prison avait développé chez lui un pouvoir d'autosuggestion: «La capacité à atteindre l'orgasme seulement par le plaisir que lui procuraient ses fantasmes sexuels.» Secouant tristement la tête d'une façon désabusée, le Dr Berg disait, «Kürten est parfaitement sain d'esprit».

Le Professeur Rather, psychiatre, témoigna en faveur de la défense une forme de démence au moment où Kürten tuait. Le Professeur Sioli représentait l'accusation.

L'épouse de Kürten déclara: «Je n'ai jamais pensé à une quelconque relation entre mon mari et les meurtres de Düsseldorf. Je n'ai jamais remarqué une seule tache sur ses vêtements, car il était toujours très propre et impeccable sur lui. Il dormait toujours à poing fermé. Il prenait tout du bon côté, était gentil et avait bon cœur. Il me parlait souvent des mauvais traitements auxquels il avait été soumis en prison, et surtout d'avoir été enchaîné en pleine ville alors qu'il n'était qu'un enfant.»

Le Dr Hertel, le magistrat qui avait interrogé et reçu les premiers aveux de Kürten, dit à la Cour: «Kürten était un mystère. Quel était son état d'esprit avant et pendant ses crimes? Pourquoi s'était-il confessé à son épouse?... Kürten avait certainement deviné que son heure était venue. Se sentant avoir terriblement mauvaise conscience, il dévoila son secret... J'eus immédiatement l'impression qu'il se rétracterait... Ce qu'il fit... Le combat avec Kürten dura deux mois, car il fut un adversaire habile, persuasif et intelligent. A la fin, il s'était créé un certain attachement entre lui et moi... Ses aveux était le fruit d'une volonté totalement libre. Il s'inclinait devant la loi... Il admit avoir prémédité chacun de ses crimes.»

Le Dr Jansen, le procureur, s'adressa au Professeur Sioli et lui demanda: «Kürten nous avoua que s'il était menacé d'arrestation, même en plein milieu d'un rapport sexuel, il pouvait tout stopper et s'enfuir. N'est-ce pas là la preuve qu'il peut aller contre ses pulsions?». «C'est une preuve» répondit le Professeur Sioli.

Le Dr Wehner, jeune avocat de la défense, demanda au témoin: «Un autre expert disait de Kürten qu'il était le «Vampire de Düsseldorf» parce qu'il réunissait, à lui tout seul, presque toutes les perversions sexuelles. Cela ne change-t-il pas votre opinion?»

Professeur Sioli: – Je ne peux pas considérer l'affaire Kürten comme un cas limite de préméditation.

Docteur Wehner: – Il est absolument terrifiant de voir Kürten comme une énigme que je ne peux pas résoudre. Haarmann ne tuait que des hommes, Landru seulement des femmes, mais Kürten tua des hommes, des femmes, des enfants, des animaux, tout ce qu'il trouvait sur son passage!

Professeur Sioli: – Et avec cela, c'était un homme très intelligent et très agréable. (Cette boutade provoqua quelques rires crispés.)

Un témoin, une jeune fille qui avait été agressée par Kürten alors qu'elle était âgée de seize ans, raconta à la Cour comment un jour, alors qu'il se tenait devant une exposition de criminels et de cambrioleurs en cire, il dit «Un jour je serai aussi célèbre qu'eux.» Ce désir «d'être connu» motiva de nombreux crimes – notamment l'assassinat d'hommes célèbres – mais cette façon de réagir est présente chez la majorité d'entre nous. James Berry, un ancien bourreau, raconte dans son autobiographie *My Experiences as an Executioner*, que l'idée de devenir bourreau lui fut donnée après avoir lu un article dans un journal sur un de ses prédécesseurs, Marwood. «Voyager et devenir célèbre comme lui» pensa-t-il.

Les dernières confessions de Kürten furent très intéressantes. Il avoua que la véritable raison pour laquelle il avait confessé ses meurtres à sa femme était «qu'à un certain moment de sa vie, le criminel ne peut pas aller plus loin. Et c'est cela qu'il avait vécu».

Dans son discours final le procureur déclara, «Kürten a quarante-huit ans et il a passé plus de vingt ans en prison. Ses désirs sadiques se développaient à une intensité folle et lui permirent de jouer avec son imagination...» Mais il n'a aucune raison pour faire de son enfermement la cause de ses actes. Lorsqu'il sortit de la cellule réservée aux détenus soumis à un régime spécial, il se rendit compte que tout cela l'avait amené à céder à ses désirs sans en éprouver aucun malaise...

«Sadique, égocentrique et affligé de la folie des grandeurs, Kürten avait neuf victimes à son actif, toutes tuées de la façon la plus horrible, seulement pour satisfaire son propre appétit. Il torturait ses victimes d'une manière de plus en plus bestiale avant de les tuer, son appétit étant de plus en plus difficile à satisfaire. Il commençait à s'attaquer à toutes les couches de la population. Kürten mérite vraiment le nom de Vampire de Düsseldorf.»

«D'après les experts en psychiatrie, Kürten était complètement responsable de ses actes. Il tuait seulement pendant ses temps libres, lorsqu'il savait que sa femme travaillait. S'il avait tué au moment d'une idée noire, ou d'une pulsion, il n'aurait jamais choisi ses moments avec autant de soin. Sa thèse de l'expiation, où il cherche une victime pour apaiser son sens de la justice erronée par le mal qu'il se fait à lui-même, n'était pas une hallucination, mais une création de sa propre imagination... pour se défendre de ses propres actes. Kürten pensait qu'il pouvait céder à ses fantasmes à volonté au détriment de ses victimes. La véritable raison aux actes de tous ces criminels était la satisfaction sexuelle. Kürten est un pyromane, un sadique, un fétichiste et un masochiste... Un homme d'une grande intelligence et d'un esprit profond, qui est absolument et entièrement responsable de tous ses actes... Je requière pour Peter Kürten la peine de mort pour chacun de ses neufs crimes.»

L'avocat de Kürten dit à la Cour: «Je suis moi aussi convaincu de la culpabilité de Kürten. Mais un esprit de cette sorte ne peut pas être disséqué, ni analysé comme un être ordinaire. Kürten est une énigme psychologique.»

Après une heure et demie de débats, le jury déclara Kürten coupable de tous les actes qui lui étaient reprochés. Il fut condamné à mort neuf fois. Il refusa de faire appel, disant au Dr Berg: «J'aurai un plaisir fou d'entendre le sang jaillir lorsque ma tête tombera dans le panier.» Il ajouta: «Jamais je ne pourrai arrêter de tuer. Si aujourd'hui j'étais à nouveau dehors, je ne pourrais pas garantir que je ne recommencerais pas. Jusqu'à maintenant je n'ai jamais eu mauvaise conscience. Je ne peux pas agir différemment.»

Kürten finalement demanda pardon, mais on ne le lui accorda pas. Cependant, le gouvernement étant en train de débattre de l'abolition de la peine de mort, nous pensions qu'il ne serait pas exécuté, mais il n'en fut rien. Kürten qui était catholique laissa une lettre à la famille de chacune de ses victimes exprimant son regret, mais n'ayant aucun remords. Les jours qui suivirent sa condamnation, il reçu de nombreuses lettres d'amour et de demandes d'autographes.

Le matin du 2 juillet 1931, à la prison de Klingelpütz à Cologne, Kürten fut guillotiné. Il avait beaucoup apprécié le dernier repas du condamné, composé d'une escalope viennoise, de frites et de vin rouge, et il en redemanda. Il resta enthousiaste jusqu'à la fin.

Au cours de son procès, Kürten avait exprimé l'espoir de voir le moindre détail de ses crimes publié dans la presse, lui-même ayant été frappé par la lecture de tels articles. C'est un point qui mérite que l'on s'attarde dessus. Si vous croyez que la littérature pornographique et violente puisse influer sur un tueur potentiel, pourquoi écrire sur Kürten?

La réponse est simple: l'étude des meurtres et de la criminologie permet de tenter de trouver une *raison* dans ce qui autrement pourrait être considéré comme un massacre gratuit et insensé. Et un crime peut en effet nous apprendre plus sur les véritables motivations qui poussent un homme à ses instincts les plus bas, que n'importe quel roman. Sir Leslie Stephens, lui-même juge, écrivait il y a longtemps: «Un bandit de grand chemin est souvent plus intéressant pour les historiens que le juge instruit qui le fait pendre.»

Lombroso fut le premier à essayer de trouver un motif à tout ce chaos de crimes, même si sa méthode a longtemps été discréditée. Le Sherlock Holmes de Conan Doyle personnifiait très bien ceci lorsqu'il disait à Watson: «Si seulement nous pouvions soulever le toit de toutes les maisons de Londres, nous verrions les méandres d'une société tourmentée, les raisons...»

Le premier point qui ressort de l'étude sur Kürten, est l'effet néfaste qu'un enfermement dans la durée produit sur un être humain. Albert Camus le ressentait remarquablement lorsqu'il écrivait dans *l'Homme Révolté:* «Vingt-sept années de prison ne transforment pas un esprit de la même façon pour tous les détenus, certains deviennent des poules mouillées, d'autres des tueurs... En prison les rêves n'ont pas de limites et la réalité n'a aucune restriction. L'intelligence en chaîne perd en lucidité ce qu'elle gagne en intensité.» Il parlait du Marquis de Sade, un homme qui n'avait rien perdu de son intelligence à travers ses années passées à la Bastille et qui déversait ses fantasmes avec des mots.

Je sais, par expérience personnelle, que la prison est un lieu d'où l'homme sort soit brisé, soit encore plus dur. L'enfermement diminue l'esprit et l'homme peut supporter cette situation jusqu'à un certain point: juste ce qu'il faut pour le remettre dans les rails, trop l'abîmerait davantage. En prison, Kürten passait son temps à rêver de vengeance, de «justice compensatoire», c'est-à-dire: tourner le dos à ses bourreaux en tourmentant les innocents. Ceci est logique, mais derrière il y a une espèce de processus de pensée pervertie.

Lacenaire, le détenu philosophe écrivain, reflète bien cette thèse. Il fut exécuté en janvier 1936, à l'âge de trente-six ans. Dans ses *Memoirs* il raconte son état d'esprit suicidaire au moment de ses crimes, son désespoir face à la société. Mais plutôt que de se supprimer, il décide de «prendre le sang de la société». Il était l'archétype du solitaire, un homme intelligent qui désespérait de l'injustice sociale qu'il voyait autour de lui et se retranchait dans le défaitisme du crime. Il criait vouloir «supprimer toute relation avec la société» et à ce moment-là, la lame triangulaire de la guillotine exhaussa ses souhaits.

Les annales du crime sont remplies de ce genre de personnages.

Chapitre III

Les amoureux de la mort

Il est impossible d'écrire un livre de cette nature dans un ordre chronologique – ce qui serait l'idéal. De temps en temps, afin d'étudier un point intéressant, il est nécessaire de regrouper plusieurs affaires, qui n'ont rien à voir entre elles ni dans l'espace, ni dans le temps. Dans ce chapitre, mon intention est d'examiner le lien qui existe entre le crime sexuel et la nécrophilie, un lien crucial qui a été ignoré dans le passé par les écrivains. C'est pourquoi je trouve nécessaire de dresser le portrait des tueurs les plus notoires, rentrant dans cette catégorie.

Il est indubitable que de nombreux cas mentionnés auraient mérité que je leur consacre un chapitre, mais le manque de place rend ceci impossible. Cependant, chaque fois que je le pourrai, j'insérerai un chapitre dédié à un genre représentatif d'une catégorie: Peter Kürten, Ted Bundy...

En 1942, l'écrivain F. Tennyson Jesse propose six catégories de motifs criminels: l'Argent, la Vengeance, l'Elimination, la Jalousie, la Luxure, la Persuasion. Ils sont valables depuis tout temps et avec un petit effort mental nous pouvons entrer dans l'esprit du criminel, du violeur, du voleur ou de l'assassin.

Mais cela demande beaucoup de temps et de réflexion pour tenter de comprendre la notion de nécrophilie, le désir d'avoir une relation sexuelle avec un mort, ou plus exactement un désir sexuel dirigé vers la mort. Sous quelle catégorie de motivation allons-nous placer cette envie ?

A première vue cela apparaît être une espèce d'envie sexuelle maladive et de par ses antécédents, l'auteur du crime tombe dans une sorte de vertige. Ce genre de crime semble défier la raison et nier l'existence de la pulsion de chaque être humain qui pourtant existe.

La première explication qui vient à l'esprit est de voir le nécrophile comme un homme qui ne peut pas regarder une femme vivante. Ceci semblerait être une preuve soutenant la thèse d'une déficience sexuelle chez l'homme. Christie qui tuait ses victimes avant de leur faire l'amour était surnommé «Reggie No-Dick» et *Can't Do It Christie* à Halifax lorsqu'il était jeune. Mais cette thèse ne me satisfait pas, elle est beaucoup trop *évidente*. La plupart des hommes qui ont ce genre de problème achètent des magazines pornographiques, voire même des poupées gonflables, mais ils ne tuent pas. Le mécanisme psychologique qui pousse un homme à faire l'amour avec une morte a des origines plus profondes que cela.

Pour commencer, il est important de définir ce que nous entendons par nécrophilie. Les médecins divergent sur ce point, mais en théorie c'est un individu qui aime avoir des relations sexuelles avec une morte simplement parce qu'elle **est** morte. Dans la littérature médicale, de nombreux ouvrages présentent des cas qui ne se réfèrent pas au sens donné ici à la nécrophilie. C'est le cas, par exemple, du personnel de la morgue qui a simplement plus d'opportunité et qui peut assouvir en secret ses désirs sexuels.

Paul de River, psychiatre à Los Angeles, relate dans son livre *The Sexual Criminel* (1956) un exemple type. L'individu en question était un célibataire de quarante-trois ans qui disait : « A l'âge de onze ans, alors que j'étais fossoyeur à Milan, en Italie, je commençais à me masturber, et quand j'étais seul je le faisais en touchant les cadavres de jeunes femmes. Plus tard, je mis mon pénis dans le corps des jeunes filles mortes. Puis je partis pour l'Amérique... Mon job consistait à laver les corps à la morgue. Ici, je pouvais assouvir mes besoins sexuels avec des femmes mortes, parfois dans leur cercueil ou sur la table où je lavais les cadavres. »

Ce cas semblerait correspondre tout à fait au cas d'un individu perturbé sexuellement. Mais est-ce vraiment cela ? Il peut être difficile pour un immigré dans un pays de rencontrer un partenaire sexuel, c'est pourquoi il prenait ce qui était disponible. Cependant d'autres cas encore plus pervers ne peuvent pas s'expliquer aussi simplement. Le Dr De River dans une autre affaire montre l'évolution d'un comportement maladif d'un jeune employé à la morgue, âgé de vingt et un ans, D.W. A l'âge de dix-huit ans D.W. tomba amoureux d'une jeune fille. Il fit l'amour avec elle juste une fois, puis elle décéda de la tuberculose. Sa mort l'avait complètement bouleversé, si bien qu'au cours de l'enterrement il voulut sauter dans la tombe avec elle. Plus tard, il raconta : « Chaque fois que je me masturbais, je me voyais faire l'amour avec ma bien-aimée. » Il abandonna alors son projet d'entrer à la Faculté de médecine, et s'inscrit à l'école des Pompes funèbres. Il travailla beaucoup et obtint son diplôme. Mais la présence des femmes mortes l'excitait, et il commença à se masturber sur elles, puis se mit à violer leurs cadavres. En deux ans, il viola des centaines de cadavres de femmes, allant des enfants aux vieilles dames.

Ainsi raconte le Dr De River : – ... Une fois il fut tellement impressionné par le cadavre d'une jeune fille de quinze ans, que lorsqu'il se retrouva seul avec elle, la nuit qui suivit sa mort, il but son sang. Ceci l'excita sexuellement si fort qu'il entra un tube de caoutchouc dans son utérus et aspira l'urine de sa vessie... il ressentit alors une forte envie d'aller plus loin... il mordilla une partie de son corps. Il était incapable de résister à ce désir, il retourna le corps de la jeune fille sur le ventre et mordit la chair de ses fesses... Il s'accroupit alors sur elle, et sodomisa son cadavre.

Ce type de comportement est très étrange, voire répulsif. Il est aussi criminel, la nécrophilie étant un acte criminel dans toute société civilisée, mais ce n'est pas exactement ce que nous recherchons. L'individu qui nous intéresse est celui qui tue en choisissant le sexe, qui préfère les femmes mortes aux femmes vivantes et volontaires. Nous ne trouverons pas notre spécimen dans la salle d'attente d'un psychiatre, mais sur la longue liste déprimante des tueurs sexuels.

Le cas le plus ancien est celui du sergent *François Bertrand*, un jeune soldat français né en 1822, qui fut arrêté à Paris en 1849 pour une série de crimes sexuels. C'était un enfant inhabituellement fort avec une importante dose de sadisme en lui. Il avait de gros accès de colère et à l'âge de huit ans s'était déjà masturbé. Il entra dans l'armée et devint un bon soldat. Vers l'âge de vingt-quatre ans, il se mit à traiter les animaux avec sadisme, tuant les chiens et leur enlevant les intestins à mains nues. Il devint nécrophile à vingt-cinq ans et le relate en détail dans ses aveux.

– A midi, je me promenais avec un ami. Nous allions au cimetière de la garnison lorsque, voyant une tombe remplie à moitié, je m'excusai auprès de mon ami et je partis. Un peu plus tard, je retournai sur la tombe en question. Pris d'une envie sexuelle terrifiante, je me mis à creuser la tombe à l'aide d'une bêche, oubliant qu'il faisait jour et que je pouvais être vu. En apercevant le cadavre d'une femme, un délire fou m'envahit et en l'absence de tout autre instrument, je me mis à frapper son cadavre avec ma bêche. Mais un ouvrier fut attiré par le bruit et s'approcha de la grille du cimetière. Lorsque je le vis, je m'allongeai à côté du cadavre et attendis silencieusement pendant un moment. Puis, alors que l'ouvrier était allé chercher la police, je recouvris le corps de terre et quittai le cimetière en faisant le mur. Tremblant, en nage et complètement hébété, je m'assis quelques heures dans un petit bois. Lorsque je retrouvai mes esprits, c'était comme si mon corps avait été réduit en bouillie et j'avais la tête vide.

Plus tard, il déterra le corps de ses mains et lui ouvrit l'abdomen.

Bertrand continua à commettre des meurtres de cette nature. Une fois, il déterra en une nuit quinze corps, jusqu'à ce qu'il en trouve un qui le satisfasse, allant jusqu'à nager dans la rivière pour céder à sa perversion. A propos du cadavre d'une jeune fille de seize ans, il racontait : « Je lui fis tout ce qu'un amoureux peut faire à sa maîtresse. » Et il ajouta : « Cette jouissance ne se compare pas avec celle éprouvée sur une femme vivante. » Finalement, il fut arrêté suite à un piège très élaboré : il trébucha sur une corde attachée à la gâchette d'un pistolet et fut ainsi blessé par une balle. Suite à son procès, il fut condamné à un an de prison et disparut dans les annales du crime.

Le calme était revenu quand, en 1871, *Vincenz Verzeni*, âgé de vingt-trois ans, commit deux meurtres sexuels : un sur une enfant de quatorze ans et l'autre sur une jeune femme de vingt-huit ans. Il l'agressa dans les champs, l'étrangla et lui retira les intestins et les organes génitaux à mains nues. Au cours de son interrogatoire, il avoua avoir joui sexuellement au moment où il étranglait la jeune femme. Verzeni s'annonçait comme le précurseur de «Jack the Ripper».

La France eut son propre Ripper approximativement en même temps que nous. *Joseph Vacher* fut jugé en 1897 et guillotiné le 31 août 1898, puis sa tête fut examinée par des experts à la recherche d'indices de sa personnalité quelque peu tordue. Né en 1869, il exprima toute sa vie son ressentiment contre la société. (On disait qu'un chien qui l'avait mordu à l'âge de huit ans était la cause de tous ses problèmes.) Il venait d'une famille de paysans, où ils étaient quinze enfants. Depuis son très jeune âge il souffrait d'une forme de dépression comme si la vie était toujours grise.

A un moment, il entra au monastère, comme s'il cherchait à donner un sens à sa vie, mais il fut mis dehors pour avoir fait des avances sexuelles aux autres novices. Au cours de son service militaire, il tenta de se suicider après avoir été rejeté par une jeune fille à qui il proposait le mariage, et resta paralysé du côté droit. Il s'engagea à se faire soigner dans un hôpital psychiatrique, qui le renvoya comme «guéri» en avril 1894.

C'est à partir de ce moment-là et dans la même année, qu'il commença à tuer, menant une vie de clochard et errant dans la campagne à la recherche d'une victime. En mai 1894, il tua une jeune fille de vingt ans, Eugénie Delhomme, qui fut sa première victime. Après l'avoir étranglée, il lui trancha la gorge, lui prit le sein droit, lui piétina le ventre, et fit l'amour avec son corps.

Environ trois ans plus tard, Vacher tua sept femmes et quatre jeunes garçons, qu'il éventra pour la plupart.

Pendant les cinq mois qui suivirent son arrestation, il fut examiné par une équipe de psychiatres dirigée par le Professeur A. Lacassagne. C'était certainement la première fois qu'une expérience de ce genre était effectuée afin de comprendre ce qui se passe dans l'esprit d'un tueur. Il avoua ses crimes en disant : « Oui, c'est moi qui ai commis tous ces crimes pour lesquels je suis accusé, et je les ai commis dans des moments d'excitation extrême. »

Il devait être conduit à la guillotine à demi-inconscient.

Bela Kiss, dans son cas, nous rencontrons un trait caractéristique du nécrophile. Bela Kiss, de nationalité hongroise, conservait les corps de ses victimes, comme un collectionneur de papillons conserve ses spécimens. En 1916, alors que des soldats cherchaient de l'essence dans sa ferme en Hongrie, ils découvrirent au moins une vingtaine de cuves à pétrole contenant chacune le cadavre d'une femme étranglée marinant dans l'alcool. Kiss passait régulièrement par les petites annonces pour rechercher des compagnes et bien que la presse attribuait la motivation de ses meurtres au vol des effets personnels de ses victimes, l'énigme est toujours présente : pourquoi garder les corps ? Entre parenthèses, Kiss ne fut jamais arrêté. Peut-être s'était-il servi des papiers d'identité d'un soldat mort et avait-il émigré en Amérique ?

L'Angleterre ne manqua pas de criminels sexuels. En 1946, ce fut l'affaire Neville Heath (voir p. 153), un tueur sadique de vingt-huit ans qui fut pendu pour les meurtres de deux femmes.

Dans le cas de *John Reginald Halliday Christie*

(voir p. 168) nous voyons en détail l'effondrement intérieur d'un tueur. En 1953, six cadavres de femmes dénudées furent découverts dans une maison au 10 Rillington Place, Notting Hill à Londres.

Après son arrestation, le tribunal le déclara nécrophile. Une des femmes était morte, ou du moins inconsciente avant qu'il puisse aller au bout de son érection.

Jusqu'ici, les cas étudiés semblent montrer une espèce de revendication du moi : le désir d'avoir un pouvoir total sur la victime. Les problèmes sexuels ne sont plus une explication à la nécrophilie. En effet, le sergent Bertrand était un homme extrêmement viril qui satisfaisait et sa femme et ses maîtresses. Peter Kürten satisfaisait les prostituées avec lesquelles il vivait, et sa femme se plaignait qu'il avait un appétit sexuel insatiable. Il semblerait qu'un indice vital manque à l'appel. Les problèmes sexuels et la revendication du moi ne suffisent pas à expliquer un tel phénomène. Nous avions besoin d'une autre explication.

Les *Tueurs de la Lande* nous donnèrent un indice. Cet indice fit jour lorsque Myra Hindley permit à Ian Brady de prendre des photos d'elle agenouillée sur la tombe de John Kilbride. Pourquoi ? Etait-ce une sorte de rituel mystérieux ? Nous pouvons nous attendre à trouver un obsession de la mort dans l'explication du comportement de l'amoureux des morts, comme le justifie le cas suivant.

Ed Gein, célibataire, avait cinquante et un ans lorsqu'il fut arrêté en 1957 pour le meurtre de Bernice Worden, propriétaire d'un magasin à Plainfield dans le Wisconsin, aux USA. Gein était un fermier qui éduqué par une mère puritaine, qui avait fait du sexe un sujet tabou. Pour pallier à cela, Gein déterra des cadavres de femmes pour les examiner et faire des expériences dessus. Il en rapporta au moins un chez lui avec lequel il fit l'amour. Il déterra plus d'une douzaine de femmes d'âge mûr, conservant les organes sexuels et replaçant les restes du corps dans la tombe, expliquant que la simple pensée que les vers puissent aller sur les organes sexuels lui était insupportable, car c'était «comme des choses vivantes».

Plus tard, lorsqu'il n'eut plus accès aux cadavres, il se mit à tuer pour satisfaire son appétit sexuel. Le commerçant qui avait disparu, fut retrouvé à la ferme de Gein, décapité et pendu par les talons. Gein avoua qu'il avait aussi tué et exposé le corps de Mary Hogan, l'aubergiste de la ville. A la ferme de Gien, on retrouva une collection assez morbide de restes humains. Dans son réfrigérateur, il stockait des organes humains ayant appartenus à quinze corps. Il avait mangé la chair de quelques-unes de ses victimes et dépouillé les autres de leur peau qu'il utilisait pour confectionner des objets personnels comme des ceintures ou des portefeuilles. Il avait même conservé la poitrine entière d'une femme. On disait aussi qu'il avait donné de la venaison à ses voisins, mais Gein déclara aux psychiatres: «Je n'ai jamais tué un daim...» Gein fut enfermé dans un hôpital psychiatrique de la région et sa ferme fut brûlée jusqu'au sol par les gens du pays horrifiés. Ed Gein inspira Alfred Hitchcock pour son film *Psychose*. Il mourut à l'âge de soixante dix-sept ans, à l'hôpital psychiatrique, en juillet 1984.

Entre juin 1962 et janvier 1964, *Albert DeSalvo*, le «Boston Strangler» (voir p.129), tua treize femmes. On l'identifia comme le Strangler, car lorsqu'il fut hospitalisé au *Boston State Hospital,* il décida d'avouer qu'il était l'auteur d'une série de crimes sexuels. Personne ne le crut, et il dut insister fortement pour convaincre la police de sa culpabilité.

DeSalvo apporta un autre indice : il semblait en fait, honteux d'avoir tué une de ses victimes parce qu'elle l'avait « traité comme un homme », comme un *être humain*. Il recouvrit alors soigneusement son cadavre avant de quitter l'appartement, avec un profond remords. En d'autres termes, l'amoureux des morts, ne peut pas regarder en face ses victimes « personnalisées ». Ceci se sent très fortement dans le cas de Ted Bundy, un homme charmant, bien mis, ayant reçu une bonne éducation, qui tua vingt et une femmes. Lui aussi pense que la dernière chose qu'un tueur devrait faire est de « personnaliser la victime », ce qui pour lui signifie la reconnaissance de la victime en tant qu'être humain. Et, bien entendu, les tueurs ne le font pas. Pour eux ce sont des figurines en carton, des *choses* qui sont là pour être utilisées.

A nouveau, pourrait-t-on me faire remarquer que je ne montre pas de vrais nécrophiles mais simplement des tueurs sexuels sadiques, ce qui n'est peut-être pas le cas dans les affaires suivantes. Ed Kemper (voir p. 137) et Herb Mullins, tous deux des tueurs sexuels, opéraient chacun de leur côté sur le même territoire de Santa Cruz en Californie, durant les années 1972-1973. Les deux réunis tuèrent vingt-et-une personnes, déposant les corps de leurs victimes respectives sur le terrain de l'autre, afin de brouiller les pistes des enquêteurs. En fait, lorsqu'ils furent finalement arrêtés et placés dans des cellules voisines, ils s'insultèrent à voix haute, Kemper traitant Mullins de « sale type » pour avoir déchargé ses corps sur son territoire.

Herbert Mullins était un jeune homme psychologiquement affecté, ayant pour habitude de se brûler le pénis avec une cigarette. En octobre 1972, alors qu'il conduisait sur une paisible route de montagne, il s'arrêta pour tuer un vieil homme sans aucun motif. Deux semaines plus tard, il prit une jeune fille en stop, la poignarda à mort, et lui arracha les intestins à mains nues. Le 2 novembre, il tua dans un confessionnal un prêtre à coups de couteau et le 25 janvier 1973, il tua en une nuit cinq personnes. Le 6 février ce fut au tour de quatre garçons qui campaient dans un parc public. Il avait perdu tout contrôle de lui-même et multipliait les agressions comme un robot. Quelques jours après avoir tiré sur les jeunes campeurs, alors qu'il traversait en voiture une ville de la région, il entendit une voix intérieure qui lui disait « Herb, je veux que tu tues quelqu'un ». Il s'arrêta, se pencha par la vitre et, obéissant, tua d'un coup de fusil un vieil homme qui travaillait dans son jardin. Grâce à un voisin qui avait relevé le numéro d'immatriculation de la voiture, Mullins fut rapidement arrêté. A son procès il déclara avoir commis ces meurtres pour prévenir des désastres naturels tels qu'un tremblement de terre. Reconnu coupable pour dix meurtres sur les treize dont il était inculpé, il est susceptible d'être mis en liberté conditionnelle en 2020.

Hans van Zon fut l'auteur de massacres ; il tuait sans aucun motif et vivait dans un monde de fantasmes. Né en 1942 à Utrecht, en Hollande, il fut élevé comme un fils à sa maman, si bien qu'il était complètement introverti, ne se joignant jamais aux autres dans la cour de récréation. Il vivait complètement renfermé sur lui-même.

A seize ans, il quitta sa famille pour aller vivre à Amsterdam, se présentant comme un étudiant, mais vivant de délits mineurs. Il emprunta de l'argent, qu'il ne rendit jamais, pour s'acheter des vêtements chics, et se servit de son « look » pour trouver des partenaires, dont des hommes.

En juillet 1964, il commit son premier meurtre. Ce soir-là, il était sorti accompagné d'une jeune fille appelée Elly

Hager-Sagov et tout à coup fut pris d'une envie de la tuer. Prétextant qu'il n'avait plus de train pour rentrer chez lui, il passa la nuit chez elle et lui fit l'amour. Mais voyant qu'elle refusait de se donner une seconde fois, il l'étrangla, la déshabilla et lui trancha la gorge.

En 1965, il tua un producteur de film, homosexuel, Claude Berkeley à Amsterdam. En avril de la même année, ce fut au tour de sa petite amie, Coby van der Voort qu'il obligea à avaler un stimulant sexuel, qui en fait était un somnifère. Une fois inconsciente, il la frappa à mort à l'aide d'un long tuyau, la déshabilla, la poignarda, puis tenta de faire l'amour avec son corps.

Il fit l'erreur de se vanter de son crime en la présence d'un ex-détenu Oude Nol, qui le fit chanter en l'obligeant à commettre des meurtres pour lui rapporter de l'argent. En mai 1967, il tua un commerçant, et en août un fermier. Mais lorsqu'il tenta de tuer une riche veuve que Oude Nol avait autrefois courtisée, il manqua son coup et après avoir repris ses esprits, la riche veuve en question alla à la police porter plainte pour tentative de meurtre et vol d'une importante somme d'argent. Van Zon fut condamné à perpétuité et Oude Nol à sept années de prison.

Wayne Boden était un jeune canadien, connu sous le surnom de Wampire Rapist. En juillet 1968, il viola et tua Norma Vaillancourt, un professeur de 21 ans, dans son appartement à Montréal. Elle avait la poitrine couverte de marques de morsures. En 1969, Shirley Audette fut retrouvée violée et étranglée dans son appartement à l'ouest de Montréal. Elle aussi avait des marques de dents sur la poitrine. Le 23 novembre 1969, Marielle Archambault, employée dans une bijouterie de Montréal, quitta son travail accompagnée d'un jeune homme très soigné, appelé «Bill». C'était son nouveau petit ami. Lorsque le lendemain elle ne vint pas travailler, son employeur envoya quelqu'un à son appartement. On la découvrit morte, la poitrine méchamment mordue. Elle s'était défendue et une photo chiffonnée de « Bill » traînait sur les lieux du crime, mais ne donna malheureusement aucune piste sur l'identité du tueur.

Deux mois plus tard le Wampire Rapist sévit à nouveau. Cette fois la victime était âgée de vingt-quatre ans et s'appelait Jean Way. Elle fut retrouvée nue dans son appartement, avec les mêmes marques de morsures sur la poitrine que les meurtres précédents. Il flottait un vent de panique sur le Canada et d'importantes forces de police furent déployées pour rechercher le tueur. Mais, lorsqu'il frappa à nouveau, ce fut à 2000 miles de Montréal, à Calgary. Elizabeth Anne Porteous, un professeur, fut retrouvée morte dans son appartement le 18 mai 1971. Elle avait été violée et étranglée et avait des marques de morsures sur les seins. Un bouton de manchette d'homme fut retrouvé sous le corps. Des amis d'Elizabeth l'avait aperçue accompagnée de son nouveau petit ami, « Bill », qui conduisait une Mercedès bleue, avec un autocollant pour une publicité de viande de bœuf collé sur la vitre arrière. Le lendemain, la police intercepta la voiture et arrêta le conducteur, Wayne Clifford Boden, demeurant autrefois à Montréal. Il avait déménagé pour Calgary un an plus tôt. Il avoua avoir passé la soirée de la veille en compagnie d'Elizabeth Porteous et reconnut le bouton de manchette comme étant le sien, mais il insista sur le fait que lorsqu'il avait quitté la jeune fille, elle était bel et bien vivante.

Les preuves relevées lors d'une expertise médicolégale prouvaient sans aucun doute sa culpabilité. Son pantalon révélait des traces de sperme ainsi que des poils du pubis d'Elizabeth Porteous. Après avoir comparé les dents du prévenu avec les marques de morsures sur les seins, l'orthodontiste releva au moins vingt-et-un points identiques. Boden fut condamné à perpétuité pour le meurtre d'Elizabeth Porteous et plus tard il fut également condamné à la même peine pour chacun des trois meurtres commis à Montréal. Bien qu'étant à peu près certain que ces meurtres n'étaient pas prémédités, mais résultaient d'une envie sadique et dominatrice de mordre les seins des femmes, je pense que le lien avec la nécrophilie – le couple sexe et mort – semble mis en évidence dans ce cas.

Joachim Kroll sévit de juillet 1959 à juillet 1976, et terrorisa la région de la Ruhr en Allemagne de l'Ouest, où d'importantes forces de police étaient à sa recherche. C'était un meurtrier allemand qui étranglait et violait ses victimes, puis rapportait chez lui des portions de leur chair qu'il mangeait plus tard. Manuela Knodt, âgée de seize ans, fut retrouvée près du village de Bredeney, à côté d'Essen. Elle avait été étranglée, puis violée ou pire déflorée, et des morceaux de chair avaient été prélevés de ses cuisses et de ses fesses.

Le 23 avril 1962 Petra Grese, âgée de treize ans, fut découverte morte dans une forêt près de Walsum. Cette fois, il manquait les fesses, l'avant bras gauche ainsi que la main du même côté. Le 4 juin, deux mois plus tard, Monika Tafel, également âgée de treize ans, fut découverte morte également près de Walsum. Elle se rendait à l'école lorsqu'elle fut kidnappée. Elle fut aussi étranglée, violée et un grand morceau de chair lui avait été enlevé des cuisses et des fesses.

La presse avait surnommé le tueur le «Ruhr Hunter». Le 22 décembre 1966, le Hunter étrangla une fillette de cinq ans Ilona Harke dans un parc de Wuppertal. Il la viola et préleva de la chair des fesses et des épaules. Dix années plus tard, Marion Ketter, une petite fille de quatre ans jouait avec ses amis dans le Duisburg, une banlieue de Laar. Un homme d'âge mûr, petit et chauve, l'obligea à venir avec lui. Après avoir été alertée par la mère de la fillette, la police enquêta dans chaque appartement des immeubles. Dans l'un d'entre eux, un locataire leur raconta que son voisin Joachim Kroll lui avait dit de ne pas utiliser les toilettes du dernier étage parce qu'ils étaient bouchés. Et quand il lui demanda «avec quoi?», Kroll lui répondit: «avec des intestins.»

Un plombier fut alors appelé et trouva en effet dans les toilettes des intestins, mais aussi les organes génitaux d'un enfant ainsi que les poumons. Quand la police perquisitionna dans l'appartement de Kroll, elle trouva dans le freezer des morceaux de chair enveloppés dans des sacs en plastique. Puis sur la cuisinière, chauffait un ragoût dans une casserole, composé de carottes, de pommes de terre et d'une main d'enfant.

Kroll était un petit homme banal et bien entendu mentalement retardé. Lorsque, questionné au commissariat d'où il pensait être relâché, il avoua une douzaine de meurtres et de viols, le premier ayant eu lieu en février 1955. Son appartement était rempli de gadgets pornographiques et de poupées en caoutchouc. Kroll raconta qu'il aimait étrangler les poupées pendant qu'il se masturbait. Il parla très librement de ses désirs pervers et apparut, tout comme l'était Christie, être freiné dans ses relations sexuelles avec une femme consciente. A l'âge de vingt-deux ans, il commença à tuer pour le sexe. Il avait une vie sans but et sans racines, et avait beaucoup de temps pour étudier ses victimes et préméditer ses crimes. Il paraissait improbable qu'il ait cessé de tuer pendant une période de dix ans, entre Ilona Harke et Marion Ketter. D'autre part il était capable de se souvenir de douzaines de cas similaires qui n'avaient pas été attribués à Ruhr Hunter. Parce qu'il avait sévi un peu partout en Allemagne, la police n'avait pas fait le lien entre lui et les crimes, et ainsi il pouvait continuer à multiplier ses meurtres, l'Allemagne ayant de nombreux tueurs de ce genre – comme nous le verrons dans le chapitre suivant sur les criminels sexuels allemands – et Kroll était simplement l'un d'entre eux. Bien que mentalement anormal, sa ruse animale lui avait permis de sévir sans être inquiété pendant plus de vingt ans. Il est maintenant détenu dans un hôpital pour psychopathes.

William Miofsky, qui pourtant n'est pas totalement un nécrophile, car ses victimes étaient encore vivantes lorsqu'il les violait, est caractéristique de ce genre. Le Dr William Miofsky était anesthésiste au *Sutter Memorial Hospital* à Sacramento, en Californie. Son rôle était d'administrer des anesthésiants aux patients durant l'opération, mais les infirmières avaient remarqué qu'il outrepassait son devoir. Sournoisement, il insérait son pénis dans la bouche de ses patientes inconscientes et le faisait aller et venir avec douceur. Le 7 janvier 1979, une équipe d'infirmières enquêta sur ses pratiques et le trouva en pleine action sur une fillette de douze ans. Les infirmières en question en informèrent l'administration de l'hôpital, mais personne ne réagit. Il paraissait impensable qu'un membre supérieur du personnel puisse avoir un tel comportement. Furieuses, elles portèrent l'affaire devant le *County Medical Society,* qui prit acte. Après avoir été mis en face de la réalité, le médecin avoua, il fut destitué de ses fonctions, et tenta de se suicider. Puis soudain, des centaines de patients qui avaient séjourné à l'hôpital, déclarèrent avoir fait de mauvais rêves avec une sensation de haut-le-cœur dans la bouche. 155 femmes et 85 hommes par la suite poursuivirent l'hôpital en dommages et intérêts pour la somme de $ 500 millions. Miofsky fut envoyé dans un hôpital psychiatrique.

En Angleterre, ces dix dernières années dévoilèrent la présence de véritables monstres. Le 2 janvier 1981, Peter Sutcliffe (voir p. 381), le « Yorshire Ripper », fut finalement arrêté après une chasse à l'homme de quatre années ; il avait massacré et mutilé treize femmes. Le schéma de ses agressions était toujours le même : il matraquait ses victimes par derrière, d'un coup de marteau leur fracassant le crâne, puis leur poignardait à plusieurs reprises l'estomac et le vagin à l'aide d'un tournevis. Sutcliffe faisait de sa victime un « objet » en entrant symboliquement en elle le phallique tournevis. Au cours de son procès, Sutcliffe déclara que lorsqu'il travaillait comme fossoyeur, il entendait des voix qui lui dictaient de tuer.

Dennis Nilsen (voir p. 445), un ancien policier, fut jugé en 1983 pour le meurtre de quinze jeunes hommes, qu'il tua dans sa propriété de Londres. Il leur coupa le sexe et le jeta dans les toilettes. Souvent il avait des rapports sexuels avec les cadavres, se masturbait sur ce qu'il en restait dans un adieu symbolique, et même gardait un des cadavres assis dans un fauteuil pendant quelques jours parce que, disait-il : « C'était très agréable d'avoir quelqu'un chez soi. »

La littérature de la criminologie et de la psychiatrie est remplie de cas de sadisme et de nécrophilie. Freud, Krafft-Ebing, Hirschfeld, de River, tous ont écrit des compilations de cas ayant extasié, détaillant la perversion sexuelle, et malgré cela nous n'avons pas encore trouvé une explication satisfaisante à la nécrophilie. Dans cette brève étude sur les meurtres sexuels, nous avons mis en lumière des indices divers. Christie semblait dépeindre la thèse des problèmes sexuels chez l'homme ; mais d'autres comme DeSalvo, Kürten, Heath, Bundy, Sutcliffe, viennent contredire cette théorie, étant tous très virils et représentant dans un certain sens les *glamour boys* du crime. Ainsi apparaît la revendication du Moi, exprimée par le désir de dominer la femme en faisant d'elle un simple «objet». Mais est-ce une explication suffisante? Je ne le pense pas, car la revendication du Moi implique une personne ayant un but.

Je pense que le véritable indice se trouve dans la fréquence avec laquelle le tueur se masturbait sur ses victimes, comme s'il s'agissait d'un rite magique et mystérieux. Le Dr Francis Camp découvrit du sperme dans la trépointe des chaussures de Christie, ce qui laissait à supposer qu'il s'était masturbé debout au-dessus de ses victimes. Dennis Nilsen se masturbait directement sur le visage de ses victimes, comme le faisait Albert DeSalvo. L'atmosphère était de plus en plus lugubre, car c'était en effet un rite magique dirigé vers la mort et non vers la vie. Ces tueurs ne cherchaient pas à imposer leur Moi, mais plutôt à indiquer qu'ils étaient eux-mêmes, d'une manière ou d'une autre, morts et cela en dépit du *quiet thrill* de Christie.

La nécrophilie est fondée sur l'antivie. Le criminologue allemand H. von Hentig, la décrivit comme suit: «le désir de mettre en morceaux ce qui vit.» Il cite le cas d'un homme qui poignarda à mort trente-six vaches et juments et qui découpa plusieurs parties de leurs corps. Kürten arracha les intestins d'un chien. Mullins fit la même chose sur les filles qu'il tuait. Vacher éventrait ses victimes, comme le faisait *Jack the Ripper*. Gein massacrait ses poissons, les découpait puis les suspendait pour les faire sécher comme des carcasses d'animaux. Kemper préférait couper la tête des femmes, car de cette façon personne ne pouvait le regarder ni l'observer.

Tous ces tueurs dépeignent les symptômes classiques d'aliénation. Ils n'appartiennent pas au monde, ils dépersonnalisent leurs victimes se sentant eux-mêmes abandonnés par leur propre personnalité. Comme les schizophrènes, ils ont perdu tout contact avec la réalité et se dirigent vers la mort comme des robots ou des zombies, s'enfermant dans leurs propres cauchemars. Regardez comme la plupart d'entre eux accueillent leur exécution avec impatience : Fish attache lui-même les sangles sur la chaise électrique, Kürten désire entendre son propre sang couler, et Kemper demande la peine de mort.

Si nous regardons à nouveau la liste des motivations établie par F. Tennyson Jesse : argent, vengeance, élimination, jalousie, luxure et conviction, les criminels sexuels décrits ici s'inscrivent plus dans la rubrique « élimination » que dans celle de la « luxure ». Les amoureux de la mort éliminent la vie, tout comme le Marquis de Sade rêvait de supprimer le soleil afin d'en priver l'univers. Comme des êtres humains, ils sont déjà morts. Même Charles Manson disait au cours de son procès : « Vous désirez me tuer, mais je suis déjà mort, et je l'ai été toute ma vie. »

Dans un de ses essais G. K. Chesterton considérait le suicide comme le crime ultime, pire que le meurtre. Le meurtrier tue une personne, une douzaine ou plus. Le suicide tue toute l'humanité, puisque l'homme cesse d'exister pour lui-même. La théorie de « l'état suicidaire » de Freud peut être une tendance, heureusement rare, chez l'individu de choisir l'amour de la mort à la vie. L'homme devient alors un zombie. Ce ne sont pas des personnages de légendes, mais des morts-vivants réels qui traquent nos villes comme des monstres. Peut-être que certains se mêlent à la foule pour regarder bouche bée des accidents de voitures effrayants et épouvantables…

Chapitre IV

Les criminels sexuels allemands

Il peut paraître présomptueux pour un écrivain anglais, appartenant à un pays produisant à la fois *Jack the Ripper* et le *Yorshire Ripper,* de rappeler que l'Allemagne est parmi tous les pays européens, celui qui détient le record de tueurs sexuels, et que quiconque a pu lire les annales du crime constatera que c'est un fait.

Le crime passionnel est typiquement français, comme l'indique son nom, et parmi d'autres formes de crimes comme l'empoisonnement ou le meurtre au cours d'un hold up. Il est difficile de trouver un vrai tueur sexuel parmi les Français. Il y avait Henri Landru, surnommé « Bluebeard », le tristement célèbre meurtrier de dix femmes et d'un garçon entre 1915 et 1919 mais qui, d'après le pragmatisme de Gallic, tuait pour l'argent et non pour le sexe. Le Dr Marcel Petiot fut guillotiné en mai 1946 pour le meurtre de vingt-sept personnes (bien qu'il admit en avoir tuées soixante-trois), mais à nouveau le mobile était le profit et non le sexe. Même Troppmann qui en 1869 massacra une famille de huit personnes, tuait pour le profit. Joseph Vacher, le « Ripper » français est le seul véritable criminel sexuel notoire dans cette période de l'histoire moderne de ce pays.

Pourquoi alors, l'Allemagne aurait-elle produit autant

de criminels sexuels, et non pas seulement de «banals» meurtriers sexuels, mais des nécrophiles et des anthropophages, tels que Grossmann, Haarmann, Denke, Kürten et Kroll ? La réponse semblerait être enfouie profondément dans le processus psychique de la nation allemande : une sombre impulsion qui trouve sa pleine expression pendant l'ère nazie.

Fritz Haarmann, le Boucher de Hanovre, qui était homosexuel, tua environ cinquante jeunes hommes entre 1918 et 1924, vendant leurs corps comme de la viande de boucherie, après les avoir sodomisés. Il déclara tuer ses victimes en les mordant à travers la trachée. Il avait aussi un excellent sens du commerce, en vendant leurs vêtements. Lors de son procès il insista pour se défendre seul. Lorsqu'on lui montra une photo de ses supposées victimes, il protesta : « J'ai du goût après tout. Jamais je n'aurais pu choisir une créature aussi affreuse que celle représentée sur la photo. » Il dit avec fermeté à la Cour : «Je désire être exécuté sur la place du marché. Sur ma tombe, il doit y avoir l'inscription suivante : ‹Ici repose le Boucher Haarmann›.» La Cour ne donna suite à aucune de ses requêtes, et Haarmann fut décapité en bonne et due forme.

Adolf Seefeld était un personnage triste et minable. C'était un tueur homosexuel qui poursuivit son massacre sous le Troisième Reich et fut exécuté comme prévu par ses nouveaux dirigeants. Ses crimes furent cachés sous la pression des nazis qui essayaient de représenter à la fois, l'ordre et la moralité. Né en 1871, Seefeld fut tout d'abord inculpé pour le meurtre d'un jeune garçon en 1908, mais il n'y avait pas assez de preuves pour le condamner. Cependant, il devait passer vingt-trois années en prison pour délinquance sexuelle contre de jeunes garçons.

La profession de Seefeld était de réparer les montres et les réveils de voyage, mais en réalité il menait une vie de clochard, dormant souvent à la belle étoile. Il se fit une réputation de sorcier parmi les paysans qui le pensaient capable de jeter un sort sur les moutons et le bétail.

Le *modus operandi* de Seefeld n'était pas courant : il tuait ses victimes en les empoisonnant avec un breuvage qu'il concoctait à partir de plantes sauvages et de champignons. Ses douze victimes furent toutes retrouvées dans une attitude paisible, sans aucune preuve apparente de sévices sexuels. Ce qui laisserait à penser que Seefeld n'exerçait plus de son charme par ses pratiques homosexuelles et qu'il trouvait une sensation beaucoup plus forte dans le crime.

Parmi ses victimes, il y eu Kurtz Gnirk, âgé de onze ans, assassiné le 16 avril 1933 ; Ernest Tesdorf, dix ans, tué le 2 novembre 1933 ; Wolfgang Metzdorf, sept ans, tué le 22 novembre 1933 ; le même jour ce fut le tour d'Alfred Praetorious, âgé de dix ans. Puis, ce fut Hans Korn, onze ans, le 16 janvier 1934 ; deux garçons, Thomas et Newmann, furent découverts le 16 février 1934 ; à nouveau deux garçons, Edgar Diettrich, six ans, et Arthur Dinn, quatre ans, furent retrouvés ensemble dans une forêt le 16 octobre 1934 ; et pour terminer un garçon appelé Zimmermann fut assassiné le 23 février 1935.

Seefeld fut arrêté après le meurtre de Zimmermann, et son procès eut lieu une année plus tard. Il fut exécuté le 23 mai 1936. C'est un cas très intéressant, car le personnage a le profil habituel d'un criminel sexuel, avec des intervalles entre les crimes de plus en plus courts, comme si la spirale entrait dans une frénésie finale.

Paul Orgosov opéra en Allemagne entre 1939 et 1941 durant l'ère nazie et fut surtout connu sous le pseudonyme de « Tueur de la S Bahn » parce qu'il avait pour habitude de tuer les femmes dans le train ou près des lignes de chemins de fer. Sadique, il violait ses victimes après les avoir assommées à mort. Il fut jugé le 24 juillet 1941, à l'âge de vingt-huit ans. Son procès fut très court, puisqu'il ne dura qu'un seul jour, les nazis ne voulant pas que l'affaire s'ébruite, car Ogorzov était un membre connu du parti. Il fut déclaré coupable du meurtre de huit femmes, principalement dans les alentours de Berlin et fut rapidement exécuté dans les deux jours qui suivirent le verdict.

Bruno Lüdke sévit lui aussi pendant la guerre, et ses crimes furent étouffés par les nazis. Né en 1909, il était mentalement défaillant et commença à tuer à l'âge de huit ans. Grâce à l'agitation et la confusion d'un pays en temps de guerre, il lui fut très aisé de tuer en Allemagne sans se faire repérer. Il fut castré par les SS suite à une condamnation pour sévices sexuels, mais ceci n'amenuisa en rien son appétit sexuel. Son histoire était celle d'animaux torturés et le passé psychiatrique d'un sadique « épanoui ». Alors qu'il travaillait dans une blanchisserie, il utilisa une charrette à cheval pour renverser, délibérément, une femme.

Le 29 janvier 1943, le corps de Frieda Rösner, âgée de cinquante et un ans, fut retrouvé dans une carrière de cailloux à l'extérieur de Berlin. Elle avait été étranglée. Près de son corps se trouvait une petite pile de bois de chauffage qu'elle avait ramassé. L'enquête fut dirigée par le commissaire Franz, un policier qui avait la réputation de mener à bien les affaires qui lui étaient confiées. Il convoqua au commissariat tous les criminels connus dans les alentours du village de Köpenick, proche du lieu où l'on avait retrouvé le corps. Lüdke était parmi eux. Lorsqu'il fut interrogé, il lui fut demandé s'il connaissait la victime. Il avoua l'avoir vue dernièrement dans les bois. Quand il fut accusé du meurtre, il sauta à la gorge du policier et dut être maîtrisé par les forces de police. Puis il avoua en être l'auteur, mais ajouta que selon les dispositions de la loi protégeant les déficients mentaux, il ne pourrait pas être mis en examen. Puis, il avoua avoir tué quatre-vingt-cinq femmes à travers l'Allemagne depuis 1928. Il procédait toujours de la même façon, il les poignardait, les étranglait puis les violait, ce qui d'ailleurs était le motif essentiel. La conjoncture du moment portait à croire, au grand soulagement de nombreux chefs de la police locale, que Lüdke était le meurtrier de tous les crimes non encore résolus ; il était en effet un bouc émissaire de choix. Mais le nombre de quatre-vingt-cinq victimes qu'il énonçait ne semblait pas très plausible, même si les informations qu'il fournissait dans chacun des cas étaient précises. La pensée de Lüdke sur l'impunité des déficients mentaux, n'était absolument pas fondée. Dans certains cas, d'autres avaient été condamnés pour des meurtres que Lüdke avouait, ce qui provoqua de tels problèmes que certains détails furent cachés à la presse, et Lüdke devint un secret d'Etat. Il fut envoyé dans un hôpital à Vienne, où il servit de cobaye pour expérimenter des médicaments. Il mourut le 8 avril 1944, des suites d'une dose mortelle.

Werner Boost, ce cas contenait des éléments appartenant à l'affaire Caryl Chessman, le « Tueur des quartiers chauds », qui se traduisent par la thèse de la folie à deux ; un phénomène psychologique étrange qui peut être clairement perçu dans le cas des « Tueurs de la lande » et d'autres que nous verrons plus loin. La définition donnée par le livre est comme suit : « Pendant qu'ils sont en isolement, des réactions paranoïaques montrent une tendance particulière à faire proliférer une contagion psychologique. Dans le cercle restreint d'une famille, cette tendance peut être la cause d'une folie à deux si un mari accepte et croit aux hallucinations de son épouse.» (De *Clinical Psychiatry*, par Slater et Roth.)

En d'autres termes, la folie à deux est une démence partagée par deux personnes.

Boost s'attaquait à des couples faisant l'amour en voiture dans les environs de Düsseldorf, et tua cinq personnes entre 1953 et 1956. Lorsqu'il fut arrêté et interrogé par la police, Boost avoua que la vue des couples amoureux le faisait «voir rouge», et il ajouta: «Ces horreurs sexuelles sont une calamité en Allemagne.» Sa première victime fut un avocat, le Dr Serve, qu'il tua d'un coup de fusil dans sa voiture près du Rhin, le 17 janvier 1953. Son jeune compagnon, un homme, fut assommé et plus tard il dira à la police avoir été agressé par deux personnes de sexe masculin.

Le couple suivant fut Herr Behre et Fräulein Küssmann, en novembre 1955. Ils furent matraqués dans leur voiture et leur véhicule poussé dans un lac, où ils se noyèrent.

La presse surnomma ce meurtrier le «Tueur de couples de Düsseldorf» et un vent de panique s'installa sur la ville. En février 1956, un couple qui s'aimait dans une meule de foin fut agressé et le feu mis au foin. Les restes de Herr Falkenberg et de Fräulein Wissing carbonisés, furent découverts par les policiers. L'homme avait été tué d'un coup de fusil, mais la femme avait reçu une injection de cyanure.

Le 6 juin 1956, un garde forestier armé, appelé Spath, vit un homme tenant un revolver en train d'espionner des couples se courtisant dans leur voiture. Il l'arrêta et le conduisit au commissariat du quartier, où l'on découvrit qu'il se nommait Werner Boost, et qu'il avait un long passé criminel. Il fut d'abord condamné pour vol à l'âge de six ans, et passa plusieurs années dans une maison de correction. Durant la guerre, il fut fait prisonnier par les anglais et, en 1951, purgea une peine de prison pour avoir volé des objets sur les tombes dans les cimetières.

Boost fut interrogé à propos des « meurtres de couples » par l'inspecteur Matthias Eynck, mais refusa de reconnaître qu'il en était l'auteur, bien qu'il fit certaines remarques sur les couples qui le faisaient « voir rouge ».

A ce stade de l'enquête, un homme, Franz Lorbach, vint au commissariat s'accuser d'être le complice de Boost. Timide et de constitution frêle, Lorbach disait avoir été « hypnotisé » par Boost pour l'aider à commettre ses crimes. Il le rencontra pour la première fois lors d'un règlement de comptes et fut complètement dominé par lui. Il parla à Lorbach de sa haine vis à vis des couples et l'obligea à se joindre à lui pour les agresser. Au début, ils les défiaient et leur demandaient de l'argent. Plus tard, Boost leur faisait prendre un médicament qui les rendait inconscients et violait alors les femmes, obligeant Lorbach à faire de même.

Juste avant le meurtre du Dr Serve, Boost avait parlé d'une façon de tuer qui était unique et qui consistait à remplir des ballons avec du cyanure, et à les lacher à l'intérieur des voitures dont il avait soigneusement choisi les victimes. Il avait tué le Dr Serve d'un coup de pistolet, laissant à Lorbach le soin de tuer son compagnon. Mais Lorbach ne fut pas capable d'exécuter un tel acte et chuchota à l'homme de faire le mort, puis le frappa à la tête, disant à Boost : « Il ne se réveillera plus. »

Boost fut inculpé de tous les meurtres, son revolver ayant été identifié par les experts de la balistique comme étant l'arme qui avait tué le Dr Serve. Une enquête fut alors ouverte pour une série de meurtres commis en 1946, dans les alentours d'Helmstedt à Lower Saxony, alors que de nombreuse personnes tentaient de traverser la frontière entre les zones russes et britanniques. A cette époque, Boost vivait à Helmstedt... L'inspecteur Eynck déclara: «L'inculpation sera une des plus longues à établir.»

En 1959, Werner Boost, alors âgé de trente-et-un ans, fut condamné à perpétuité et Lorbach à six années d'emprisonnement. Les journaux avaient comparé Boost à Kürten, mais la comparaison était légère. Les deux avaient été motivés par le sexe, mais Boost ne désirait ni voir ni entendre couler son sang sur la guillotine.

Rudolf Pleil aimait se référer à lui-même comme au «Meilleure tueur» et s'enorgueillissait d'avoir tué cinquante femmes. Petit, rondelet, le visage aimable, il commença sa série de crimes en 1945. Comme Kürten, il débuta sa carrière criminelle par un vol, puis versa dans le meurtre. Tout comme Kürten, il utilisait différentes armes: pierres, couteaux, marteaux et hachettes. Il commença par agresser des femmes pour les voler, puis trouva irrésistible l'envie de violer une femme inconsciente. Il aimait vraiment tuer et mutiler ses victimes. C'était un tueur qui n'attendait rien de ses méfaits. En prison, il écrivait des lettres aux autorités offrant ses services comme bourreau, et avouait toujours de nouveaux meurtres, tout simplement pour pouvoir sortir de prison afin de montrer à la police où il avait enterré les corps. Mais tout ceci sans aucune vantardise de sa part. Il écrivit au maire lui suggérant de regarder dans le puits de la ville: Un corps étranglé s'y trouvait. Il se décrivait lui-même comme «un gosse» et disait: «Chaque homme a une passion. Certains préfèrent jouer aux cartes, moi, je préfère tuer des êtres humains.» Il se suicida dans sa cellule, avant d'avoir pu être jugé.

Heinrich Pommerencke, vingt-trois ans, fut condamné six fois à perpétuité, le 22 octobre 1960. Il avait été reconnu coupable de six meurtres avec viols, et de vingt viols.

Pommerencke était un jeune garçon de petite taille, que les filles avaient tendance à ignorer, ce qui, peut-être, provoquait chez lui un sentiment d'infériorité sexuel, bien qu'il se vantait d'avoir séduit une fille pour la première fois à l'âge de dix ans. Né à Mecklenburg, tout près de Rostock, il commença à violer des filles dès l'âge de quinze ans, à la sortie des boîtes de nuit. Après son arrestation, il déclara à la police avoir commis son premier crime après avoir vu les *Dix Commandements* au cinéma. La scène des courtisanes dansant autour du Veau d'Or lui donna une impression de dégoût qui le persuada que la femme était la source de tous les maux sur terre. Il décida alors de lui donner une leçon. Immédiatement après avoir vu le film, il agressa et viola une jeune fille de dix-huit ans dans un parc, puis lui trancha la gorge. Bien qu'au cours de son procès il déclara n'avoir jamais eu l'intention de tuer une seule de ses victimes, mais simplement de les rendre incapables de toute résistance, sa déposition révèle une envie démente de tuer. Une fois, il poussa une de ses victimes, Dagmar Klimek âgée de vingt-et-un ans, hors d'un train, tira la sonnette d'alarme, puis sauta juste après elle et la poignarda à mort. Une semaine plus tard, le 8 juin 1959, il étrangla Rita Waltersbacher, âgée de seize ans. Reconnu coupable de six meurtres, Pommerencke dit à la Cour qu'il avait désiré tuer une septième femme, car il sentait que le chiffre sept lui porterait chance. Il blâma également les films pornographiques, comme étant la cause de ses agressions sexuelles, disant que cela le rendait si tendu intérieurement qu'il «devait faire quelque chose à une femme».

Si Pommerencke était un homme avec des problèmes sexuels, en revanche *Dieter Beck* était complètement l'opposé. Bien de sa personne, collectionnant les petites amies, charmant et beau parleur, il n'avait aucun problème pour attirer les filles dans son lit. Ayant un grand succès sexuel à Rehme, en Allemagne de l'Ouest, il finit par se lasser des filles faciles, et se mit à pourchasser des filles qui avaient du répondant. Pendant les années 60, il viola et tua trois jeunes filles : Ingrid Kanike en 1961, Ursula Fritz en 1965 et Annaliese Herschel en 1968. A son procès, plusieurs de ses anciennes petites amies vinrent témoigner de sa douceur, bien que certaines d'entre elles se rappelèrent son penchant à leur caresser le cou pendant qu'ils faisaient l'amour. En 1969, il fut reconnu coupable des trois meurtres et fut condamné à perpétuité.

Klaus Grabowski, un autre tueur d'enfants d'origine allemande, fut assassiné devant la Cour, lors de son procès, par la mère d'une de ses victimes. En 1970, Grabowski fut condamné pour maltraitance sur des enfants et fut condamné à une légère peine de prison, avec la recommandation de suivre un traitement psychologique. Ses perversions sexuelles sur les enfants consistaient à les déshabiller et à leur chatouiller les parties génitales, et cela sans jamais le moindre soupçon de violence. Mais la liste de ses agressions sexuelles sur les enfants était très longue.

En janvier 1975, il entraîna une enfant dans son appartement et tenta de la déshabiller. Pris de panique quand l'enfant commença à crier, il tenta de l'étrangler, mais ayant repris ses esprits, il la ranima avec de l'eau froide et la renvoya chez elle. Cette fois, le Tribunal le condamna à une peine de détention plus longue dans une institution pour psychopathes sexuels. Puis Grabowski accepta de se faire castrer et fut ainsi libéré plus tôt que prévu.

La castration est supposée supprimer toute pulsion sexuelle, mais elle n'eut pas cet effet chez Grabowsky, preuve que le sexe se situe plus dans la tête que dans l'appareil génital. Il continua à attirer des fillettes dans sa chambre, en leur offrant des bonbons, puis il les agressait sexuellement. En janvier 1980, Grabowski vivait dans un deux pièces sur la Wahmstrasse. Il était âgé de trente-quatre ans.

Ce matin du 5 mai 1980, Anna Bachmeier, âgée de sept ans, disparut alors qu'elle jouait. Lorsque la police fut avertie, elle réalisa que Grabowski demeurait la rue à côté de celle du domicile des Bachmeier. Les policiers le questionnèrent et découvrirent qu'il avait reçu des injections d'hormones pour activer sa virilité et sa petite amie confirma leurs résultats. Plus important encore, fut la découverte d'un témoin qui se souvenait avoir vu Grabowki parler à une fillette à l'heure présumée de l'enlèvement. Finalement, Grabowski avoua avoir tué l'enfant. Il l'avait étranglée, puis avait enterré son corps à l'extérieur de la ville. Il conduisit la police sur les lieux.

Son procès pour le meurtre de la fillette commença le 3 mars 1981. La défense demandait la réduction des charges retenues pour homicide involontaire, se basant sur le fait que ce crime n'était ni sexuel, ni prémédité. Grabowski avait étranglé la fillette dans une crise de panique, et de plus il avait accepté de se faire castrer. Mais la question pourquoi avait-il enlevé les collants de la fillette, avec lesquels il l'avait étranglée, ne fut pas soulevée. Le sentiment général était qu'il serait condamné à une peine légère.

Le 6 mars, Grabowski avait pris place dans le box des accusés, quand Maria Ann Bachmeier, la mère de la fillette assassinée, traversa d'un pas décidé la salle d'audience, puis avec un pistolet Beretta, tira sur Grabowski qui s'effondra. La mère de la fillette laissa tomber son pistolet et attendit que l'on vienne l'arrêter.

Elle fut jugée pour homicide involontaire, avec le soutient du public derrière elle. Il fut demandé une somme d'argent assez élevée à son encontre. Mais début mars 1982, la mère – qui elle-même avait été agressée sexuellement à l'âge de neuf ans, et violée alors qu'elle était enceinte à l'âge de dix-huit ans – fut condamnée à six années d'emprisonnement. Elle fut relâchée sous caution en cours d'une instance en appel.

Robert Wilhelm Stullgens, trente ans, était un criminel sexuel compulsif et sévissait à Düsseldorf. Le 12 juin 1980, les habitants d'un immeuble au 12 Tussmannstrasse demandèrent à la police d'enquêter sur la famille Deck qui occupait un appartement dans l'immeuble. Personne ne les avait vus depuis deux jours. Après avoir forcé la porte, la police découvrit le corps dénudé de Margaret Deck et de ses deux enfants, Thomas âgé de deux ans et Christian un bébé de six semaines. Tous avaient été étranglés. Le mari, Wilhelm Deck n'était pas là.

La police enquêta en faisant du porte à porte, et suite à une information donnée par un voisin, elle força un appartement occupé par un dénommé Stullgens. Il n'était pas chez lui, mais en revanche s'y trouvait le corps de Wilhelm Deck. Il avait été poignardé dans le dos.

Les dossiers de la police révélèrent que Stullgens avait été libéré de prison seulement cinq mois auparavant, où il purgeait une peine pour viol. Il avait violé une jeune mère dans un parc, et tenté de violer son enfant. On retrouva sa trace à Essen, chez sa mère, où il s'était réfugié. Il fut arrêté et ramené à Düsseldorf. Il avoua immédiatement le meurtre de la famille Deck. Il raconta à la police qu'ayant vu Margaret Deck dans les sous-sols de l'immeuble, il fut pris d'une envie soudaine de lui faire l'amour. Mais il était capable de se contrôler suffisamment pour prendre le temps de concocter un plan astucieux pour la tuer. Il attendit que son mari rentre de son travail pour lui demander de venir à son appartement afin de l'aider à déplacer des meubles. Une fois à l'intérieur, Stullgens le poignarda à mort.

Stullgens prit alors les clés du mort et se rendit à l'appartement des Deck, où il força Margaret à se dévêtir et à lui faire une fellation, avant de la tuer ainsi que ses deux enfants. Il fut condamné à perpétuité.

Mon intention n'est pas de présenter un guide détaillé des criminels allemands, mais simplement d'en laisser une certaine effluve vagabonder.

Sex killers allemands

Frizt Haarmann (pp. 15, 35, 62, 80, 108, 123)

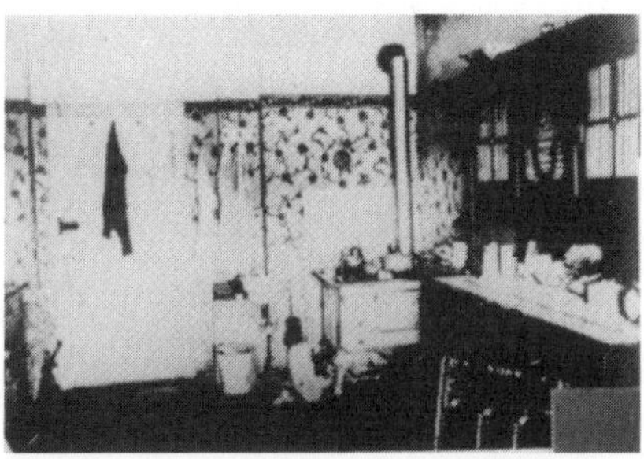

La cuisine de Peter Kürten dans laquelle il a attiré Maria Büdlick.

Peter Kürten fit neuf victimes, Le «Vampire de Düsseldorf». (pp.15, 34, 61)

Sex killers allemands

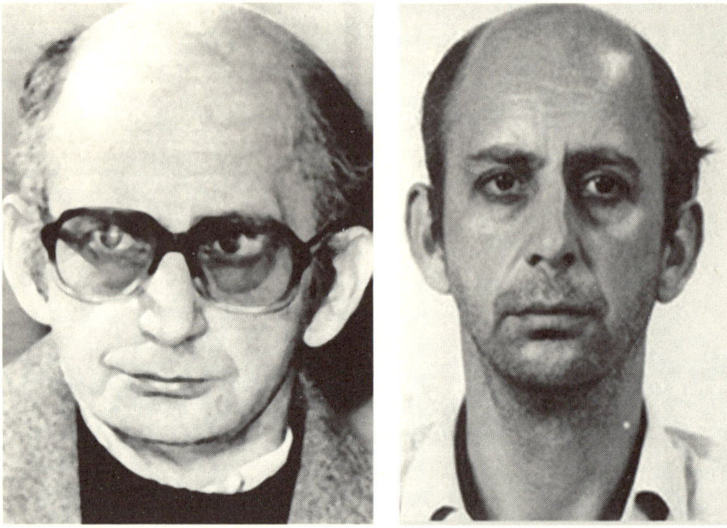

Joachim Kroll (p. 100)

Werner Boots (p. 111)

Rudolf Pleil (p.114)

Sex killers allemands

Heinrich Pommerencke (p. 114)

Sex killer Hongrois

Bella Kiss et la maison du meurtre. (pp. 14, 93)

Sex killer français

Joseph Vacher, le «Jack l'Eventreur» français, il fut jugé en 1897 et guillotiné le 31 août 1898. (pp. 13, 92, 104)

Sex killers britanniques

John Reginal Halliday Christie et sa femme Ethel.

Le corps d'Ethel Christie sous le plancher.

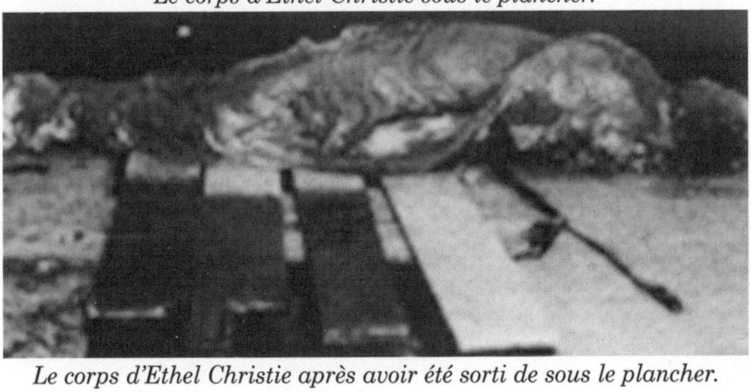

Le corps d'Ethel Christie après avoir été sorti de sous le plancher.

Affaire John Reginal
Halliday Christie

Le placard de la cuisine et son macabre contenu.

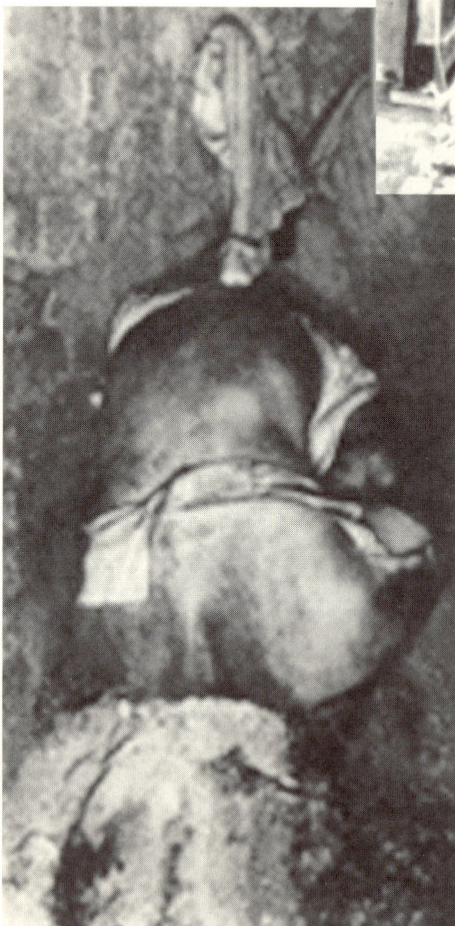

Une victime sorite du placard de la cuisine.

Sex killers britanniques

Denis Andrew Nilsen en uniforme militaire.

Les ustensiles du meurtrier.
(pp. 127, 172, 208, 445, 558)

Sex killers britanniques

Peter Sutcliffe, L'« Eventreur du Yorkshire ». (pp. 25, 461)

Sex killers britanniques

Neville George Clevely Heath et une de ses victimes sadomasochiste, Margery Gardner. (pp. 21, 93, 151)

Albert DeSalvo, l'«Etrangler de Boston». (pp. 75, 103, 129, 459)

Sex killers britanniques

Mary Jane Kelly 5

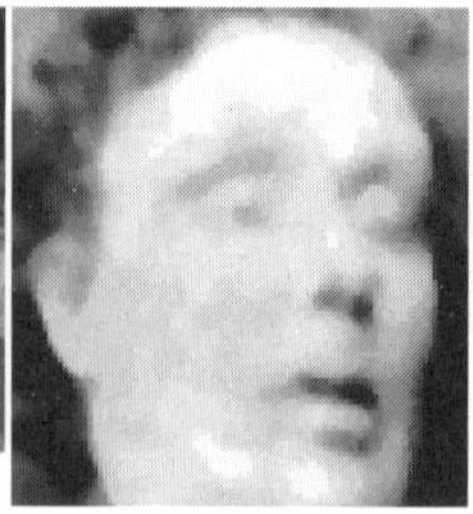

Annie Chapman 2

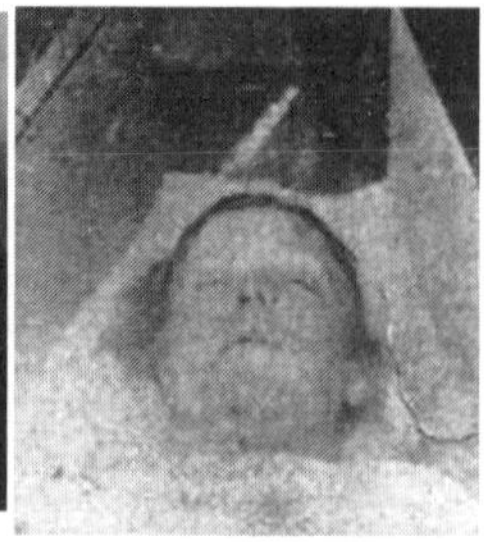

Mary Ann Nichols 1

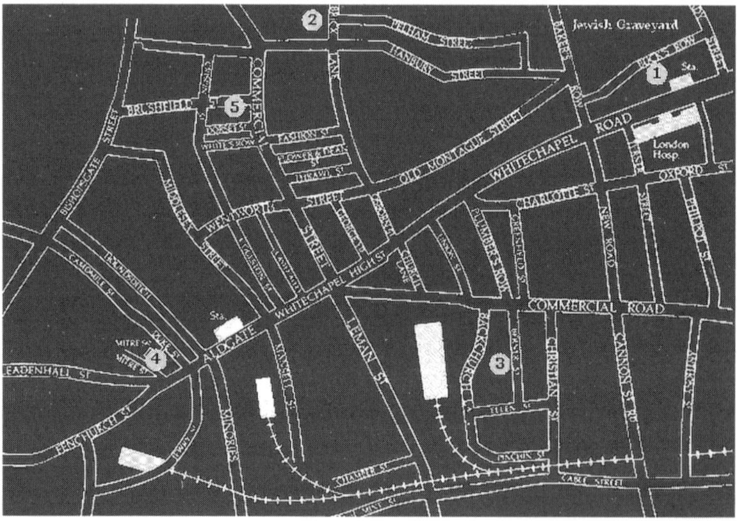

Elizabeth Stride 3

Catherine Eddowes 4

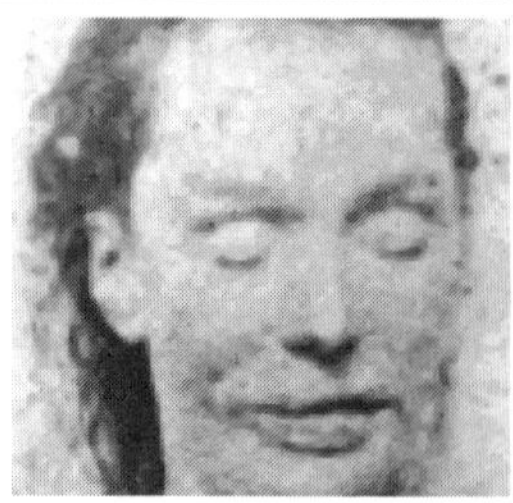

Cinq victimes de «Jack l'Eventreur et l'emplacement des meurtres.
(pp. 215, 229, 384, 393, 400, 409)

Sex killers britanniques

Mary Fleming

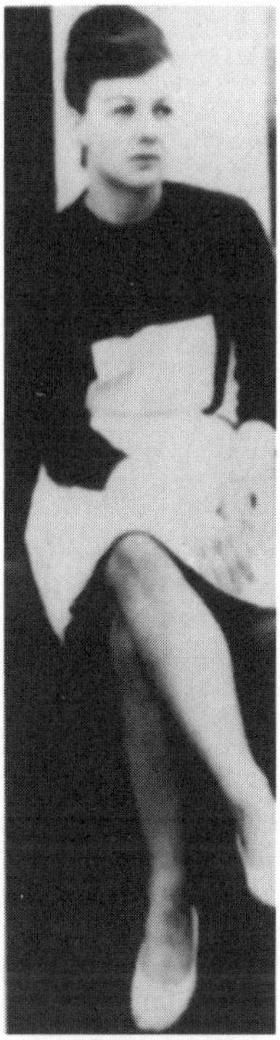

Helene Barthelemy

Bridget O'Hara

Margaret McGowan

Gwynneth Rees

Hannah Tailford

Elizabeth Figg, probablement la première victime de Jack the Stripper. (p. 215)

Irene Lockwood

Les victimes des «meurtres dénudés» de Hammersmith. (pp. 161, 215)

Sex killers britanniques

Evelyn Oakley

Gordon Frederick Cummins, l'éventreur de la prériode de la guerre. Ses victimes furent sauvagement mutilées. L'une d'entre elles fut balafrée avec un ouvre-boîte. (p. 149)

Doris Jouannet

Evelyn Hamilton

Sex killers britanniques

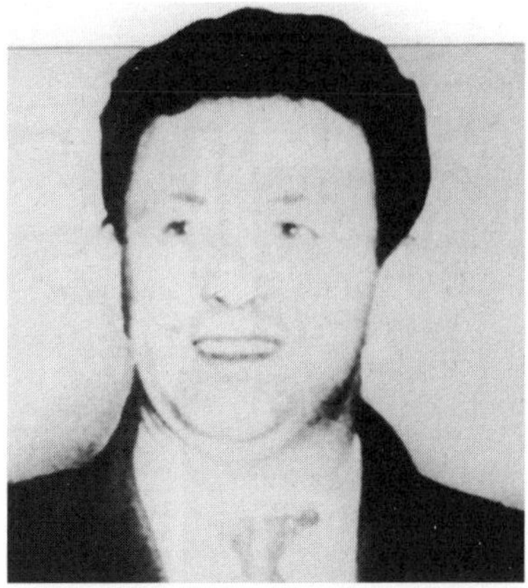

Patrick Byrne fut l'un des pires sex killer britanniques. (pp.27, 205, 459)

Trois portraits de Earle Leonard Nelson. (pp. 15, 123 333)

Stephanie Baird, victime de Byrne fut étranglée puis décapitée.

Sex killers britanniques

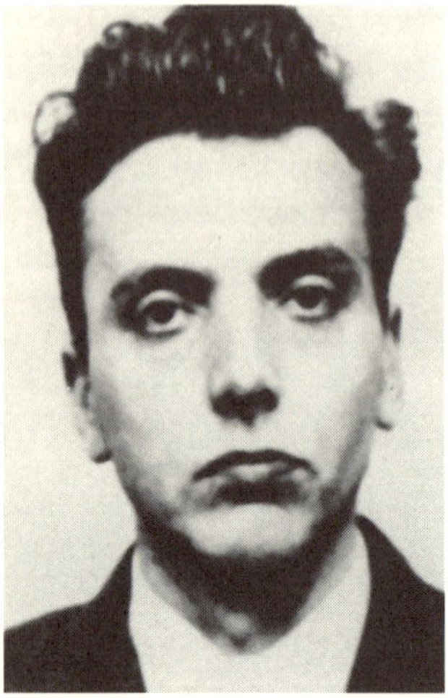

Ian Brady et Myra hindley sa complice. Les Tueurs de la Lande. (p. 228)

Recherche macabre sur la lande.

Chapitre V

La criminalité sexuelle aux USA Les vingt premiers

L'Amérique, pays de richesse et de liberté, est le rêve suprême du monde. Les USA sont la nation la plus puissante, donc la plus influente sur le plan mondial. Le mode de vie américain est copié et reproduit partout sur le globe.

Mais le Rêve Américain *the American Dream* présente une face beaucoup plus sombre, appelée «Le cauchemar du conditionnement» qui pourrait être la description de Sodome et Gomorrhe réactualisée. C'est le pays de l'excès qui développa la société de consommation, les produits jetables, comme les brosses à dents ou les briquets qui se jettent après un seul usage. Pour certains criminels sexuels, les êtres humains sont des objets dont on dispose. Ils sont tués par milliers chaque année. Leurs corps étant utilisés à des fins perverses puis, après utilisation, ils sont jetés comme des déchets.

Historiquement, le crime sexuel ou Lustmord, a son origine en Allemagne.

Les USA prirent la relève, puis nous le renvoyèrent sur le marché. De la nation qui nous donna les «vingt premiers» tueurs sexuels, voici un bref aperçu de la criminalité sexuelle aux USA.

H.W. Mudgett. En Angleterre, ce fut «Jack the Ripper» qui ouvrit le bal des criminels sexuels, aux USA ce fut Herman Webster Mudgett, alias H.H. Holmes. Il débuta sa carrière par des études de médecine, puis il découvrit que s'il assurait des personnes décédées et dérobait leurs corps de la salle de dissection, il pouvait se faire de l'argent. En 1891, Mudgett se fit construire son «Château de torture» à Chicago, dans la 63e rue. Cette grande bâtisse était construite d'une manière plutôt anarchique, avec des pièces secrètes, des portes dissimulées, des escaliers cachés et un grand toboggan qui conduisait à la cave. Ici, Mudgett attirait ses victimes, les séduisait et les droguait, puis il les disséquait. Au cours de l'exposition de Chicago en 1893, nous pensons qu'il s'est débarrassé d'au moins deux cents jeunes filles de cette façon. Finalement, il fut inculpé pour faux en assurances, son Château fut perquisitionné et l'on y découvrit deux cents cadavres. Mudgett fit des aveux longs et détaillés de tous ses meurtres, mais n'avait atteint que le numéro 27, lorsqu'il fut exécuté le 7 mai 1896.

Albert Fish avait soixante-six ans lorsqu'il mourut sur la chaise électrique en janvier 1936, à la prison de Sing Sing. Il commença sa carrière en molestant des enfants, puis castra plusieurs garçons. En tout, il tortura et tua une douzaine d'enfants. Dans son livre *Perverse Crimes in History* le professeur R.E.L. Masters, dépeint Fish comme un mangeur d'excréments et un buveur d'urine, abusant sexuellement des enfants, un masochiste qui se meurtrit le corps avec vingt-neuf aiguilles, la plupart dans la région des parties génitales, un vampire, un cannibale, un sadique. Il avoua avoir mangé au moins six enfants. Le meurtre pour lequel il fut jugé, était celui d'une fillette de dix ans, Grace Budd, le 3 juin 1928. Il attira Grace à lui alors qu'elle jouait avec d'autres enfants, l'étrangla et la découpa en morceaux. Il rapporta certaines parties de son corps chez lui, en fit un ragoût qu'il dégusta pendant neuf jours, ce qui lui permettait d'être dans un état permanent de satisfaction sexuelle.

Il fut arrêté six ans après le meurtre de Grace Budd, suite à une lettre qu'il avait envoyée à ses parents. On découvrit chez lui de nombreuses coupures de journaux sur l'affaire Fritz Haarmann. A son procès, la défense plaida la démence, bien que Fish disait lui-même: «Je ne suis pas fou, je suis simplement bizarre.» Fish semblait avoir un complexe par rapport à la religion, défendant le fait que la castration d'un garçon symbolisait le sacrifice d'Isaac par Abraham. Plus tard, il découvrit qu'il était Dieu. Il tuait pour sauver ses victimes des horreurs de la vie. Enfant, il fut élevé dans un orphelinat, où il fut maltraité. Un jour il écrivit: «La souffrance conduit au crime. J'ai vu tant d'enfants battus au fouet, que cela m'a détruit l'esprit.» Dans son livre *The Show of Violence*, le Dr Frederick Wertham, psychiatre, témoigna en faveur de Fish, le disant fou. Le jury rejeta cet argument et le déclara coupable.

Lorsque le «Fou Lunaire», comme l'avaient surnommé les journaux, car la plupart de ses crimes avaient lieu à la pleine lune ou presque, fut condamné à la chaise électrique, il accepta cette sentence avec une «joie suprême». Avec empressement il aida à ajuster les électrodes, et s'attacha lui-même. Il ne mourut pas à la première décharge électrique, mais les témoins racontent avoir vu de la fumée s'élever au-dessus de lui avant la seconde décharge qui lui fut fatale.

Earle Leonard Nelson, le «Meurtrier Gorille», était ainsi surnommé car il avait de très grandes mains. Né à

Philadelphie en 1897, il fut élevé par une tante qui essaya de lui inculquer les principes religieux. Au cours de son adolescence il eut un accident qui le laissa mentalement handicapé. Suite à cela, il débuta sa carrière de criminel. Il commença comme voyeur, puis purgea une peine de prison à l'âge de vingt-et-un ans pour viol. Il fut relâché en 1919 et se fit alors appeler Roger Wilson. Personne n'entendit parler de lui pendant sept ans. Puis en 1926, ce fut un délire: entre février 1926 et juin 1927, il étrangla vingt-deux femmes, toutes propriétaires de pensions de famille, qu'il violait après les avoir tuées. Errant de ville en ville, il tuait en moyenne une femme toutes les trois semaines. Lorsqu'il fut appréhendé il fit preuve d'un grand remords et se mit à citer des passages de la Bible. Il fut pendu le 13 janvier 1928.

Gerald Thompson naquit dans l'Illinois en 1910. Il était ouvrier dans une entreprise et était connu comme une personne sans histoire. Puis, lorsque en juin 1935, la fille de l'un de ses camarades de travail fut violée et tuée, il fit une collecte pour une couronne mortuaire. La police découvrit que des douzaines de filles avaient été sujettes à des agressions sexuelles dans les environs. Elles montaient de force dans une voiture où le conducteur les gardait captives et les obligeait à se dévêtir. Puis, il les faisait poser devant les phares de sa voiture et les prenait en photo. De peur de voir les photos divulguées au public, aucune d'entre elles n'avait porté plainte, jusqu'à ce fameux meurtre. Thompson fut alors identifié comme étant l'agresseur et interrogé à propos du meurtre de la fille de Mildred Hallmark. Il avoua immédiatement, racontant que la fille l'avait attaqué de ses ongles pointus, et n'avait pas pu faire autrement que de la tuer. « Ensuite, je dormis comme un bébé», dit-il en souriant. Des morceaux de peau lui appartenant furent retrouvés sous les ongles de sa victime. Il avoua dans la foulée avoir pris seize photos de viol, s'étant fixé de commettre un viol une fois par semaine pendant un an, et déclara avoir commis au moins cinquante viols depuis l'âge de seize ans. Il passa sur la chaise électrique le 15 octobre 1935.

Donald Fearn, âgé de vingt-trois ans, vivait avec sa femme et ses deux enfants à Pueblo, dans le Colorado, où il devint obsédé par l'ancienne religion des Indiens de Pueblo, connus sous le nom de «Pénitents», qui délibérément se torturaient et se flagellaient eux-mêmes. La routine pesait sur ses fantasmes, jusqu'à ce jour du mois d'avril 1942 où sa femme accoucha de leur second enfant et resta quelques jours à l'hôpital. Il profita de son absence pour mettre en pratique ses fantasmes. Sa première victime fut Alice Porter, âgée de dix-sept ans et élève infirmière. Le 22 avril, il l'obligea à monter dans sa voiture, pistolet au poing, la conduisit dans une vieille église construite en briques et l'attacha nue sur l'autel. Il passa la nuit à la torturer, lentement, avec différents instruments, jusqu'à ce qu'elle soit pratiquement morte. Puis il la viola, lui défonça le crâne à l'aide d'un marteau et déposa son corps au fond d'un puits. Mais, sa voiture s'étant embourbée sur les lieux du crime, il fut repéré et arrêté. Il passa à la chambre à gaz le 22 octobre 1942.

William Heirens est le criminel sexuel classique souvent mentionné dans les cas psychiatriques. Il naquit en 1929 à Chicago, d'une mère puritaine qui lui enseigna que le sexe était sale. Sa réaction à une telle éducation fut de vouer une telle haine aux femmes, qu'il vomirait rien qu'en touchant une fille. A neuf ans, il vola des sous-vêtements féminins qui séchaient sur une corde à linge et, adolescent, le grand et beau jeune homme commença à s'habiller en femme et à se masturber devant des photos représentant des leaders nazis. Le complexe du pouvoir lié à une déviance sexuelle est dans ce cas évident. A l'université c'était un très bon étudiant, mais il menait une double vie. La nuit, il commettait des vols ce qui lui apportait une satisfaction sexuelle, atteignant l'orgasme simplement en entrant dans l'appartement d'une femme. Après plusieurs cambriolages durant lesquels il agressa sexuellement les femmes qui le prenaient en flagrant délit, il tua en juin 1945 Mme Alice Riss qui le surprit, la poignardant de quatorze coups de couteau et la décapitant aux trois quarts. En décembre 1945, il tua d'un coup de fusil Frances Brown, âgée de trente-trois ans, puis poignarda son cadavre. Sur le mur de la chambre, il griffonna au rouge à lèvres un message destiné à la police: «Pour l'amour de Dieu attrapez-moi avant que je tue davantage. Je ne peux pas me contrôler.» Il continua et enleva au hasard une enfant de six ans qu'il tua presque tout de suite dans un sous-sol à proximité et découpa son corps en morceaux. Appréhendé six mois plus tard, Heirens avoua au nom de son alter ego, «George Murman». Il fut condamné à perpétuité sans aucune possibilité de liberté conditionnelle. Le «Tueur au rouge à lèvres», surnom sous lequel il était connu, est toujours au pénitencier de Joliet.

Le Dr *Arnold Axilrod* était un membre respecté de la société de Minneapolis, ayant été autrefois maire de la ville. Son cabinet dentaire lui apporta de bonnes affaires: il avait toute opportunité de violer les filles lorsqu'elles étaient installées, inconscientes et droguées dans son fauteuil. La première victime subit ses agressions en 1955. C'était une jeune fille de dix-sept ans qui, après une anesthésie de six heures, trouva le Dr Axilrod penché sur elle d'une façon quelque peu douteuse lorsqu'elle se réveilla. La plainte de la jeune fille ne fut pas prise au sérieux. A la fin de l'année 1955, le cadavre d'une femme fut trouvé dans une décharge à l'extérieur de la ville. Elle avait été étranglée et immédiatement après avait subi des violences sexuelles. Elle était, de plus, enceinte de trois mois, mais son mari étant en Corée depuis très longtemps ne pouvait être le père. La police enquêta alors sur le passé de la victime, Mary Moonen, âgée de vingt-et-un ans. Il se trouva que le Dr Axilrod était son dentiste... Il fut arrêté et avoua immédiatement en disant: «Je suppose l'avoir fait.» Il fut condamné à vingt ans de prison.

Melvin David Rees était un musicien de jazz, et jouait du saxophone, de la clarinette, du piano et de la guitare, mais il était aussi un criminel sexuel. Le 26 juin 1957, il arrêta une voiture dans laquelle se trouvait un couple à Annapolis, dans le Maryland. Il tira sur la femme, Margaret Harold, laissant son compagnon, un sergent de l'armée, s'enfuir. Il dévêtit sa victime et la viola. En perquisitionnant chez lui, la police découvrit un sous-sol dévoué à l'adoration du meurtre. Les murs étaient couverts d'articles de journaux avec des photos de femmes tuées à coups de fusil, et de nombreuses images pornographiques. Le 11 janvier 1959, une voiture dans laquelle se trouvaient quatre membres d'une même famille, Carrol Jackson, son épouse Mildred et leurs deux filles âgées de cinq ans et dix-huit mois, était arrêtée par une autre voiture sur une route déserte dans l'Ouest de la Virginie. Un homme grand, mince, ayant l'air d'une brute sortit de sa voiture pistolet à la main. Il fit monter la famille à l'arrière. Plus tard la police devait retrouver la voiture des Jackson abandonnée et se mit à la recherche de ses occupants.

Mais il était trop tard, la famille avait été massacrée. Deux mois plus tard, le 4 mars, le corps de Caroll Jackson fut retrouvé dans un fossé. Il avait reçu une balle dans la tête. Dessous se trouvait le corps de sa fille de dix-huit mois qui avait suffoqué. Le 21 mars, des enfants qui jouaient dehors virent de la terre fraîchement retournée et en creusant un peu plus, découvrirent des cheveux blonds. La police appelée, déterra les corps de Mildred et Susan Jackson. Mildred avait un bas autour du cou, Susan avait été frappée à mort. Toutes les deux avaient été violées. Elles se trouvaient juste à quelques mètres du sous-sol qui avait fait la une au cours du premier meurtre et à l'intérieur la police découvrit un bouton appartenant à la robe de Mildred.

L'enquête resta au point mort, mais deux mois plus tard la police reçut une lettre anonyme dénonçant Rees comme étant le meurtrier de Margaret Harold et des Jackson. L'auteur de la lettre disait avoir confronté Rees, qui ne nia pas avoir commis ces crimes. La police rechercha alors la trace de Rees, mais sans succès. Puis au début de l'année 1966, l'auteur de la lettre se rendit au commissariat. Il avait reçu une lettre de Rees dans laquelle il disait vendre des pianos dans l'Etat d'Arkansas. Les agents du FBI arrêtèrent Rees et firent une descente au domicile de ses parents. Ils y trouvèrent une caisse à saxophone contenant un revolver de calibre 38 et un cahier qui relatait différents actes de sadisme, dont le meurtre des Jackson. Dans son journal, Rees racontait comment il avait forcé Margaret Harold à lui faire une fellation et à la suite de cela il écrivait : « Maintenant, je suis le maître. » Le contenu du journal révéla que c'était un véritable criminel sexuel sadique. Le médium Peter Hurkos qui avait été appelé pour l'affaire Jackson pu donner à la police une description très précise du meurtrier. Il révéla également le nombre exact des crimes commis par le meurtrier, qui était de neuf, chiffre confirmé par la police après avoir établi le lien entre Rees et quatre autres crimes d'adolescentes, quatre filles tuées par balles et violées. Rees fut jugé puis exécuté en 1961 pour le meurtre de la famille Jackson.

Albert DeSalvo tua par strangulation treize femmes à Boston, entre juin 1962 et janvier 1964, plongeant la ville dans un état de panique, avec une police impuissante face à un tel monstre. La marque de fabrique de « L'Etrangleur de Boston » était un coquet nœud papillon noué autour du cou de ses victimes, comme un ornement représenté avec art. Durant les dix mois qui suivirent le dernier crime, il n'y eut plus aucun meurtre, chacun spéculant sur ce qu'était devenu « L'Etrangleur de Boston ». Le 27 octobre 1964, il frappa de nouveau, mais cette fois-ci la victime en réchappa et pu donner une description de son agresseur. Elle correspondait au « Mesureur » qui avait été arrêté pour attentat à la pudeur en 1960. (Albert DeSalvo avait obligé les filles à le laisser mesurer leurs corps pour une robe « gratuite ».) DeSalvo fut arrêté et avoua deux viols et au moins quatre cents cambriolages. Il fut envoyé au Boston State Hospital en observation, car il avait menacé de se suicider et sa santé mentale n'était pas bonne. Il ne fut pas jugé pour avoir étranglé ses victimes mais pour quatre tentatives de viols, les victimes l'ayant identifié. Condamné à perpétuité en 1967, il mourut poignardé par l'un des prisonniers le 26 novembre 1973.

Charles Howard Schmid, âgé de vingt-trois ans, était un enfant unique comblé d'amour et d'argent par ses parents. Il passait son temps à impressionner les adolescents de Tucson dans l'Arizona, avec des histoires sur les truands de la Mafia et sur le monde de la prostitution. Cet homme aux cheveux noirs et de belle allure, impressionnait certainement les filles du coin et faisait de nombreuses conquêtes, peut-être trop facilement... Un soir du mois de mai 1964, alors qu'il était assis avec son ami John Saunders et une fille nommée Mary French, Schmid annonça tout à coup: «Je veux tuer une fille ce soir.» Il convainquit ses amis de l'accompagner au domicile d'Alleen Rowe, âgée de quinze ans, pour lui proposer de faire un tour. Une fois dans le désert, dans un lieu éloigné, Schmid tua la jeune fille d'une pierre, puis la viola. Ensuite il embrassa Mary French en lui disant: «Souviens-toi que je t'aime.» L'année suivante, le 16 août 1965, Schmid étrangla Gretchen Fritz, une jeune fille de dix-sept ans et sa sœur de treize ans, Wendy, et laissa leurs corps dans le désert. Mais, il ne put résister et se vanta de son acte à un ami, Richard Bruns. Bruns qui pensait que Schmid mentait lui dit: «Si tu les as tuées, allons les enterrer.» Schmid le conduisit jusque sur les lieux du crime où ils trouvèrent les deux corps et les enterrèrent. Il dit alors à Bruns: «Maintenant tu es mouillé autant que moi.» Schmid fut arrêté à San Diego, alors qu'il interrogeait des filles sur la plage en se faisant passer pour un agent du FBI. Il était très nerveux et criait: «Dieu va me punir.» Ce qui est incroyable dans cette affaire, c'est que tous les adolescents de Tucson savaient qu'il avait tué Alleen Rowe et les sœurs Fritz. Finalement, ce fut Richard Bruns qui ramena les corps des filles Fritz à la police. Schmid, Mary French et John Saunders furent arrêtés. Schmid fut condamné à perpétuité, French n'eut que cinq années de prison, et John Saunders fut remis en liberté. Un autre fait intéressant dans ce cas était bien entendu la condition de *folie à deux* que Schmid fut capable de provoquer chez ceux qui étaient avec lui.

On se souviendra de *Richard Speck* pour les meurtres insensés de huit élèves infirmières dans un foyer de Chicago au cours de la nuit du 14 juillet 1966. Speck était grand, blond aux yeux bleus, d'apparence agréable, et le visage marqué de traces de boutons. Né le 6 décembre 1941, ayant sept frères et sœurs, Speck avait vingt-quatre ans quand il commit son plus gros massacre. Quasiment illettré et fervent collectionneur de bandes dessinées, il buvait beaucoup et consommait certainement de la drogue. Pistolet au poing, il entra au foyer et prit six infirmières en otage, les ligota et leur promit de ne pas leur faire de mal, leur expliquant qu'il n'en voulait qu'à leur argent. Puis trois autres infirmières rentrèrent, qu'il attacha également avec une espèce de drap déchiré. Une par une, il les fit entrer dans une pièce voisine, où il les tua d'une façon abominable à vingt minutes d'intervalle. Une des infirmières, Corazon Amurao, âgée de vingt-quatre ans, se cacha sous le lit et fut ainsi sauvée. La dernière des filles qui restait se nommait Gloria Davey et était âgée de vingt-deux ans. Speck la viola pendant vingt-cinq minutes, lui demandant à un moment: «Voudriez-vous mettre vos jambes autour de mon dos?» Il la sodomisa à l'aide d'un instrument, puis la tua. C'est le témoignage que fit Miss Amurao. A cinq heures du matin, lorsque le tueur eut quitté les lieux du crime, elle déclencha l'alarme et se mit à pleurer en disant: «Toutes mes amies sont mortes.»

En arrivant au foyer, la police trouva un véritable carnage. Seule Gloria Davey avait subi des sévices sexuels, les sept autres avaient été tuées sans aucune raison, comme si Speck avait agi comme un requin à la recherche de nourriture. Une fut tuée d'un seul coup de couteau porté à la gorge, une autre poignardée au cou et au cœur, puis énucléée. Trois d'entre elles furent étranglées et poignardées. Une autre fut mutilée délibérément. Miss Amurao se souvenait d'un détail très important : un tatouage sur le bras du meurtrier disant : « Né pour aller en Enfer. » Speck fut identifié ainsi et à partir d'une photographie qu'il avait envoyée lors d'une demande d'embauche sur un bateau. La police avait publié une photo de Speck toujours en cavale, avec la mention : « Urgent Recherché. » Speck loua alors une chambre dans un hôtel bon marché, sous le nom de B. Brien. Le 16 juillet, Speck s'ouvrit les veines, mais c'était une fausse tentative de suicide, car il se trouvait dans la chambre d'un voisin qui le conduisit précipitamment à l'hôpital. A son admission, le médecin remarqua le tatouage et en informa la police. Speck donna son véritable nom. Ses empreintes étaient celles trouvées au foyer et Miss Amurao l'identifia. Speck avait une longue liste d'agressions sexuelles et un appétit insatiable dans ce domaine. Il fut accusé de bien d'autres meurtres : une femme en avril 1966, trois jeunes filles en juillet, et un autre massacre dans le Michigan, à une cinquantaine de miles plus loin, où plusieurs victimes âgées de sept à soixante ans furent poignardées à mort ; Speck se trouvait à ce moment-là dans les environs.

Le jury ne prit que quarante-cinq minutes pour déclarer Speck coupable. Il fut condamné à la chaise électrique. Ayant fait appel de la décision, Speck resta en vie jusqu'à l'abolition de la peine de mort. En 1972, il fut à nouveau condamné à une peine de prison totalisant quatre cents années de réclusion. Il fit appel demandant la libération conditionnelle qui fut rejetée en 1976. Bien qu'ayant toujours proclamé son innocence, en 1978 il rapporta à la presse les mots suivants : « Oui, je les ai tuées, je les ai poignardée et violées. » Speck décéda le 5 décembre 1991 d'une crise cardiaque.

Llyod Higdon est un autre exemple d'un acte de *folie à*

deux. Le 4 juillet 1963, il fit monter dans sa voiture la fille de son voisin, âgée de quatorze ans et la viola avec l'aide de sa femme. Quand la jeune fille raconta cela à ses parents, la police d'Ypsilanti dans le Michigan arrêta les époux Higdon ; le mari purgea alors une peine de deux années de prison pour viol. A sa sortie de prison, il se mit en ménage avec une autre femme, Lucille Brumitt, âgée de vingt-huit ans. Ils recommencèrent, alors, le même scénario sur une enfant de treize ans, Roxanne Sandbrook. Mais, lorsque cette dernière se refusa à lui, il l'étrangla, la viola et la jeta aux ordures. Connu des services de police, Higdon fut arrêté avec Lucille Brumitt. Ils furent tous les deux condamnés à perpétuité.

John Norman Collins était surnommé par la presse « L'Eventreur d'Ypsilanti ». En 1969, à vingt-deux ans, c'était un étudiant modèle à l'Université Eastern Michigan. Il était bel homme mais avait tendance à une certaine morosité. Le seul indice qui aurait pu révéler son véritable caractère fut dans une remarque qu'il fit à un de ses camarades de classe : « Si un homme doit tuer, il tue. » Il exprimait, en d'autres termes, le Cinquième Commandement. Entre août 1967 et juillet 1969, les corps de sept jeunes filles furent retrouvés aux alentours d'Ypsilanti. Toutes avaient été violées et torturées avant d'être tuées à l'aide d'un couteau. Le *profiler* Peter Hurkos fut appelé à l'aide, mais ce fut un échec. Toutefois, le corps de la dernière victime révéla à l'autopsie des indices permettant à la police d'établir un profil du tueur. Le caporal David Leik de la Police d'Etat réalisa que le portrait ressemblait à celui de son neveu, Norman Collins, qui fut interrogé, puis relâché faute de preuves. Le caporal Leik vérifia soigneusement son sous-sol et découvrit des vêtements tachés de sang correspondant au groupe sanguin de la dernière victime, Karen Sue Beckemann, ainsi que des cheveux que l'on avait retrouvés sur le corps de la victime – Autrefois le caporal Leik coupait les cheveux de ses enfants dans son sous-sol – et d'autres indices qui avaient indiscutablement un lien avec la jeune fille morte et ce sous-sol. Soit elle avait été tuée ici, soit son corps avait été apporté là après sa mort. A son procès, Collins plaida coupable et, vu le nombre important de preuves, fut condamné à vingt années de prison. Collins était un beau jeune homme, avec beaucoup de charme et qui n'était jamais à court de petites amies. Il ne tuait pas pour le sexe, bien que ses victimes aient été mutilées et s'étaient retrouvées la branche d'un arbre dans le vagin. Bien qu'il avait de fortes pulsions sexuelles, il se satisfaisait de ses petites amies pleines de bonne volonté. Enfant, il avait été battu par un beau-père alcoolique ce qui, peut-être, l'avait perverti.

Juan Vallejo Corona arriva aux Etats-Unis dans les années cinquante, comme émigré pour cueillir des fruits, gardant toujours un œil sur une occasion intéressante. Grâce à un sens aigu des affaires, il devint son propre patron établissant des contrats d'embauche à des immigrés clandestins venus du Mexique, pour cueillir des fruits dans les fermes aux alentours de Yuba City en Californie. Il logeait ses ouvriers au ranch Sullivan. Il avait trente-huit ans, et apparemment avait souffert de schizophrénie dans les premières années de sa vie.

Le 19 mai 1971, un fermier japonais commença à avoir quelques soupçons lorsqu'il découvrit un énorme trou dans son verger, et particulièrement quand il constata qu'il avait été comblé au cours de la nuit. Il fit creuser le trou par la police, qui découvrit le corps d'un vagabond du nom de Kenneth Whitacre. Il avait été poignardé et le crâne fracassé à l'aide d'une machette, après avoir eu des rapports homosexuels. La police fit des recherches dans toute la région. Le 21 mai, un conducteur de tracteur du ranch Sullivan découvrit une autre tombe, puis d'autres encore. Toutes les victimes étaient des hommes, qui tous avaient été abusés sexuellement, puis tués à l'aide d'un couteau et d'une machette. Dans l'une des tombes se trouvait un récépissé au nom de Juan Corona. Les recherches se poursuivirent activement jusqu'au 4 juin, jour où la vingt-cinquième victime et la dernière fut découverte. Dans ses poches, se trouvait un dépôt en banque au nom de Corona. Les noms des vingt-cinq victimes étaient tous soigneusement consignés dans le grand livre de Corona, exactement de la même façon que le faisaient les nazis pour les comptes en banque de leurs victimes. Les preuves contre Corona étaient fondées sur des présomptions, tout comme le fait qu'il avait peut-être un complice resté introuvable. Quoiqu'il en soit, il fallut quarante-cinq heures au jury pour reconnaître Corona coupable de tous les meurtres. Il fut condamné à perpétuité pour chacun de ses actes. Ses victimes étant toutes des vagabonds alcooliques ou des Mexicains en séjour illégal, ce cas ne fit que très peu de remous dans l'opinion publique. Incidemment, en 1973 Corona fut impliqué dans une bagarre à la prison au cours de laquelle il fut poignardé trente fois et perdit un œil.

Sherman McCray, âgé de quarante-sept ans, était le chef d'une famille itinérante, qui errait à travers les USA, laissant une traînée de femmes assassinées sur son chemin. En juin 1972, la famille qui comprenait Sherman, son épouse Carol, son fils Dany, sa fille Gina et son mari Carl Taylor, arrivèrent à Santa Barbara, en Californie, et fut rapidement arrêtée par la police suite à de nombreux cambriolages dans les supermarchés. Pour ces vols à main armée, Sherman et Carl Taylor furent condamnés à perpétuité. Les trois autres membres de la famille furent condamnés à neuf mois pour recel. La famille étant derrière les barreaux, la police s'intéressa à son passé et découvrit la preuve qu'entre août 1971 et février 1972, elle était responsable du kidnapping, du viol et du meurtre d'au moins vingt jeunes femmes. Les hommes s'étaient acquittés de leurs actes avec l'assistance et l'approbation des femmes de la famille.

La famille voyageait beaucoup et laissait de nombreuses victimes sur son passage. Le 12 août 1971, Sheri Martin, âgée de dix-sept ans, fut enlevée à Salt Lake City, et l'on retrouva plus tard son corps dénudé dans le Nevada. Elle avait été violée et tuée par balles. Ce fut également le cas de Lenora Rose, âgée de vingt ans, qui fut enlevée le 20 août à Denver, dans le Colorado. Puis, ce fut le tour d'Elizabeth Perryman, âgée de vingt-six ans, le 28 septembre à Lubbock, au Texas. Dans chacun des cas, les filles étaient serveuses, elles avaient été violées et tuées par balles, et les caisses enregistreuses des bars avaient été cambriolées. Trois victimes disparurent du Texas, deux en Floride et ainsi de suite. Danny McCray finit par craquer et avoua avoir commis ces meurtres avec son père et son beau-frère. C'était une famille qui, comme une tribu des Huns, erra à travers les USA, ramassant des victimes au hasard pour les jeter ensuite comme des ordures.

Dean Allen Corll, trente-trois ans, était aimé et respecté à Pasadena, en Californie, où il travaillait pour *Houston Lighting and Power Company.* Mais il était homosexuel doté d'un certain penchant pour le meurtre.

Il n'avait jamais été véritablement éduqué, préférant la compagnie des adolescents à celle des adultes. Certains adolescents qui étaient allés chez lui, n'en ressortir jamais. Il avait deux jeunes hommes de main, Wayne Henley et David Brooks, qui l'aidaient dans son commerce du crime. Ses victimes venaient pour la plupart, des quartiers pauvres d'Houston plus connus sous le nom de Heights. La première victime fut tuée en 1970, suivie par deux autres en décembre de la même année : James Glass, quatorze ans, et Danny Yates, quinze ans. Très souvent Corll commettait deux crimes en même temps, tels deux frères en janvier 1971.

Le 8 août 1973, Henley téléphona à la police pour dire qu'il avait tué Corll, expliquant à l'inspecteur de police que suite à une agression de la part de Corll, il avait dû pour se défendre lui tirer six balles dans le dos. Au cours d'un interrogatoire, Henley avoua procurer de jeunes garçons à Corll, qui le payait 200 dollars par enfant, et révéla qu'un grand nombre d'entre eux étaient enterrés dans un abri pour bateau loué par Corll. Lorsque la police creusa le sol de l'abri en question, elle trouva les restes de dix-sept cadavres enveloppés dans du plastique. A un autre endroit, l'on découvrit quatre autres corps et encore plus loin, six autres jetés sur un dépotoir. Le total des victimes était de vingt-trois, mais selon Henley, le nombre exact était de trente-et-un. Henley avoua que lui et Brooks aidaient Corll à attacher ses victimes sur une « planche de torture» où il les sodomisait pendant des jours et des jours. Il poussait la torture jusqu'à mordre les parties génitales de ses victimes. En juillet 1974 Henley et Brooks, furent condamnés à perpétuité pour avoir pris part aux meurtres.

Edmund Emil Kemper était un véritable monstre, mesurant 1,85 mètre et pesant 130 kilos. Il naquit le 18 décembre 1948, et ses parents se séparèrent alors qu'il était encore très jeune. N'ayant plus la référence au père, il se façonna lui-même en prenant pour modèle John Wayne. Sa mère se moquait de lui et ne lui laissait aucune initiative. Il grandit dans l'espoir de la vengeance et de la torture, tout particulièrement en commettant des actes sadiques sur des cadavres de sexe féminin. A treize ans, il coupa le chat de la famille en morceaux, ainsi que les pieds et les mains de la poupée de sa sœur. Finalement, échappant au contrôle de sa mère, ce garçon attisé par le classique complexe d'Œdipe, fut envoyé vivre chez ses grands-parents, qui essayèrent de le tenir avec sévérité. Le 24 août 1964, il tua d'une balle sa grand-mère et lui poignarda le corps à plusieurs reprises, puis il fit de même à son grand-père. Il fut alors envoyé dans un hôpital psychiatrique, où on lui trouva un QI de 136. Au bout de cinq ans, considéré comme «guéri», il fut relâché et partit vivre chez sa mère à Santan Cruz, en Californie qu'il détestait...

Kemper commença à tuer car il avait de fortes envies sexuelles, et parce qu'avec une femme vivante il aurait été impuissant. Le 7 mai 1972, il prit en stop deux étudiantes de Fresno State College Berkeley. Il les conduisit dans un endroit éloigné, mit Anita Luchese dans le coffre, pendant qu'il passait les menottes à Mary Anne Pesce, lui recouvrant la tête d'un sac en plastique. Il la poignarda dans le dos et l'abdomen, avant de lui trancher la gorge. Puis il tua la jeune fille qu'il avait mise dans le coffre. Il rapporta les corps chez lui, les décapita et les disséqua. Il joua avec eux comme avec des poupées, puis alla enterrer les morceaux dans la montagne. Le 14 septembre 1972, il enleva une autre fille de quinze ans et, après l'avoir tuée, il la viola. Il la rapporta également à son domicile pour lui couper la tête et les mains, puis la disséqua. Le 8 janvier 1973, ce fut le tour d'une autre victime, qu'il garda chez lui pour pratiquer des actes sexuels sur son cadavre. Puis le 5 février, il y eut deux autres victimes qu'il décapita, et fit l'amour avec le cadavre sans tête de l'une des deux. Il utilisa une hache pour disséquer les restes. Le samedi saint de l'année 1973, Kemper entra dans la chambre de sa mère et lui fracassa la tête avec un marteau. Puis il utilisa le couteau qu'il avait baptisé «Le Général» pour la décapiter. Il lui ouvrit le larynx à l'intérieur duquel il laissa tomber un broyeur à ordures, expliquant plus tard son geste en disant que «cela lui paraissait approprié, elle qui avait tant rouspété après lui». Après avoir mis le cadavre sans tête dans un placard, il invita une amie de sa mère à dîner et la tua à son tour. Il la décapita, puis fit l'amour avec les restes. Cette nuit il dormit dans le lit de sa mère. Après avoir été un moment en cavale, il se rendit lui-même à la police,disant qu'il avait peur «d'être tué avant de pouvoir répondre aux questions qu'on lui poserait». Il avoua huit meurtres, ainsi que d'autres actes de nécrophilie et de cannibalisme. Il fut jugé à Santa Cruz en avril 1973 pour les huit meurtres ayant été déclaré légalement sain d'esprit. Kemper demanda la peine de mort au lieu de recevoir huit condamnations à perpétuité. Le psychiatre Donald Lunde disait de Kemper: «A sa façon, il s'est vengé du rejet de son père et de sa mère.»

Paul John Knowles commença lui aussi par de petits larcins, puis se retrouva meurtrier. De 1965, âgé de dix-neuf ans, jusqu'à 1972 il passa sa vie en prison. Lorsqu'il fut relâché du Pénitentier de Raiford State, le 14 mai 1974, il se retrouva avec une totale liberté, pouvant faire ce qu'il voulait. Il choisit alors de tuer. L'homme roux, grand, de belle allure, maintenant âgé de vingt-cinq ans, se bagarra suite à une relation avec une femme, et fut enfermé au commissariat de Jacksonville pour coups et blessures volontaires, d'où il réussit à s'échapper. Le soir même, le 26 juillet 1974, Knowles s'introduisit au domicile d'un professeur de soixante-cinq ans, il la bâillonna pendant le cambriolage de son appartement. La pauvre femme s'asphyxia et mourut. La police déploya tout son arsenal pour appréhender Knowles, mais il réussit à lui échapper. Il vola une voiture, fit monter deux sœurs, âgées respectivement de sept et onze ans, les tua et jeta leurs corps dans un marais. Le lendemain il se rendit à Atlantic Beach, cambriola le domicile d'une femme qu'il étrangla avec ses propres bas. Deux jours plus tard, il prit une jeune fille en stop et l'étrangla après l'avoir violée. Le 23 août il s'introduisit dans la maison de Cathie Pierce et l'étrangla avec le fil du téléphone sous le regard de son enfant âgé de trois ans. Le 3 septembre, dans l'Ohio, il conversait avec un comptable du nom de W. Bates dans un bar d'où ils partirent ensemble. Le corps du jeune homme fut retrouvé plus tard dans les bois ; il avait été étranglé. Knowles avait quitté la région dans la voiture de Bates.

Utilisant le liquide et la carte de crédit de Bates, Knowles traversa les USA en direction de la Californie, Seattle et l'Utah. Le 18 septembre, dans le Nevada, il s'introduisit dans un camping car et tua d'un coup de fusil le couple de personnes âgées à qui il appartenait. Il leur prit leur argent et leurs cartes de crédit. Trois jours plus tard, il fit descendre une femme de voiture, la viola et l'étrangla. Il avait perdu tout contrôle de lui-même, tuant par impulsion. Le 23 septembre, il rencontra une femme, Ann Dawson, à Birmingham en Alabama. Ils voyagèrent ensemble pendant six jours. Puis lorsqu'elle n'eut plus d'argent, il l'étrangla le 29 septembre. Son corps ne devait jamais être retrouvé. Dans le Connecticut, le 16 octobre, il sonna à une porte au hasard. Une écolière de quinze ans vint lui ouvrir, il la força à rentrer dans la maison et la viola pendant une heure. Lorsque la mère de la jeune fille rentra, il l'obligea à lui préparer un repas, puis lui ordonna de se dévêtir, après quoi il la viola à plusieurs reprises. Finalement, il les étrangla toutes les deux. Le 19 octobre à Woodford, en Virginie, il tua d'une balle Doris Hovey, âgée de cinquante-trois ans, sans aucun motif. Il avait juste envie de tuer...

Après avoir volé un magnétophone, Knowles commença à enregistrer ses aveux, confessant quatorze meurtres, comme s'il sentait venir la fin et qu'il voulait que ses actes restent dans la postérité. Le 6 novembre à Macon, en Géorgie, Knowles rencontra un homme dans un bar. Il était homosexuel et le beau Knowles lui fit certainement quelques avances. Une fois chez l'homme en question, Knowles le poignarda à mort, puis étrangla sa fille de quinze ans, essayant ensuite de la violer.

A Atlanta en Géorgie, Knowles fit la connaissance d'une journaliste anglaise, Sandy Fawkes. Ils passèrent ensemble un certain temps dans différents motels, et jamais elle ne se rendit compte de son côté meurtrier, même si une fois il pointa son revolver sur elle. Elle écrivit un livre sur ses expériences avec Knowles intitulé *Killing Time*, dans lequel elle décrit Knowles comme quelqu'un de pas très efficace au lit. Puis à Atlanta, Knowles essaya de kidnapper une femme, qui réussit à s'échapper et à relever le numéro de la voiture. Un agent de police tenta de l'intercepter, mais Knowles l'accueillit avec une carabine. De retour en Floride, Knowles vola une autre voiture. Lorsque la police l'arrêta, il s'attaqua au policier à qui il mit ses propres menottes. Knowles partit avec la voiture de patrouille et le policier assis derrière, complètement dépité. Utilisant la sirène, Knowles arrêta une autre voiture conduite par un homme d'affaire, car il n'était pas satisfait de la suspension du véhicule de police.

Il menotta le businessman, transféra le policier dans le nouveau véhicule et partit avec eux. Il conduisit jusqu'à un bois, et tira sur les prisonniers menottés. Après avoir forcé un barrage de police, il s'échappa dans les bois, pourchassé par deux cents policiers, avec chiens et hélicoptères. Il fut capturé le 19 novembre 1974. En quatre mois de liberté, il avait tué au moins dix-huit personnes. Après avoir comparu devant la Cour, on le fit monter dans une voiture de police pour le transférer à la prison. Il réussit à se défaire de ses menottes, tenta de saisir le revolver du shérif. Un agent du FBI qui l'escortait le tua d'une balle. La réponse à la question: «Que feriez-vous si vous étiez totalement libre?» Comme le Marquis de Sade, Knowles répondit: «Violer et tuer... »

Kenneth Bianchi, connu sous le nom de «L'Etrangleur de la Colline», montre à travers ses crimes un autre aspect de la *folie à deux.*

Entre octobre 1977 et février 1978, dix jeunes filles furent violées et tuées à Bellingham, en Californie, leurs corps jetés comme des déchets sur les collines autour de Los Angeles. La chasse à l'homme fut assez compliquée car l'affaire était conduite par deux services de police différents, ce qui signifiait deux enquêtes parallèles, comme pour *L'Eventreur du Yorkshire.* La percée se fit en janvier 1979, lorsque deux filles, Karen Mandic et Diane Wilder, disparurent de la maison qu'elles partageaient à Belling ham. Karen avait dit à un ami qu'un gardien de la sécurité du nom de Kenneth Bianchi, venait de lui offrir un job de «policier». Le lendemain, les corps des deux filles furent retrouvés dans le coffre de la voiture de Karen. Elles avaient été toutes les deux violées avant de mourir. La police de Los Angeles s'intéressa alors au cas Kenneth Bianchi. Cet homme de vingt-sept ans était un «fan» de la police, il traînait toujours avec les flics et étudiait leurs façons d'agir. «L'Etrangleur de la Colline» était réputé pour faire monter ses victimes dans sa voiture leur présentant un faux insigne de policier. Bianchi fut arrêté à son domicile où il demeurait avec sa petite amie et leur enfant. Tout d'abord, Bianchi nia avoir eu connaissance des meurtres, mais les policiers découvrirent qu'il avait été impliqué avec son cousin, Angelo Buono, un homme d'une quarantaine d'années, dans une affaire de proxénétisme.

Après un long interrogatoire, il finit par craquer et avoua les meurtres des deux jeunes filles de Bellingham, et de cinq autres victimes tuées par «L'Etrangleur de la Colline». Au cours de son procès, son avocat plaida sa double personnalité et déclara que certains des meurtres avaient été commis par son alter ego «Steve». Bianchi avoua également l'implication de Buono. Bianchi réussit à convaincre des psychiatres expérimentés qu'il avait vraiment un dédoublement de la personnalité, mais tout relevait d'une comédie intelligemment menée comme le démontrent les enregistrements sur vidéo gardés secrets. Lors de son procès en octobre 1979, il fut condamné à perpétuité six fois. Buono fut reconnu coupable plus tard. Comme la plupart des tueurs sexuels en série, le passé de Bianchi fut celui d'un enfant abusé et rejeté, ce qui provoqua chez lui un blocage affectif.

John Wayne Gacy naquit le 17 mars 1942 à Chicago, d'une mère danoise et d'un père polonais. A l'âge de onze ans, une blessure à la tête lui laissa un caillot de sang au cerveau, ce qui lui provoquait des troubles de la mémoire. Il entra dans une école de commerce et devint vendeur de chaussures, puis épousa une de ses collègues. Plus tard il dirigea une affaire de poulets frits et devint membre de la

Chambre de Commerce Junior. Il paraissait être un parfait citoyen. Cependant en 1968, il fut condamné à deux années de prison pour avoir menotté un employé et essayé de le sodomiser. Suite à cela, son épouse demanda le divorce et emmena avec elle leur fils et leur fille. De tempérament faible, Gacy était menteur, vantard, et affable. Ce fut un prisonnier modèle et il fut relâché après avoir purgé seulement dix-huit mois de sa peine. En 1971 il fut appréhendé pour tentative de sévices sexuels sur un jeune garçon. La victime n'étant pas venue témoigner, l'affaire tomba dans les oubliettes. En 1972, Gacy se maria pour la seconde fois et s'installa à son propre compte comme entrepreneur. Mais son tempérament étant devenu violent et sa performance sexuelle terriblement insuffisante, il divorça une seconde fois. Son épouse s'était aussi plainte de l'odeur particulière qui envahissait la maison…

Le 21 mars 1978, un habitant de Chicago de vingt-sept ans, rencontra un homme plutôt gros, Gacy, qui le fit monter dans sa voiture pour fumer un joint. Gacy lui appliqua violemment sur la bouche un morceau de tissu imbibé de chloroforme. A son réveil, l'homme se retrouva dans une maison, où il fut battu au fouet et violé pendant des heures, pour ensuite être jeté sur une décharge à côté d'un lac. A l'hôpital, on découvrit qu'il saignait au rectum et que le chloroforme administré lui avait endommagé le foie. Il avait pratiquement supplié la police d'arrêter Gacy, mais l'affaire traîna en longueur, Gacy étant dehors sous caution, pour faute de preuves suffisantes. Le 11 décembre 1978, Robert Piest, âgé de quinze ans, disparut alors qu'il se rendait au drugstore pour solliciter un job d'été. Le drugstore avait été récemment rénové et l'entrepreneur se trouvait être Gacy. La police se rendit à son domicile au 8213 West Summerdale Avenue des Plaines et l'interrogea à propos du jeune garçon qui avait disparu.

Finalement les policiers fouillèrent sa maison, et découvrirent une trappe conduisant à une sorte de vide sanitaire, d'où se dégageait une puanteur de viande en décomposition provenant de cadavres pourris. Au commissariat, Gacy (connu sous le nom de «Gros Homme») avoua avoir tué trente-deux adolescents pour le sexe, et que vingt-sept d'entre eux étaient enterrés à l'intérieur ou autour de sa maison. Les autres, dont Robert Piest avaient été jetés dans la rivière des Plaines, le «Gros Homme» manquant tout simplement de place. Vingt-huit corps furent finalement retirés de la maison de Gacy. En 1980 le «Gros Homme» fut condamné à la réclusion à perpétuité.

Randall Brent Woodfield était bel homme, grand, les cheveux noirs et portait une moustache. D'allure athlétique, il avait signé pour le Green Bay Packers et le magazine *Playgirl* avait choisi sa photo comme monsieur muscles pour une double page. (Elle ne fut jamais publiée, car le magazine la jeta lorsque la vérité éclata sur ce beau mec qui n'était qu'un tueur sans pitié.) Woodfield fut le leader d'une organisation d'athlètes chrétiens à l'Université de Portland. Non seulement il était imposant et fort, mais il avait aussi une profonde sensibilité, écrivant des lettres très émouvantes et bien tournées à des femmes auxquelles il donnait des rendez-vous amoureux, à la fois avec des cartes romantiques et des roses. Mais il aimait aussi tuer les femmes. L'âge de ses victimes allait de neuf à quarante ans. Il fut le seul garçon de la famille et, ayant deux sœurs, il fut élevé dans une atmosphère féminine. Dès les premières années de sa vie, ce fut un enfant perturbé qui dès l'âge de treize ans commença à s'exhiber. Puis il poursuivit par le viol, pour arriver au meurtre. Son premier crime fut celui de deux jeunes filles qui nettoyaient un immeuble dans l'Oregon un dimanche soir, en

1991. A l'aide d'un revolver, il les obligea à pratiquer divers actes sexuels sur lui. Lorsqu'il fut finalement satisfait, il tua d'une balle derrière la tête chacune d'entre elles. Mais, une des deux filles survécut et vint témoigner contre lui, revivant devant la Cour l'horreur de son supplice. Comme la plupart des tueurs sexuels américains, Woodfield ne se cantonnait pas à une région, mais ses meurtres s'étendaient sur toute la côte Pacifique. Actuellement, il purge une peine de prison de 155 années au Pénitentier de l'Orégon, ayant été condamné pour meurtre, viol et sodomie. Des centaines d'admiratrices lui écrivent encore et il répond à chacune d'entre elles des lettres tendres et émouvantes.

Christopher Bernard Wilder était un tueur à répétition, par opposition au tueur en série. Le *FBI's Behavioural Science Unit* divisa les tueurs en série en deux genres. Il y a ceux qui tuent à répétition sur la longueur dans le temps, comme Bundy et Bianchi, et il y a ceux qui, pris d'une soudaine et incontrôlable envie de meurtre, multiplient les crimes sur un laps de temps assez court. Wilder était un tueur à répétition stylé. Né en Australie, il vécut en Floride où il devint un véritable *playboy* millionnaire. Il possédait une grande maison, faisait des courses de voitures pour s'amuser, emmenait ses nombreuses conquêtes voyager sur son yacht et n'oubliait jamais d'envoyer des fleurs. C'était le style vieille France, se levant dès qu'une femme entrait dans une pièce. Mais de février à avril 1984, il se déchaîna à travers les USA, tuant de superbes filles qu'il séduisait en leur promettant une carrière de mannequin.

Son modus operandi était de se rendre dans les centres commerciaux où se tenaient les amateurs de présentation de collections, un appareil photo très cher autour du cou.

Lorsqu'il repérait une victime potentielle, il lui montrait son book, lui présentait une carte bidon et lui promettait succès et renommée. Sa première victime décéda le 26 février 1984, elle se nommait Rosario Gonzales. Le 3 mars ce fut le tour d'Elizabeth Kenyon, suivie de Theresa Fergusson le 18 mars. Le 23 mars vit mourir Terry Walden, puis Suzanne Wendy Logan le 25 mars. Sheryl Bonaventure mourut le 29 mars, Michelle Korfmann le 1er avril, et Beth Dodge fut la dernière victime le 12 avril. Le 13 avril, Wilder fut tué au cours d'une fusillade par les gendarmes dans le New Hampshire, alors qu'il tentait de traverser la frontière du Canada. Sa mort fut officiellement déclarée en suicide, mais les causes psychologiques qui conduisirent un millionnaire attirant à devenir un tueur sexuel restèrent inconnues.

Qu'avons-nous appris de ces brèves biographies des vingt premiers tueurs sexuels d'Amérique ? La liste n'est nullement exhaustive, mais elle est représentative, et il en ressort que le tueur sexuel en série est extrêmement dangereux. Le Département de la Justice des USA estime que les tueurs en série font en Amérique, cinq mille victimes par an.

Ce sont les vingt personnages les plus horribles et les plus atroces, qui en aucun cas ne représentent l'Amérique racontée dans les livres et les films, comme étant le pays de la liberté. Ils ne traduisent pas le Rêve Américain, mais le Cauchemar de l'Amérique.

Chapitre VI

Cummins – Heath – Christie

Gordon Frederick Cummins était un jeune aviateur, connu sous le nom de «L'Eventreur de la guerre» parce qu'il tua en 1942 quatre femmes en quatre jours. A première vue il semblerait difficile de trouver une motivation occulte à ces meurtres sexuels et cependant Cummins tuait avec une telle avidité compulsive, voire même négligente, que ses crimes défiaient toute explication rationnelle.

L'inspecteur divisionnaire Greeno de la police criminelle de Scotland Yard fut confronté à un tueur fou en cavale en plein Londres, en période de guerre. Lorsqu'il découvrit le corps d'une troisième victime, il réalisa qu'il pourchassait un tueur en série. Margaret Frances Lowe, âgée de quarante-trois ans, était une prostituée logeant dans une pension bon marché à Gosfield Street West End. Elle avait été aperçue quelques jours auparavant, mais en pleine guerre les faits et gestes des uns et des autres passent inaperçus. Le samedi 14 février 1942, sa fille âgée de quatorze ans vint lui rendre visite, mais une macabre découverte l'attendait. Sa mère était étendue morte, étranglée avec un bas de soie, et son corps nu avait été mutilé avec une lame de rasoir. Plus tard Greeno dira: «J'ai vu un cadavre massacré d'une façon ignominieuse.»

Le policier était conscient du lien qu'il y avait entre la victime et les deux autres corps qu'il avait découverts cette semaine-là à Londres West End. Les victimes avaient elles aussi été étranglées et sauvagement mutilées, et une d'entre elles avait été tailladée avec un ouvre-boîte.

Sir Bernard Spilsbury, le médecin légiste qui expertisa le corps mutilé de Margaret Lowe, confirma la similarité avec les deux autres crimes, fixant la mort au mercredi 11 février.

La première victime fut Evelyn Margaret Hamilton, une institutrice âgée de quarante ans, trouvée morte dans un abri antiaérien à Montague Place, Marylebone, le 9 février. Les £ 80 qui étaient dans son sac à main avaient disparu. Le 10 février ce fut le tour de Mme Evelyn Oakley (connue sous le nom de Nita Ward), une péripatéticienne âgée de trente-cinq ans. Elle fut découverte dans son appartement de Wardour Street, la gorge tranchée et l'estomac ouvert avec un ouvre-boîte sur lequel la police releva des empreintes ainsi que sur un miroir.

Alors que l'inspecteur divisionnaire examinait la troisième victime et fouillait les lieux du crime, son bureau lui signala qu'un nouveau meurtre venait d'être commis. Doris Jouannet était étendue dans son deux pièces à Sussex Gardens, près de Paddington Station, tout près du lieu où était Greeno. Elle avait trente-deux ans et son mari plus de soixante-dix ans, et était connue pour attirer les soldats dans les pubs du Leicester Square. Elle avait été aperçue en vie pour la dernière fois la veille au soir à dix heures. Le matin du samedi 14 février, son vieux mari rentrait de son travail de veilleur de nuit au Paddington Hotel pour trouver le lait déposé à sa porte et, également sa femme assassinée.

Le corps était encore chaud lorsque Greeno arriva sur les lieux. Le cadavre portait les mêmes marques épouvantables de mutilations relevées sur les trois victimes précédentes, et avait été si sauvagement massacré que des morceaux de chair s'en détachaient. Sir Bernard Spilsbury examina les blessures avec sa précision habituelle et déclara que le tueur était probablement gaucher.

Greeno qui menait l'enquête, se rendit compte que chacun de ces meurtres était l'œuvre d'un psychopathe qui exprimait sa haine et ses désirs sexuels en tailladant le corps de ses victimes. Le «bureau provisoire de la police» fut installé au commissariat de Tottenham Court Road et les policiers avaient ordre de glaner auprès des prostituées tout renseignement, à savoir si l'une d'entre elles n'avait pas été harcelée par un sadique. Greeno savait que ce genre de tueur sexuel qui sélectionnait ses victimes au hasard, était le criminel le plus difficile à appréhender. Seule une dénonciation ou une erreur au cours d'un prochain meurtre pouvait aider à obtenir quelques indices.

L'erreur arriva peu de temps après la découverte du corps de Mme Jouannet. Greeno eut vent d'une agression sur Mme Heywood, devant un pub près de Picadilly, le Captain's Cabin. Un jeune aviateur désireux de l'embrasser, tenta de l'étrangler face à sa résistance. Un livreur, attiré par le bruit d'une bagarre, sauva Mme Heywood, dérangeant le tueur éventuel en pleine action. L'aviateur s'enfuit dans l'obscurité mais laissa derrière lui un indice vital: il avait laissé tomber son masque à gaz avec son numéro d'identification inscrit à l'intérieur.

Au moment où la police eut connaissance de cette nouvelle, le tueur qui n'était pas parti très loin, enleva une autre femme et ils se rendirent ensemble, chez elle, en taxi à Southwark Street, Paddington. Arrivés au domicile de Mme Mulchay, alias Kathleen King, il essaya de l'étrangler mais elle se défendit avec une telle furie, qu'il se sauva laissant sa ceinture de service. La victime se souvint d'une inscription en caractères brillants sur son uniforme indiquant qu'il appartenait à l'armée de l'air.

Une douzaine d'heures après l'agression de Mme Mulchay, la police réussit à mettre un nom sur le tueur : Gordon Frederick Cummins, élève pilote, âgé de vingt-huit ans et marié. Lors de sa première confrontation, il déclara qu'il était innocent, ayant passé la nuit dans son lit à la caserne. Quant au masque à gaz, c'était probablement le sien, mais par inadvertance il avait dû se tromper dans un pub et prendre celui de l'ami qui était avec lui. Il signa le rapport de la main gauche. Bien qu'il correspondait à la description donnée par les deux femmes agressées, il n'y avait encore aucune preuve réelle contre lui, d'autant plus que le registre de son quartier indiquait qu'il avait passé la nuit dans son cantonnement, un sous-officier enregistrait toutes les arrivées et tous les départs.

Cependant, son alibi fut vite démenti : un aviateur l'avait vu quitter le cantonnement de St John's Wood par les escaliers de secours. Ses empreintes correspondaient avec celles retrouvées sur les lieux du crime de Nita Ward et de plus, il détenait des objets volés au domicile de Mme Jouannet.

Cummins avait un lourd passé de menteur et était surnommé « Billy le Menteur ». Bien que, éduqué et issu d'une bonne famille, il parlait avec un faux accent d'Oxford et prétendait avoir le droit d'utiliser le titre « Honorable » devant son nom étant le bâtard d'un aristocrate. Il avait été licencié à plusieurs reprises pour malhonnêteté.

Son procès devant la Cour d'assises de Londres fut très court, et il fut pendu à la prison de Wandsworth le 25 juin 1942 durant un raid aérien. Sir Bernard Spilsbury pratiqua une autopsie sur Cummins tout comme il l'avait fait sur ses victimes...

Neville George Clevely Heath était de loin beaucoup plus le genre d'un «Walter Mitty» que d'un Cummins et, puisque Christie partageait ce trait de caractère il est intéressant de regarder si le fait de porter un masque, ou de se faire passer pour un autre, est une caractéristique commune aux criminels sexuels. Ils jouent un autre personnage, car ils ne s'aiment pas lorsqu'ils se regardent dans un miroir.

L'intérêt intrinsèque de l'affaire Heath est que ce fut le premier procès après-guerre soumis aux règles *M'Naghten* qui établissaient différents critères de la démence. En d'autres termes, ce fut plus le procès de la psychiatrie que celui de Heath. Les décisions dans cette affaire furent des jugements de référence pour les autres cas similaires. Au procès du «Yorkshire Ripper» (Peter Sutcliffe) l'accusation posa la question suivante: «Est-il fou ou est-il méchant?» Cette question fut la première à avoir été posée au procès de Heath en septembre 1946.

Né à Guildford dans le Surrey en 1917, Heath était un bel homme, grand, blond aux yeux bleus, à la mâchoire ferme. De par son physique il attirait les femmes et savait s'en servir pour tout ce qui en valait la peine. Ses parents lui avaient donné une bonne éducation, mais Heath était un garçon vaniteux, qui tuait pour améliorer sa vie. Il savait qu'un homme comme lui ne pouvait que s'attendre à une vie ordinaire, avec peu de moyens financiers. Mais il aimait les lumières des grandes villes, les boîtes de nuit, les voitures de luxe et il n'avait jamais rien fait pour se permettre de s'offrir tout cela. Il pensait que la reconnaissance lui était due d'office. Chaque fois que la télévision ou le cinéma cherchait un butor ou un mufle dans un drame, Heath servait de prototype, et ainsi il se construisit un personnage.

Lorsqu'il quitta l'école ce fut pour aller travailler

comme emballeur dans un entrepôt de Londres pour £ 1 par semaine. Rapidement il se rebella contre ce travail pénible et ingrat et fut recruté à la Royal Air Force pour une courte mission. Le prestige que lui conféra le port de l'uniforme de pilote de combat fit de lui et à son égard un homme important. Mais Heath qui était un menteur invétéré, se sortant d'un mensonge par un autre mensonge, passa devant la cour martiale pour fraude et fut renvoyé à l'âge de vingt ans. Deux mois après son ignominieux renvoi de la RAF, il fut mis en liberté surveillée pour une autre escroquerie mineure. Il vécut en recourant à toutes sortes de moyens plus ou moins licites, particulièrement des femmes et se faisait souvent passer pour Lord Dudley, ou tout autre aristocrate.

En 1938, il fut envoyé à Borstal pour vol. Relâché en 1939, il rejoignit la RASC comme soldat de deuxième classe. Missionné en mars, il fut expédié au Moyen-Orient. Quinze mois plus tard, il passa à nouveau devant la cour martiale pour fraude et fut renvoyé de l'armée. Cependant, au lieu de rentrer en disgrâce en Angleterre, il se rendit à Durban se faisant passer pour le « Captain Selway, M.C. ». Plus tard il prit le nom d'Amstrong et rejoignit l'armée de l'air en Afrique du Sud.

Il obtint le grade de capitaine et se maria en 1942. En 1944, il fut détaché à la Royal Air Force. A la fin de la guerre, il retourna en Afrique du Sud pour divorcer de son épouse. En 1946, il passa de nouveau devant la cour martiale et fut renvoyé de l'armée de l'air d'Afrique du Sud pour fraude et port illégal de décorations. Heath était le genre d'homme qui s'attribuait lui-même la Croix de Victoria sans aucune arrière pensée. Il était aussi le parfait modèle du sadique.

En juin 1946, de retour en Angleterre, Heath rencontra Mme Margery Aimée Brownell Gardner, âgée de trente-deux ans, au Panama Club au sud de Kensington. De type bohémien, elle demeurait à Chelsea, touchait un peu à la peinture, et vivait de figuration cinématographique. Heath avait réservé la chambre 4 au Pembridge Court Hotel à Notting Hill la semaine précédente, signant sur le registre «Colonel Heath». Auparavant, il était descendu au même hôtel sous le nom de «Amstrong», le pseudonyme qu'il avait utilisé en Afrique du Sud. Il s'était familiarisé à la routine de l'hôtel et savait qu'il n'y avait pas de veilleur de nuit. Il avait une clé pour lui permettre de rentrer dans l'hôtel et une autre pour sa chambre.

Heath reconduisit Margery Gardner à l'hôtel en taxi, puis la raccompagna jusqu'à sa chambre, dans laquelle il y avait des lits jumeaux. Cela ne faisait aucun doute que Mme Gardner s'attendait à une sorte d'activité sexuelle, activité d'un goût quelque peu spécial. Elle était masochiste et aimait se faire flageller. Dans ce contexte, cela ne pouvait être qu'une invitation à sa propre mort, qui réveilla en Heath son côté sadique jusqu'alors en sommeil, et ainsi se rangeait-elle dans cette sous-section de la criminologie connue sous le nom de «victimologie». Elle était une victime qui allait elle-même chercher son propre meurtrier.

Le jour suivant, le 21 juin 1946 à deux heures de l'après-midi, une femme de chambre voulut entrer dans la chambre pour faire les lits. Après avoir frappé plusieurs fois à la porte sans la moindre réponse, elle alla chercher la directrice adjointe de l'hôtel pour lui permettre d'entrer avec le passe. La chambre était dans l'obscurité, les rideaux encore fermés. Lorsque Mme Wyatt les tira, la lumière inonda la chambre et illumina une scène d'horreur. Sur un des lits était étendu le cadavre d'une femme nue. Il y avait du sang et des morceaux de corps éparpillés. Mme Wyatt descendit téléphoner à la police.

Un policier de Notting Hill arriva à pied sur les lieux du crime, à 14 h 35. La mort violente était chose familière et il n'y avait aucune raison de se dépêcher, surtout une année après une guerre qui avait fait tant de victimes. Le sergent Fred Averill examina le corps avec soin, son détachement professionnel ayant pris le pas sur son dégoût premier. La victime était étendue sur le dos, le bras droit sous le corps. Elle avait les chevilles attachées avec un mouchoir, le visage et le menton couverts de bleus et le corps sauvagement meurtris à coups de fouet. Du sang s'écoulait de son vagin.

Le Professeur Keith Simpson fut appelé sur les lieux du crime et examina le corps avec soin. Il totalisa dix-sept coups de fouet, dont deux sur le visage, qui laissaient deviner la forme de la cravache ayant servi à frapper. «Trouvez la cravache et vous trouverez le tueur» dit-il aux policiers présents. Il nota aussi des marques sur les poignets, bien qu'il n'y ait aucune trace de liens à ce niveau. Vraisemblablement elle avait été bâillonnée, les occupants de la chambre voisine n'ayant été réveillés par aucun cri. Le bâillon lui aussi manquait.

Il est très probable qu'alors qu'elle était bâillonnée, son agresseur lui mordit la poitrine, lui déchirant le bout des seins avec les dents. Il lui mit dans le vagin un instrument, certainement un tisonnier, auquel il fit faire un mouvement de rotation. Les blessures lui avaient été infligées avant de mourir et elle avait certainement été flagellée sur un des lits, puis transportée sur l'autre par la suite. Curieusement le meurtrier lui avait lavé le visage, car il restait des traces de sang séché dans les narines et sur les cils de son œil gauche. Elle était morte par étouffement soit à cause du bâillon, soit avec un oreiller, entre minuit et une heure trente du matin. Il était tout à fait clair pour le Professeur Simpson que nous étions en face d'une partie de plaisirs pervers qui était allée trop loin et pour laquelle un sadique ne pouvait être coupable que d'homicide involontaire.

Depuis que Heath avait laissé son nom et ses empreintes à Pembridge Court Hotel, il n'était pas très difficile pour le commissaire de police Thomas Barrat (qui était chargé de l'enquête) d'en déduire l'identité du tueur potentiel et, sans attendre, il fit passer un message dans la presse dans l'espoir d'une entrevue avec Heath. Pendant ce temps un taxi se souvenait avoir pris Heath et Mme Gardner à minuit quinze vendredi 21 juin et de les avoir déposés à l'hôtel, le prix de la course s'élevant à 1s 9d. Lorsqu'on lui montra plusieurs photos, il n'eut aucune hésitation à reconnaître Heath. La chasse au meurtrier était lancée sur tout le territoire.

La police vérifia le passé de Heath. En mai de la même année, il avait raccompagné Mme Gardner à Pembridge Court Hotel, dans la même chambre, au numéro 4 et la sécurité de l'hôtel dut intervenir pour mettre fin à une séance de flagellation. Quelques semaines auparavant, un épisode identique avait eu lieu dans un hôtel sur le Strand, mais la victime retrouvée nue et attachée étant mariée, refusa de porter plainte. Une semaine avant le meurtre, Heath avait amené une jeune fille de dix-neuf ans, Yvonne Symonds, à la chambre 4 la persuadant de dormir avec lui en promesse de mariage. Il avait signé le registre du nom de «Lt Col et Mme NGC Heath». Rien n'arriva à la jeune fille. Alors qu'il était recherché par la police, Heath téléphonait fréquemment aux parents d'Yvonne à leur domicile de Worthing.

Pendant qu'il était en cavale, Heath envoya au commissaire de police Barrat, avec l'effronterie qui lui était propre, une lettre dans laquelle il avouait avoir réservé la chambre 4 de l'hôtel, mais déclarait avoir prêté la clé à

Mme Gardner afin qu'elle puisse venir s'y distraire avec un ami. La lettre disait :

«Elle avait rencontré une connaissance avec laquelle elle comptait bien se distraire sexuellement... Lorsque je suis rentré... et que je l'ai trouvée dans la position que vous imaginez, j'ai réalisé le ridicule de la situation... et je suis parti. J'ai l'instrument avec lequel Mme Gardner fut battue et je suis prêt à vous le remettre aujourd'hui. Vous y trouverez mes empreintes, mais d'autres aussi.»

C'était un stratagème remarquablement bien mené, bien qu'il n'envoya jamais la cravache.

A ce moment-là, la police sut qu'elle recherchait un criminel sadique prêt à frapper de nouveau. On critiqua la police de ne pas avoir publié les photos de Heath dans la presse et ainsi, éviter d'autres tueries, mais elle se justifia en soutenant que l'identification par les témoins était vitale dans cette affaire et que la publication de la photographie aurait porté préjudice à toute accusation criminelle. Ainsi, Heath tua à nouveau.

Heath terminait sa lettre en décrivant le compagnon présumé de Mme Gardner la nuit du meurtre et écrivait : «Les petites annonces du Daily Telegraph me retrouveront, mais pour le moment j'utilise un autre nom.» La lettre était datée du 22 juin, le lendemain du meurtre et avait été postée à Worthing.

Le matin qui suivit le meurtre, Heath était allé par le train voir sa «fiancée» à Worthing. Ils avaient déjeuné ensemble et Heath avait retenu une chambre à l'hôtel. Le lendemain matin il dit à Mlle Symonds qu'il avait des renseignements sur un meurtre mentionné dans le journal du jour et qu'il lui en parlerait plus tard. Le soir au cours du dîner, Mlle Symonds le lui rappela et il lui raconta une histoire extraordinaire, qui illustrait très bien le calme insolent qu'il gardait lorsqu'il était sous pression. Il raconta que le meurtre avait eu lieu dans sa chambre à Pembridge Court Hotel, qu'il avait prêté sa clé à la victime qui désirait se divertir avec un ami. Puis Heath ajouta que le commissaire de police Barratt l'avait emmené voir le corps, c'était «abominable à regarder», la jeune femme avait été étouffée et avait un tisonnier enfilé dans le vagin. Secouant la tête tristement, il déclara qu'un homme capable d'un tel acte ne pouvait être qu'un «maniaque sexuel».

Le journal du dimanche relatait le crime et disait que la police attendait avec impatience d'interroger Neville George Clevely Heath. Surprise par ce qu'elle venait de lire, Mlle Symonds téléphona à Heath pour avoir une explication. Il la rassura en lui disant que c'était une erreur et se rendrait à Londres afin de mettre les choses au clair avec la police. Il lui promit de lui téléphoner le soir. Mais elle ne reçut aucune de ses nouvelles et ne le revit que pour son procès.

Ce même dimanche 23 juin, Heath se rendit à Bournemouth, réserva une chambre au Tollard Royal Hotel sous le nom du colonel de l'armée de l'air le capitaine Rupert Brooke. Heath devait y rester pendant treize jours et pendant ce laps de temps une jeune femme devait trouver la mort d'une manière atroce.

Heath rencontra Doreen Marshall dans cette station balnéaire et la courtisa. Doreen était âgée de vingt-et-un ans et il l'emmena dîner à son hôtel. Elle était descendue au Norfolk Hotel. Lorsqu'elle disparut dans la nuit du vendredi 3 juillet, le directeur de l'hôtel attendit deux jours avant de signaler sa disparition. Découvrant qu'elle avait pris un taxi pour Tollard Royal Hotel la nuit où elle avait disparu, il téléphona au directeur de l'hôtel lui demandant s'il avait vu Mlle Marshall. Le directeur se rappela que le capitaine Brooke avait invité une jeune fille à dîner. Il s'approcha de l'ex-pilote et lui demanda si cette personne pouvait être celle qui avait disparu. Heath sourit à cette idée et répondit: «Grand Dieu du Ciel non, je connais cette jeune femme depuis fort longtemps.»

Un portier de l'hôtel se souvint que le couple était parti ensemble à pied, Heath lui disant qu'il serait de retour dans une demi-heure. Le veilleur alors assoupi dans sa chambre à quatre heures du matin, il lui demanda comment il était rentré dans l'hôtel. D'une façon amusée, Heath lui répondit qu'il était entré par la fenêtre à l'aide d'une échelle. Ce même jour, on vit Heath portant une écharpe autour du cou, afin de dissimuler des griffures. Il était aussi inhabituellement riche, payant ses verres avec des billets de cinq livres flambant neufs, alors que pas plus tard que la veille, il devait une note importante à l'hôtel. En fait, ce matin-là Heath avait mis en gage la bague et la montre de Doreen Marschall…

Aussitôt après avoir été interrogé sur la jeune femme disparue, espérant n'avoir éveillé aucun soupçon et avec une attitude de défi, Heath téléphona à la police de Bournemouth disant qu'il pouvait les aider dans les recherches concernant la jeune personne qui avait disparu. On lui proposa de lui envoyer un policier avec la photo de la jeune fille, mais Heath insista pour se rendre lui-même au commissariat où il arriva à 17 h 30, le vendredi 5 juillet.

Il fut reçu par l'agent George Souter et, après avoir regardé la photographie, Heath confirma qu'il avait en effet bien rencontré Mlle Marshall la nuit de sa disparition, mais il déclara qu'elle était rentrée à son hôtel bien vivante et en bonne santé. Heath, qui se faisait appeler Brooke, était sur le point de partir lorsque le père et la sœur de Doreen arrivèrent. Il les salua chaleureusement, leur disant qu'elle avait dû partir quelque part et qu'elle reviendrait sans doute bientôt. Il mentionna un Américain auquel elle paraissait s'intéresser.

Pendant ce temps, l'officier Souter avait appelé Scotland Yard leur demandant des informations sur un dénommé «Brooke» qui était soupçonné... L'inspecteur William Dawes qui avait reçu l'appel, alerta immédiatement l'inspecteur principal Reginald Spooner à son bureau de Hammersmith. Spooner rappela la police de Bournemouth et demanda à l'officier Souter si «Brooke» avait une légère coupure sur le nez. Quand il lui dit que oui, Spooner dit immédiatement: «Enfermez cet homme. J'arrive tout de suite à Bournemouth.»

Lorsque Spooner arriva le lendemain matin à une heure, il alla voir Heath dans sa cellule et lui dit: «Je crois que vous êtes Neville Heath», le prisonnier répondit calmement: «Oui.» Heath fut alors conduit à Londres, où il fut détenu au commissariat de Notting Hill. Pendant ce temps la police de Bournemouth qui fouillait sa chambre au Tollard Royal Hotel, y fit d'intéressantes découvertes. Ils trouvèrent dans sa veste de sport un ticket de consigne et le coupon de retour d'un billet de première classe Bournemouth-Londres, preuve qu'il avait appartenu à Doreen Marshall. Ils trouvèrent également un mouchoir taché de sang et noué à un collier de perles.

La police de Bournemouth mit alors tout en œuvre pour retrouver la jeune femme disparue. De retour à Londres le 8 juillet, Heath comparut devant West London Magistrate's Court pour le meurtre de Mme Gardner et fut placé en détention provisoire pendant une semaine. Quatre heures plus tard à Bournemouth, Mlle Evans qui promenait son chien près des falaises de Branksome Dene Chine non loin de Tollard Hotel, fut attirée par une nuée de mouches qui tournaient autour d'un buisson. Elle s'approcha et découvrit alors le corps de Doreen Marshall.

A 20 h 40, lundi 8 juillet, la police se trouvait sur les lieux du crime et examinait le corps. Doreen Marshall était étendue nue et morte après s'être débattue. Son collier de perles était cassé, et les perles éparpillées tout autour d'elle. Un bas se trouvait quelques mètres plus loin et plus loin encore un poudrier et un bas accroché aux buissons. Le médecin légiste releva des traces de coups derrière la tête de la victime provoquées par un instrument tranchant et le meurtrier s'était agenouillé sur elle avec une telle force qu'il lui avait brisé une côte lui perforant le poumon. Elle avait eu les poignets attachés avec un mouchoir retrouvé dans la chambre de Heath et avait été bâillonnée. Elle était blessée à l'intérieur des mains, ce qui prouvait qu'elle avait essayé de se défendre contre son agresseur alors qu'il lui mutilait le corps.

La mort était due à deux profondes coupures au niveau de la gorge, mais le bout d'un de ses seins avait été arraché avec les dents et à l'aide d'un couteau le tueur avait entaillé le corps de la victime jusqu'à l'aine en dessinant un large Y. Un instrument rugueux, certainement une branche, lui avait été enfoncé dans le vagin et l'anus, perforant les tissus. On ne retrouva jamais le couteau, mais nous en déduisons que Heath avait dû se dévêtir pour effectuer ses barbaries rituelles, car ses vêtements ne portaient aucune trace de sang. Puis il s'est certainement lavé dans la mer, se débarrassant alors du couteau, avant de se rhabiller.

Heath montrait une indifférence étonnante face à son sort. Alors qu'il était en cavale et recherché pour le meurtre d'une autre femme, il frappa à nouveau. Il s'était volontairement rendu au commissariat, ce qui aurait pu paraître fou, mais c'était au contraire pour donner le change. Après le meurtre de Doreen Marshall, il avait volé dans son sac à main quelques livres sterling et des bijoux. Le lendemain il mettait en gage sa bague pour £ 5 et une heure et demie avant de se rendre au commissariat il vendait sa montre pour £ 3.

La culpabilité de Heath n'avait jamais fait aucun doute, mais il en était différent à propos de sa santé mentale. Avec le ticket de consigne la police découvrit une valise dans laquelle se trouvait la cravache qui avait servi à mutiler sa première victime. La forme du fouet correspondait exactement aux zébrures laissées sur le corps. Heath fut identifié par le réceptionniste de Panama Club, par le chauffeur de taxi qui l'avait conduit avec Mme Gardner au Pembridge Court Hotel, par le prêteur sur gage chez qui il avait laissé la bague de Doreen Marshall et par le bijoutier à qui il avait vendu la montre. Une perle retrouvée dans la chambre d'hôtel de Heath correspondait exactement aux vingt-sept autres retrouvées près du corps et le mouchoir noué renfermait des cheveux humains identiques, selon le médecin légiste, au cuir chevelu de Doreen Marshall. Jamais une affaire n'avait présenté des preuves scientifiques aussi lourdes à l'encontre d'un meurtrier.

Heath fut inculpé des deux meurtres et fut jugé par la Cour d'assises. Une foule importante, dont parmi elle de nombreuses jeunes femmes, attendit pendant quinze heures pour assister au procès du beau jeune tueur. On devait retrouver ce phénomène de « meurtrier adulé » plus tard lors du procès de Ted Bundy. Heath ne les déçut pas. Vêtu d'un costume gris clair, très soigné, les cheveux blonds pommadés, les yeux bleus pétillants, il ne perdit jamais le calme olympien qui le caractérisait et son teint resplendissant de jeunesse faisait de lui l'idole des femmes.

Le procès débuta le mardi 24 septembre 1946 et prit fin

le jeudi à 17h45. Le Juge Morris présidait, avec Anthony Hawke, le procureur et J.D. Caswell KC l'avocat de la défense. Au vu des charges qui pesaient contre lui, Heath répondit avec fermeté « Non coupable ».

Lors de sa plaidoirie (qui dura trente-huit minutes), M. Hawke exposa au jury composé de dix hommes et deux femmes, la découverte du corps de Margaret Gardner et le départ de Heath pour Worthing.

Pendant ce temps, à Worthing, Heath rencontrait une jeune femme à qui il raconta qu'il avait un « lien étroit » avec le meurtre de l'hôtel de Notting Hill, lui faisant part de tous les détails.

M. Hawke déclara : « Ses propos étaient étrangement proches de la réalité... comment pouvait-il avoir eu vent de certains détails, à moins d'être sur les lieux du crime. » Heath avait en effet raconté à la jeune fille que le tueur était certainement un « maniaque sexuel » et qu'il avait vu le corps dans lequel était « enfoncé un tisonnier ».

Anticipant sur le terrain de la folie, M. Hawke déclara que de tels actes ne pouvaient qu'être l'œuvre d'un « tueur sexuellement perverti allant jusqu'au stade d'une monstruosité sans nom », mais que cela n'en n'excusait pas pour autant le meurtrier. Il ajouta que la lettre écrite par Heath au commissaire de police Baratt le lendemain, prouvait qu'il était pleinement conscient de ses actes et qu'il était punissable par la loi, d'autant plus qu'il avait pris une autre identité pour échapper à la justice.

Bien que Heath était uniquement jugé pour le meurtre de Mme Gardner, dans une tentative de montrer sa déficience mentale, la défense reconnut ses condamnations précédentes et les détails du meurtre de Doreen Marshall. M. Caswell ajouta : « Ceux d'entre nous qui agissent en son nom concluent que seul le jury peut débattre des faits et des conséquences de cette affaire, et j'ai fait le maximum pour vous exposer non seulement son passé, mais aussi les détails du second crime.»

Dans son rapport à la police, Heath niait avoir tué Mlle Marshall, et disait qu'elle était partie avec un Américain du nom de «Pat» la nuit de sa mort. Considérant cette affaire comme un «cas très intéressant», M. Caswell continua: «Pourquoi le public prend-il autant d'intérêt à cette affaire? Est-ce parce que deux horribles crimes ont été commis par le même homme, pratiquement au même endroit en quinze jours, non par un homme inintelligent, mais un homme qui connaît une grande partie du monde et qui par trois fois a été envoyé en mission?»

M. Caswell dit que le second meurtre commis alors que Heath savait qu'il était recherché par la police à travers toute l'Angleterre, était la preuve que nous avions à faire à un «fou en puissance». Il ajouta que s'il appelait Heath à la barre des témoins, vous les jurés «ne croiriez pas un mot de ce qu'il dit».

Tout dépendait du témoignage de deux experts en psychiatrie. Représentant l'accusation, le Dr Grierson, médecin major à la prison de Brixton, et le Dr Young de Wormwood Scrubs, qui observèrent Heath pendant plus d'une semaine, conclurent qu'il était sain d'esprit et connaissait l'atrocité de ses actes.

Pour la défense, le Dr Hubert (qui avait exercé à Broadmoor) après avoir examiné Heath déclara qu'il ne pensait pas faire mal et ne réalisait pas que son comportement était criminel. Il justifiait l'atrocité de ses actes en disant que pour lui c'était le seul moyen de se satisfaire sexuellement. M. Hawke demanda: «Est-ce là votre réponse, Dr Hubert? Puisqu'il voulait satisfaire une envie perverse il pouvait agir de cette manière?» «Oui» «Et il ne savait pas qu'il faisait mal? Est-ce exact?» «Oui».

Le Dr Hubert considérait Heath comme «fou», n'ayant

aucun «sens moral», et comme un sadique de la pire espèce. Il insista sur le fait que Heath était atteint de démence. M. Hawke lui demanda: «Etes-vous en train de dire que si une personne commet un crime parce que cela satisfait ses envies au moment où elle s'exécute, cette personne est folle et exempte de toute responsabilité?» «Oui, si le crime et les circonstances sont tels qu'il est impensable qu'une personne saine d'esprit puisse arriver à de tels actes.» «Cela signifie-t-il que tout pervers sexuel, pour céder à ses envies est autorisé à dire que les conséquences ne le regardent pas?» «Non».

Le Dr Hubert rappela l'historique de la «morale dégénérescente». M. Hawke insista sur le fait que ce n'était qu'une simple «histoire de malhonnêteté quand cela lui convenait». C'était une confrontation classique entre la définition légale de la folie sauvegardée par les règles de *M'Naghten*, et la définition médicale qui a fait des avancées considérables au cours du siècle et la première apparition des règles *M'Naghten*. La confrontation n'a jamais été établie et aucun psychiatre empreint d'une sagesse ne témoignerait au cours d'un procès. Si cela devait être, ce serait seulement à titre consultatif dans la détermination de la peine. Le Dr Hubert qui était un psychiatre très expérimenté dans le domaine de la criminologie, fut ridiculisé par un avocat expert en matière criminel, car au moment de témoigner devant la Cour, il était drogué et mentalement malade. Dans l'année il se supprima par une overdose.

Au cours de sa plaidoirie finale adressée aux jurés, M. Caswell ne leur demanda pas de la sympathie vis-à-vis du meurtrier, mais seulement de réétudier les preuves «comme des hommes et des femmes du monde». Il émit l'idée qu'un accident de guerre (son avion fut la proie des balles) peut conduire un homme à effectuer des actes sadiques. Il ajouta que les meurtres ne laissaient apparaître aucune préméditation, que Heath ne montrait aucun remords, ni aucune crainte, et ne faisait rien pour se cacher. Il devait être complètement fou.

M. Hawke répondit que plaider la démence était absurde et que le terme «aliénation mentale» n'avait aucune validité juridique. Heath était pleinement coupable et ses actes prouvaient qu'il reconnaissait sa culpabilité. Il avait tenté d'échapper à la police en utilisant un nom d'emprunt. M. Hawke ajouta: «On demanda une fois à un homme avisé où était le meilleur endroit pour cacher un galet.» Il répondit: «Sur la plage.» Que pouvait faire de mieux une personne que de se mélanger à la foule sur le bord de mer et de se comporter comme quelqu'un de parfaitement ordinaire à l'hôtel?

Le juge Morris s'adressa aux jurés en leur disant que «la folie n'est pas le refuge de ceux qui ne peuvent pas faire face à une accusation». Il ajouta: «Une impulsion perverse ne peut pas être excusée sous le motif de la démence.» Le juge se référa aux propos mensongers de Heath, à la dissimulation du corps de Doreen Marshall, au reniement de sa véritable identité, disant que ceci était la preuve d'un homme en pleine capacité de ses moyens pour échapper à la police.

Le jury débattit pendant une heure et déclara Heath coupable. On demanda à Heath s'il avait quelque chose à dire, il répondit: «Rien.» Il ne montra aucune émotion lorsque sa condamnation à la peine de mort fut proclamée. Il ne fit pas appel, ne montra aucun remords mais écrivit une lettre à ses parents dans laquelle il leur disait: «Mon seul regret en quittant ce monde, est que j'ai toujours été d'aucun intérêt pour vous.»

Neville Heath fut pendu à la prison de Pentoville par Albert Pierrepoint le 16 octobre 1946. Il resta calme et débonnaire jusqu'au bout, et juste avant de monter sur l'échafaud on lui proposa un whisky. Il accepta en disant: «Je pense en avoir gagné un double.»

Il n'y eut jamais la moindre explication sur l'état mental de Heath, ayant lui-même refusé de discuter de ses problèmes sexuels avec les médecins, bien que fut établie la preuve d'un attentat à la pudeur sur une enfant dans sa jeunesse. Nous sommes face à un cas où la pulsion sexuelle est en sommeil jusqu'à ce que la victime «de choix» se présente et provoque le nec plus ultra de l'acte criminel. Quelle autre explication peut-on donner que le développement tardif d'une impulsion violente, et le comportement décent avec Mlle Symonds?

Heath, le jeune homme agréable aux instincts prédateurs du tigre, reste une énigme. Il a remplacé l'ancien stéréotype du tueur sexuel, peint comme un monstre baveux. Après plusieurs études, le tueur sexuel tend à être jeune, intelligent et plutôt charmant…

John Reginald Halliday Christie était physiquement le plus repoussant des trois criminels sexuels relatés ici. Heath et Cummins étaient de beaux hommes, avec qui il était agréable de passer un moment, et qui se tenaient bien en société; leur penchant pour le meurtre les couvrait de honte… Christie lui, était mince, chauve, physiquement faible et profondément névrosé, sans aucun charisme.

Né le 8 avril 1898, il fut élevé à Halifax dans le West Yorkshire, dans une famille de sept enfants. Dès son plus jeune âge, il montrait déjà des tendances hypocondriaques, manquant sans cesse l'école pour des maladies imaginaires.

Comme Haigh, élevé à quelques milles plus loin à Wakefield, Christie chantait dans une chorale. A l'école il était considéré comme très efféminé et plus tard son manque de prouesse sexuelle lui valut le surnom de «Reggie Petite Bite».

Après avoir quitté l'école, il obtint un job à la police du West Yorkshire à Halifax, mais fut renvoyé pour chapardage, puis plus tard encore, pour vols mineurs. De nombreux criminels montrent très tôt une attirance pour le vol et on se souvient du dicton de De Quincey : «Si une fois un homme s'adonne au meurtre, il a déjà pensé très tôt à voler, puis du vol il sombre dans l'alcool et la paresse, puis dans l'impolitesse et les tergiversations.»

Plus tard Christie devint projectionniste au *Gem Cinéma à Halifax*. Nuit après nuit ses fantasmes stimulaient son impulsion criminelle, même si plus tard il disait que l'évènement le plus important de son enfance était lorsqu'il vit à l'âge de huit ans son grand-père mort. Ceci était d'une grande importance, donnant un aspect nécrophile à cette affaire.

Il fut enrôlé pendant la Première Guerre Mondiale et fut blessé en France par un obus d'ypérite, gazé deux fois et aveugle pendant plusieurs mois. Après cela il parlait à voix basse, sur un ton contrit et portait des lunettes pour prévenir la fragilité de ses yeux. Il se maria en mai 1920, et heureusement n'eut pas d'enfant. Il cumula divers jobs : machiniste dans les cinémas, employé de bureau et facteur. En avril 1921, il fut condamné à trois mois de prison pour vol de mandats postaux. En 1923, il fut mis en liberté conditionnelle pour avoir obtenu de l'argent par des moyens frauduleux, et cette même année il partit pour Londres, laissant sa femme à Sheffield. Libre de tout fardeau marital, il alla de job en job à Londres, et en septembre 1924, fut condamné à neuf mois de travaux forcés pour un vol commis à Uxbridge.

Puis, il sembla s'être rangé et travailla dans une administration pendant cinq ans. Mais en mai 1929, ses tendances criminelles remontèrent à la surface, lorsqu'il prit six mois de travaux forcés pour avoir agressé une femme avec une batte de cricket. En 1933, il fit à nouveau un séjour en prison pour le vol d'une voiture.

Sa femme qu'il avait abandonnée lui rendit visite en prison et à sa sortie retourna vivre avec lui, les dix années de séparation étant apparemment pardonnées. C'est en 1938 que le couple loua un trois pièces au rez-de-chaussée, du 10 Rillington Place, une adresse qui devait devenir notoire dans l'histoire de la criminalité. Nous devions y retrouver dans les années qui ont suivi sept femmes assassinées...

En 1939 Christie devint policier de réserve et utilisa cette autorité pendant ce temps de guerre pour devenir un petit fonctionnaire zélé. Le masque de l'autorité lui donna peut-être un sentiment de pouvoir, ce qui certainement le conduisit à commettre son premier crime. Il était basé à *Harrow Road Police Station* et se rendit dans un snack-bar pour enquêter sur un homme recherché pour vol. Là, il rencontra Ruth Fuerst, âgée de 21 ans, une Australienne venue en Angleterre comme élève infirmière. Elle fut aperçue pour la dernière fois vivante le 24 août 1943 dans sa chambre à Notting Hill et depuis Christie ne fut pas très clair sur la date du meurtre, ou même si elle était sa première victime. Elle avait dû être tuée vers la fin de l'année 1943.

Christie âgé de quarante-cinq ans, vêtu de son uniforme bleu foncé et de sa casquette à visière, invita Mlle Fuerst à prendre le thé au 10 Rillington Place, son épouse étant partie dans sa famille à Sheffield. Ses restes furent retrouvés dix ans plus tard, mais ne donnèrent aucune indication sur la cause de sa mort. La déposition de Christie sur cette affaire se trouve dans le dossier de la police.

Elle était très grande, presque aussi grande que moi et je mesurais une mètre quatre-vingts… Elle se déshabilla et j'eus envie de lui faire l'amour. Un télégramme arriva alors qu'elle était ici, m'annonçant le retour de ma femme… Après lui avoir fait l'amour, je l'ai étranglée avec une corde. Je me rappelle l'urine et les excréments qui sortaient de son corps.

Elle était complètement nue… J'ai pris son manteau en peau de léopard et je l'ai enveloppée dedans… Je l'ai ensuite mise sous les lattes du plancher, car ma femme arrivait. Le lendemain, alors que ma femme était sortie, j'ai pris le corps et j'ai creusé un trou dans le jardin. Le soir, lorsque la nuit fut tombée, j'ai mis le corps dans le trou et je l'ai recouvert rapidement de terre.

Christie fut renvoyé de la police de réserve car un soldat se plaignit qu'il tournait autour de sa femme. Christie trouva alors un travail à *Ultra Radio* à Acton où il rencontra Mlle Muriel Eady, âgée de trente-deux ans, petite et dodue. Elle et son petit ami avaient l'habitude d'aller chez les Christie à Rillington Place, mais un jour Muriel arriva seule. Elle se plaignit d'être enrhumée et Christie lui proposa de l'aider car il avait les connaissances médicales des premiers soins. Dans un grand pot de forme carrée, il gardait une solution de balsamine des moines avec deux tubes en caoutchouc qui passaient à travers le couvercle. Muriel Eady inhala les vapeurs d'un des deux tubes. Mais ce qu'elle ignorait c'était que l'autre tube était relié à une réserve de gaz. Une fois sa victime inconsciente, Christie l'étrangla avec un collant et fit l'amour à son cadavre. Dans ses aveux Christie disait: «Je regardais son corps et je me sentais calme, envahi d'une émotion paisible. Je n'avais aucun regret...» Elle aussi fut enterrée dans le jardin. Sa mort eut lieu très peu de temps après le 7 octobre 1944, jour où on la vit vivante pour la dernière fois.

Christie avait ainsi mis au point un moyen pour gazer les femmes, et s'adonner aux rites sexuels d'un nécrophile, probablement en se masturbant sur le cadavre de ses victimes, comme un autre nécrophile, Dennis Nilsen le fera plus tard. Certaines de ses victimes ont peut-être survécu à ses expériences, ou y ont participé volontairement, ou peut-être y a-t-il eu d'autres victimes dont la mort a échappé aux services de la police, car après ces deux meurtres en 1943 et 1944 on n'entendit plus parler de lui pendant cinq années, jusqu'au meurtre de Beryl Evans et de sa fille.

Un des points mystérieux de cette affaire est le cas Timothy Evans. En août 1949 Timothy Evans et sa jeune épouse Beryl, qui demeuraient au-dessus de chez les Christie, eurent une violente altercation. Christie dira plus tard, qu'il avait trouvé Mme Evans étendue devant une cuisinière à gaz, voulant mettre fin à ses jours, et qu'il lui avait sauvé la vie. Le lendemain, selon ses dires, elle tenta à nouveau de se suicider, le supplia de l'aider et en retour elle s'offrit à lui. Alors qu'il lui faisait l'amour, il l'étrangla avec un collant.

Nous supposâmes que Christie avait proposé à Mme Evans, qui était enceinte au moment de sa mort, de la faire avorter, et la tua alors qu'elle inhalait la mixture qui devait l'anesthésier. Evans mentionna la question de l'avortement à la police lors de sa déposition. Il raconta que son épouse avait essayé de se faire avorter elle-même en utilisant une seringue et des comprimés. «Reg Christie» s'était approché de lui et lui avait proposé de pratiquer un avortement sans aucun danger, lui disant qu'il avait étudié la médecine avant la guerre, et montra à Evans plusieurs manuels de médecine. Sa déposition continuait ainsi: «Le lundi soir 7 novembre... ma femme me dit que M. Christie avait tout prévu pour mardi matin, ce à quoi je ne répondis rien.» Lors d'une autre déposition, il disait: «Lorsque je suis rentré chez moi le mardi soir, il m'attendait en bas des escaliers et me dit: ‹Les nouvelles sont mauvaises. Cela n'a pas marché.› Christie raconta qu'elle avait fait une septicémie. Evans décrivit alors l'état dans lequel il trouva sa femme étendue sur le lit.» «Elle était morte, couverte de sang au niveau de la bouche, du nez et plus bas. Ils descendirent le corps, Christie disant qu'il s'en débarrasserait plus tard. Christie souligna qu'Evans serait soupçonné de meurtre, alors que lui, en tant qu'ancien policier serait lavé de tout soupçon. Quant au bébé, Géraldine, il dit qu'il allait s'arranger pour le faire adopter par un couple.» Le fait est que les corps de Mme Evans et de sa fille furent retrouvés dans le lavoir.

Le lundi 14 novembre 1949, Evans partit en cavale après avoir vendu ses meubles pour une somme de £ 40. Mais au bout d'une semaine, il se rendit dans un commissariat du Pays de Galles et avoua le meurtre de son épouse. Il déclara avoir déposé son corps dans une canalisation, bien qu'il fut retrouvé dans le lavoir. Il ignorait complètement la mort de sa fille. Il accusa Christie du meurtre, mais quand il apprit que la police avait retrouvé le corps de sa fille, il retira son accusation. Il était mentalement déficient, ce qui peut expliquer pourquoi il n'avait pas immédiatement dénoncé Christie lorsqu'il trouva son épouse étranglée. Peut-être a-t-il tué sa fille – on disait qu'il avait confié à un gardien de prison l'avoir tuée parce qu'il «ne supportait plus de l'entendre pleurer».

Evans fut jugé pour le meurtre de sa fille devant la Cour d'assises en janvier 1950. Un des principaux témoins de l'accusation était Christie. L'avocat d'Evans attaqua son témoignage, relatant ses précédentes condamnations et déclarant que Christie était le véritable meurtrier de Mme Evans qu'il l'avait tuée en pratiquant sur elle un avortement mortel, et qu'il avait également tué l'enfant.

Quand Evans, depuis le box des témoins, déclara que Christie avait tué son épouse en la faisant avorter, et qu'il l'avait aidé à transporter le corps, l'avocat de l'accusation lui demanda : « Pouvez-vous expliquer les raisons pour lesquelles Christie aurait assassiné votre épouse ? » Evans répondit d'un air absent : « Il est resté à la maison toute la journée... »

De son côté, Christie, le vertueux ex-policier répondit qu'il ne savait rien de l'avortement, et qu'au moment du meurtre il était cloué au lit par une entérite et un mal de dos. Son médecin confirma ses dires, en disant qu'il doutait de sa capacité physique à descendre un corps : « Il avait du mal à se lever de sa chaise et je devais l'aider. » Le vendredi 13 janvier Evans fut reconnu coupable et condamné à mort. Christie qui se trouvait au tribunal, éclata en larmes. Evans fut pendu le 9 mars.

Cette affaire fit du bruit pendant des années et dans son livre, Ludovic Kennedy soupçonna une erreur judiciaire, posant à ses lecteurs une question irréfutable : « Comment pouvons-nous croire que Christie et Evans qui ne se connaissaient pas, pouvaient avoir étranglé des femmes dans la même maison, de la même manière...? » Après l'éventuelle supposition que Christie pouvait avoir été l'auteur des crimes, il y eut un tollé général du public pour la révision de l'affaire qui avait conduit à l'exécution d'Evans. M. Scott Henderson, dans son rapport publié juste avant l'exécution de Christie, déclara qu'il n'y avait aucune erreur judiciaire dans l'affaire Evans.

Jamais un tel verdict ne pourrait être accepté et grâce à Ludovic Kennedy, lui seul, le gouvernement en place dut ordonner publiquement la réouverture du dossier Evans, sous la direction du Juge Brabin. Les plaidoiries eurent lieu au cours de l'hiver 1965-1966, à la suite desquelles le juge arriva à la conclusion suivante «il était fort probable» qu'Evans avait tué son épouse, mais pas sa fille. Ayant été pendu pour le meurtre de sa fille, le 18 octobre 1966, la Reine lui accorda le pardon, et ses restes furent retirés de la prison de Pentoville pour être enterrés dans «une terre consacrée».

Christie fit des aveux complets sur le meurtre de Mme Evans, au cours desquels il décrivit en détail comment prétendant pratiquer un avortement, il l'avait gazée en lui faisant inhaler un produit mortel. Se débattant, il lui frappa le visage, puis la fouetta avec ce qu'il appelait «ma corde d'étrangleur» et l'étrangla. Il fit alors l'amour à son cadavre. Au vu de tout cela, la conclusion du juge Brabin fut encore plus incompréhensible.

Après ce retour sur l'affaire Evans qui était essentiel pour saisir l'hypocrisie et la désinvolture de Christie, revenons au moment de gloire de Christie en tant que témoin au procès d'Evans (il conservait les articles de journaux dans son portefeuille). La vie des Christie continua tout à fait normalement. Après avoir fait pendre un homme à sa place, Christie ne semblait avoir aucun remords, bien qu'il se rendait très souvent chez le médecin se plaignant d'insomnies, de maux de tête, de diarrhées, de flatulences, d'amnésie, de maux de dos et de fibrose. Il était maintenant employé à la *British Road Services*. Après la guerre, il avait travaillé dans l'administration au *Post Office Savings Bank*, mais il fut renvoyé suite à ses condamnations passées. Mais même cela montrait son effronterie. Il avait été condamné pour vol de mandats postaux, et pourtant il n'avait jamais pensé à postuler un emploi dans les postes.

En décembre 1952, Christie âgé de cinquante-quatre ans,

présentait un état mental et psychologique très affecté. Quelques années auparavant, on lui avait conseillé de se faire soigner dans un hôpital psychiatrique pour une névrose, mais il avait refusé. Le 6 décembre il abandonna son travail à la British Road Services, et tomba en dépression nerveuse.

La maison du 10 Rillington Place avait été achetée par un Jamaïcain en 1950 et les pièces du haut étaient occupées par des locataires de couleur noire. Les Christie se plaignirent souvent du bruit de leurs voisins au Centre Juridique de l'Assistance Publique, mais sans résultat. Ils durent alors prendre des somnifères pour dormir et firent tous les deux une dépression nerveuse.

En décembre 1950, Christie tua à nouveau, mais cette fois-ci ce fut sa femme. Pourquoi a-t-il tué son épouse âgée de dix-neuf ans, cela reste un mystère. Il n'y avait certainement aucun motif sexuel. Il déclara à la police: «Elle avait très peur de ces noirs... et était très dépressive. Le dimanche 14 décembre, je me suis réveillé à 8h15, pensant que c'était à cause de ma femme qui bougeait dans le lit. Je me suis assis et je l'ai vue s'agiter, le visage devenant bleu, elle était en train de s'étouffer... Il m'était insupportable de la voir ainsi, j'ai pris alors un collant que j'ai serré autour de son cou, jusqu'à ce qu'elle s'endorme.» Mme Christie finit sous le plancher de la porte d'entrée.

Ce qui est intéressant ici, c'est que le comportement de Christie après la mort de son épouse est exactement le même que celui de Timothy Evans après le décès de sa femme. Chacun vend l'alliance de son épouse et chacun vend les meubles de l'appartement au même acheteur.

Christie vend ses meubles le 5 janvier 1953, ne conservant qu'un matelas et une couverture, une table et des chaises, de la vaisselle et des couverts. Pendant six semaines d'un froid glacial, il vécut dans la pièce du fond avec pour compagnie son chat et son bâtard de chien. Chaque jour il versait un désinfectant dans les canalisations afin de dissimuler l'odeur des restes en décomposition de son épouse. En fait, les conditions atmosphériques dans la maison conduisaient à un processus de déshydratation qui atténuait les odeurs.

Sombrant dans l'apathie et le désespoir, Christie très fatigué, avait déconnecté de la réalité et était en train d'expérimenter ce que les psychiatres appellent la « dissociation ». En fait il n'était pas réellement conscient de ce qu'il faisait, mais était comme spectateur de ses actes. Sans travail, sans sa femme pour s'occuper de lui, avec seulement £ 2.14 d'allocation par semaine pour vivre, Christie aurait pu attenter à ses jours. Au lieu de cela, avec ce qui lui restait d'énergie sexuelle en réserve, il tua trois prostituées.

Il y eut Kathleen Maloney, vingt-six ans ; Rita Nelson, vingt-cinq ans et enceinte de six mois – tuées toutes les deux fin janvier. Puis ce fut le tour de Hectorina McLennan, vingt-six ans, tuée vers le 6 mars. Toutes furent étouffées dans un cagibi qui autrefois avait servi à stocker le charbon, et dont Christie avait tapissé le mur extérieur de papier peint pour dissimuler l'entrée qui donnait dans une autre chambre. McLennan était nue, son soutien gorge qui était resté accroché à un clou, lui maintenait la tête droite. Les deux autres étaient partiellement déshabillées et enveloppées dans des couvertures. Toutes les trois étaient atteintes d'une maladie vénérienne et avaient été étranglées avec un cordon, toutes les trois avaient une serviette nouée entre les jambes comme une couche. Mme Christie avait aussi eu une couche. Les trois prostituées avaient eu des relations sexuelles au moment de leur mort.

Ce fut la dernière aventure que Christie vécu, dans un sens, à titre posthume. Le vendredi 13 mars il sous-loua illégalement ses trois chambres à un couple à qui il demanda trois mois de loyer d'avance. Il conduisit alors son chien chez le vétérinaire pour le faire piquer, puis sortit pour la dernière fois du 10 Rillington Place le 20 mars, une valise bon marché à la main dans laquelle il avait mis ses effets personnels. Il passa sa dernière nuit à l'asile de King's Cross. Il était complètement à la dérive, sans plus aucun point de repère…

Les nouveaux locataires occupaient les lieux depuis seulement un jour, quand le propriétaire vint les mettre dehors. Il autorisa un de ses locataires, un certain M. Beresford Brown, qui occupait l'ancienne chambre d'Evans, à utiliser la cuisine de Christie pendant trois mois. Ce fut l'infortuné M. Brown qui, voulant fixer une étagère sur le mur pour y installer sa radio, découvrit le cagibi. Enlevant le papier peint, il trouva les corps que Christie avait cachés.

La police arriva rapidement sur les lieux et le médecin légiste le Dr Camps fit enlever les corps après les avoir photographiés dans leur contexte.

La maison fut fouillée de fond en comble et plus tard dans la nuit, on découvrit le corps de Mme Christie sous le plancher. Puis, le jardin fut creusé, et l'on en retira des os qui assemblés formaient deux squelettes féminins – un fémur humain fut retrouvé devant la grille du jardin. C'était tout simplement les restes de Ruth Fuerst et Muriel Eady. A quelques mètres de là, la police trouva une boite à tabac contenant quatre sortes de poils pubiens.

Le lendemain, la presse affichait en gros titres en caractères gras la «Maison de l'Horreur». Une photographie de Christie fut publiée dans tous les journaux pensant que cela pourrait aider la police dans son enquête. En dépit d'une poursuite intensive, Christie resta en cavale pendant près de huit jours, errant autour de Londres hébété. A 9 h 10, le matin du mardi 31 mars, le policier Tom Ledger patrouillait sur les quais près de Putney Bridge. Il vit alors quelqu'un qu'il prit pour un clochard, se pencher au-dessus de la rivière. L'homme était débraillé, pas rasé, et semblait affamé. Lorsque à la demande du policier il retira son chapeau, ce dernier le reconnu instantanément grâce à son crâne chauve. L'agent l'arrêta et le conduisit au commissariat de Putney. Debout près des quais, Christie avait l'air désespéré, dans un état de dépression dévastatrice.

Il fit une déposition aux commissariats de Putney et de Notting Hill. Il avoua «l'euthanasie» de sa femme, puis plus tard les meurtres de trois prostituées. Il nia les avoir gazées et étranglées, ainsi que d'avoir eu des relations sexuelles avec elles, bien que l'expertise montra le contraire sur les trois points. Christie avait une fâcheuse tendance à tourner autour du pot lorsqu'il parlait. Il n'aimait pas relater des faits «sales» et pour lui la masturbation était un mauvais comportement. Et c'est ainsi que dans chacune de ses dépositions il ne fit jamais référence à ce genre de situations vis-à-vis desquelles il ne pouvait pas faire face. Chaque meurtre avait été un accident, suivi d'une lutte. C'était la faute de la victime...

Kathleen Maloney avait forcé sa porte, lui demandant de l'argent et le menaçant de crier s'il refusait. Rita Nelson avait du sang irlandais, c'est elle qui commença à se battre. McLennan se bagarrait. Ruth Fuerst essaya de le forcer à quitter son épouse, et Mme Evans lui avait demandé de l'aider à mettre fin à ses jours.

Au cours des interrogatoires, il était vague et nonchalant, tour à tour se confondant en excuses, puis se mettant à pleurer. A propos de Maloney, il déclara qu'il la connaissait auparavant. Elle regardait Christie photographier une autre prostituée dénudée. La nuit de son meurtre elle était ivre, et demanda de l'argent à Christie, qui la conduisit à Rillington Place et la fit asseoir sur une chaise longue. Au-dessus d'elle était suspendu un long tube de caoutchouc retenu par une pince à dessin. Christie desserra la pince et Maloney commença à somnoler. Christie raconta: «Il y avait un morceau de corde... accroché à la chaise. Je ne me souviens pas de ce qui s'est passé, mais j'ai dû perdre la tête. Je me souviens qu'elle était étendue sur la chaise longue, la corde autour du cou.» Puis il lui enleva sa culotte, lui fit l'amour et plaça une couche entre ses jambes. «Je l'ai laissée là... puis je crois avoir pris une tasse de thé.» Il buvait toujours du thé; un bon thé bien fort le rafraîchissait durant ses meurtres.

Puis vint Rita Nelson. Elle arriva à Londres enceinte de trois mois et prit rendez-vous pour être admise à l'hôpital en tant que fille mère, rendez-vous auquel jamais elle ne se rendit. Christie la persuada qu'il pouvait pratiquer un avortement, et ainsi lui fit inhaler son système de gaz. Il raconta qu'elle s'était défendue et qu'il dut l'étrangler. Puis il eut des relations sexuelles avec elle, lui mit une couche et la déposa dans le fameux cagibi avec Maloney. Après quoi, vraisemblablement, il prit une tasse de thé...

McLennan était à la recherche d'un logement avec son petit ami. Christie leur fit faire le tour des chambres, et même leur permit d'y passer la nuit.

Puis il s'assura qu'il était seul avec elle pendant que son petit ami était parti à l'Agence pour l'Emploi. «Je l'ai emmenée à la cuisine et lui ai versé un verre pour son... quand j'ai défait l'attache pour laisser partir le gaz, elle m'a vu. Elle était mal à l'aise et voulut partir. Mais j'étais déterminé et en aucun cas elle ne devait m'échapper. Je l'ai suivie dans le hall, lui ai saisi le cou et j'ai appuyé juste ce qu'il fallait pour qu'elle se sente mal. Je l'ai conduite à la cuisine et j'ai décidé qu'il fallait utiliser à nouveau le gaz. Je fis l'amour avec elle, puis l'étendis sur la chaise longue, ensuite je l'ai tuée.» Elle se retrouva avec les autres dans le cagibi, non sans difficulté, car la place manquait.

Après avoir été accusé du crime de son épouse, Christie fut placé à la prison de Brixton. Le 15 avril il fut reconnu coupable du meurtre des trois autres femmes qui se trouvaient dans le cagibi. Son avocat lui avait dit que le seul moyen de défense était de plaider la démence. A plusieurs reprise, le Dr Hobson, un psychologue, l'interrogea en prison. Tout d'abord il nia avoir tué Mme Evans, il fallut attendre le 27 avril pour qu'il avoue, mais nia avoir supprimé le bébé, Géraldine. Il dit à l'aumônier de la prison: «Plus on est de fous plus on rit!» Il avait avoué avoir tué sept femmes.

Cette affaire avait attiré le même intérêt dans le monde entier que celle des «Tueurs de la Land», et déjà les blagues malsaines circulaient. C'était la traditionnelle réponse des britanniques face à des tragédies ou des catastrophes comme pour contrecarrer l'horreur. Une blague type du genre: «Pauvre Christie: six femmes dans la maison, et aucune pour lui faire du thé.»

Le 18 mai Mme Evans et sa fille furent exhumées et leurs corps examinés. Trois médecins prirent part à cette expertise, et l'un d'entre eux le Dr Keith Simpson écrivit dans son livre *Forty Years of Murder* que bien que Christie déclare être propriétaire de l'infâme collection de poils pubiens en disant que «Les poils pubiens trouvés dans la boîte de conserve au 10 Rillington Place proviennent des trois femmes du cagibi et de la mienne», en fait aucun poil ne correspond aux victimes, après les avoir examinés au microscope. Christie dit avoir utilisé le gaz pour Mme Evans, mais cette dernière n'a pas été gazée. Le Dr Simpson pense que les aveux de Christie pour le meurtre de Mme Evans étaient faux et soutient la thèse de la démence. De nouvelles preuves montrant qu'Evans avait tué sa femme ressurgirent.

En détention provisoire Christie prit du poids et goût au jeu. Très bon aux échecs les autres prisonniers l'appelèrent « Chris le champion d'échecs » et peu à peu il se mit à se vanter de ses meurtres, disant que son but avait été d'en commettre douze. Les médecins qui l'interrogèrent en prison le décrivaient comme quelqu'un « d'insignifiant et sans intérêt, passant son temps à pleurnicher ». Il parlait souvent de lui-même à la troisième personne et décrivait ses meurtres comme des « événements regrettables ». Mais bien que Christie souffrait vraisemblablement d'amnésie concernant les détails de ses crimes – son amour propre ne lui permettait pas d'admettre qu'il était un étrangleur, un nécrophile et probablement un tueur d'enfant – il avait le contrôle de lui-même. C'est peut-être la raison pour laquelle il se vantait aux autres prisonniers en disant : « Je pouvais obtenir d'Evans tout ce que je voulais. » Il avait un QI de 128, alors que celui d'Evans n'était que de 68.

Le procès de Christie pour le meurtre de son épouse débuta le lundi 22 juin 1953, devant la Cour d'assises présidée par le juge Finnemore. Le Procureur Général était Sir Lionel Heald et l'avocat de la défense M. Derek Curtis-Bennett.

Bien que Christie reconnaissait les charges qui pesaient sur lui, le procureur devait néanmoins présenter ses témoignages. Des témoins furent appelés à la barre témoignant avoir vu Mme Christie vivante le 13 décembre 1952. Son corps, selon les témoignages entendus par la Cour, fut retrouvé sous le plancher de la chambre. Des médecins déposèrent que la mort était due à la strangulation et ainsi de suite… Cependant le Procureur Général, conscient du malaise qui régnait dans le public à propos de l'exécution d'Evans, tenta de démontrer que Christie mentait quand il disait avoir tué Mme Evans.

Le deuxième jour du procès M. Curtis-Bennett plaida pour la défense et attira l'attention du jury sur les détails des sept meurtres que Christie avaient avoués. Il déclara qu'il ne niait pas pour le moment que Christie ait tué son épouse. En effet le jury entendrait de la propre bouche de Christie qu'il avait tué de nombreuses personnes. Pour la défense Christie était tout simplement fou, si fou que d'après les règles de *M'Naghten*, il ne savait pas que ce qu'il faisait était mal. «Maintenant» conclut M. Bennett «cet homme va raconter sa terrifiante histoire...»

Christie se dirigea d'un pas saccadé à la barre des témoins, puis il regarda devant lui d'un air absent pendant une demi-minute. Il semblait pleurer. Guidé doucement par son avocat, cet homme chauve, portant des lunettes et paraissant docile, se mit à raconter lentement et en hésitant ses sept meurtres. Il relatait chaque détail les uns après les autres. Si on lui demandait s'il avait commis ces meurtres entre 1944 et 1949, il répondait: «Je ne sais pas.» «Vous voulez dire que cela pourrait être exact?» «En effet. Mais je ne sais pas si je l'ai fait ou non.»

Le juge lui demanda pourquoi dans sa première déposition à la police le 31 mars, il avait omis de mentionner les meurtres de Fuerst, Eady et Mme Evans. Se référant au meurtre de Mme Evans, Christie répondit: «Je l'ai rayé de mon esprit et jamais je n'y ai repensé.» Le juge lui rappela qu'il avait témoigné au procès de Timothy Evans – l'avait-il oublié? «Oui, Monsieur, je ne me le rappelle pas.»

Le Dr Hobson fut appelé à la barre en tant que témoin de la défense. Il déclara que Christie souffrait d'hystérie et qu'il était fort probable qu'au moment du crime, il ne savait pas que ce qu'il faisait était mal. «Il a une mémoire anormale... Je pense que sa mémoire lui joue des tours, ou que le soin qu'il prend à éviter certains sujets, est fait dans le but de préserver son propre respect de lui-même, plutôt que d'éviter de reconnaître les charges qui pèsent sur lui.»

L'accusation appela à comparaître deux médecins en contradiction, le Dr Matheson et le Dr Curran. Le Dr Matheson décrivit Christie comme «un homme faible de caractère. Il est certainement immature dans sa vie sexuelle... Je dirais qu'il a une personnalité hystérique...»

Le Dr Curran dépeignit Christie comme «une personnalité inadaptée empreinte d'un caractère hystérique... un homme extraordinairement anormal». Pour lui la perte de mémoire prétextée par Christie n'est pas exacte. «Il a comme tous les criminels et meurtriers, une remarquable capacité à effacer de son esprit ce qui le dérange... C'est un homme doté d'une grande capacité d'aveuglement.»

Dans sa plaidoirie finale, M. Bennett souligna que Christie devait être fou pour avoir commis de tels actes, puis il pesa d'une voix forte les mots suivants: «On songe à la probabilité de la présence de deux étrangleurs vivant dans le même local minuscule...»

Le jury se retira à 16h05 le quatrième jour du procès et revint à 17h25 prononçant la culpabilité du prévenu. Le Juge Finnemore se para de son bonnet noir et prononça la peine de mort. Christie se résigna à son destin dans sa cellule de condamné à mort et en quelque sorte était heureux de tomber dans l'oubli. Le matin du 15 juillet 1953, Albert Pierrepoint le pendit jusqu'à ce que mort s'en suive, tout comme il l'avait fait pour Timothy Evans trois ans et demie plus tôt.

L'homme ne peut pas devenir un monstre simplement en commettant des actes monstrueux. Christie s'en rapprochait. L'absence de culottes sur les cadavres montrait un certain fétichisme ; il était certainement nécrophile. On suppose qu'il n'aurait pas tué d'une façon compulsive s'il n'avait pas été appréhendé, mais à en croire les preuves il semble que Christie était dans une pénombre mentale totale. Il paraissait être quelqu'un d'épuisé qui avait, par opposition à la vie, embrassé la mort et qui probablement monta à l'échafaud avec un certain soulagement.

Chapitre VII

Les criminels sexuels des années 50
Une période de rébellion

On se souvient des années cinquante comme d'une époque de «rébellion». C'était le temps où les jeunes écrivains se posaient des questions sur les valeurs de la société dans laquelle ils vivaient et recherchaient une «vérité» presque inaccessible, rejetant l'autorité et proclamant le droit de l'individu à affirmer son existence ; c'était le temps où l'individualisme était en croissance et accablé par le poids d'une société massive de technologie dans laquelle l'individu n'était qu'un simple rouage dans la machine. Le mouvement tel qu'il était nous laissa avec une poignée d'écrivains provinciaux principalement de la classe ouvrière. Cela nous amena les *hippies* et les *beatniks* que l'on voyait lors des manifestations du mouvement du désarmement nucléaire, protester contre les bombes.

Cela faisait partie intégrante du processus habituel de la «jeunesse après guerre», qui bien sûr se produit dans la plupart des générations. Mais il est possible que vouloir une vie meilleure et plus de liberté, conduisent aussi à augmenter les crimes sexuels. La libération peut conduire à un excès.

Après une étude faite sur les homicides, les années cinquante furent une période très intéressante car tout au long de la première partie, tous les meurtriers étaient sujets à être pendus. Mais avec la loi sur les homicides en 1957, les tueurs sexuels qui auraient dû être condamnés à mort reçurent à la place une peine de prison à perpétuité.

Alfred Charles Whiteway, ne différait pas des autres criminels sexuels en ce sens qu'il refusait lui aussi d'avouer ses crimes ou d'exposer les raisons qui l'avaient poussé à tuer. Il avait vingt-deux ans et les quelques mots d'excuse qu'il prononça avec virulence tels que : « Je ne peux pas m'arrêter, je dois être malade », furent fortement contestés au cours de son procès.

Le matin du 1er juin 1953, le corps d'une jeune fille non identifiée fut retrouvé flottant sur la Tamise à quelques mètres de Teddington Lock, à côté de Richmond. Elle avait été frappée au visage, poignardée de plusieurs coups de couteau et violée. La police dirigée par le commissaire divisionnaire William Rudkin retrouva le long des quais de la Tamise, l'endroit où l'agression avait eu lieu, l'herbe étant piétinée et tachée de sang et l'on y découvrit deux paires de chaussures pour femmes...

Le soir même la jeune fille fut identifiée par sa mère. Elle s'appelait Barbara Songhurst, était âgée de seize ans et vendeuse dans une pharmacie de Teddington. La veille, elle était sortie en vélo avec son amie Christine Reed, âgée de dix-huit ans, dont les policiers retrouvèrent le corps cinq jours plus tard. Elle avait été violée et tuée de la même façon que son amie, les deux meurtres étant l'œuvre du même homme. Le commissaire de police Herbert Hannam de *Scotland Yard*, surnommé par la presse le « Comte » à cause de sa façon élégante de se vêtir, fut chargé de l'enquête.

Des témoins avaient vu les deux jeunes filles à vélo en

direction de leur domicile aux alentours de 11 h 30, le matin du 31 mai. L'expertise médicolégale montra qu'elles avaient été tuées à peu d'intervalle après être tombées dans une embuscade. Suite à une enquête effrénée, la police découvrit un indice majeur : une semaine avant le double meurtre, une écolière avait été violée à Oxshott Common, tout près du lieu du crime. La fillette souligna que son agresseur avait une fossette au menton.

Les deux jeunes filles qui étaient vierges au moment de l'agression, furent violées avec rage. L'enquête menée par la police n'aboutit à rien. Un des vélos qui avait disparu ne fut pas retrouvé, ni le meurtrier. Le seul espoir qui restait était que le tueur se manifeste à nouveau et commette une faute.

Un mois après les deux meurtres, il agressa sexuellement une femme de cinquante-six ans à Windsor Great Park. Il la saisit à la gorge et lorsqu'elle lui dit qu'elle venait de subir une sérieuse opération, l'agresseur répliqua : « Donne-moi un petit bisou. » La femme lui remit son porte monnaie qui contenait 17 shilling et le tueur l'avertit que si elle criait, il avait un couteau et qu'il savait s'en servir. Puis il repartit rapidement à vélo.

La description que la victime fit de l'agresseur, correspondait à un dénommé Alfred Charles Whiteway, un maçon qui avait à son actif plusieurs agressions sexuelles. Il fut arrêté pour sévices sexuels et interrogé par les policiers de *Scotland Yard* sur les meurtres du chemin de halage. Le commissaire Hannam fut très intrigué par Whiteway, qui avait une fossette au menton et possédait un vélo et un couteau ; un homme ayant un casier judiciaire pour violences sexuelles et qui demeurait à côté du chemin de halage de la Tamise…

Une semaine après avoir été accusé d'agressions sexuelles, la victime l'ayant reconnu parmi d'autres,

Whiteway fut inculpé du viol de la jeune écolière à Oxshott, qui relata les faits devant la Cour. Un homme en vélo l'avait attaquée par derrière en lui frappant la tête, puis l'avait traînée dans un buisson. Il lui avait demandé son âge et lorsqu'elle répondit «quatorze ans» il la viola. Il portait avec lui une hache. Whiteway avoua le viol en disant: «Je l'ai agressée sexuellement... Je ne sais pas ce qui m'a pris.»

Le jeudi 20 août, Whiteway qui était à la prison de Brixton, parut devant la Cour de Richmond pour le meurtre de deux jeunes filles. Au cours de son procès devant les assises en octobre pour le meurtre de Barbara Songhurst, le procureur Christmas Humphreys déclara que la jeune fille avait vécu à côté de chez Whiteway.

Elle l'aurait reconnu et ainsi il l'aurait réduite au silence en la tuant. Les preuves contre Whiteway étaient indéniables, en particulier le fait que la hache dont il se servait pour tuer et qu'il avait cachée dans une voiture de police qui le conduisait au commissariat, fut retrouvée par un policier qui la rapporta chez lui pour couper du bois. Plus tard PC Cosh, le malheureux policier, réalisa l'importance de cette hache qu'il s'empressa de rapporter au commissariat.

Whiteway possédait une collection de couteaux qu'il s'exerçait à lancer contre les arbres. Il portait également sur lui une petite hache, et celle rapportée au poste de police par PC Cosh portait des traces de sang, qui malheureusement étaient beaucoup trop petites pour en déterminer le groupe.

Aucune preuve réelle ne fut établie entre Whiteway et les meurtres, à part ses propres aveux qu'il confessa le troisième jour du procès volontairement. La déposition de Whiteway commençait ainsi: «C'est fichu. Vous savez ce que j'ai fait... C'est n'importe quoi. Je suis mentalement malade. Ma tête ne fonctionne pas bien. Je ne peux pas m'arrêter. Je ne suis pas un assassin couvert de sang. Simplement, je rencontre une fille. Je la suis, je l'assomme et elle tombe comme une bûche. Puis l'autre criait à travers la serrure. Je ne l'avais jamais vue avant, c'est vrai. Je l'ai enfermée. Et alors je me suis jeté sur celle qui me connaissait. Si cela n'avait pas été ainsi, rien ne serait arrivé. J'ai jeté la hache pleine de sang. Cela me hantait...»

Il y eut une violente altercation en salle d'audience entre le commissaire Hannam et l'avocat de la défense, M. Peter Rawlinson, qui accusait le commissaire d'avoir fabriqué de toute pièce la déposition de Whiteway. Le commissaire Hannam nia, mais M. Peter Rawlinson ne le crut pas et ne lui pardonna jamais d'avoir «prêté serment sur la vie d'un homme».

A la barre des témoins, Whiteway jura que sa présumée déposition était fausse et qu'on l'avait forcé à signer un papier en blanc par ruse. Il nia avoir commis les deux meurtres.

Il ne fallut que quarante-cinq minutes au jury composé de dix hommes et deux femmes pour reconnaître Whiteway coupable de meurtre. Le mardi 22 décembre 1953, il fut exécuté à la prison de Wandsworth . Il était d'un tempérament ennuyeux et sans intérêt, un violeur qui ne pouvait pas s'empêcher de tuer. Ceci était certainement lourd de sens, car pendant qu'il violait et tuait, son épouse était enceinte jusqu'au cou. Une frustration sexuelle l'aura peut-être conduit au crime

Peter Thomas Anthony Manuel était un petit malfaiteur mais aussi un tueur en série. Bien qu'il n'y ait aucune preuve prouvant une quelconque motivation sexuelle à ses nombreux meurtres – aucune de ses victimes ne fut violée – Manuel puise dans l'acte de tuer un certain plaisir sexuel. De toute l'histoire de la criminalité en Ecosse, il est le seul à avoir à son actif sept meurtres et reste quelqu'un d'exceptionnel. Hugh C. Rae le prit comme modèle dans son roman Skinner en 1965.

Manuel est l'archétype même du personnage à la fois trop fort pour son environnement – ou trop faible, cela dépend des points de vue. Il était petit, d'une extrême arrogance, et déterminé à impressionner le monde, même si cela devait le conduire à la potence. Il est le type même du «dualiste»: trop intelligent pour son entourage, mais pas suffisamment talentueux pour canaliser son potentiel. Il le prouve lorsqu'il veut démontrer sa «supériorité» en se défendant seul au tribunal, où il est très impressionnant même si sa prestation est vaine. Le juge dira «qu'il a mené sa défense avec une habilité tout à fait remarquable.»

Manuel naquit à Manhattan, à New York, le 15 mars 1927. Tout d'abord ses parents demeuraient à Détroit, mais lorsque les temps devinrent durs, sa famille qui avait émigré aux USA pour une vie meilleure, décida de retourner en Angleterre. Manuel était alors âgé de six ans. La famille s'installa tout d'abord à Coventry, mais avec ses cheveux noirs et son accent américain, Manuel ne s'intégra pas dans son école. Il se mit à jouer les truands et à onze ans il fut mis en liberté surveillée pour effraction d'un magasin, puis placé en maison d'arrêt, car il ne se contrôlait plus.

De sept à dix-huit ans Manuel passa la plupart de son temps en maisons de correction et de redressement, dans le but d'essayer d'amoindrir cette supériorité et cet esprit de rébellion qui le caractérisaient. Mais ce fut un échec. Il aurait pu se tourner vers la poésie, mais à la place de cela il se mit à la recherche de sa propre identité en tuant. Il s'échappa de plusieurs maisons de correction à dix reprises, et commit des vols dans toute la région. A quinze ans il entra par effraction dans une maison où il déroba l'argent de la propriétaire, puis lui fracassa le crâne avec un marteau. Il n'y avait aucun motif à cette agression qui aurait pu entraîner la mort de la victime, au-delà du fait que Manuel *aimait* faire souffrir physiquement les autres.

Après son arrestation, il fut envoyé à la prison de Leeds pendant un moment, pour atténuer la violence de son tempérament. Mais au cours d'un nouveau séjour dans une maison de correction dans le Yorshire, il s'évada et agressa une femme le long de la route, juste avant Noël 1942, à qui il déroba son argent, et l'attaqua sexuellement. C'était son premier attentat sexuel.

A seize ans il fut envoyé dans une maison de redressement d'où il essaya de s'échapper. Libéré en 1945, il rejoignit ses parents à Lanarkshire. Après avoir gagné malhonnêtement de l'argent à Blackpool, Manuel s'établit à Lanarkshire et aussitôt il y eut une série de cambriolages dans la région. Il fut jugé pour quinze vols et mis en liberté sous caution, période pendant laquelle il agressa une femme enceinte et la viola. Des taches sur son pantalon le trahirent et il fut inculpé et condamné à douze mois de prison pour cambriolages et à huit ans pour viols qu'il purgea à la prison de Peterhead. S'il y avait bien un endroit qui brisait cœur et âme d'un homme, c'était Peterhead, mais Manuel tint le coup. A deux reprises il agressa les infirmières.

A sa sortie, il avait un but : rejoindre la pègre de Glasgow mais sans aucune concession de sa part. Ce fut un échec. En effet les perceurs de coffres-forts expérimentés se moquèrent de ce jeune freluquet qui se vantait d'avoir gagné les championnats d'or de boxe. Ils le prenaient pour un petit malfaiteur qui parlait beaucoup. Maintenant Manuel habitait avec ses parents une maison louée à la municipalité de Birkenshaw, un village à la sortie de Glasgow.

Manuel travaillait comme éboueur la journée, et le soir il essayait d'écrire des nouvelles. Il se mit aussi à faire des esquisses afin de montrer son talent d'artiste. C'était sa dernière chance pour s'en sortir, mais il préféra la carrière de meurtrier.

En juillet 1955 il fut appréhendé pour agression sexuelle sur une jeune fille qui revenait de la danse et avait emprunté un raccourci pour rentrer chez elle. Manuel refusa toute aide judiciaire, et se défendit seul. La jeune fille certifia que Manuel l'avait menacée de lui trancher la gorge avec un couteau, puis l'avait emmenée dans un lieu désert pour l'agresser sexuellement. Elle continua : « Ensuite il me dit qu'il était en train de regarder la télévision ce soir-là, quand tout à coup il eut une envie soudaine de trancher la tête de quelqu'un et de l'enterrer. » Pour le jury les preuves n'étaient pas suffisantes et pour la première fois Manuel avait rallié la justice à lui et avait gagné, ce qui fit grandir en lui une confiance malsaine qui devait le détruire.

Depuis, les policiers gardaient un œil sur lui, sachant qu'il pouvait se manifester à tout moment. Il commença par écrire des lettres anonymes à la police lui adressant de fausses informations ou insultant les policiers.

Le 2 janvier 1956 Anne Kneilands, âgée de dix-sept ans, disparut après avoir quitté son domicile à East Kilbride pour se rendre à son cours de danse. Son corps fut retrouvé deux jours plus tard sur un terrain de golf. Elle avait été battue à mort avec une rage innommable. Bien qu'elle n'ait pas été violée, sa petite culotte avait disparu. La police soupçonna Manuel, mais elle devait attendre les ordres et avoir suffisamment de preuves pour pratiquer une arrestation. Les policiers se rendirent au domicile de Manuel, mais ne trouvèrent rien d'intéressant. Questionné à propos des marques qu'il avait sur le visage, il répondit qu'il s'était battu à Glasgow. Le fait qu'il travaillait près du lieu où la jeune fille avait été retrouvée, n'était que pure coïncidence.

Le 17 septembre 1956 trois membres d'une même famille furent retrouvés assassinés dans un bungalow à High Burnside. Mme Marion Watt et sa sœur Mme Margaret Brown étaient étendues mortes sur un lit, une balle dans la tête. La fille de Mme Watt, Vivienne, âgée de seize ans, était dans une autre chambre. Elle aussi avait reçu une balle dans la tête après s'être débattue. Les trois femmes avaient été tuées avec un revolver Webley de calibre 38. Les propriétés avoisinantes avaient été cambriolées par quelqu'un qui avait marché sur les lits avec des bottes couvertes de boue, volé et mangé de la nourriture. Le mari, M. Watt, un ancien policier, qui était parti pêcher, découvrit à son retour le carnage. Mais il fut arrêté quelques jours plus tard et inculpé du meurtre de sa famille. Il passa soixante-sept jours à la prison de Barlinnie , alors qu'il était innocent.

On interrogea alors Manuel qui au moment des meurtres était en liberté sous caution pour vol. La police fouilla à nouveau son domicile mais ne trouva aucune arme à feu. Manuel se retrouva ainsi à Barlinnie pour une période de huit mois suite à de nombreux cambriolages. Manuel prit contact avec M. Watt qui s'y trouvait alors, lui disant qu'il le savait innocent et qu'il connaissait le vrai coupable. Manuel demanda même à rencontrer l'avocat de M. Watt, M. Laurence Dowdall, et lui décrivit dans les moindres détails chacune des pièces du bungalow, tout comme l'aurait relaté le vrai coupable. Lorsque l'avocat vérifia les dires de Manuel, tout correspondait exactement. Seul le véritable meurtrier pouvait connaître la position des corps.

Les policiers interrogèrent Manuel en prison et fouillèrent une nouvelle fois son domicile, mais depuis longtemps le revolver avait été jeté dans le Clyde et il n'y avait aucune preuve contre lui. En novembre 1957, c'est un homme libre qui sortit de prison, prenant contact avec la presse à qui il offrit de vendre son histoire.

Huit jours plus tard un chauffeur de taxi, Sydney Dunn, fut tué à Durham. Il avait reçu une balle et avait la gorge tranchée. Il avait pris un client qui parlait avec un fort accent écossais. Le 28 décembre, Isabelle Cooke, âgée de dix-sept ans, disparut alors qu'elle se rendait à son cours de danse. On retrouva quelques-uns de ses vêtements dans la rivière Calder.

C'était une situation des plus incroyables. Depuis deux ans la police savait que Manuel était un criminel, il était connu de la presse, des centaines de personnes avaient conscience de cette situation et cependant il était libre d'aller et venir comme bon lui semblait, tout en étant surveillé par la police. Les habitants de Glasgow et de la région vivaient dans la peur, gardaient leurs filles enfermées chez eux, les conduisaient à l'école, et cela alors que la police connaissait le meurtrier et que la loi lui interdisait de l'appréhender. Manuel était rusé comme un renard et ne pouvait pas tomber sous le coup d'un interrogatoire.

Lundi 6 janvier 1958 Peter Smart, son épouse et leur fils de onze ans Michael, furent retrouvés morts dans leurs lits à Sheepburn Road, à Uddington. Ils avaient été tués avec un pistolet automatique Beretta, le jour du Premier de l'An, seulement quatre jours après Isabelle Cooke. Le commissaire de police qui menait l'enquête, Alex Brown, n'interrogea pas Manuel. Il savait qu'il était le coupable, et pensait que le silence était la meilleure arme contre lui. Si personne ne faisait attention à lui, il se pourrait qu'il sorte de sa tanière. On avait remarqué qu'il dépensait sans compter, alors qu'auparavant il était fauché…

Pendant ce temps William Watt, qui était innocent,

sortait de prison déterminé à retrouver celui qui avait massacré sa famille. Il parlementa avec la pègre de Glasgow et finit par avoir confirmation que Manuel avait acheté un pistolet. Finalement, M. Watt, son avocat et Manuel se rencontrèrent, avec l'espoir pour M. Watt qui écoutait attentivement Manuel parler des meurtres, qu'il se compromettrait. Mais il n'en fut rien.

Le jeudi 14 janvier 1958, les policiers se rendirent au domicile de Manuel et l'arrêtèrent aux premières lueurs du jour. Il dormait encore. Les policiers découvrirent un appareil photo et des gants volés, ce qui suffisait à le mettre sous les verrous. Afin qu'il se décide à avouer, la police arrêta son père et sa mère. Le résultat escompté se produisit et Manuel promit de faire une déposition à la condition que ses parents soient libérés.

Il conduisit les policiers jusqu'à un champ au Mount Vernon, en disant: «C'est ici. En fait, je pense qu'en ce moment je marche sur son corps.» Les policiers creusèrent et découvrirent à moitié nue Isabelle Cooke, ou plutôt ce qu'il en restait. Manuel avoua enfin les deux triples meurtres ainsi que celui d'Anne Kneilands. Il relata tout cela avec un tel détachement que les policiers en furent bouleversés.

Dans sa déposition il faisait référence à divers meurtres en détail. Il raconta que lorsqu'il rencontra Anne Kneilands, il lui offrit de marcher avec elle jusqu'à son domicile.

Nous marchions le long d'une route en lacets... A mi-chemin, je l'ai tirée jusqu'à la barrière d'un pré.. Là, elle s'est débattue, a essayé de s'enfuir et je l'ai poursuivie. Dans le bois, elle se mit à crier et c'est alors que je l'ai frappée à la tête avec un morceau de fer que j'avais ramassé.

Puis il relata la famille Watt: «Je suis entré par la porte de devant en cassant le carreau. J'ai ouvert la porte de la chambre à coucher où deux personnes dormaient. Je suis entré alors dans l'autre chambre où se trouvait une enfant qui se réveilla et s'assit sur son lit. Je l'ai assommée et lui ai attaché les mains, puis je suis retourné dans l'autre pièce. J'ai tué d'une balle les deux personnes endormies, puis entendant du bruit à côté, je suis retourné vers la fille qui avait défait ses liens. Nous nous sommes battus, puis je l'ai lancée sur le lit et lui ai tiré une balle dans la tête.»

Puis se fut le tour d'Isabelle Cooke:

Je l'ai rencontrée qui se promenait. Je l'ai entraînée dans un champ... Je lui ai déchiré ses vêtements que j'ai noués autour de son cou et de ses épaules. J'ai creusé un trou avec une pelle dans lequel je l'ai mise en prenant soin de la recouvrir de terre. Puis je suis reparti par le chemin par lequel j'étais venu.

Et pour finir la famille Smart:

Il était environ six heures ce matin du premier janvier… Je suis entré dans la chambre où j'ai pris 18 ou 20 livres sterling en billets neufs et quatre ou cinq billets de dix shillings… J'ai tiré en premier sur l'homme, puis sur la femme et enfin sur le garçon… Ensuite je suis allé au salon où j'ai mangé une poignée de petits biscuits qui se trouvaient sur un plateau.

Il avait signé chacune des pages de sa déposition.

Peter Manuel était passé en jugement pour huit de ses meurtres connus, celui du chauffeur de taxi ne pouvant pas être pris en considération car il avait eu lieu en Angleterre. Le procès débuta le lundi 12 mai 1958 devant le Juge Cameron au Tribunal de Glasgow. Les gens attendirent pendant quatorze heures pour s'asseoir comme s'ils venaient assister à une première, qui dans un certain sens en était une. Nous étions comme dans une pièce de théâtre dont l'acteur principal était Manuel, le héros de sa propre biographie. Il portait un blazer très élégant, avec un pantalon bleu, le tout assorti d'une chemise grise et d'une cravate. D'apparence vulgaire, ses cheveux noirs dans les yeux, il ressemblait à Presley. Le jury composé de neuf hommes et six femmes avait prêté serment en bonne et due forme. Manuel plaida non coupable et eut une « défense particulière » selon la loi écossaise pour certaines affaires.

Ce fut le cas pour l'argent et les objets volés dans une maison près du bungalow des Watt, qu'il prétendit avoir reçus d'un cambrioleur dont il donna le nom. Ce fut également le cas lorsqu'il accusait William Watt d'avoir tué sa famille. Il devait y avoir 280 témoins et les preuves médicolégales ne furent pas prises en compte. Les deux pistolets furent retrouvés dans le Clyde où Manuel disait les avoir jetés. Le procès dura seize jours et les témoignages furent très longs.

Le premier jour fut consacré au meurtre d'Anne Kneilands. Une balle avait été retrouvée dans la maison par le nouveau propriétaire ; elle venait du même calibre 38 Webley utilisé pour tuer la famille Watt. Manuel nia les faits.

Le quatrième jour, William Watt témoigna à propos du meurtre de sa famille et relata sa rencontre avec Manuel. Il raconta que Manuel lui avait montré une photo d'Anne Kneilands, qu'il avait ensuite déchirée en petits morceaux. Divers personnages peu recommandables témoignèrent à propos de ventes illégales de revolvers à Glasgow, et l'un d'entre eux signala que Manuel était venu chercher un « paquet » chez lui.

A la moitié du procès, l'avocat de Manuel déclara que sa déposition n'était pas recevable car elle avait été obtenue sous la contrainte. Lord Cameron déclara qu'il n'y avait eu aucune pression, que sa déposition était le résultat de ses aveux. Les policiers témoignèrent que Manuel avait lui-même avoué ces meurtres et qu'il les avait conduits là où Isabelle Cooke était enterrée. Ils insistèrent sur le fait que Manuel avait refusé la présence d'un avocat lorsqu'il fit sa déposition.

Le dixième jour du procès vit un coup de théâtre. Manuel congédia son avocat et annonça qu'il assurerait lui-même sa propre défense. Ce fut un grand moment de sa vie; maintenant toute l'attention était focalisée sur lui et il allait pouvoir mettre à jour son intelligence. Il rappela l'inspecteur Tom Goodall de Glasgow et le soumit à un contre-interrogatoire épuisant. Il parlait avec aisance et sans note, utilisant les termes juridiques qui lui étaient devenus familiers pour tenter de piéger l'inspecteur dans des situations préjudiciables. Lorsque Goodall décrivit comment Manuel avait conduit les policiers à l'endroit où était enterrée Isabelle Cooke, Manuel déclara qu'il faisait noir. «Dans quelle main teniez-vous votre torche?» demanda-t-il. «Je n'avais pas de torche», répondit l'inspecteur. «Alors comment pouviez-vous voir dans le noir?» répliqua Manuel d'un air triomphant.

Il déclara que les policiers mentaient, qu'ils savaient très bien où se trouvait le corps d'Isabelle Cooke avant qu'il ne les conduise sur les lieux, et que sa déposition avait été faite sous la contrainte en menaçant sa famille.

Le douzième jour devint «un procès dans le procès» quand il rappela William Watt à la barre. Il accusait M. Watt d'avoir tué sa propre famille, ce à quoi ce dernier répondit: «C'est un odieux mensonge.» Puis il rappela l'ex-commissaire James Hendry à qui il demanda: «Aviez-vous conscience lorsque vous avez arrêté Watt, que vous arrêtiez l'homme qui avait tué sa femme?» Le juge interdit à l'ex-commissaire de répondre à cette question. Ses opinions n'étaient pas appropriées.

Le jour suivant, Manuel appela sa propre mère et son père à la barre des témoins. Alors que sa mère reconnut qu'il était à la maison la nuit du meurtre de la famille Smart, elle persista à dire qu'elle ne l'avait pas entendu prononcer les mots suivants au commissariat: «Je ne sais pas ce qui me fait faire tout cela.» Elle nia avoir été forcée par les policiers à mentir. Son père, en revanche, reconnut que la police l'avait incité à mentir.

Puis Manuel vint lui-même à la barre des témoins où il fit une brillante prestation. Il nia sa culpabilité, déclarant que M. Watt lui avait confié qu'il avait tiré sur son épouse. Parlant avec facilité, avec des blagues quelque peu étranges ici et là, il essaya de persuader les caboches des jurés écossais de son innocence. Pour chaque question soulevée il avait une réponse. Il prétendit avoir vendu à M. Smart un revolver que ce dernier avait utilisé pour tuer sa famille et se suicider ensuite. Manuel s'était rendu chez les Smart, avait trouvé la famille morte et avait jeté le pistolet afin d'éviter tout lien avec lui-même. Tout ceci n'était qu'un complot contre lui et il avait fait une fausse déposition pour préserver sa famille.

En ce qui concerne le contre-interrogatoire de l'accusation, il considéra les preuves à son encontre comme «ridicules» ou «simplement une pure coïncidence». Il nota que M. Watt était très arrogant et que le commissaire divisionnaire Brown était un «salaud». Il lui était impossible d'avoir commis ces meurtres car dit-il: «Il y avait toutes les nuits dix policiers devant chez moi.»

L'accusation fit sa plaidoirie finale, puis Manuel la sienne. Ce fut une prestation motivée et bien articulée. Le juge commença tout d'abord son réquisitoire en disant aux jurés que Manuel n'était pas coupable du meurtre d'Anne

Kneilands, les preuves étant insuffisantes. Concernant la condition mentale de l'accusé il s'exprima en ces termes: «un homme peut être très méchant sans être fou.»

Le jury se retira pendant deux heures et demie convaincu de la culpabilité de Manuel pour les sept meurtres restants. Lord Cameron condamna Manuel à la peine de mort selon le rite traditionnel: il se coiffa d'un bonnet noir et annonça d'une phrase typiquement écossaise «Ainsi est prononcé le sort du détenu.» Manuel interjeta un appel mais il fut rejeté et le vendredi 11 juillet 1958, après avoir bu un verre de whisky, il se dirigea vers la salle d'exécution de la prison de Barlinnie.

Avant de mourir, Manuel avoua trois autres meurtres. Celui de Helen Carlin, une prostituée retrouvée étranglée à Pimlico en septembre 1954; celui d'Anne Steele, âgée de cinquante-quatre ans, retrouvée battue à mort à Glasgow le 11 janvier 1956; et enfin le meurtre d'Ellen Petrie, poignardée à Glasgow en juin 1956.

Incontestablement, Peter Manuel retirait de ses actes criminels une satisfaction sexuelle morbide. Il était de petite taille, un criminel insignifiant qui rêvait d'être au premier plan, comme une star. Andy Warhol disait que tout être avait dans sa vie quinze minutes de célébrité. Manuel a eu le temps qui lui était imparti et plus.

Michael Douglas Dowdall. Le 15 décembre 1958, une péripatéticienne se faisait reconduire chez elle en taxi par un jeune homme qu'elle avait rencontré alors qu'elle faisait le trottoir. Veronica Murray, âgée de trente-et-un ans fut retrouvée morte dans sa chambre du 58 Charteris Road, Kilburn, à Londres, lors de la veillée de Noël 1958. Elle était morte depuis environ une semaine. Elle était nue, son pullover retiré par la tête, le crâne fracassé, ce qui avait entraîné sa mort. Elle avait été frappée à six reprises avec une haltère tachée de sang, retrouvée près du corps. C'était devenu une routine de tuer une prostituée, mais celle-ci était différente des autres, car elle portait une série de traces circulaires sur le corps, faites après la mort certainement avec le goulot d'une bouteille et avec force et violence. On releva des empreintes dans sa chambre, mais l'on pouvait s'attendre à trouver de nombreuses marques laissées par des étrangers, dans la chambre d'une prostituée.

Le 10 octobre 1959 une certaine Mme Hill fêtait son anniversaire. Elle avait rencontré dans le centre touristique de Londres, un jeune homme charmant et de fort belle allure qu'elle invita chez elle à Ismalia Road, Fulham. Refusant d'avoir des relations sexuelles avec lui, il l'étrangla, avec un bas de soie. Lorsqu'on la découvrit, elle était vivante, et le corps couvert de marques circulaires. Avec la description qu'elle fit de son agresseur et les empreintes relevées dans son appartement, la police fit le lien avec l'agression d'une femme de soixante-cinq ans battue avec un tisonnier pendant son sommeil à son domicile près de Sloane Square et à qui on avait volé de l'argent et du whisky. D'autres agressions avec vols les années précédentes à Chelsea, au Fulham pub, à Westbury Hotel, étaient certainement l'œuvre du même auteur, ainsi que celle qui eut lieu à Westbury Hotel, à Mayfair. Le cambrioleur était entré par effraction dans la suite de l'acteur Georges Sanders, où il avait échangé ses chaussures avec une autre paire trouvée dans la chambre et consommé du whisky. La police retrouva les chaussures que le cambrioleur avait laissées portant les initiales «WG», clouées grossièrement sur la semelle.

Le 19 novembre 1958 *Scotland Yard* lança un appel à la population pour tout renseignement concernant le tueur, publiant une photographie des chaussures. Cela n'aboutit à rien. La police et les habitants ne réalisèrent pas que «WG» représentait l'armée galloise.

Une semaine plus tard, suite à une série de cambriolages dans quatre ou cinq propriétés de Chelsea, le tueur força un barrage d'une centaine de policiers. Il avait laissé derrière lui ses empreintes habituelles sur les bouteilles de whisky et les verres. Il avait aussi dérobé un briquet portant un emblème distinctif, dont le propriétaire, un homme d'affaire australien, avait une réplique. La police fit paraître la photo du briquet dans la presse, et cette fois-ci un soldat de l'armée du Pays de Galles rapporta à son commandant que l'homme qui couchait à côté de lui avait exactement le même briquet. Il s'appelait Michael Douglas Dowdall, était âgé de dix-huit ans et faisait partie des tambours de son régiment.

Le commissaire divisionnaire Bob Acott et l'inspecteur Peter Vibart furent chargés de l'enquête. Ils rencontrèrent Dowdall au commissariat de Woking. Il s'était débarrassé du briquet, mais il indiqua aux policiers où il l'avait caché. Enfin il fit une déposition sur le meurtre de Veronica Murray.

«Tout le monde est contre moi. Je fais ce genre de choses quand j'ai bu.» Il raconta qu'il avait reconduit la victime chez elle en taxi, qu'ils avaient eu un rapport sexuel avant de s'endormir et il ajouta: «Lorsqu'elle se réveilla nous nous sommes disputés et elle me traita de sale petit bâtard gallois. Elle m'envoya un vase à la figure et me frappa à la tête... Je me suis alors rué sur elle et je l'ai assommée... Je me souviens avoir pris une bouteille de whisky et je suis parti.» Il réalisa qu'il l'avait tuée quand un jour ou deux après, il lut dans la presse un article retraçant la mort d'une prostituée. Puis essayant d'expliquer ses actes, il s'adressa à la police: «Mes camarades de régiment pensent que je suis pédé ; j'ai voulu leur prouver le contraire... Ils me considèrent comme nul, c'est pourquoi je bois pour me sentir mieux et me donner de l'importance. »

Dowdall âgé de dix-neuf ans, se retrouva devant la cour d'assises présidée par le juge Donovan, le 20 janvier 1960. Le procès ne dura que deux jours. L'avocat de Dowdall plaida la « responsabilité atténuée » et pour une fois les psychiatres étaient tous d'accords. Le Dr Brisby, médecin principal à la prison de Brixton dressa le portrait de Dowdall comme « un psychopathe et un inadapté social ». Le Dr Leigh, psychiatre à Bethlehem Hospital, confirma les dires du Dr Brisby mais ajouta : « C'est un pervers sexuel. »

Le père de Dowdall fut tué pendant la guerre en 1943 et sa mère étant décédée en 1948, il fut élevé par une tante au Pays de Galles. Il rejoignit l'armée galloise comme joueur de tambour à l'âge de quinze ans et se mit à boire.

Le jury se retira pendant trois heures pour débattre de « la responsabilité atténuée » et prit huit minutes pour considérer Dowdall coupable d'homicide involontaire. Il fut condamné à la prison à perpétuité, mais fut relâché en 1975 pour maladie grave dont il devait mourir à l'âge de trente-six ans en novembre 1976.

Patrick Byrne fut le plus atroce des criminels sexuels pendant les années cinquante, un homme qui, s'il n'avait pas été arrêté, aurait pu devenir un Kürten. Il créa une atmosphère de terreur à Birmingham, qui rappelait « Jack the Ripper ». Juste avant le meurtre de Stephanie Baird, Donald McCormick publia un livre intitulé *The Identity of Jack The Ripper*. La police, face à une telle similitude avec les meurtres de « Jack the Ripper », rechercha toutes les personnes susceptibles d'avoir emprunté ce livre à la bibliothèque. Il était rare de rencontrer dans les annales des crimes sexuels un homme comme Byrne, qui avouait et racontait dans les détails les raisons de ses crimes et ses procédés. Sa déposition est de première importance pour étudier le fonctionnement mental de cet homme.

Il débuta le soir du vendredi 23 décembre 1959. Stephanie Baird occupait la chambre N°4 au foyer *YWCA* à Wheeley's Road, Edgbaston, à Birmingham. Elle se préparait à partir passer Noël chez sa mère quand quelqu'un s'introduisit chez elle. L'homme la saisit avec une telle violence, qu'elle tomba et se fracassa la tête sur le sol. Puis, alors qu'il avait encore les mains autour de son cou pour l'étrangler, il l'embrassa avec passion.

Le relâchement des muscles de sa victime, parut laisser le tueur dans un état de frustration et de néant.

Il avait fait l'amour avec son cadavre, mais cela n'était pas suffisant. Elle restait encore une énigme. Avec un couteau de table il lui coupa le sein droit, essaya de lui ouvrir l'estomac et de lui détruire le dos et les jambes. Puis il lui coupa la tête qu'il prit par les cheveux pour la regarder dans un miroir.

La police avait été appelée au foyer pour enquêter sur l'agression de Mme Margaret Brown, âgée de vingt ans. Elle se trouvait dans la buanderie quand l'homme qui venait de tuer Stephanie Baird entra. Il la frappa avec une pierre enveloppée dans un soutien-gorge, mais il s'enfuit quand elle se mit à crier.

Les policiers fouillèrent le parc et trouvèrent des marques de pas sur le sol dehors près d'une fenêtre ouverte, puis ils découvrirent que la chambre N° 4 était fermée à clé. Ils forcèrent la porte pour entrer. Le spectacle qui les attendait à l'intérieur était terrifiant. Un cadavre étêté était étendu sur le sol. Sur le lit était posée sur son moignon une tête humaine, avec à côté d'elle un sein. Le seul indice laissé par le meurtrier était une note griffonnée sur une enveloppe qui disait: «Jamais je ne pensais arriver à une telle chose.»

Ainsi commença une des chasses à l'homme des plus importantes de cette période: 20 000 hommes furent interrogés et une battue fut entreprise pour retrouver un homme taché de sang. Toute personne du sexe masculin située dans la tranche d'âge du criminel et dans un rayon de trois miles du foyer fut suivi et chacun de ses mouvements justifiés. Il fut rapporté qu'un homme taché de sang avait été vu dans un bus cette nuit-là, mais personne ne l'avait retrouvé. La police fit appel au public, signalant que le meurtrier pourrait avoir des connaissances médicales, ou être boucher au vu de l'amputation. Mais nous étions loin de la réalité, le tueur étant ouvrier en bâtiment.

Deux pathologistes du Ministère de l'Intérieur furent appelés pour examiner les restes de Stephanie Baird, mais leurs conclusions divergeaient. Pour le Dr Griffiths le tueur avait utilisé un couteau de table émoussé, avec le manche cassé, pour mutiler et décapiter ses victimes. Il était certain qu'un tueur ne changeait pas de couteau au cours d'un rituel aussi macabre. Cependant, le Dr Camps pensait que le tueur avait utilisé un couteau pointu pour réaliser ce genre d'actes, l'échangeant en faveur du couteau à bout émoussé trouvé sur les lieux des autres crimes. C'est pourquoi des centaines d'étudiants en médecine furent interrogés ainsi qu'environ quatre mille bouchers.

Le commissaire divisionnaire James Haughton, chef de la police judiciaire de Birmingham et personnellement chargé de l'enquête adressa par le biais de la télévision, un appel urgent au public. Il fut franc à propos de la tache qui lui incombait et déclara que chaque habitant du sexe masculin devait être interrogé afin d'être disculpé. Une autre difficulté s'ajoutait à cela car de nombreuses personnes avaient quitté la région pendant les fêtes de Noël. Une enquête sera faite à tous les domiciles.

Le tueur fut appréhendé presque par accident, comme pour le Yorkshire Ripper. Sept semaines plus tard, une requête de routine fut envoyée à Warrington Police leur demandant d'interroger Patrick Byrne. Il avait habité tout près du foyer à Birmingham, mais avait déménagé juste avant Noël pour aller vivre chez sa mère à Warrington dans le Lancashire. Il avait donné congé à sa propriétaire et à son employeur juste avant le meurtre. Un de ses amis irlandais déclara avoir pris un verre avec lui le soir du meurtre entre 18 h 20 et 19 h 15, ce qui le mettait hors de cause. Cependant, Byrne n'avait pas été interrogé et la police désirait simplement régler quelques détails.

Byrne fut reçu au commissariat de Warrington le 10 février par l'inspecteur de police George Welborn, qui lui demanda son emploi du temps exact la nuit où Stephanie Baird fut tuée. Il répondit d'une façon tout à fait satisfaisante et ne s'opposa pas à ce qu'on lui prenne ses empreintes. Mais ensuite l'inspecteur lui demanda : « Avez-vous autre chose à ajouter sur votre séjour à Birmingham ? » Soit le regard de son interlocuteur le déstabilisa, soit Byrne pensa qu'il lisait en lui, mais il laissa échapper : « J'aimerais que vous me parliez du *YWCA*. J'ai quelque chose à voir avec. »

Cette nuit-là, Byrne fit une déposition complète au commissaire Haughton, unique en son genre dans la littérature des sadiques sexuels. Byrne y relatait toute la vérité, comme le fera Dennis Nilsen plus tard. Ce document est très dur à entendre, mais il a une valeur inestimable.

Le procès de Patrick Byrne débuta aux assises de Birmingham, présidées par le juge Stable, le mercredi

23 mars 1960. L'avocat de la défense déclara: «L'accusé ne conteste pas l'atrocité des détails donnés, mais je m'arrêterai sur la responsabilité mentale de ses actes... Aucun des faits ne sera contesté.»

Le procureur, M. John Hobson s'adressa au jury: «L'histoire que vous allez entendre est d'une telle horreur et d'une telle bestialité, qu'elle n'est même pas digne d'un cauchemar.» Il lut alors la déposition dans laquelle Byrne avouait les meurtres.

«Ce mercredi, je travaillais chez Tarmacs à Hagley Road, en face de St Chad's Hospital, jusqu'à 22 heures, puis je me suis rendu au Ivy Bush pub à Hagley Road. Là, ce fut une véritable beuverie.... Je me souviens avoir terminé à Wheeley's Road près du YWCA. Je connais le foyer car j'habite à côté.

J'ai eu envie de jeter un coup d'œil par la fenêtre, je l'avais déjà fait auparavant... La nuit où j'ai tué cette fille dans la cabine, j'étais passé par l'allée de devant pour entrer dans le parc. Une seule chambre était allumée, j'ai regardé par la fenêtre et j'ai vu une fille... Elle était en train de se peigner. J'ai regardé pendant quelques secondes... J'ai ensuite décidé d'observer un peu mieux l'intérieur. Je suis passé par derrière et j'ai trouvé une petite fenêtre entrouverte.»

Puis il raconta comment il était entré dans l'immeuble, comment il avait mis une chaise devant la porte de la chambre 4 afin de pouvoir regarder la jeune fille par le panneau vitré au-dessus de la porte, en espérant qu'elle se dévêtirait. La jeune fille qui entendit craquer la chaise, ouvrit la porte et se retrouva face à lui.

«Elle m'a demandé ce que je faisais ici, et je lui ai répondu que je cherchais quelqu'un. Elle dit alors: ‹Je vais appeler le gardien.› Nous nous tenions très prochès l'un de l'autre, puis, j'étais sur le point de repartir en courant quand mon bras lui toucha la poitrine, ce qui m'excita. Alors, je lui ai pris la poitrine et je lui ai dit: ‹Donne-moi un baiser› et je l'embrassai avant qu'elle ne puisse dire non. Elle essaya de se dégager mais n'y réussit pas et je l'attrapai par la taille pendant quelques secondes. Elle n'avait que son jupon à travers lequel je sentais les formes de son corps. J'étais comme fou et je me mis à l'embrasser, mais lorsqu'elle commença à crier je lui mis les mains autour du cou.

Je l'ai emmenée avec moi au fond de la pièce en lui serrant la gorge, puis elle est tombée en se cognant la tête sur le sol. J'étais étendu sur elle en train de l'embrasser et de l'étrangler en même temps. J'ai entendu un petit bruit dans sa gorge, mais j'ai continué à l'embrasser. J'étais étendu sur elle le long du lit, nos têtes près de la coiffeuse. Au bout d'un moment je me suis mis à genoux et j'ai éprouvé une forte envie de la regarder. J'étais alors certain qu'elle était morte car toute le poids de mon dos lui compressait la gorge. Je la tirai alors vers moi pour lui enlever son pullover rouge que je lançai à côté. Je me suis étendu sur elle... J'ai fait différentes choses après cela en me dépêchant, car je n'avais plus de patience. Je me suis relevé haletant et gémissant… J'ai fermé la porte à clé, j'ai enlevé mon pantalon, ma veste et ma chemise; j'étais nu avec mes chaussures et mes chaussettes. Je me roulai sur elle. Ses sous-vêtements étaient tout autour de sa taille.»

La description des actes de nécrophilie sur le corps de la victime ne fut jamais divulguée. La déposition de Byrne continuait ainsi:

«J'étais fatigué et levant les yeux je vis la porte du placard de la coiffeuse ouverte. A l'intérieur se trouvait un couteau de table... Je l'ai regardé pendant quelques secondes... Je l'ai pris dans la main droite, puis j'ai attrapé le sein droit de la victime que j'ai découpé tout autour. J'ai eu beaucoup de mal à couper la peau, mais au bout d'un moment j'y suis arrivé. Je me suis retrouvé comme un idiot, le sein dans les mains, je l'ai regardé et jeté sur le lit. Je lui ai entaillé la poitrine avec le couteau...» (Des détails supplémentaires suivaient qui n'étaient pas publiables.)

«J'ai commencé par la nuque, puis je lui ai attrapé les cheveux et lui ai tiré la tête sur ma poitrine dénudée. J'ai continué à la lacérer partout. Je me souviens que le manche du couteau s'est alors cassé lorsque je lui ai entaillé l'estomac et j'ai continué avec la lame. Cette partie semblait un peu flou, mais je pense que quelque chose s'était enroulée autour de la lame pendant que je l'utilisais. Je fus très surpris de voir la facilité avec laquelle je lui ai coupé la tête, et je n'ai pas compris pourquoi j'avais fait cela. Dans tous les livres que j'avais lus, il n'y avait aucun lien avec le sexe. Je comprenais pour les seins. Je me souviens que je me tenais debout, tenant la tête par les cheveux.

... Je l'ai mise devant le miroir pour la regarder... J'ai oublié de vous dire qu'après avoir fait cela, j'ai écrit avec un stylo à bille sur un morceau de papier qui se trouvait sur la coiffeuse. Je ne me souviens pas des mots que j'ai utilisés, mais je désirais que tout le monde puisse lire ma vie dans un petit ouvrage.

Les autres fois, j'étais satisfait du spectacle, mais là c'était différent.»

Il se rhabilla et quittant les lieux du crime il fut envahi d'un fort désir sexuel. Il vit une autre femme dans la buanderie qu'il agressa. Il décrivait son humeur en ces termes: «J'étais dans tous mes états... J'étais très excité, haletant rien qu'à la pensée de devoir terroriser les femmes. J'avais tout pouvoir sur elles par l'intermédiaire du sexe... Je remarquais que mon désir était de tuer les belles femmes.»

Lorsqu'il retourna à sa place, il se mit à rédiger une description de lui-même comme ayant deux personnalités. «Je me tenais près du miroir de la salle de bains me parlant à moi-même, recherchant sur mon visage les signes d'un homme fou, mais je n'en vis aucun.» Il pensa alors attenter à ses jours, puis il déchira ses annotations.

Le Dr Percy Coats, médecin en chef à la prison de Birmingham, déclara l'intelligence de Byrne légèrement en dessous de la moyenne et suite aux conversations qu'il avait eues avec lui, conclut que c'était un psychopathe sexuel. «Je pense qu'il savait ce qu'il faisait et que c'était mal. Je pense que son émotion sexuelle prenait tout contrôle sur son être au moment où il agissait.» Pour lui, Byrne souffrait d'un problème psychologique et sa responsabilité mentale était altérée.

Le juge demanda: «Cela signifie-t-il que lorsque le degré de perversion d'un individu est tel, qu'il ne peut pas être coupable de meurtre?»

«Non, Monsieur» répondit-il.

Le juge continua: «Etes-vous en train de dire que son esprit est tout à fait sain, à part quand ses désirs pervers l'envahissent?»

«Oui» répondit le Dr Coats.

Le Dr James O'Reilly, médecin en chef à All Saints Hospital, témoigna que Byrne avait une longue histoire concernant une anormalité sexuelle très importante. Byrne avait relaté que ces cinq dernières années, voire depuis l'âge de dix-sept ans, il rêvait et éprouvait des pensées sexuelles envers les femmes qui l'effrayaient. Ses fantasmes allaient jusqu'à mettre une femme sur une scie circulaire, lui blesser le corps et en retirer une certaine excitation. Il pensait que Byrne souffrait d'une déviance de l'esprit.

Lors de sa plaidoirie finale, l'avocat de la défense s'adressa au jury requérant un verdict selon la section deux des homicides. «Dans mes conclusions je faisais référence à des preuves médicales irréfutables qui plaçaient d'office Byrne sous cette rubrique.

«Cela signifie, au vu de votre verdict que Byrne serait coupable d'homicide involontaire, et non de meurtre.»

Le procureur rappela aux jurés qu'ils n'étaient pas là pour accepter des preuves médicales. «Après tout ils peuvent simplement donner leur opinion, l'ultime décision leur appartient.»

En résumé, le juge reconnut que Byrne savait ce qu'il faisait et que c'était mal. Il n'y avait pas de place pour laisser libre court à l'application des règles *M'Naghten*, ni pour la démence. Ce point de vue fut infirmé par la Cour d'Appel.

Il fallut quarante-cinq minutes au jury pour déclarer Byrne coupable de meurtre et le juge prononça une peine de prison à vie. Le Président de la Haute Cour de Justice ainsi que deux autres juges considérèrent cette décision contraire à la loi et déclarèrent Byrne coupable d'homicide involontaire. La condamnation resta inchangée.

Dans son passé, Byrne avait à son actif trois condamnations pour cambriolages à Dublin, et d'autres pour agressions en état d'ivresse à l'encontre de la police de Birmingham. Il avait aussi un long passé en tant que voyeur. Ses camarades de travail l'avaient surnommé «Acky», et sur les murs de son ancienne habitation la police découvrit l'inscription: «Acky, le voyeur à travers les fenêtres.» Mais cet ouvrier de vingt-huit ans avait versé dans la criminalité sexuelle.

Chapitre VIII

Jack le Stripper

Entre février 1964 et février 1965, six prostituées furent assassinées à Londres. Ces crimes rappelaient le travail des «meurtres dénudés» à Hammersmith, dont le tueur, jamais appréhendé ni identifié publiquement, fut surnommé par la presse: *Jack le Stripper*. Une tentative pour arriver à saisir la signification des détails et à prouver les liens souvent obscurs entre ces meurtres, nous montre la difficulté de la police en 1888 pourchassant le Jack original et insaisissable. On se souvient des méthodes de *Jack the Ripper* pour tuer les femmes, aussi dans le cas présent il n'est pas certain que tous les meurtres étaient l'œuvre du même homme, et le nom donné à ces meurtres «les meurtres dénudés» est aussi trompeur car les victimes n'étaient pas toutes nues.

Il est difficile, voire impossible, pour le lecteur de se transporter dans l'ambiance de l'année 1888 et de visualiser la scène telle qu'elle était à cette époque, mais il devrait être possible de nous immerger dans le passé récent.

En fait, pour toute aide, cette affaire aurait aussi bien pu arriver il y a un siècle. Les indices sont aussi confus et vaseux que le lit de la Tamise, qui joua un rôle essentiel. Rien n'est clair, rien n'est certain et le résultat reste aussi douteux que l'identité réelle de *Jack the Ripper*.

A 4 h 42, ce matin du 17 juin 1959, à l'aube d'une nouvelle journée caniculaire, une voiture de la police de Chiswick découvre le corps d'une femme à Duke's Meadows sur les bords de la Tamise près de Chiswick Bridge. La victime était assise contre le tronc d'un arbre, comme si elle regardait le fleuve. Elle ne portait qu'une robe à rayures, bleue et blanche, déchirée sur le devant. Elle n'avait aucun sous-vêtement, ni chaussures, ni sac à main. Après avoir examiné le corps, le médecin légiste le Dr Teare déclara qu'elle avait été étranglée à mains nues pas au-delà de deux heures du matin. Des éraflures aux talons et des écorchures dans le dos laissèrent à penser qu'elle avait été tirée hors d'un véhicule et traînée jusqu'ici. Elle avait eu des relations sexuelles depuis peu et avait perdu une dent avant sa mort, la gencive n'étant pas encore cicatrisée. On trouva du champagne dans son estomac.

Le commissaire divisionnaire Edward Greeno fut chargé de l'enquête et commença tout d'abord par établir l'identité de la victime. Il fit publier une photo de son visage prise sur les lieux du crime. Un ami qui l'avait reconnue se mit immédiatement en contact avec la police. La victime s'appelait Elizabeth Figg, elle avait vingt-et-un ans et était originaire de Cheshire. C'était une prostituée et elle utilisait souvent un nom d'emprunt : Ann Phillips. Elle n'avait jamais été arrêtée pour racolage et avait un casier judiciaire vierge. Elle occupait un meublé à Duncombe Park, Upper Holloway, pour un loyer de 48 shilling par semaine. Le jour de sa disparition, elle était partie avec un ami à Ascot pour travailler, ce qui explique le champagne.

La dernière personne à l'avoir vue vivante, à part son meurtrier, est un client qui la prit dans sa voiture à 23 h 30 le mardi 16 juin. Puis elle le laissa en lui disant qu'elle avait un rendez-vous à Holland Park et que le taxi l'attendait. Le chauffeur la déposa à 1 h 10 le mercredi matin. Elle fut tuée en l'espace de moins d'une heure C'était la routine : une femme avait été assassinée, probablement par un client, et nous n'avions aucune piste. Le dossier fut posé sur une pile en attente.

Puis, le 8 novembre 1963 un homme qui dégageait un dépotoir à Mortlake, près de la Tamise, découvrit le corps sans tête d'une femme aux cheveux noirs. Hormis ses collants, elle était entièrement nue. Ses restes furent examinés au Guy's Hospital, et le crâne ayant été retrouvé il fut possible d'établir qu'il lui manquait cinq dents en haut et deux en bas. Si toutefois elle portait des bridges ou autres, ils ne furent jamais retrouvés. A partir d'un minuscule fragment de peau sur la main, le légiste pu comparer avec les empreintes de Gwynneth Rees, vingt-deux ans, alias Georgette Rees, Tina Dawson et Tina Smart. Elle était originaire du Pays de Galles, mais sa dernière adresse connue était Hague Street, Bethnal Green. En enquêtant sur son passé, la police découvrit qu'elle avait déménagé pour un appartement en sous-sol à Warriner Gardens, Battersea, en août avant la découverte de son corps à la décharge de Mortlake en novembre. Son loyer s'élevait à £ 5 par semaine. On découvrit également qu'elle avait eu onze inculpations pour prostitution et une enquête avait révélé qu'elle était morte de causes inconnues.

La police se retrouvait avec deux cadavres de prostituées sur les bras. Le plus vieux métier du monde était connu pour être dangereux et hasardeux et que deux putains disparaissent en un peu plus de trois ans aurait pu paraître anodin.

Cependant, *Scotland Yard* pensait qu'il y avait un lien entre ces deux meurtres et « Jack le Stripper », ce qui fut alors démenti. Les deux cadavres ne firent qu'embrouiller les pistes et on se posait des questions : les prostituées furent-elles systématiquement assassinées ? Et par le même individu ?

Quand une troisième prostituée fut retrouvée par des passeurs, flottant sur la Tamise à Hammersmith, le 2 février 1964, la police et la presse se souvinrent immédiatement du meurtre des deux prostituées et du lien avec les meurtres en série, les « meurtres dénudés ». Ceci ne fit qu'augmenter la confusion, car Elizabeth Figg qui avait été assassinée portait une robe.

La troisième victime se nommait Hannah Tailford, alias Ann Tailor, Theresa Bell et Hannah Lynch, et était âgée de trente ans. Selon le légiste, le Dr Teare, elle était morte noyée. Elle avait de l'eau dans les poumons ce qui prouvait qu'elle était encore en vie quand on l'avait jetée à l'eau. Elle mesurait environ un mètre cinquante-trois, et avait de long cheveux bruns. Les seuls vêtements que la police retrouva furent ses collants qui lui entouraient les chevilles et sa culotte enfoncée dans la bouche. Elle était restée dans l'eau pendant plusieurs jours.

Hannah Tailford était native de Tyneside dans la Northumbrie. Le 7 avril 1961, elle donna naissance à une petite fille au St George's Hospital, Westminster et garda l'enfant. Elle prenait de nombreux barbituriques, car elle était très dépressive – « résultat de cette putain de vie » –, et avait souvent menacé d'attenter à ses jours. Les suicidés sont connus pour se bâillonner eux-mêmes avant de mourir afin de prévenir des cris involontaires. Dr Teare ne pensait pas à un suicide. Il avait en effet trouvé un repas conséquent et indigeste dans l'estomac de la victime et, par expérience, il savait qu'une personne qui veut se supprimer, ne fait pas la fête avant. L'enquête judiciaire conclut à un décès sans cause déterminée.

Puis deux mois plus tard jour pour jour, à 8 h 30, une autre prostituée dénudée fut retrouvée flottant sur la

Tamise. Elle mesurait un mètre cinquante-deux et avait des cheveux blonds. Elle avait un tatouage sur le bras droit qui représentait une pierre tombale sur laquelle étaient inscrits les mots suivants: «*A la mémoire de John*». L'autopsie révéla qu'elle était enceinte de quatre mois. Elle se nommait Irene Lockwood, alias Sandra Russell, était âgée de vingt-six ans et demeurait dans un appartement à Denbigh Road, Notting Hill. Les voisins avaient entendu une violente altercation entre elle et un homme dans la nuit de vendredi et mardi matin, on la retrouvait dans la Tamise. Rien ne prouvait qu'Irene Lockwood avait été assassinée. Elle s'était peut-être tout simplement noyée.

Puis, seize jours plus tard, le 24 avril, juste à quelques mètres de la Tamise, un employé de la sécurité trouva une morte, dénudée, à côté du stade Beecham à Acton, entre Swyncombe Avenue et Boston Manor Road. La fille était étendue sur le ventre, la tête dans les bras, ses cheveux noirs éparpillés comme si elle dormait. Mais elle se trouvait sur une décharge et avait été étranglée. Le commissaire divisionnaire George Hatherill se rendit immédiatement sur les lieux du crime. La victime portait un tatouage sur l'avant-bras avec l'inscription: *«Je t'aime.»* Elle s'appelait Catherine Barthelemy, alias Helene Thompson et Helene Paul, était âgée de vingt-deux ans, était écossaise et sa dernière adresse connue était un appartement à Talbot Road, Harlesden. Elle était décédée depuis quarante-huit heures.

Helene Barthelemy fournit à la police les mêmes indices positifs qu'elle avait déjà reçus au cours de l'enquête du «Stripper». Le Dr Teare releva que la victime avait été dévêtue après avoir été tuée et préleva de minuscules particules de peinture métallique, il y avait de l'apprêt et de la peinture de la dernière couche que l'on utilise pour peindre les véhicules au pistolet. Le tueur inconnu avait certainement dû entreposer le corps pendant quarante-huit heures près d'un garage. D'autre part une petite brûlure sur le côté montrait qu'elle avait été en contact avec une source de chaleur comme un gros transformateur. On lui avait arraché quatre dents et en avait une coincée dans la gorge, on releva également des traces de sperme. Pourquoi le meurtrier lui avait-il arraché des dents? Peut-être pour retarder l'identification ou pour satisfaire à des plaisirs quelque peu douteux… Une patrouille spéciale du commissariat de police de Shepherd's Bush devait retrouver tous les garages qui utilisaient la peinture au pistolet et il y en avait des centaines, voire des milliers.

Puis se produisit une de ces absurdités, incroyable mais vraie, qui vinrent embrouiller l'enquête dans l'affaire des meurtres dénudés à Hammersmith. Kenneth Archibals, âgé de cinquante-quatre ans, le gardien du Holland Park Tennis Club fut accusé de vol. On l'interrogea sur le meurtre d'Irene Lockwood car on avait trouvé dans son appartement une carte portant le numéro de téléphone du tennis club et le nom «Kenny». Le 27 avril, dans un moment de dépression, il se rendit au commissariat de Notting Hill et fit une fausse déposition disant qu'il avait poussé Irene Lockwood dans l'eau. Mais il ne pouvait pas revenir sur ses aveux et se retrouva devant les assises où il se rétracta disant qu'il avait avoué dans un instant de désespoir. Le jury débattit pendant une heure avant de se prononcer en faveur d'un verdict non coupable. Après quoi, Archibal confia à la presse: «C'est la dernière fois que j'avoue quelque chose et particulièrement un meurtre que je n'ai jamais commis.»

Là, pour être juste, il est à noter que c'est cette opinion d'écrivain qui a laissé entendre que Helene Barthelemy était la première victime d'une série de quatre meurtres commis par «Jack le Stripper», bien que certains officiers de police maintiennent que ce fut Elizabeth Figg en 1959.

Mais le temps presse. Ce matin du 14 juillet 1964, aux alentours de 2 h 30, on entendit une voiture faire marche arrière sur Acton Road en direction de Berrymede Road. A 5 h 30 ce même matin, on découvrit le corps nu d'une jeune fille adossé contre la porte d'un garage à côté d'une maison. L'homme qui trouva la victime pensa tout d'abord avoir à faire à un mannequin. Elle avait les jambes croisées et le corps qui penchait en avant comme si elle contemplait son nombril. Elle devait avoir été posée là délibérément dans le but d'attirer l'attention.

La victime se nommait Mary Fleming, alias Mary Turner, elle était née en Ecosse et son dernier domicile connu était un appartement à Lancaster Road, Notting Hill, dans lequel elle vivait avec ses deux enfants. L'autopsie révéla qu'elle avait été étranglée et l'examen médicolégal montra les mêmes petits éclats de peinture métallique, identiques en taille, en composition et en couleur à ceux trouvés sur le corps de Helene Barthelemy. Mary Fleming n'avait pas été étranglée à mains nues mais asphyxiée. Elle n'avait plus ses fausses dents et avait disparu trois jours auparavant. Elle avait des traces de sperme dans la gorge.

Maintenant, nous connaissions le *modus operandi* du tueur. Il tuait ses victimes pendant une fellation en les étouffant avec son pénis et les tenant fermement par les cheveux pour ne pas qu'elles s'échappent. Elles perdaient leurs dents sous la violence de la pression. C'était une méthode unique en son genre, bien que l'on pourrait la classer dans la rubrique de l'asphyxie. Du Rose comparait cette méthode à l'effet d'une petite pomme dans le fond de la gorge conduisant à l'étouffement. Puis le tueur gardait les corps cachés pour les jeter sur une décharge lorsque la voie était libre, ou peut-être pour empêcher la police de découvrir trop tôt qu'un crime avait eu lieu.

Margaret McGowan, alias Frances Brown, Anne Sutherland, Susan Edwards et Frances Quinn fut la victime suivante. Elle avait vingt-et-un ans et disparut le 23 octobre 1964. Son corps fut caché près d'un endroit où l'on peignait les voitures avec une bombe, pendant près d'un mois, avant d'être jeté sur une décharge derrière un parking à Horton Street, Kinsington, le 25 novembre. Elle était nue parmi les détritus, le visage couvert de déchets. Elle était petite, environ un mètre cinquante et portait également un tatouage sur l'avant-bras. Originaire de Glasgow, elle déménagea pour Londres où elle trempa dans l'affaire du «Scandale de Profumo» avec Stephen Ward. Elle eut son «heure de gloire», qui ne dura qu'un court instant, au procès Ward où elle était témoin de la défense. Et dans son passé quelque peu douteux, on découvrit qu'elle avait été une amie de Helene Barthelemy et de Mary Fleming.

Le Dr Teare certifia que la mort était due à une pression violente à la gorge, donc à une asphyxie. Suite à cette forte pression, elle avait perdu une dent, il y avait des traces de sperme dans sa gorge et l'on trouva aussi des particules de peinture métallique. Ses vêtements et ses bijoux avaient disparus, le meurtrier les avait peut-être gardés en souvenir quelque peu macabre. Il profitait bien entendu de la nuit pour jeter ses victimes sur une décharge publique qu'il avait repérée auparavant et pouvait bien être une personne travaillant la nuit.

Le 16 février 1965, le corps de sa présumée dernière victime fut retrouvé dans un sous-bois au Heron Trading Estate à Acton. Elle avait été vue vivante pour la dernière fois au Shepherd's Bush hotel. Le corps entreposé près d'une source de chaleur, était en partie momifié. Comme sur les cadavres précédents, il lui manquait des dents, avait des traces de sperme dans la gorge et portait les mêmes particules de peinture métallique.

La presse avait provoqué un vent de panique chez les habitants et le commissaire divisionnaire Du Rose fut chargé de l'enquête. Du Rose avait la réputation de ne jamais mettre plus de quatre jours pour résoudre une affaire de meurtre; il s'était occupé de l'affaire Haigh, le meurtrier au bain d'acide et du gang Kray.

Son premier travail fut d'examiner le corps dans son contexte. La victime mesurait environ un mètre cinquante, avait des cheveux noirs et portait un tatouage sur l'avant bras. On lui avait volé ses boucles d'oreilles, certainement en guise de trophée. Elle se nommait Bridget Esther O'Hara, alias Bridie Moore, était âgée de vingt-sept ans, était originaire de Dublin et demeurait actuellement à Agate Road, Hammersmith. Du Rose se demandait quels motifs le tueurs pouvait bien avoir pour conserver sa victime pendant plus d'un mois. Que faisait-il avec elle? Jouait-il avec elle comme avec une poupée, ou était-ce pour retarder l'enquête?

Certains policiers avaient pour unique rôle d'interroger les prostituées sur des clients ayant des tendances perverses à la fellation. D'autres devaient vérifier tous les lieux de travail où l'on utilisait de la peinture métallique. La brigade criminelle comprenait deux cents policiers, plus quatre cents qui s'occupaient de cette affaire sur le terrain. La tâche qui incombait au commissaire divisionnaire était de trouver si tous ces meurtres, depuis celui d'Elizabeth Figg, étaient liés. Les quatre derniers l'étaient certainement, mais qu'en était-il pour les autres? Il y avait des ressemblances superficielles. En effet, la plupart avaient eu lieu dans un quartier particulier de Londres, les victimes étaient toutes prostituées, mais n'étaient pas toutes nues. Elizabeth Figg fut étranglée à mains nues peu de temps avant la découverte de son corps, ce qui n'était pas le cas de Gwynneth Rees ou de Hannah Tailford. Helene Barthelemy et Mary Fleming étaient mortes asphyxiées sans aucune trace sur le cou. Margaret McGowan avait été étranglée et le Dr Teare était absolument convaincu que les marques qu'elle avait autour du cou était l'œuvre d'un tueur isolé. Bridie O'Hara avait été étouffée sans la moindre trace.

Par simple déduction, nous étions en présence de trois meurtres du « Stripper » : Barthelemy, Fleming et O'Hara. Cependant Du Rose attribua au moins six meurtres à « Jack ».

Du Rose avait de la chance, ou alors les tueurs étaient désespérés. Le dernier corps fut retrouvé sur le Heron Estate, devant la porte même du tueur. Des tests révélèrent que les particules de peinture métallique retrouvées sur les victimes venaient d'un garage qui pratiquait la peinture en spray tout près de là. Les sept mille employés furent interrogés sur leur emploi du temps. Du Rose était certain que l'ouvrier qui tuait travaillait dans cette entreprise ou y avait accès. Il fallait réussir à faire sortir le tueur de son silence et pour cela la police décida de mener un combat psychologique. Le commissaire Du Rose utiliserait la presse et les médias, afin que le tueur se sente menacé. Lors d'une conférence de presse il avait décidé d'annoncer qu'il y avait sur les listes de la police une vingtaine de suspects, qui devaient se réduire à dix, puis à trois, mais en fait, il n'en n'avait aucun.

Moins d'un mois après le meurtre de Bridget O'Hara, un policier qui patrouillait à Heron Estate en pleine nuit dans un fourgon, attenta à ses jours en se gazant, ce qui ironiquement aurait pu être considéré comme une asphyxie. Il laissa un papier sur lequel était écrit : « Je ne peux pas supporter plus longtemps une telle pression.» C'était un célibataire d'une quarantaine d'années. Dans ses mémoires *Murder Was My Business* en 1971, Du Rose écrivait: «... l'homme que je voulais arrêter s'est donné la mort... Parce qu'il ne fut jamais appréhendé, ni jugé, il était présumé innocent, jamais nous ne connaîtrons son nom.»

La seule preuve qui pourrait faire supposer que le garde chargé de la sécurité était le meurtrier, fut que les crimes cessèrent après son suicide... *Scotland Yard* annonça la mort du tueur, exécuté par les médias.

Du Rose continua à étudier les détails relatifs à la méthode utilisée par le tueur. «En obtenant satisfaction, il était au comble de l'excitation et au moment où il atteignait l'orgasme, les filles mouraient.» Il continuait à spéculer que le premier meurtre, Hannah Tailford, aurait pu être un accident, un cas d'homicide involontaire, mais qu'ensuite il savait très bien ce qu'il faisait. Peut-être y ajoutait-il du suspense... Du Rose continuait: «Quand il se complaisait dans sa perversion, sachant très bien que ses victimes allaient mourir, il devait certainement s'épanouir dans son rôle de meurtrier.»

Nous ne saurons jamais qui était «Jack le Stripper» et combien de femmes il a tuées exactement. Il reste aussi insaisissable que le meurtrier «Jack l'Eventreur».

Chapitre IX

Les Tueurs de la Lande sous un nouveau jour

G.B. Shaw écrivait: «Nous jugeons un artiste sur la grandeur de ses œuvres, un criminel sur la bassesse de ses actes.» Shaw reconnaissait une vérité psychologique vitale: en tout être humain coexistent l'artiste et le tueur et cette relation entre les deux peut tendre au meurtre. Criminel et artiste refusent d'accepter les limites de la réalité et de la vie comme elle est. Les deux veulent changer le monde; les deux veulent gloire et reconnaissance; les deux désirent vivre dans un monde fantaisiste où la distinction entre la réalité et l'imagination se confondent. L'artiste, celui qui crée, est de notoriété entêté, refusant de se soumettre à des règles, un trait de caractère qu'il partage avec le criminel. La différence entre les deux est que l'homme d'art sublime sa rébellion dans la créativité. Mais pour ceux qui ne peuvent pas s'exprimer en créant, ils gardent leur énergie en eux, qui un jour ressort sous forme de meurtre.

De tels criminels sont déconnectés de la réalité pour vivre dans un monde imaginaire. Leur vie devient comme un écran de cinéma sur lequel ils sont les principaux acteurs. Ils deviennent les héros de leur propre imagination et si leur vie est réduite à un écran de cinéma, alors ces «petits» acteurs deviennent des objets jetables. A notre siècle, qui est celui du cinéma, nous sommes les témoins d'une augmentation dramatique de ce genre de crime, formé de couples jouant ensemble leur rôle de meurtriers. Les français utilisaient un terme: la folie à deux qui signifie qu'un couple supporte les fantasmes et les hallucinations de l'un et de l'autre. Séparément, ils vivraient probablement sans faire de mal, mais à deux le résultat est explosif.

On a souvent fait remarquer que la façon d'agir de Ian Brady et Myra Hindley était un hasard, mais en fait, la *folie à deux* n'est pas aussi rare. Les annales de la criminalité rassemblent de nombreux couples meurtriers, dont Bonnie et Clyde, Leopold et Loeb, Bywaters et Thompsons, Snyder et Gray, Fernandez et Beck, Hulten et Jones et les tristement célèbres Tueurs de la Lande, l'exemple le plus notoire de ce genre de crime.

Ces couples sont liés entre eux par l'instinct le plus basique qu'est la pulsion sexuelle que l'on retrouve dans le cas de Leopold et Loeb et le sexe peut être le feu follet fatal. Avec certains couples, après le calme de cette première lueur de passion et une perte d'enthousiasme, «des pratiques un peu spéciales» prennent la relève pour tenter de stimuler la passion, mais la lassitude s'installe peu à peu. Ils essaient alors des déviations plus sauvages et plus étranges, mais toutes conduisent à l'assouvissement et à l'ennui. En fait le sexe n'est qu'illusion. Tout homme a expérimenté le même dilemme déconcertant: vous pouvez faire l'amour à une femme des centaines et des milliers de fois, mais vous ne la posséderez jamais totalement. Vous vous retrouvez un court instant dans les bras l'un de l'autre, mais ensuite vous devez vous séparer.

L'illusion du sexe n'a jamais été aussi cruellement mise à nu que dans l'affaire des Tueurs de la Lande. Tout comme

«Jack the Ripper» triturait comme un fou et à mains nues les entrailles des femmes, comme pour y découvrir le secret du sexe, Ian Brady et Myra Hindley tuaient par divination, mais sans aucune excitation. Un témoin du meurtre d'Edward Evans, dépeignait Brady comme: «avoir autant d'émotion qu'un boucher qui travaille dans son échoppe... Il était en effet très calme, sans aucune frénésie.» Brady et Hindley furent totalement liés à l'idée du sexe. Ils lurent le Marquis de Sade, étudièrent les photos pornographiques et même, firent les leurs. Ils étaient obsédés par l'illusion du sexe et tentèrent de lever le voile. Ils finirent par tuer des enfants presque comme un acte de magie pour voir si la réalité d'un véritable corps apporterait la vérité. En fait l'acte de tuer n'était pas aussi important que cela pour eux, ce qui l'était c'était l'après. Ils retiraient une satisfaction salace des conséquences de leurs crimes et de leurs sinistres souvenirs. Ils écoutaient les enregistrements des cris de leurs victimes, regardaient les photos de leurs tombes. Ils étaient atteints d'un voyeurisme maladif.

Cette folie est aussi chez ceux qui, en général raffolent des histoires sexuelles et chez ceux qui, comme les Tueurs de la Lande, ont l'esprit mal tourné et jubilent devant un meurtre. Nous pourchassons aussi cette illusion de feu follet du sexe espérant apprendre les secrets de ses adeptes qui vont au-delà de ce que nous oserions. Ce qui est triste c'est que les quotidiens nationaux se vendirent en moyenne à cinquante mille exemplaires pour le procès de Brady et Hindley. Personne ne voulait manquer leurs dépositions.

Il y eut au moins une douzaine de livres relatant cette affaire, que l'on avait appelée «le crime du siècle». De nouvelles preuves dans ce procès virent le jour, notamment la découverte du corps de Pauline Reade et les conséquences des aveux de Brady et Hindley pour les autres meurtres.

On découvrit alors une Myra Hindley sous un nouveau jour et revint la question de savoir qui dominait dans le duo. Je rencontrai la mère de Lesley Ann Downey pendant un débat télévisé et j'eus alors honte de moi devant le chagrin de cette femme qui, après tant d'années, était toujours aussi courageuse. Je ressentis alors une répugnance à écrire sur cette affaire de peur de rouvrir de vieilles blessures mais cela est indispensable pour faire une étude sur les criminels sexuels. C'est un des cas les plus importants du siècle en Angleterre. Ce qui me passionne dans cette affaire c'est la personne de Myra Hindley. Je trouve intéressant de constater que la plupart des femmes pensaient que Hindley était le personnage dominant du couple, poussant Brady à tuer. Les hommes eux ont tendance à blâmer Brady. La vérité doit être quelque part en eux.

Ian Brady naquit à Glasgow d'une serveuse d'un salon de thé Maggie Stewart le 2 janvier 1938, de père inconnu. Il ne vécut pas avec sa mère, mais passa son enfance dans une autre famille, les Sloan, dans le quartier des Gorbals à Glasgow. Il était grand, les cheveux blonds et les yeux gris. A l'école il passait pour être meilleur que la moyenne des écoliers, mais n'avait aucun intérêt pour le sport et était sans cesse taquiné comme étant un «gros gamin». Il se retira dans son monde de pouvoir et de sadisme en torturant des animaux. De très bonne heure il eut à faire à la police pour cambriolages et fut mis en liberté surveillée. Plus tard il fut condamné pour neuf infractions similaires, à deux années de liberté surveillée à la condition qu'il habite avec sa mère naturelle à Manchester. En réalité il fut «mis dehors».

En 1954, à l'âge de dix-sept ans, Ian Stewart arriva à Manchester sous le nom de son beau-père, Patrick Brady. En 1956, il fut condamné pour vol et fut envoyé pendant deux ans à la maison de redressement de Hatfield. Libéré en 1958, il retourna vivre chez sa mère et finit par trouver du travail à *Millward's Chemicals Ltd* comme employé à la gestion des stocks, où il gagnait £ 12 par semaine. C'est à partir de cette période qu'il commença à se vêtir élégamment, portant des costumes trois pièces et se mit à acheter des livres sur les nazis, et des revues pornographiques pour sa «collection spéciale». Il enregistra des chants nazis et les discours d'Hitler et pendant sa pause, il étudiait la grammaire allemande. Son pouvoir sadique se développa de façon sinistre, en lisant le Marquis de Sade. C'était un personnage maussade et replié sur lui-même, qui aurait pu rester sans problème avec la loi s'il n'avait pas rencontré Myra Hindley.

Myra Hindley était née le 23 juillet 1942, dans la banlieue de Manchester, à Gorton, un quartier où les maisons étaient adossées les unes aux autres et les toilettes à l'extérieur. Elle était l'aînée de deux filles et passa son enfance chez sa grand-mère, Mme Ellen Maybury, qui était veuve et habitait 7 Bannock Street, à Gorton. A l'école elle était très solitaire, voire même «associale». C'était une rêveuse, bonne en rédaction alors que rien ne la prédisposait à cela. Elle était robuste, agressive, très masculine et aimait les sports de contact. Elle était capitaine de l'équipe de volley-ball de son école, elle était bonne nageuse et prenait des cours de judo. La mort de son petit ami, Michael, alors qu'elle avait quinze, l'avait complètement détruite. Elle ne dormait plus et finalement rechercha du réconfort auprès de l'Eglise Catholique. Elle fit sa première communion le 6 novembre 1958, et sa tante, Kath Maybury, lui offrit un missel à la couverture blanche. Ce livre devait jouer un rôle significatif pour l'avenir. En fait sept années plus tard elle était condamnée à la prison à perpétuité.

Elle était fiancée depuis six mois, mais cassa ses fiançailles reprochant à son ami d'être «trop gamin». En 1961, alors âgée de dix-neuf ans, elle s'habilla à la mode de l'époque: jupe serrée et pullover. Elle était grande et aurait pu être belle si elle n'avait pas eu un nez en forme de crochet et un menton pointu. Elle était encore vierge. Après avoir exercé plusieurs métiers, et notamment ayant flirté avec la coopérative militaire en Allemagne, elle répondit finalement à une annonce qui demandait une dactylo chez *Millward Chemicals* pour £ 8.10 par semaine. C'est là qu'elle rencontra Ian Brady avec qui elle travaillait. Souvent il lui dictait des lettres avec son accent nasillard de Glasgow.

Myra Hindley fut envoûtée par ce grand et mince jeune homme, au front large et intelligent et aux cheveux peignés en arrière. Son visage au teint cireux lui donnait l'expression troublante de James Dean. Il était très introverti, secret et parlait avec un étrange accent. Il lui faisait penser au personnage romantique Heathcliff *, l'homme idéal. Il était différent des autres, même dans sa façon dramatique de fumer. Il semblait vivre en dehors de sa propre histoire, comme si des caméras suivaient chacun de ses mouvements. Elle avait dix-neuf ans et une forte personnalité; il avait vingt-et-un ans et faisait de la moto. Dans son journal Hindley relatait sa fascination pour lui: «Le cochon. Il ne m'a pas regardée aujourd'hui.» Mais finalement, il la regarda.

Brady demeurait à Westmorland Street, Longsight, à deux miles de la ville de Gorton. Il passait tout son temps libre dans sa chambre à écouter des chants nazis et à lire des bouquins sur la perversion sexuelle. Peu à peu il se mit à parler à Hindley, lui révélant l'homme qu'il était. Il

* Personnage du roman d'Emily Brontë, *Les Hauts de Hurlevent.*

lui prêta des livres relatant les atrocités nazies et lui parla de façon sophistiquée des perversions sexuelles. A Noël elle lui demanda s'il voulait bien sortir avec elle. Il accepta et elle écrivit dans son journal: «Euréka! C'est aujourd'hui notre premier rendez-vous...» Elle ne resta pas longtemps vierge. Plus tard elle écrivit dans son journal: «1er janvier 1962. Je suis à *Millwards* depuis un an et je viens seulement de sortir avec lui. J'espère que nous nous aimerons toute notre vie, que nous nous marierons et que nous serons heureux à jamais.»

Puis en juin 1963, Brady emménagea chez Hindley partageant la maison de sa grand-mère dont le nom était inscrit sur le carnet de quittances de loyer. Brady initia Hindley aux vins allemands ainsi qu'à la culture teutonique, la persuadant de se teindre les cheveux en blond et de porter des jupes de cuir assorties de bottes hautes. Il la surnomma son «Hessie» et elle l'appela «Neddie» à cause de ses imitations du personnage principal des expositions de Goon. A ce stade Brady exerçait probablement un certain pouvoir sur Hindley, lui enseignant ses nouvelles découvertes philosophiques sur la luxure et la cruauté. Il acheta un appareil photographique et fit des photos pornographiques de Hindley et d'eux-mêmes en train de faire l'amour et de se flageller. Certaines de ces photos la montraient les fesses couvertes de marques de fouet. Depuis sa cohabitation avec Brady, Hindley avait quelque chose de différent: elle n'allait plus à l'église, elle avait arrêté le baby-sitting, et était devenue secrète et dure. Sa grand-mère était une femme fragile qui dormait pratiquement toute la journée et ainsi Brady et Hindley avaient tout loisir de faire ce qu'ils aimaient. Et ils aimaient tuer.

Nous savons maintenant, suite à de nouvelles preuves, que leur première victime se nommait Pauline Read, âgée de seize ans et qu'elle disparut alors qu'elle revenait de la danse le soir du 12 juillet 1963, Pauline vivait près de chez Brady et Hindley. Comme pour les autres victimes, la cause de sa mort devait restée inconnue. Elle fut également retrouvée à Saddleworth Moors au-dessus de Manchester. C'était un endroit austère, hérissé de rochers se dressant comme des gargouilles, dans une terre douce et tourbeuse. Avec seulement la terre et le ciel comme compagnie, c'était un cadre wagnérien parfait pour un surhomme nazi – ou une femme. Brady et Hindley avaient commençé à mettre leurs fantasmes en pratique.

Hindley ne réussissait pas son permis de conduire et ce, pour la quatrième fois et Brady ne sachant pas conduire, cela leur posait un problème pour transporter leur victime jusque dans les landes. Hindley obtint enfin son permis le 7 novembre 1963.

Le 23 novembre 1963, jour de l'assassinat du Président Kennedy, Hindley loua une Ford Anglia chez Warren Autos à Manchester. Ce jour-là John Kilbride, âgé de douze ans, disparut du marché d'Asthon-sous-Lyne. Lorsque Hindley revint avec sa voiture celle-ci était couverte de terre de tourbe. John Kilbride reposait dans un trou en guise de tombe, dans les landes. La police déploya toutes ses forces pour rechercher le petit garçon, alors qu'un sourire sournois se dessinait sur les lèvres du couple.

En mai 1964, Hindley acheta sa première voiture, un Mini van blanc. Le 16 juin 1964, Keith Bennett, âgée de douze ans et six mois, disparaissait près de la maison de la mère de Brady. Il fut également retrouvé dans les landes. A peu près à cette époque, à la demande de Brady, Hindley rejoignit le club de tir de Cheadle et acheta aux membres du club un Webley calibre 45 pour £ 8 et un Smith et Wesson calibre 38 pour £ 5. Brady, vêtu d'une chemise noire et portant sous le bras un revolver dans son holster, allait souvent avec « Hessie » dans les landes où il pouvait s'exercer au tir et en même temps aller visiter les tombes de ses victimes. Ils aimaient aller les voir et se faire photographier agenouillés sur elles. Plus tard la police se servira de ces photos pour localiser les lieux de sépultures.

Le 26 décembre 1964, Lesley Ann Downey, âgée de dix ans et quatre mois, disparut alors qu'elle se rendait à une fête foraine avec un ami. Son corps fut retrouvé dix mois plus tard enterré à Saddleworth Moors. Brady et Hindley avaient enregistré le meurtre et, quand plus tard au cours de leur procès la cour passa cet enregistrement, même les reporters les plus endurcis blêmir.

Puis, Brady sentit que le moment était venu d'étendre son empire et de recruter «du personnel». La sœur d'Hindley, Maureen, fréquentait un jeune homme de seize ans, David Smith. Quand il apprit qu'elle était enceinte, ils se marièrent en été 1964. Smith était aussi un enfant illégitime d'un tempérament robuste et effronté, avec un passé criminel. Maintenant qu'il était devenu le beau-frère de Hindley, Brady commença à s'en faire un «disciple», l'initiant au vin et à la lecture du Marquis de Sade, lui parlant de ses attaques de banques et autres vols à main armée et tout cela en l'impressionnant avec ses deux pistolets et son air sophistiqué. Le jeune David Smith et sa femme, Maureen de deux ans son aînée, vivaient dans un bidonville tout comme Brady et Hindley. Après la démolition de cette zone, Brady et Hindley vinrent, avec leur grand-mère, habiter dans le nouveau lotissement surpeuplé de Hattersley, une maison de trois pièces au 16 Wardle Brook Avenue. Le 23 juillet 1965, David et Maureen Smith prirent un appartement à Underwood Court, juste à quelques mètres de chez Brady et Hindley. Ils étaient toujours ensemble, les uns chez les autres et se rendaient souvent dans les landes avec la nouvelle Mini Countryman de Myra. Brady prêtait des livres à Smith, lui prêchait la philosophie du Marquis de Sade et l'initiait à commettre des vols à main armée. Après tout, si comme l'avait déclaré le Marquis de Sade «Dieu est mort», alors pourquoi ne devrait-on pas voler?

Au cours du procès, le Procureur Général, Sir Frederick Elwyn Jones déclara: «L'intérêt que Brady portait à Smith allait bien au-delà d'une simple amitié, c'était une pure corruption... Brady s'intéressait aux meurtres et voulait faire de Smith un étudiant en la matière.» David Smith avait commencé à s'inspirer d'un livre de citations du Marquis de Sade, qui l'avait beaucoup marqué. «Les gens sont comme des asticots, petits, aveugles, des appâts pour poissons sans intérêt. Le meurtre est une passion et un plaisir suprême.» David Smith n'était pas un citoyen modèle, mais il n'était pas prêt à tuer. L'erreur de Brady, motivé par le fait qu'il était arrogant et corrompu, fut d'avoir cru qu'il pouvait faire entrer n'importe qui dans son monde et lui faire partager ses fantasmes.

Le 25 septembre 1965, Brady eut une importante conversation avec David Smith, âgé alors de dix-sept ans. Il lui dit: «J'ai déjà tué, trois ou quatre fois. Les corps sont enterrés dans les landes. J'ai des photos qui le prouvent.» Ils avaient bu et Smith ne prit pas ses dires au sérieux pensant que ce n'était qu'une vantardise d'ivrogne désœuvré. Le 2 octobre 1965, Brady insista: «Je vais en commettre un autre. Je ne devrais pas tuer avant trois ou quatre mois, mais celui-ci ne comptera pas.» Ce meurtre ne fut pas pris en compte dans les prévisions de Brady, car ce n'était qu'une simple démontration pour impressionner Smith et le faire entrer dans son équipe de meurtriers.

Vendredi 6 octobre 1965, à minuit, Hindley appela l'appartement des Smith et demanda à David de se rendre chez elle à pied. Cette visite était un prétexte pour impliquer

Smith dans un meurtre. Lorsqu'ils furent au 16 Wardle Brook Avenue, Myra Hindley pria Smith d'entrer lui disant que Brady avait de bonnes bouteilles de vin pour lui. Au moment où Smith entra, Brady commençait à tuer la victime « de démonstration », Edward Evans, âgé de dix-sept ans et neuf mois, que Brady et Hindley avaient ramené dans leur voiture ce soir-là. Smith témoigna que Brady voulait en faire son complice et qu'il l'avait fait s'engager pour d'autres meurtres.

Alors que Smith entrait dans la maison, il entendit Myra Hindley qui lui disait : « Aide-le, Dave. » Smith se rua dans la maison et vit Brady à califourchon sur Edward Evans, une hache à la main, qu'il assena sur la tête du jeune homme. Voici les propres mots de Smith : « Je me suis précipité, j'étais au bord de l'apoplexie et je me suis arrêté net. J'ai tout d'abord cru que c'était une poupée de taille humaine, criant et grognant à la fois. Ian se tenait derrière lui, une hache dans la main droite. » Brady frappa la victime au moins quinze fois à coups de hache, puis continua de plus belle avec un câble, en marmonnant sur un ton monocorde : « Espèce de salaud. Espèce de salaud. » Puis il leva les yeux vers Smith et dit : « Celui-ci faisait désordre. » Il tendit ensuite la hache à Smith afin qu'il se rende compte du poids qu'elle faisait et ainsi s'assurer que Smith avait bien laissé ses empreintes sur l'arme du crime. Smith, muet de terreur, aida Hindley à nettoyer le sang et Brady à envelopper le corps dans du plastique. Puis dans une parodie grotesque d'une vie de famille que Joe Orton aurait admirée, Myra Hindley leur prépara du thé. Elle avait les yeux qui pétillaient d'excitation lorsqu'elle dit à Brady : « Tu aurais dû voir son regard. La frayeur qui se lisait dans ses yeux ! » Puis elle se rappela tendrement les meurtres précédents.

David Smith partit aussi vite que possible, promettant

de revenir le lendemain avec un landau pour sortir le corps de la voiture de Myra, mais en réalité il était terrifié à la pensée que s'il montrait le moindre désaccord, il serait la prochaine victime. Une fois de retour chez lui, il fut très malade et raconta tout à son épouse. A l'aube, le couple composa le 999 depuis une cabine téléphonique et dit: «Il y a eu un crime...» L'appel fut donné à 6h07. Une patrouille de police vint chercher les jeunes. Ils trouvèrent sur Smith un couteau et un tournevis sensé le protéger. Smith se jeta pratiquement dans la voiture de police. Une fois au commissariat de Hyde, il relata son incroyable histoire au commissaire divisionnaire Talbot. A 8h40 le matin du 7 octobre 1965, le commissaire Talbot vêtu d'un habit de livreur emprunté à son boulanger et portant un panier rempli de baguettes de pain, frappa à la porte du 16 Wardle Brook Avenue. Il n'était pas armé bien que David Smith l'avait prévenu que Brady possédait deux pistolets.

Tout d'abord le commissaire Talbot pensa qu'il était victime d'une farce. Myra Hindley parut tout à fait normale lorsqu'elle lui ouvrit la porte, élégante, pouvant avoir environ trente ans. Mais finalement on retrouva le corps d'Edward Evans ligoté dans une chambre fermée à double tour, à l'arrière de la maison, le couple fut arrêté. La déposition de Smith relatant les dires de Brady à propos des «autres meurtres» avait éveillé l'intérêt de la police qui déploya ses forces et demanda l'aide d'autres policiers, comme le commissaire divisionnaire Joe Mounsey, le nouveau chef de la police judiciaire d'Ashton sous Lyne. Ce dernier était très intéressé par le lien qu'il y avait avec la disparition de John Kilbride.

Durant leur interrogatoire, Brady et Hindley firent preuve d'une remarquable ténacité. Brady avoua le meurtre de Edward Evans, commis dans le but d'y impliquer

Smith. Myra Hindley fut interrogée par une femme très expérimentée, Margaret Campion. A chaque question, Hindley répondait: «Mon histoire est la même que celle de Ian... demandez à Ian. Partout où il allait, j'allais avec lui. Tout ce qu'il faisait, je le faisais.» Le policier remarqua que Hindley était tirée à quatre épingles, et qu'elle ne parlait que de son chien Puppet qui devait avoir faim. Plus tard la police conduisit le chien chez le vétérinaire pour lui faire une radio des dents, afin de déterminer son âge, ce qui aurait permis de mettre une date sur les photos retrouvées, mais il mourut au cours de l'anesthésie. Lorsque Hindley apprit la mort de son chien, elle cria: «Espèces de salauds de meurtriers!» Ce fut pratiquement la seule émotion qu'elle montra.

Ce fut le commissaire divisionnaire Arthur Benfield, le chef de la police judiciaire de Cheshire, qui mena l'enquête. Le 13 octobre il donna une conférence de presse au cours de laquelle il dit: «Nous avons étudié les dossiers de huit personnes disparues sans laisser de traces ces trois ou quatre dernières années.»

Brady raconta qu'il avait eu une altercation avec «Eddie» et qu'il était mort au cours d'une bagarre. Mais la police trouva une liste codée dans la voiture de Hindley. C'était un plan qui indiquait soigneusement tous les indices à supprimer, concernant le meurtre. Brady dira plus tard qu'avec l'aide de David Smith, il avait dessiné le plan après le meurtre. GN représentait le revolver et Det les détails, mais PB était un puzzle. D'après Brady, cela signifiait Pennistone Burn, mais aucun lieu ne portait ce nom. En fait cela voulait dire missel et l'inspecteur Tyrrell devait trouver un ticket caché au dos du missel de Hindley. C'était un ticket de consigne de la gare centrale de Manchester portant le numéro 74843, où se trouvaient deux valises. A l'intérieur se trouvaient des lettres, des perruques, des matraques, des livres sur les perversions sexuelles, deux cassettes et neuf photos de Lesley Ann Downey dénudée, un bâillon sur la bouche. Les policiers écoutèrent les cassettes jusqu'aux derniers instants de la petite fille. Ils étaient horrifiés. Sa mort avait été enregistrée pour la postérité. La ruse de Brady et Hindley était découverte. Dix mois avant le meurtre, des objets compromettants avaient été emballés et mis dans des valises déposées à la consigne jusqu'à l'accomplissement des meurtres, ce qui prouvait la préméditation.

Patricia Hodges, une enfant de douze ans, fut un témoin capital dans cette affaire. Elle demeurait tout près de chez Brady et Hindley qui s'étaient liés d'amitié avec elle, et l'emmenaient souvent pique-niquer dans la lande. Les policiers la conduisirent à Saddleworth afin qu'elle leur indique l'endroit où ils allaient pique-niquer. Elle fit arrêter la voiture de police à Hollin Brow Knoll, tout près de Wessenden Head.

La police reconnut le lieu d'après les photos trouvées à Wardle Brook Avenue, ainsi que celle représentant Hindley agenouillée, un sourire sinistre se dessinant sur ses lèvres alors qu'elle regardait la terre où étaient enterrées ses victimes. Une armée de policiers se mit à creuser dans la lande. Le 16 octobre, ils retrouvèrent le corps de Lesley Ann Downey. Le 21 octobre, ce fut le corps de John Kilbride découvert à quelques mètres de la tombe de Lesley Ann. Mais en décembre 1965, les recherchent cessèrent car il était impossible de creuser en hiver à Saddleworth Moor.

Brady et Hindley étaient officiellement accusés de trois meurtres, mais refusaient toujours de parler des autres enfants disparus. Hindley chargea David Smith pour le crime de Lesley Ann Downey et Brady soutenait que Smith avait amené l'enfant à la maison pour le photographier. Voyant que tout était perdu, ils tentèrent de charger le plus possible Smith, ne voulant pas s'admettre vaincus.

Le «procès du siècle» débuta aux assises de Chester, à Chester Castle, le 19 avril 1966 et devait durer quatorze jours. Avant le procès, durant leur détention provisoire, Brady et Hindley avaient émis le souhait, auprès du Ministère de l'intérieur, de se marier, ce qui leur fut refusé. Lorsqu'ils se présentèrent au box des accusés, ce fut en tant que célibataires. Le tribunal était envahi de journalistes venus du monde entier, environ cent cinquante, ainsi que des écrivains et des auteurs dramatiques. Il y avait peu de place pour le public. Les témoignages démontrèrent le penchant pour la perversion sexuelle qui les liait. Par exemple l'autopsie pratiquée sur le corps d'Edward Evans révéla que ses boutons de braguette étaient défaits, et qu'il avait des poils de chien autour de l'anus. On retrouva le corps de John Kilbride, son pantalon et ses sous-vêtements baissés. Il est probable que Hindley retirait un plaisir sexuel en regardant Brady assouvir ses tendances homosexuelles sur ses victimes.

Le procureur général, Sir Ewlyn Jones, exposa au jury, composé uniquement d'hommes, les charges, les preuves et les détails des sévices sexuels exercés sur les corps des trois enfants... Il insista sur l'implication de Myra Hindley dans les meurtres. «Elle n'était pas simplement passive, mais membre actif et lors de certains crimes, c'était le véritable leader. Elle participait à tout ce qui se passait.» Pendant cet énoncé, Brady paraissait s'ennuyer, examinant ses ongles impeccables. Puis l'accusation continua: «Vous devez vous demander pourquoi cet homme a fait subir de telles atrocités à ses semblables. Vous devez vous demander ce qu'Evans faisait dans cette maison, ce que faisait Hindley et pourquoi Smith était là. Pour répondre à ces questions il nous faut reprendre cette histoire depuis le début.» Il parla de David Smith comme étant un apprenti parfait en la matière, et termina avec la nuit du meurtre d'Edward Evans, lorsque Hindley appela David Smith et lui demanda de venir chez elle.

Sir Elwyn Jones déclara: «Ceci était une astuce imaginée et exécutée par Hindley dans un but bien précis: faire venir Smith à Wardle Brook Avenue pour être le témoin du meurtre d'Edward Evans... Le meurtre fut prémédité par les deux accusés qui persuadèrent Edward Evans de venir chez eux cette nuit-là dans le but de le tuer, ce qu'ils firent.» Puis, se référant au fait que son pantalon était baissé, il ajouta: «En plus du meurtre, comme pour les deux autres victimes, il subit des abus et des perversions sexuels.»

Maureen Smith, qui était enceinte, raconta que sa sœur avait beaucoup changé depuis sa rencontre avec Brady et relata ses allées et venues à Saddleworth Moor. Maureen devait divorcer de David Smith et mourir très jeune d'une tumeur au cerveau.

David Smith, âgé maintenant de dix-huit ans, était le témoin suivant. Il relata les propos que Brady lui avait tenus sur les vols de banques et les meurtres. «Il disait qu'il avait tué trois ou quatre personnes. Je pensais que c'était des inventions d'ivrogne.» Il raconta comment il avait été témoin du meurtre terrifiant d'Edward Evans, et comment il avait été forcé d'empaqueter le corps. «J'étais pétrifié... Ma première pensée était que Ian agitait une poupée de chiffon de taille humaine dont les bras allaient dans tous les sens. J'avais l'estomac retourné, entendant des cris et des grognements... Des bruits de gargouillis comme lorsque vous vous lavez les dents et que vous vous gargarisez...»

L'accusation demanda: «Quelle impression Brady vous a-t-il faite lorsque vous le regardiez agir?» Smith répondit: «Bien, j'avais déjà vu des bouchers découper des côtelettes de moutons avec autant d'émotion que lui. Il était en effet très calme, sans aucune excitation.»

Les deux avocats de la défense, Godfrey Heilpern pour Hindley et Emlyn Hooson pour Brady, tentèrent de discréditer David Smith en utilisant son passé criminel. Ils affirmèrent qu'il avait passé des accords avec la presse pour s'assurer les gros titres de sa condamnation et insinuèrent qu'il était impliqué dans les meurtres au même titre que les deux accusés. M. Hooson disait: «Tout homme est à la fois masochiste et sadique. Est-ce votre opinion?» Smith répondit: «C'était mon opinion vis-à-vis d'eux.» L'avocat de la défense poursuivit: «Vous étiez endoctriné et contaminé. N'est-ce pas la vérité que vous avez rejoint leur philosophie sur le meurtre?» «Non, Monsieur» répondit Smith.

Durant le procès, le paroxysme de l'horreur fut atteint le 26 avril, quand le jury écouta l'enregistrement des derniers instants de Lesley Ann Downey, après la lecture des faits par le procureur général. On entendait la victime crier et pleurer. Cet enregistrement fut la pièce à conviction la plus abominable dans cette affaire.

A la barre des témoins, Brady essaya, autant qu'il le put, de protéger Hindley en chargeant le plus possible Smith. L'avocat de Hindley lui demanda: «Quels sont vos sentiments pour Myra?» Il répondit: «Ce sont ceux d'un mari pour sa femme.» L'avocat lui demanda: «Si vos opinions divergeaient, laquelle prévaudrait sur l'autre?» «La mienne» répondit Brady. «Elle exécutait.» Il avoua le meurtre d'Edward Evans, mais nia être impliqué dans la mort de Lesley Ann Downey et John Kilbride. Les photographies de Hindley agenouillée sur les tombes en train de les regarder, n'était que «pure coïncidence». Il subit un contre-interrogatoire d'une durée de neuf heures, par le procureur général qui prétendait que ces photos étaient des « trophées du meurtre ». Lorsqu'il le questionna sur sa collection de livres pornographiques, Brady répondit d'un ton brusque : « Vous trouverez des collections bien pires dans les manoirs des lords de tout le pays ! »

Le commissaire divisionnaire Tyrrell mit en évidence un point très intéressant. Il avait parlé à Hindley de son changement de comportement lorsqu'elle rencontra Brady, cherchant à lui faire dire qu'il l'avait corrompue. A cela, Hindley avait répondu : « Tout ce que j'ai fait était de ma propre décision. Les gens passent par différentes étapes dans leur vie qui changent leur comportement. Ian ne m'a jamais fait faire ce que je ne voulais pas faire. »

Lorsque Myra Hindley se retrouva à la barre des témoins, on lui demanda quels étaient ses sentiments à l'égard de Brady. Elle répondit : « Je l'aime. Je l'aime toujours. » Elle avait la voix rauque. Puis, lorsqu'on lui demanda le rôle qu'elle avait joué dans les photos de Lesley Ann Downey, elle ne pouvait pas nier le son de sa voix sur l'enregistrement, elle répondit : « Je n'ai aucune circonstance atténuante. Je ne suis pas défendable. J'étais cruelle. » Le procureur général appela ce genre de remord « fausse honte ».

Brady avait fait un lapsus lorsqu'il décrivit les photos prises avec la petite fille. Il avait déclaré : « Après, nous nous sommes tous habillés et nous sommes descendus. » Ce fut un lapsus que le juge Fenton Atkinson devait exposer avec minutie au cours de son discours. « Il éclaira la nature des activités auxquelles ils se prêtaient. »

Dans sa plaidoirie finale, le procureur général déclara : « Comme dans toute sphère d'activité, les gens qui commettent un crime et au-delà, laissent toujours leur marque de fabrique. Il y avait huit facteurs communs aux cas cités ici. » Et il en dressa la liste. Les victimes étaient toutes jeunes. Elles avaient toutes disparu dans des lieux publics qui se situaient tous non loin de chez Brady et Hindley. Chacune d'elle avait subit des sévices sexuels. Un véhicule à moteur avait été essentiel pour transporter les corps. La méthode du meurtrier était identique pour chaque meurtre. Des photos et des cassettes enregistrées avaient été conservées sur chacun des meurtres. Puis, dans tous les cas, la tombe des victimes se situait dans la terre de la lande.

Puis le juge s'adressa au jury: «Si ce que l'accusation dit est vrai, vous êtes face à deux tueurs sadiques de la pire espèce.» A 16h46 ce vendredi 6 mai 1966, les jurés revinrent dans la salle d'audience avec leur verdict. Hindley fut déclarée coupable de deux meurtres, non coupable du meurtre de John Kilbride, mais coupable d'avoir fermé les yeux alors que Brady tuait le jeune garçon. Brady fut condamné trois fois à une peine d'emprisonnement à vie et Hindley deux fois, plus sept ans pour avoir cautionné ce que faisait Brady. Brady, contrairement à Myra Hindley, ne fit pas appel de la décision. La Cour d'Appel confirma la décision du juge concernant Myra Hindley sous prétexte que les preuves à son encontre étaient accablantes.

Cela aurait dû être la fin de cette histoire, mais en fait ce fut le prélude d'une longue saga. Les Tueurs de la Lande devaient rester dans l'esprit du public comme le symbole d'une extrême atrocité. Si Brady et Hindley avaient été pendus, cela aurait été en effet la fin d'une histoire, mais la peine capitale avait été abolie le 8 novembre 1965, juste un mois après le meurtre d'Edward Evans.

Brady purgeait sa peine à la prison de Durham, où il était sans cesse agressé et portait les cicatrices d'eau bouillante que lui lançait le tueur d'enfants Raymond Morris. Brady demanda à être isolé pour sa propre protection selon la règle 43 de la prison. Par la suite, il dut rester isolé la plupart du temps. Il ne fait aucun doute qu'il se prenait pour une sorte de Rudolf Hess qui languissait à la prison de Spandau, refusant de se laisser aller, aussi Brady tint bon, fier et distant des ennemis qui l'entouraient. Hindley était à la prison de Holloway, où elle aussi agressée par les autres prisonnières dut demander l'application de la règle 43. Le couple s'écrivait toutes les semaines, leur association restait intacte. Ils commencèrent à passer ensemble le baccalauréat allemand, que Brady réussit en six mois. Brady envoyait fréquemment des pétitions au Ministère de l'Intérieur pour demander la permission de voir Myra, droit légal entre mari et épouse. Cette demande était à chaque fois rejetée, et Brady faisait la grève de la faim pendant vingt-huit jours. Le couple ne fut pas longtemps absent des gros titres des journaux.

Après cinq années de prison, Myra Hindley s'impatienta. Son attachement à Brady ne pouvait pas survivre à une séparation derrière les barreaux et les murs de la prison. Elle rêvait de liberté. En décembre 1970, elle écrivit une lettre: «Je suis mentalement brisée... La vérité est qu'au bout de cinq années d'une peine de prison à vie, je suis obsédée par un désir de liberté.» Lord Longford, partisan de la réforme dans les prisons, venait souvent lui rendre visite et l'on disait qu'elle s'était ralliée à l'Eglise Catholique. Elle désirait à tout prix sa liberté, et maintenant elle allait montrer ses pouvoirs de manipulatrice. Elle réalisa que le fait d'être liée à Ian Brady réduisait ses chances d'être mise en liberté provisoire et décida d'en finir avec lui. En 1972, elle lui écrivit sa dernière lettre, le reniant.

Brady était furieux après Hindley et commenta d'une façon cynique que sa conversion à la religion était uniquement dans le but de se faire bien voir et qu'elle était tout à fait capable de savoir «où se trouvait son intérêt». Il décida que Hindley ne lui échapperait pas et, à partir de ce jour-là, commença une partie d'échecs cruelle entre eux, qui semblait pouvoir durer toute leur vie. Chaque fois qu'un article dans la presse laissait entendre que Hindley allait peut-être être libérée, Brady laissait échapper un peu de venin pour anéantir ses chances de liberté.

Les années passèrent. Myra Hindley désespérait d'être relâchée un jour. Elle eut une relation avec une employée de la prison de Holloway. Elle avait prévu de s'évader et avec son aide avait tout mis sur pied: le plan et les clés, mais le complot fut déjoué. L'employée fut condamnée à six ans d'emprisonnement et Hindley, numéro 964055 passa devant le tribunal et fut condamnée à une année supplémentaire d'enfermement.

Myra Hindley continua d'écrire à des personnes influentes et notamment à John Treveylan, le censeur de film, en 1974 à qui elle disait: «Quelque chose meurt lentement en moi et c'est la volonté de vivre...» Le 8 mai 1975 elle écrivait à nouveau: «A quoi sert la vie? A mourir? Alors pourquoi ne pas me tuer tout de suite? Non, j'ai peur. Attendre la mort jusqu'à ce qu'elle vienne? Cela me fait encore plus peur. Alors je dois mourir. Mais dans quel but? Celui de mourir. Je ne peux pas m'échapper de cette prison.» Après avoir été agressée par d'autres prisonnières et avoir eu le nez et la mâchoire cassés, Myra Hindley fit de la chirurgie esthétique et changea officiellement de nom pour devenir Myra Spencer. Lorsque ceci fut divulgué à la presse, il y eut à nouveau des spéculations disant que le ministère de l'intérieur allait la mettre en liberté. Quand Brady lut les journaux, il passa à l'action. Il s'était fait à l'idée de finir ses jours derrière les barreaux, comme un martyre nazi, mais il avait décidé qu'il en serait de même pour Hindley.

Elle obtint une licence en sciences humaines, qu'elle avait préparée par correspondance, mais elle ne pouvait pas échapper à Brady. Il était détenu à la prison de Parkhurst faisant des livres en braille pour les aveugles. Hindley avait pris sa place à Durham. En janvier 1978, Brady écrivit une lettre ouverte qui disait: «J'ai toujours accepté que le poids des crimes commis par Myra et moi-même justifiait un enfermement à vie, sans se soucier d'un remord exprimé ou d'un changement vérifiable.» Ian Brady, numéro 602217, faisait tout pour que Myra soit damnée avec lui et à jamais.

Myra Hindley continua à recevoir la visite de Lord Longford et d'autres personnalités. Quand le sous-secrétaire du ministère de l'intérieur, Lord Stonham, lui rendit visite, il fut tellement impressionné par son comportement qu'il fut dépité de voir qu'une personne comme elle puisse être en prison. William Mars-Jones, un des avocats au procès, lui rétorqua qu'il serait très ennuyé si elle était en liberté. La mère de Lesley Ann Downey fit serment lors d'une émission télévisée que si Myra Hindley était relâchée, elle se chargerait personnellement de la tuer. Patrick Kilbride, le père de John Kilbride eut la même réaction.

Myra Hindley plaida à nouveau sa mise en liberté auprès du ministère de l'intérieur en écrivant: «Je pense que j'ai payé plus que ma dette à la société...» Furieux des tentatives de Hindley prétextant un «changement de comportement» pour obtenir sa libération, Brady écrivit à nouveau à la presse et le 16 mai 1982 le *Sunday Times* publia sa lettre. Il disait qu'il n'émettait aucun souhait de libération «Puisque le poids de nos crimes justifie un emprisonnement à vie.» Maintenant âgé de quarante-quatre ans, Brady s'adressa au comité de probation et d'assistance aux prisonniers mis en liberté conditionnelle leur disant: «Je ne souhaiterais pas être libéré en 1985, ni même en 2005.»

Les choses n'allaient pas aussi bien pour David Smith.

Il était devenu un paria suite à son association avec Brady et Hindley et était fréquemment agressé et mis à la porte des pubs de la région. Il passa deux années en prison (1969-71) pour avoir poignardé un homme au cours d'une bagarre et avait divorcé de Maureen en 1973. A sa façon, David Smith avait été victime du duo diabolique.

Myra Hindley fut transférée à Cookham Wood, une prison ouverte à Rochester dans le Kent, en 1983. C'était comme un hôtel première classe, chaque détenue avait sa «chambre» avec tapis et rideaux. Il y avait la télévision en couleur et de fréquentes sorties en ville. Un prisonnier envoyé dans une prison avec un minimum de sécurité signifiait en principe qu'il était proche de la fin de sa peine. Brady, le masochiste était encore en isolement à Parkhurst. Lorsqu'on lui parlait il disait «Je veux mourir en prison».

Le ministère de l'intérieur annonça à la Chambre des Communes que les dossiers de Brady et Hindley ne seraient pas examinés en vue d'une mise en liberté avant 1985 – cette déclaration était une réplique à la lettre que Brady avait envoyée au *Sunday Times*. Les policiers rendirent visite à Brady, à Parkhurst, pour lui annoncer qu'il serait transféré dans une autre prison. On parlait de Gartree dans le Leicestershire. La presse annonça que Brady serait prêt à parler à la police des autres meurtres. Myra Hindley écrivait à une amie à propos de cette rumeur: «Je ne peux pas parler de quelque chose que je ne connais pas... Ma conscience est nette... Restant indifférente à toute allégation que Brady pourrait faire.»

A l'âge de quarante-deux ans et après dix-sept années de prison, Myra Hindley écrivit à nouveau au ministère de l'intérieur demandant un nouvel examen de sa libération par le comité de probation et d'assistance aux prisonniers mis en liberté conditionnelle. Le 23 mai 1985, le secrétaire du ministère de l'intérieur, Leon Brittan, annonça sur recommandation du comité que: «ni Ian Brady ni Myra Hindley ne seraient relâchés. Le cas de Ian Brady serait réexaminé dans dix ans et celui de Myra Hindley dans cinq ans.» Lord Longford dénonça cette décision comme «brutale, révoltante, stupéfiante, répugnante.» Hindley attenta à ses jours avec une paire de ciseaux volés. S'étant manquée, elle fit une grève de la faim. Après dix-neuf années de prison, elle finit par craquer.

Dans sa cellule numéro 4, Brady était amaigri, le visage austère et il entendait des voix. Lentement mais sûrement, il était devenu fou, mais pas tout à fait complètement. Lorsqu'il lut dans le journal que Myra Hindley avait demandé à un avocat de porter son cas devant la cour des droits de l'homme à Strasbourg, il envoya une nouvelle information à la presse qui disait: «Si je révélais ce qui s'est réellement passé, Myra ne serait pas dehors avant cent ans.»

En novembre 1985, Brady fut reconnu dément et fut transféré à l'hôpital psychiatrique de haute sécurité de Park Lane à Liverpool. Les médecins diagnostiquèrent une grave paranoïa et une schizophrénie. En mars 1987, Brady proposa aux médecins un curieux marché. Il révèlerait la liste complète des victimes qu'il avait tuées avec Hindley, à la condition qu'ils lui permettent de mourir, ou lui donnent le moyen de se suicider.

La course entre Brady et Hindley était à celui qui avouerait le premier. En mars 1986 Brady accepta de rencontrer Ann West, la mère de Lesley Ann Downey, suite à une lettre émouvante que lui avait envoyée cette femme affligée. Hindley de son côté avait reçu une lettre de la mère de Keit Bennett.

Il avait fallut cinq années à Mme Winifred Johnson, âgée de cinquante-trois ans, pour écrire cette lettre, dans laquelle elle implorait Hindley de lui dire ce qui était réellement arrivé à son fils.

Le commissaire divisionnaire Peter Topping de la police judiciaire de Manchester n'avait jamais perdu espoir de résoudre l'énigme des enfants disparus. Il rendit plusieurs fois visite à Hindley à la prison de Cookham, la priant d'avouer. Finalement elle vint à lui relater les meurtres de Pauline Reade et de Keith Bennett. Elle accepta de rendre public une visite à Saddleworth Moor, conduisant les policiers à travers les chemins de tourbe afin de leur montrer approximativement où ils devaient creuser. Brady avait refusé de retourner dans la lande, dénonçant le voyage de Hindley comme un moyen d'attirer l'attention du public. Et à nouveau une armée de policiers se mit à creuser dans la lande.

Le 1er juillet 1987, la police retrouva le corps de Pauline Reade, dont la mère Joan, est internée dans un hôpital psychiatrique suite à la disparition de sa fille. Personne ne resta insensible à cette affaire. Le policier Margaret Campion tomba en dépression nerveuse après le procès des Tueurs de la Lande et démissionna de la police une année plus tard.

En juillet 1987, Brady accepta finalement de retourner dans la lande afin de localiser la tombe de Keith Bennett. Il ne la retrouva pas prétextant que le paysage avait changé depuis sa dernière utilisation de la lande comme cimetière, il y a de cela vingt ans. En août 1987, Brady déclara à un journaliste de la *BBC* qu'il avait donné toutes les informations sur les crimes à la police de Manchester, qui confirma ses dires mais refusa de divulguer le moindre aveu tant qu'elle n'en n'avait pas vérifié toutes les preuves. C'est ainsi que les vieux dossiers poussiéreux furent réouverts... On y rechercha le moindre détail, en pensant que cette saga ne se terminerait qu'au décès des deux tueurs.

De tous les livres relatant l'histoire des Tueurs de la Lande, le plus marquant fut celui de l'éminent dramaturge Emlyn Williams en 1967, intitulé *Beyond Belief.* Il tenta de «romancer» cette affaire en se faufilant dans la pensée de Ian Brady. Mais il échoua et déclara: «Vous ne pouvez pas vous immiscer dans l'esprit d'un meurtrier par un simple acte de volonté.» Mais Emlyn Williams ne se rallia pas aux vieilles querelles et ralliait soit un côté, soit l'autre. Comme la plupart des romanciers, il ignorait le vrai problème. Relatant le passé de Brady, les taudis de Manchester et un jeune homme privé de culture, Williams écrivait: «C'est un niveau qu'un jeune esprit privé de tout ne peut supporter. S'il refuse de s'en sortir, c'est la descente aux enfers.» Mais il condamna aussitôt Brady qu'il pensait être «né méchant» après lui avoir demandé si un jour il avait essayé de choisir le bon chemin: «Non» répondit Williams d'un air désolé. «Ce n'est même pas une question de temps, mais à la minute où il est né il fut ensorcelé. Et rien n'y aurait changé.»

Personnellement je trouvai cette réponse quelque peu insensée. Si Brady avait été le fils d'un millionnaire, aurait-il tuer? Si Brady avait vécu toute sa vie comme un étranger menaçant, il n'aurait pas rencontré Hindley. Il n'aurait pas pu faire ce qu'il a fait sans une volonté et un complice.

Rétrospectivement, il est évident que Brady serait devenu un genre de Peter Kürten, violant et tuant pendant des années, s'il n'avait pas été appréhendé. Comme Kürten il retournait sur les tombes de ses victimes comme un chien retourne à ses excréments. Il semble maintenant très probable que le couple n'ayant pas de véhicule, obligea Pauline Read à marcher avec eux jusque dans la lande, où Brady lui trancha la gorge après l'avoir violée; ce qui nous donna une autre approche du personnage de Brady. Il n'était pas seulement qu'un rebelle de la société, un inadapté social brandissant le poing. Mais le sexe, la douleur, la torture devaient avoir un lien très fort dans son esprit et il avait dû fantasmer pendant des années avant sa rencontre fatale avec Hindley*. Je suspecte que son fantasme au plus profond de lui, était de se retrouver gardien d'un camp de concentration et de violer et torturer les prisonniers à volonté.

Il paraît improbable que le public serait heureux de voir l'un ou l'autre de ce couple mis en liberté.

* Hindley est morte, à l'âge de 60 ans, en novembre 2002. (N. de l'éd.)

Chapitre X

Ted Bundy : Le tueur en série cent pour cent américain

Theodore Robert Bundy était étudiant, de belle allure et doté d'un style parfait, ayant une totale confiance en lui. Sa ressemblance avec Robert Redford, empreinte de charmantes manières, faisait de lui un produit sorti tout droit du *rêve américain*. Il aurait pu choisir le succès, mais au lieu de cela il opta pour quatre années d'orgies et de tueries à travers les USA, qui laissèrent des douzaines de jeunes femmes estropiées ou mortes. La police pensait que Bundy avait tué vingt-et-une femmes, mais en fait le nombre atteignait les quarantes.

Son passage resta pour l'Amérique le pire de tous. Le Président George Bush avait en effet promis une « Amérique plus agréable », si bien que lorsque Bundy mourut sur la chaise électrique le 24 janvier 1989, après être resté dix ans dans le couloir de la mort, les américains fêtèrent cet évènement en portant des T-shirts sur lesquels était inscrit : *Brûle, Bundy, Brûle*. Un disc-jockey de la région invita vivement les auditeurs à éteindre leurs cafetières pour que le « Vieux Sparky * puisse avoir plus de jus ».

Au moment de sa mort, des milliers de spectateurs qui

* Nom donné à la chaise électrique dans l'état de Floride.

se trouvaient à l'extérieur de la prison exprimèrent leur approbation, les automobilistes jubilaient en klaxonnant et un bar, proche de la prison, servait des «frites Bundy» et des «toasts Bundy», avec le slogan: «Rôtir en paix.»

Chercher une raison psychologique aux meurtres de Bundy serait inutile. Certaines personnes ont l'esprit insondable et sont comme des calamars géants qui se tapissent dans les profondeurs des océans gelés, n'apparaissant que très rarement. Tout ce que nous pouvons faire est d'étudier ses crimes et de tenter de découvrir une sorte de *modus operandi.*

Il est difficile d'établir un compte rendu des meurtres de Bundy car il sévissait à travers les USA et de façon très irrégulière. En effet, le temps et l'espace sont des éléments très importants, tout comme l'identité des victimes. On ne connaît pas la vérité mais une fois, Bundy se vanta à la police que le nombre exact comprenait «trois chiffres».

En ce qui nous concerne, le premier meurtre de sa longue série fut celui de Kathy Devine, âgée de quinze ans, qui disparut de Seattle, dans l'état de Washington, le 25 novembre 1973. On retrouva ses restes dans une forêt le 6 décembre. Kathy avait été étranglée et sodomisée. La plupart des écrivains qui ont relaté l'affaire Bundy ne mentionnent pas ce cas, ou s'ils le font, ils ne sont pas d'accord sur le mode opératoire.

Bundy attaqua certainement Sharon Clarke, âgée de dix-huit ans, dans sa chambre à Seattle la nuit du 4 janvier 1974, la matraquant avec un cric pendant son sommeil et lui enfonçant très profondément un spéculum ou une sonde vaginale, lui laissant des séquelles à vie. Après avoir passé quelques mois dans le coma, elle survécut, mais même sous hypnose elle ne se souvint d'aucun détail de son agression.

Aux premières heures de ce 1er février 1974, Bundy

rôdait à nouveau dans les parages de Seattle. Il trouva, dans une résidence étudiante, une porte qui n'était pas fermée à clé et qui conduisait à une chambre en sous-sol, où Lynda Ann Healy, âgée de vingt-et-un ans, était endormie. Il la transporta dans sa Volkswagen après l'avoir violemment frappée. Lorsqu'il partait en chasse de victimes, il reculait toujours le siège du passager afin de pouvoir charger plus aisément les corps.

Il la conduisit à Taylor Mountain à quelques miles de là et l'obligea à se dévêtir. Puis après l'avoir violée à plusieurs reprises, il la tua. La police fut déroutée par ces disparitions, qui toutes laissaient des draps tachés de sang, et un oreiller, rien qui indiquait ce qui s'était réellement passé. La victime, une séduisante étudiante en psychologie à l'université de Washington, qui travaillait à mi-temps comme reporter de ski sur une radio locale, avait tout simplement disparu et certains policiers pensaient qu'elle avait fait une fugue.

Le 12 mars 1974, Donna Gail Manson, âgée de dix-neuf ans, disparut sur le chemin qui la conduisait à un concert de jazz à Olympia. Son corps ne fut jamais retrouvé. Susan Elaine Rancourt, âgée de dix-huit ans, une autre étudiante, disparut le 17 avril à 120 miles de Seattle. Le 6 mai ce fut au tour de Roberta Kathleen Parks âgée de vingt-deux ans, de disparaître de Corvallis dans l'Oregon. Et enfin, vingt-six jours plus tard, le 1er juin, Brenda Carol Ball, âgée de vingt-deux ans, disparut de la ville de Burien.

C'était troublant. Le tueur était comme l'homme invisible qui kidnappait ses victimes souvent en plein jour et que personne ne voyait, ou qui ne laissait que des traces isolées.

Ce ne fut que le 11 juin, lorsque Georgina Hawkins âgée de dix-huit ans disparut et que le corps décomposé de

Brenda Baker, âgée de quinze ans, fut retrouvé à State Park, que la police commença à penser qu'un seul homme pouvait être l'auteur de ces crimes, et qu'un tueur en série tel un animal des plus féroces était en liberté.

Mais avant que la police ne se penche sur les preuves, le tueur sans nom frappa à nouveau et cette fois-ci il enleva deux victimes à quelques heures d'intervalle au Lake Sammammish Park, qui était à ce moment-là bondé de monde, à une douzaine de miles de Seattle. C'était le 14 juillet, que Janice Ott, âgée de vingt-trois ans, et Denise Naslund, âgée de dix-neuf ans, furent enlevées au milieu d'une foule de 40 000 personnes et de plus, Denise était accompagnée de son petit ami qui ne vit absolument rien.

Mais parmi la foule, quelques personnes avaient été plus observatrices que d'autres, et pour la première fois la police avait des témoins. Plusieurs jeunes femmes prétendaient avoir été accostées par un homme bien de sa personne qui, ayant apparemment un bras dans le plâtre, leur demanda de l'aider à mettre son bateau sur le toit de sa Volkwagen. Il se présentait sous le nom de «Ted». La police avait enfin une piste qui fit les gros titres des journaux: *Police recherche «Ted» dans l'affaire des femmes disparues.*

Puis, les meurtres dans l'état de Washington cessèrent. Il y avait eu au moins une fille enlevée, agressée et tuée tous les mois. Sharon Clarke en janvier, Lynda Healy en février, Donna Manson en mars, Susan Rancourt en avril, Roberta Parks en mai, Brenda Ball en juin, puis ce fut Georgina Hawkins et un double meurtre en juillet avec Janice Ott et Denise Naslund.

L'appétit du tueur non identifié était aiguisé et s'il suivait le schéma établi, il devrait sévir en août, mais restait toujours inconnu des services de police.

Carol Valenzuela, âgée de vingt ans, disparut le 2 août à Vancouver. Son corps fut retrouvé en octobre à quelques miles d'Olympia, avec les restes d'une victime du sexe féminin non identifiée.

Le médecin légiste indiqua que Carol avait été étranglée. Mais avant cette macabre découverte, une autre fille avait disparu sans laisser de trace. Il s'agissait de Nancy Wilcox, âgée de seize ans, qui avait été vue pour la dernière fois le 2 octobre. Son corps ne fut jamais retrouvé.

Le 7 septembre, des ouvriers qui travaillaient sur un chantier, retrouvèrent les corps de Janice Ott et de Denise Naslund juste à quelques mètres du parc où elles avaient été enlevées. A ce même endroit, la police retrouva les restes d'un corps du sexe féminin non identifié. Maintenant, la police savait avec certitude qu'elle recherchait un tueur en série isolé et en informa la presse.

Si Bundy avait un quelconque «génie» (plus tard un juge le surnommera «le génie diabolique»), il s'en servait pour déménager toujours au bon moment et laisser la police suivre une fausse piste. Bundy partit pour Salt Lake City dans l'état de Utah en septembre, afin d'étudier le droit à l'université, ayant laissé tomber la psychologie. A Seattle la police faisait tout son possible pour retrouver des indices qui lui permettraient de boucher les trous de ce qui était devenu un énorme puzzle. Les policiers ne remarquèrent pas la ressemblance saisissante entre les victimes, comme si le meurtrier enlevait un certain type de jeunes filles. Elles avaient toutes de longs cheveux avec une raie au milieu, étaient toutes de race blanche, minces et séduisantes. Elles avaient toutes disparu de leur école ou à proximité, étaient fille unique et portaient des jeans usés ou un pantalon.

C'était la signature de Ted Bundy, même s'il avait pris soin de ne laisser aucun indice, la police n'ayant jamais relevé la moindre empreinte. De par cette sélection, le meurtrier avait signé son travail.

Puis un jour, «Elizabeth Kendall» (qui n'était pas son vrai nom, mais celui qu'elle utilisa pour écrire son livre *The Phantom Prince: My life with Ted Bundy*) la petite amie de Bundy pendant un certain temps, téléphona sur la ligne «Ted» ouverte 24 heures sur 24, pour dénoncer Ted Bundy comme suspect probable, tout comme Ann Rule, auteur de *True Detective*. Toutes les deux savaient que Bundy correspondait au portrait robot, et qu'il conduisait une Volkswagen. Mais le plus important était l'accent anglais avec lequel il s'exprimait et que les témoins avaient remarqué.

Les deux femmes se rongeaient les sangs pour savoir si elles devaient dénoncer Bundy, Elizabeth parce qu'elle l'aimait, Ann parce qu'elle l'aimait bien et avait confiance en lui.

Ann Rule qui fut policier et qui était maintenant journaliste spécialisée dans les affaires criminelles, signa un contrat pour écrire un ouvrage sur les meurtres non résolus. Elle avait rencontré Ted Bundy pour la première fois en 1971 alors qu'elle était âgée de quarante ans et qu'il était étudiant en psychologie, âgé de vingt-quatre ans et de fort belle allure. Ils travaillèrent ensemble sur un point critique à la *Crisis Clinic* à Seattle et répondaient aux appels téléphoniques de personnes suicidaires et autres.

Elle fut frappée par son charme et sa bonté. Plus tard elle fut terrifiée en découvrant que son ami était l'homme qui alimentait son livre. Dans son ouvrage *The Stranger Beside Me* elle explique: «Ecrire un livre sur un suspect anonyme est une chose. Ecrire un livre sur quelqu'un que vous avez connu et dont vous vous êtes occupé pendant dix ans, est tout à fait autre chose.»

Mais le fait qu'«Elizabeth» et Ann dénoncèrent Bundy

séparément n'aida pas beaucoup la police. Beaucoup de «Teds» conduisaient une Volkswagen. Bundy était simplement un parmi 3500 suspects. Les policiers entrèrent dans le programme de leur ordinateur 200 000 informations dont le nom de 41 000 propriétaires de Volkswagens, des milliers d'hommes possédant des antécédents de délits sexuels et de nombreux étudiants qui avaient été en classe avec une des victimes du tueur.

Ayant programmé ces renseignements sous trente-sept rubriques, les policiers isolèrent le suspect répondant à plusieurs de ces critères et le résultat fut fort intéressant. Il y avait 1600 noms sous trois des catégories, 600 sous quatre, puis sur vingt-cinq des trente-sept catégories l'ordinateur imprima le nom de dix suspects. Bundy était le septième sur la liste. La police fit un travail de fond sur chacun des noms quand tout à coup tout s'éclaira.

Ted Bundy avait été très actif dans l'Utah. Le 18 octobre 1974 Melissa Smith, âgée de dix-sept ans, disparut de la petite ville de Midvale, située juste au sud de Salt Lake City. C'était la fille du chef de police de la région. On retrouva son corps neuf ans plus tard dans un canyon. Elle avait été matraquée et sodomisée, puis étranglée. Conservant le schéma de deux victimes par mois, Laura Aimé, âgée de dix-sept ans, disparut le 31 octobre. Son corps fut retrouvé à Wasatch Mountains le 27 novembre. Elle avait été frappée et sodomisée, puis étranglée.

Puis «Ted» commit sa première erreur le 8 novembre lorsqu'il tenta d'enlever Carol DaRonch, âgée de dix-neuf ans, à Murray, près de Salt Lake City. Se présentant à elle comme officier de police sous le nom de «Officier Roseland», il l'obligea à monter dans sa voiture, une Volkswagen. Lorsqu'il essaya de lui passer les menottes, il l'a frappa avec une barre de fer, mais elle se débattit et s'enfuit en criant. Carole aurait pu le reconnaître s'il avait été appréhendé, car elle fut la seule à avoir le privilège d'être un témoin vivant.

Furieux et frustré, la nuit même Bundy prit sa voiture et enleva une autre fille, Debra Kent, âgée de dix-sept ans, qui revenait d'une soirée de son lycée à Bountiful. Son corps ne fut jamais retrouvé. Le seul indice fut la clé des menottes que l'on retrouva sur le parking de l'école. Ted fêta la nouvelle années 1975 en enlevant Nancy Baird, âgée de vingt-et-un ans, dans une station service à Farmington le 12 janvier. Son corps ne fut jamais retrouvé.

Une nouvelle fois, Bundy décida de changer de lieu et partit dans le Colorado. Pendant que la police de Seattle et de l'état de Utah poursuivaient leurs investigations, Caryn Campbell, âgée de vingt-trois ans, disparaissait dans le couloir entre sa chambre d'hôtel et le hall. On retrouva son corps dénudé, un mois plus tard. Elle avait été frappée à mort et violée.

En mars 1975, dans l'état de Washington, certaines des atrocités de Bundy remontèrent à la surface. On fit une macabre découverte à Taylor Mountains, où l'on retrouva les restes des squelettes de Brenda Ball, Susan Rancourt, Roberta Parks et Lynda Healy. Le tueur avait parcouru plusieurs miles pour jeter les corps sur son site funéraire préféré. En effet, il avait roulé pendant deux cent cinquante miles depuis l'Oregon pour venir déposer le corps de Roberta Parks à Taylor Mountains.

Les meurtres se firent de plus en plus nombreux dans le Colorado. Le 15 mars, Julie Cunningham, âgée de vingt-six ans, disparaissait dans les rues de Vail, Denise Oliverson, vingt-cinq ans, disparut le 6 avril alors qu'elle se promenait à vélo à Grand Junction. Les corps ne furent jamais retrouvés.

Melanie Cooley, âgée de dix-huit ans, disparut à la mi-avril et on retrouva son corps deux semaines plus tard.

Shelley Robertson disparut le 30 juin et son corps fut retrouvé en août dans un puits de mine.

Bundy avait laissé des traces écrites qui un jour devaient lui être fatales. Au vu des transactions effectuées avec sa carte de crédit, on découvrit qu'il avait fait le plein en ces lieux et dates pour au moins les trois premières victimes. Puis, se produisit une arrestation spectaculaire.

Dans l'état de Utah, le 16 août, de bonne heure le matin une patrouille de police arrêta la voiture de Bundy «sur de simples présomptions», alors qu'il traversait la ville de Granger à douze miles de Salt Lake City. Il avait essayé de semer la voiture de police, mais en vain. Les policiers lui demandèrent ce qu'il faisait dans le coin, ce à quoi Bundy répondit qu'il revenait d'une séance de cinéma en voiture où il avait vu *Towering Inferno*.

Les policiers se renseignèrent, mais le film n'était pas à l'affiche. A l'intérieur de la voiture se trouvaient des outils de cambriolage, un pic à glace, un cric, un masque de ski confectionné dans une paire de collants et une paire de menottes. Le tueur fut conduit à la prison de Salt Lake City et enfermé après avoir été pris en photo et donné ses empreintes digitales.

Il fut placé en garde à vue pendant le week-end pour avoir «tenté d'échapper à la police». Le mardi, au cours de la réunion hebdomadaire du quartier général de la police, le premier point à débattre concernait le cas de Théodore Robert Bundy, un étudiant en droit, en possession de ce qui semblait être des outils de cambriolage.

Un des policiers prêta l'oreille, se souvenant d'une note de service que la police de Salt Lake City avait reçue de Seattle en octobre les avertissant que Bundy était soupçonné d'être le meurtrier recherché.

Dès le 19 août, Seattle avait ramené la liste initiale à une centaine de suspects et étudiait méticuleusement chacun des noms. Lorsque Salt Lake City téléphona pour dire que Bundy avait été arrêté, son nom se trouvait être le prochain à être examiné sur la liste. Ce fut une pure coïncidence qui ne fut pas inutile à la police.

Maintenant la police de quatre Etats et en particulier celle de Salt Lake City, avait une approche plus ciblée vis-à-vis de Bundy.

Bundy était un enfant naturel né le 24 novembre 1946 à Philadelphie. Sa mère déménagea à Seattle et épousa plus tard un cuisinier du *Veteran's Hospital.*

Enfant, Bundy était un rêveur, un voleur et un menteur. Lorsqu'il découvrit son illégitimité cela eu un effet très néfaste sur sa personnalité déjà pas mal altérée. Inscrit à l'école sous le nom de Ted Cowell, le nom de jeune fille de sa mère, il était timide et immature. Il fut élevé à Tacoma et étudia plus tard la psychologie à l'université de Washington.

Bien que son QI fût de 124, c'était un étudiant médiocre qui se rongeait les ongles et bégayait lorsqu'il était stressé. Sa vie changea du jour où il rencontra Stephanie Brookes au printemps 1967, elle l'impressionna de par son air sophistiqué. Elle était riche, élégante et belle, avec de long cheveux, tout comme, plus tard, devaient l'être toutes ses victimes...

A travers Stephanie, il avait un aperçu d'un monde auquel il ne pourrait jamais aspirer. Il était pauvre, de basse condition sociale, mal à l'aise et émotionnellement immature. Afin d'impressionner Stephanie, il vint étudier le chinois à l'université de Stanford, mais se sentit très seul. Leur relation dura un an, puis un jour Stephanie y mit fin se plaignant qu'il ne voulait pas grandir.

Cette rupture le brisa et son amour propre en prit un coup. Il trouva une place de serveur dans un hôtel-restaurant et commença à dériver et à fréquenter des cambrioleurs, des toxicomanes et des voleurs à l'étalage. Une fois, Bundy sortit de chez un fleuriste avec une plante de plus de deux mètres de haut, la déposa dans sa voiture où elle touchait le toit et se vanta de l'avoir volée comme si c'était un exploit.

En fait, cette rupture ne l'avait pas détruit mais lui avait fait perdre pendant un temps, tout sens de la réalité. Puis il finit par prendre la décision de revenir dans le droit chemin et demanda le transfert de son dossier universitaire à la faculté de droit.

Son professeur fit une lettre de recommandation dans laquelle il disait: «M. Bundy est indubitablement un de nos meilleurs étudiants du département psychologie, dépassant les autres par son intelligence et son élégance. Notre perte sera votre gloire.»

Bundy commença une relation avec une femme divorcée qu'il avait rencontrée dans un bar et qui lui paya une partie de ses études à l'université. Puis il s'impliqua dans la politique, militant avec le personnel de Nelson Rockefeller. Il commença à fixer des rendez-vous galants à une sténodactylo qui travaillait avec lui, Cathy Swindler. Elle le décrivait comme «quelqu'un de terriblement charismatique, doté d'une grande compassion, défendant la cause des noirs et des pauvres. Les injustices dans la société le rendaient malheureux.»

Bundy lui apprit à jouer aux échecs et elle disait de lui qu'il était «le parfait gentleman». Ce qui était quelque peu ironique, était que le commissaire de la police de Seattle chargé d'appréhender Bundy, était le père de Cathy.

Depuis que Stephanie Brookes avait rompu avec lui en 1968, il avait beaucoup changé, il était devenu charmant et assuré, ayant confiance en lui. Il travaillait à plein temps pour Art Fletcher, le candidat républicain noir représentant le gouverneur de l'état. Fletcher perdit et

Bundy devint vendeur dans un magasin de chaussures. Ce fut à ce moment-là que son intérêt pour la pornographie vit le jour ainsi que son voyeurisme.

Il travailla pour la *Crime Commission* pendant un mois et devint un brillant militant politique. De nombreux politiciens appartenant aux hautes sphères le tenaient en grande estime. Ayant ainsi réussi, Bundy s'envola pour San Francisco dans l'espoir de reconquérir Stephanie Brookes, qui tomba amoureuse du nouveau Ted Bundy. Ils passèrent Noël 1973 ensemble et se fiancèrent officiellement. Bundy avait retrouvé la femme qui l'avait jeté dehors six ans auparavant. Maintenant il allait pouvoir se venger. Délibérément et de façon cynique, il la laissa tomber, sans aucune concession. C'était son moyen à lui de réparer le mal psychologique dont il souffrait. Lorsque Stephanie lui téléphona en janvier 1974 pour lui demander ce qui n'allait pas, ce qu'elle avait fait, il lui raccrocha au nez.

Nous eûmes tendance à penser que la façon dont Stephanie l'avait mis à la porte avait été le déclencheur de tous ses crimes. En fait, il avait déjà tué au moins une fois avant de la rencontrer. Cependant, étant donné que toutes les victimes lui ressemblaient, c'était comme s'il la tuait symboliquement à chaque fois.

Avec Bundy en détention provisoire inculpé pour avoir possédé des menottes, la police de Salt Lake City commença à établir un lien entre lui et la tentative d'enlèvement de Carol DaRonch, mais ce n'était que de simples présomptions. Bundy pouvait donner une explication aux objets retrouvés dans sa voiture comme étant nécessaires en cas de panne, ou utiles comme par exemple le masque pour faire du ski. Quant aux menottes, il les avait eues lorsqu'il travaillait à la *Crime Commission*...

La police obtint un mandat et fouilla son appartement, où elle trouva des indices reliant Bundy au Colorado, où il niait être allé. Il était calme et arrogant envers les policiers, mais ses réponses étaient ridicules et l'accusaient. La police rapporta de son appartement des reçus de cartes de crédit d'essence et de quelques achats qu'il avait faits dans le Colorado.

Il fut mis en liberté provisoire sous caution, mais avec une surveillance rapprochée. Rien de concret ne permettait de le reconnaître coupable mais cependant, la police était certaine qu'il était celui qu'elle recherchait. Conscient qu'il était surveillé, Bundy nettoya soigneusement sa voiture effaçant toute preuve et la vendit. Puis il se fit couper les cheveux très courts en changeant la raie de côté.

Après quelques semaines, Bundy fut assigné à comparaître pour identification au commissariat. Il fut reconnu par trois témoins dont Carol DaRonch et fut immédiatement placé en détention provisoire pour tentative d'enlèvement. La caution se montait à $100 000.

Des amis stupéfaits par son arrestation, lui vinrent en aide. Parmi eux se trouvaient «Kathleen» et Ann Rule. Pour ceux qui le connaissaient, Ted était trop propre et trop pur pour avoir commis de tels actes. Pendant son séjour en prison, Bundy écrivit à la presse qui, s'intéressant à l'affaire avait délaissé Seattle où les meurtres avaient à la fois débuté et pris fin, pour se tourner vers l'Etat de Utah où Bundy sévissait. Dans sa lettre, Bundy remerciait ses amis pour leur soutien et disait:

«Je pense à vous constamment. Je pense à la beauté de notre Etat et à l'incomparable paysage de Seattle. La loi est un curieux animal. Pour un étudiant en droit, cela devient terriblement abstrait et impersonnel. Pour un prévenu, elle ouvre de nouvelles perspectives incroyables. J'ai une totale confiance dans sa décision finale.

Dieu Vous Bénisse.

Ted Bundy»

La caution fut finalement réduite à $15 000 et Bundy fut relaché.

Comme d'habitude, il passa à la télévision et proclama son innocence aux journalistes. Puis il s'envola pour Seattle où il joua à cache-cache avec la police. Pendant ce temps les policiers des Etats de Washington, de Californie, de Utah et du Colorado organisaient des rencontres afin de comparer les différentes preuves en leur possession qui pourraient établir un rapport entre Bundy et les meurtres connus. La Volkswagen qu'il avait vendue fut retrouvée et soigneusement passée au peigne fin par les experts du FBI, qui prélevèrent des cheveux d'êtres humains. Le FBI s'était impliqué dans cette affaire car Bundy avait probablement fait traverser les frontières de différents Etats à ses victimes.

La police de Seattle interrogea «Kathleen» qui vécut avec lui pendant six ans et mit fin à leur relation en le dénonçant à la police quand elle réalisa que c'était un voleur. Bundy lui téléphona du commissariat de Salt Lake City après son arrestation et les policiers essayèrent de connaître le contenu de leur conversation et d'en savoir plus sur la vie privée de Bundy.

Dans son livre *The Phantom Prince*, Elizabeth déclara que pendant sa relation avec Bundy, d'octobre 1969 à septembre 1974, il n'avait jamais fait preuve de la moindre violence envers elle et s'était toujours comporté en parfait gentleman. Elle concéda cependant qu'il avait un complexe par rapport à son illégitimité.

Puis elle relata aux policiers les petits vols commis par Bundy, le fait qu'il portait une fausse moustache, qu'elle l'avait vu rapporter à la maison un plâtre à mouler pour des empreintes et qu'il avait toujours dans sa voiture une clé en croix. Elle révéla également des détails sur leur vie sexuelle, disant: «Il lisait beaucoup sur la sodomisation et insistait pour essayer. Je n'aimais pas cela mais je le faisais.»

Elle raconta comment Bundy avait insisté pour qu'ils s'adonnent à l'esclavage sexuel. Il l'avait alors attachée au lit et lui avait fait l'amour, mais la troisième fois il tenta de l'étrangler et elle refusa d'aller plus loin.

Elle raconta aussi: «Parfois en pleine nuit, je me réveillais et le trouvais sous les couvertures en train de regarder mon corps avec une torche.» Elle continua: «Quand je lui disais que j'allais me faire couper les cheveux, il était bouleversé. Il aimait réellement les cheveux longs.»

Le procès sur les disparitions débuta le 23 février 1976. L'accusation n'avait pas un dossier très fourni. Dans l'appartement de Bundy, il avait été trouvé une carte du Colorado, où avaient vécu cinq des jeunes filles disparues cette année-là. Des mèches de cheveux ayant appartenu à Melissa Smith et Caryn Campbell avaient été retrouvées dans sa Volkswagen, tout ceci était nettement moins intéressant que des empreintes digitales. La seule piste que la police avait, était la description donnée par Carol DaRonch qui insistait bien sur le fait qu'il était l'homme qui avait tenté de l'enlever.

Bundy pensait que le tribunal ne se laisserait pas influencer par de simples présomptions, et qu'il ne serait jugé que sur des faits solides. Il était impeccable sur lui, élégant et ne laissant paraître aucun signe de vulgarité. Poli et s'exprimant correctement, il prétendait pouvoir expliquer que tout cela n'était qu'un malentendu, une simple coïncidence s'il se trouvait dans la région à ce moment-là.

C'était le style de Bundy de n'avoir jamais avoué aucun de ses crimes. Avec un haussement d'épaules de gamin, il hochait la tête, considérant les présomptions qui pesaient sur lui comme fausses et déclarant que tout cela n'était que pure coïncidence. «Désolé les gars, mais vous vous êtes trompés d'individu.»

La défense essaya d'intimider Carol DaRonch en la faisant douter de son témoignage. Initialement, son kidnappeur portait une moustache, puis elle se rétracta, mais revint ensuite à ses propos initiaux. Elle parut alors perdre pied, comme le montre l'interrogatoire suivant :

O'Connell: – Vous avez bien dit qu'il portait une moustache ?

DaRonch: – Oui.

O'Connell : – Peu après vous avez réfléchi et décidé que l'homme en question ne portait pas de moustache, c'est bien vrai ?

DaRonch: – Oui

O'Connell : – Et quelques jours plus tard vous êtes revenue sur votre déposition, nous sommes toujours bien d'accord ?

DaRonch: – Oui.

O'Connell : – A quel moment avez-vous changé d'avis ?

DaRonch: – Après avoir décidé qu'il n'en portait pas. (En fait, Bundy portait une barbe.)

Tout semblait être plutôt positif pour Bundy, jusqu'au moment où, ne pouvant plus résister à l'envie d'étaler son intelligence et son mépris vis-à-vis de l'avocat de l'accusation, il prit la parole. Mais l'étudiant en droit fut désastreux au cours du contre-interrogatoire. S'exprimant clairement et plein d'esprit, il s'embrouilla dans les dates de ses allées et venues, ce qui le rendit peu crédible. Il déclara par exemple, qu'il avait essayé de distancer la voiture de police car il fumait de l'herbe.

Le 30 février, après une longue délibération, le tribunal reconnut Bundy coupable d'enlèvement aggravé et condamna le prisonnier qui sanglotait à une peine de un à quinze ans de prison, ce qui signifiait que Bundy serait admis à la liberté conditionnelle dans moins de trois ans.

La police n'était pas satisfaite et se replongea à fond dans le dossier. Les cheveux trouvés dans la voiture de

Bundy qui correspondaient à ceux de Caryn Campbell, Melissa Smith et Carol DaRonch, n'étaient pas un hasard. Le 11 mars 1976, la police de Salt Lake City interrogea Bundy sur les meurtres de Seattle, de l'Utah et du Colorado. Il fut également examiné par le Dr Carlisle, psychiatre expert à la cour, qui lui demanda ce qu'il pensait de la mort. Bundy lui répondit: «Je n'ai pas peur de la mort. Je ne crois pas en la vie après la mort.»

L'examen psychiatrique révéla que Bundy était un solitaire, qui se sentait inférieur en présence d'une classe sociale élevée... Dans son rapport, le Dr Carlisle nota: «Un homme réservé... fuyant... effrayé par les femmes.»

Le 22 octobre 1976 la police signifia un mandat d'extradition pour Bundy à la prison de l'Etat de l'Utah pour le procès du meurtre de Caryn Campbell à Aspen. Il fut emmené à la prison de Garfield County à Glenwood Springs située à quarante miles de Aspen. Là, il rencontra Richard Larsen, un journaliste qui connaissait Bundy depuis des années et qui croyait en son innocence. Il réfléchit alors aux termes «inadapté social» définit comme suit: «Menteur, manipulateur, enclin à saisir toutes ses chances et à être à la recherche de la moindre sensation. Tromperie au niveau de l'intelligence...»

De ses rencontres avec Bundy, Larsen écrivit un livre intitulé: *Bundy the Deliberate Stranger*.

Bundy renvoya ses avocats et déclara qu'il assurerait lui-même sa défense. Il eut alors quelques privilèges, dont une machine à écrire, un téléphone et l'accès à la bibliothèque de droit. Il se lia d'amitié avec le juge et ses gardiens. Il s'échappa du tribunal le 6 juin, sautant d'une fenêtre du deuxième étage, mais après cinq jours passés dans les montagnes de Aspen, la police l'appréhenda. Lorsqu'on lui demanda les raisons de son évasion, il répondit: «Il faisait trop beau ce jour-là pour rester enfermé.»

Au cours du procès, l'accusation tenta d'introduire la preuve d'un lien entre les meurtres de Seattle et ceux des autres Etats. (En Angleterre les avocats peuvent apporter de nouvelles preuves au cours du procès.) Le juge refusa, même si la loi de l'Etat du Colorado appliquait ce principe. L'accusation avait deux nouveaux témoins qui avaient vu Bundy avec Laura Aimé, qui fut exhumée afin de comparer ses cheveux avec ceux trouvés dans la voiture de Bundy. Mais tout ceci n'était que théorie, car Bundy n'était pas là pour son procès !

Il était occupé à organiser une nouvelle évasion. En effet, le 30 décembre 1977 il se hissa hors d'un trou qu'il avait fait dans le plafond de sa cellule, rampa le long du grenier et se retrouva dans les appartements du shérif. Il changea de vêtements, sortit, et partit jusqu'à Denver dans une voiture volée, puis prit l'avion pour Chicago et disparut.

Il fit alors l'erreur de se rendre en Floride. Loin, il pouvait changer d'identité et recommencer à zéro. Il devint ainsi « Chris Hagen » et vécut à Tallahassee, près du campus de l'université de Floride. Il aimait les environs des universités où se trouvaient toujours quelques jolies filles vulnérables, aux longs cheveux. Il réussit à trouver du travail, mais dériva rapidement en volant ce dont il avait besoin : télévisions, voitures, cartes de crédit.

Le 15 janvier 1978, le démon qui sommeillait en Bundy se mit férocement en action. Cette nuit-là, il agressa quatre jeunes filles à la cité universitaire de Chi Omega, les frappant avec rage dans leurs lits alors qu'elles dormaient : deux d'entre elles décédèrent et les deux autres furent handicapées à vie.

Lisa Levy, âgée de vingt ans, fut violée et étranglée, le sein droit pratiquement arraché à coups de dents, la fesse droite sauvagement mordue, et un spray de laque enfilé dans l'anus. Margaret Bowman, âgée de vingt-et-un ans, était également morte après avoir été violemment étranglée avec ses propres collants. Elle avait reçu un énorme coup sur le front, avait la tête et les oreilles couvertes de sang et la nuque brisée. Bien que n'ayant subi aucun sévice sexuel, sa culotte avait été déchirée avec une telle force qu'elle avait des marques de brûlures sur les cuisses.

Karen Chandler, âgée de vingt-et-un ans fut retrouvée se balançant d'avant en arrière, gémissant, du sang s'écoulant de la bouche. Elle avait la mâchoire, le bras droit et un doigt brisés, le crâne fracturé ainsi que les deux pommettes et l'œil droit fortement endommagé. Kathy Kleiner, âgée de vingt-et-un ans, avait été frappée pendant son sommeil. Elle avait la mâchoire brisée et de nombreuses et profondes balafres sur la tête et le visage. Après avoir été conduite à l'hôpital, on retrouva plusieurs de ses dents dans son pyjamas.

Arrivant sur les lieux du crime, la police fut choquée par la férocité de l'agression, qui semblait être l'œuvre d'un animal sauvage. Mais vraisemblablement la bête sauvage n'était pas satisfaite, car quelques minutes plus tard elle frappa à nouveau, deux immeubles plus loin à Dunwoody Street. Puis ce fut le tour de Cheryl Thomas, âgée de vingt-et-un ans, qui fut battue pendant son sommeil, le corps couvert de sang et la mâchoire brisée. Le seul indice était des taches de sperme sur les draps de son lit. Il lui fallut des mois entiers pour se remettre de cette épreuve, étant devenue sourde d'une oreille et ayant perdu le sens de l'équilibre. Elle désirait être danseuse...

Il était temps pour Bundy de déménager, mais il ne partit pas tout de suite. Il quitta Tallahassee dans une fourgonnette Dodge blanche qu'il avait volée, pour se rendre à Jacksonville. Les opérations effectuées avec ses cartes de crédit pour payer son essence laissèrent les traces de son passage, et des témoins oculaires l'avaient repéré à des centaines de miles à l'est de Tallahassee entre 10 heures et 11 heures du matin et à midi ce mardi 7 février. Trois heures plus tard on le vit soixante-cinq miles plus loin, en train de faire le plein. Il avait le même véhicule, avec les mêmes plaques d'immatriculation. Plus tard dans la soirée, il utilisa une carte de crédit volée pour payer son repas au Holiday Inn près de Jacksonville, où le 8 février, après avoir fait le plein, il agressa la fille d'un policier de Jacksonville devant son école. Il avait été reconnu par des témoins ainsi que sa fourgonnette.

Jeudi matin 9 février, il se trouvait à Lake City, où il enleva une fillette de douze ans, Kimberley Diane Leach. Son corps devait être retrouvé le 7 avril une trentaine de miles plus loin dans un parc public. Elle avait subi des sévices sexuels et avait été étranglée. L'autopsie montra qu'elle avait eu la gorge entaillée et la région des parties génitales mutilée à l'aide d'un couteau. Bundy était devenu un «violeur d'enfants», ainsi que les détenus le surnommaient.

De retour à Tallahassee, Bundy chargea dans une Volkswagen orange volée, tous ses larcins et partit. Le 10 février le FBI inscrit Bundy sur la liste des «dix personnes les plus recherchées» ayant à son actif trente-six meurtres. Il fut décrit comme suit: «mesure environ un mètre quatre-vingt-cinq, pèse aux alentours de soixante-sept kilos, mince et sportif, en bonne condition physique.»

Un porte parole du FBI déclara que si Bundy était accusé d'avoir tué trente-six personnes, il serait «le meurtrier le plus prolifique de l'histoire américaine».

Le 15 février, Bundy fut hors de vue de la police pendant quarante-six jours et dans ce laps de temps il tua trois autres femmes. Il fut appréhendé à Pensacola, conduisant sa Volkswagen orange de façon très irrégulière. Il se battit avec le policier qui l'arrêta lui demandant de lui tirer dessus. Une fois en détention provisoire, il déclina son identité sous le nom de Kenneth Misner, le nom du propriétaire de la carte de crédit volée. Puis au bout de trois jours, il craqua et avoua qui il était. Lorsque la police locale réalisa qu'ils avaient une célébrité en détention, ils lui demandèrent de signer des autographes sur le poster du FBI.

La police rédigea la déposition de Bundy, dans laquelle il niait les meurtres de Chi Omega mais laissait sous-entendre que «les preuves sont ici. Continuez à creuser.» disait-il. Tout au long de sa déposition, il donna des indices sur lui-même en disant: «Il y a des années, je vis une jeune fille à vélo. Immédiatement, je sus qu'elle serait à moi. Je devais la posséder pour toujours.»

Puis il continua en disant que ce qu'il appelait «son problème» commença à ce moment. Plus tard au cours d'une interview, il déclara: «Parfois j'ai envie d'être un vampire.»

Suite aux traces laissées par les paiements en carte de crédit qui permettaient de connaître toutes ses allées et venues et de prouver sa culpabilité pour le meurtre de Kimberley Leach, un policier admit plus tard: «Si Ted avait appris à ne pas utiliser les cartes de crédit et à conduire mieux, nous ne l'aurions jamais appréhendé.»

La police rechercha les témoins qui auraient aperçu Bundy emmener Kim. Face à l'importance des marques de morsures laissées sur les fesses de Lisa Levy, les policiers les photographièrent et prirent une empreinte de la mâchoire de Bundy.

Dans ses derniers jours de liberté, le meurtrier semblait agir comme un homme qui délibérément tentait le sort, comme s'il avait peur de la liberté et faisait tout pour se faire arrêter.

Maintenant la chasse à l'homme était ouverte. La police avait une preuve accablante contre lui, pouvant établir les liens entre lui et les meurtres de Chi Omega et de Jacksonville.

Avant son procès il fut à nouveau examiné par un psychiatre qui, dans son rapport, déclara : «Dans un certain sens M. Bundy joue à montrer que l'autorité peut être manipulée, mais il ne s'est pas rendu compte que ce ‹ petit jeu › pouvait lui coûter la vie.»

A nouveau avant l'ouverture de son procès devant la *Dade County Court* à Miami, le procureur offre à Bundy de négocier. S'il plaide coupable pour les meurtres de Chi Omega et la mort de Kimberley Leach, l'accusation ne requerra pas la peine de mort. Contrairement aux conseils de son avocat le poussant à accepter le marché, Bundy le repoussa avec mépris et ainsi paya de sa vie.

Lorsque que le shérif de la prison locale lui refusa les privilèges spéciaux, Bundy intenta contre lui une action en dommages-intérêts de $ 300 000, et cela coûta au shérif $ 7 000 de ses propres deniers pour se défendre.

Le 29 juin 1979 Bundy se rendit à son procès à Miami, qui fut retransmis sur les chaînes télévisées de tout le pays. Maintenant le tueur diabolique était en scène, il était devenu le point de mire de tous, tenant son rôle comme un héros de série télévisée. Il renvoya son avocat et annonça qu'il assurerait lui-même sa propre défense, ce qui signifiait qu'il pourrait obliger les étudiantes survivantes de Chi Omega à venir à la barre des témoins pour un contre-interrogatoire, les faisant ainsi revivre leur cauchemar.

C'est précisément ce qu'il fit. Les quelques quarante millions de téléspectateurs trouvèrent ce procès passionnant. Le spectacle n'était pas seulement dans la nature effrayante des meurtres commis, mais dans la personnalité de l'homme qui se trouvait dans le box des accusés, vêtu de façon impeccable, exposant fort élégamment son propre cas, s'affrontant à tout moment avec le juge, faisant de l'esprit face à la presse et distribuant des sourires à ses admiratrices installées aux premiers rangs ; les femmes le dévisageaient avec une espèce d'adoration, lui lançant des mots d'amour.

La presse le surnomma le « Tueur qui mord d'amour », ce qui lui convenait tout à fait ayant été reconnu coupable grâce à sa dentition. Mais pourquoi les femmes et il y en avait beaucoup, depuis de jeunes et jolies filles jusqu'aux matrones, étaient-elles fascinées par un homme qui les exterminait d'une manière que l'on ne pouvait pas imaginer. On avait l'impression de se trouver en face d'un hommage masochiste. Dans le box des accusés, Bundy l'arrogant, était convaincu de pouvoir échapper à son « statut » de meurtrier.

Finalement les douze jurés furent choisis : sept hommes dont quatre noirs, un blanc et deux hispaniques, et cinq femmes dont trois noires, une blanche et une hispanique. Le juge Cowart avait déclaré qu'il était inadmissible d'enregistrer la déposition de Bundy, puisque son avocat n'était pas présent à ce moment-là, ayant de plus exclu les preuves de l'Etat de l'Utah, c'est-à-dire les objets trouvés dans la voiture. Ce fut un coup pour l'accusation, mais rien n'était perdu.

Au cours de sa plaidoirie, l'accusation s'arrêta longuement sur les marques de morsures dont les fesses de Lisa Levy étaient couvertes et dit : « Il a été prouvé que les marques de dents correspondaient aux empreintes dentaires de Théodore Robert Bundy. »

Le témoin le plus important fut le Dr Richard Souviron, orthodontiste expert devant la cour. Utilisant une radio, il montra aux jurés chaque point de comparaison, pour chacune des dents. En conclusion, il prouva que les dents de Bundy correspondaient aux marques laissées sur Lisa Levy, ce qui fut confirmé par le Dr Levine de *New York University* conseillé en odontologie à *New York Medical Examiner.*

Le jury se retira pour débattre de l'affaire, le 24 juillet à 14h57 et rejoignit la salle d'audience à 21 heures où il déclara Bundy coupable. Nous nous attendions à ce que le jury débatte toute la nuit, mais il déclara Bundy coupable sept fois au vu des sept chefs d'accusation qui lui étaient reprochés.

Secoué de tremblements, Bundy dit au juge: «Je ne suis pas véritablement apte à accepter le verdict.» Ces mots étaient assez étranges, mais Bundy n'avait toujours pas admis sa culpabilité.

A la lecture de la peine infligée, la mère de Bundy, Louise, dit au juge: «Je considère que la peine de mort est ce qu'il y a de plus primitif et barbare qu'un être humain impose à une autre personne.» Le juge ne se laissa pas impressionner. Après lecture de la sentence, le 31 juillet, Bundy dit au juge: «Je trouve absurde de demander grâce pour une chose que je n'ai pas commise.»

Le juge Cowart dit à Bundy: «Ce tribunal a trouvé ces meurtres haineux, atroces et cruels dans le sens qu'ils étaient extrêmement malicieux, diaboliques, infâmes, et infligeant aux victimes un degré de douleur et d'indifférence à la vie de l'être humain à la limite du supportable.»

Suite à la condamnation à la chaise électrique, le juge Cowart dit à Bundy: «Prenez soin de vous jeune homme. C'est sincère. C'est une tragédie pour ce tribunal de voir un tel gachis humain. Vous êtes un jeune homme brillant. Vous avez été un bon avocat. J'ai aimé votre façon de vous défendre.» Ces mots de réconfort étaient pour le moins étranges.

Puis Bundy fut reconduit dans le couloir de la mort au pénitencier Raiford en Floride, en 1979, sous le numéro 669063. Cétait le couloir de la mort le plus long d'Amérique, où des centaines de détenus attendaient leur rendez-vous avec *Old Sparky*, surnom qu'ils avaient donné à la chaise électrique.

Le 7 janvier 1980, Bundy se tenait à nouveau devant la cour pour meurtre. Le premier procès concernait les meurtres de Chi Omega, le second se tenait dans le Colorado pour le meurtre de Kimberley Leach. Le procureur rappela aux jurés l'anniversaire de la mort de Kim et cita la Bible: «Au risque d'offusquer, il vaudrait mieux pour lui, lui mettre un boulet autour du cou et le noyer dans la mer.» Il demanda la peine de mort pour Bundy en disant: «Toute autre peine ne serait que moquerie du système judiciaire.»

L'accusation avait à son actif des preuves médicolégales contre Bundy, d'autre part des témoins l'avaient vu à Jacksonville le jour de la mort de Kim, quelqu'un l'avait aperçu emmener Kim. Il y avait aussi la preuve physique qui le liait à la fourgonnette blanche Dodge.

A nouveau Bundy plaida sa propre défense et réussit une performance théâtrale. Alors que sa petite amie Carole Boone était à la barre des témoins, Bundy lui proposa le mariage qu'elle accepta. Ils se marièrent le 9 février 1980, ce qui n'eut aucun effet sur les jurés qui votèrent la peine de mort.

Trois jours plus tard, le juge Jopling prononça la peine de mort par la chaise électrique et Bundy se retrouva à nouveau dans le couloir de la mort.

Bundy avait toujours été un tueur soigneux, ne laissant aucune empreinte, mais chacun de ses meurtres avait sa signature. Après sa dernière arrestation, il avait téléphoné à «Kathleen» depuis le commissariat pour l'entretenir de la force qui était en lui: «Je la combats depuis longtemps. Elle est devenue trop forte. J'ai essayé de la supprimer. Cela prenait de plus en plus de mon temps. C'est pourquoi je ne faisais rien de bien à l'école. J'ai passé tout mon temps à essayer d'avoir une vie normale. Mais elle n'était pas normale. A chaque instant je sentais cette force grandir en moi. Je suis malade. Je ne suis pas là, et je le sais maintenant.» Ce fut la confession la plus vraie qu'il fit jusqu'au moment où il se retrouva sur la chaise électrique...

Il est clair qu'au vu des preuves psychologiques intrinsèques de Bundy, il ne souffrait pas d'un dédoublement de personnalité au vrai sense du terme, où chaque personnalité est inconsciente de l'existence de l'autre. Bundy avait deux personnalités: il connaissait son côté diabolique, tout comme Ronald True, par exemple, qui était tout à fait conscient de l'existence de l'autre Ronald True qui lui usurpait son identité et essayait de le détruire.

Mais certains éléments du caractère de Bundy ne lui permirent pas d'admettre sa véritable nature. Comme un enfant, il se mettait la tête dans un sac pour ne pas voir et espérait que cette horreur disparaîtrait. Mais ce n'était pas possible, elle faisait corps avec lui.

Pendant sa longue période dans le couloir de la mort, il révéla un peu de lui-même à deux journalistes. Ils réussirent à le faire parler à la troisième personne afin de savoir ce que le tueur aurait pu penser ou faire. Ceci permit à Bundy de parler sans avoir à dire: «Je l'ai fait.» Cet enregistrement servit de support au livre de Michaud et Aynesworth intitulé *The Only Living Witness*.

Bundy déclara aux journalistes: «Je suis le fils d'une pute, le plus impitoyable que vous n'ayez jamais rencontré.» Il leur dit n'avoir assouvi aucun plaisir sexuel en faisant souffrir, mais ce qui le fascinait vraiment c'était la chasse aux victimes, selon ses dires: «Et dans une certaine mesure, les posséder comme on possède une plante verte, une peinture ou une Porsche. Les posséder comme si elles étaient lui-même.»

Mais il n'était pas fou, juste rusé de façon déraisonnable, pour posséder les autres. Vers la fin, des signes montrèrent qu'il réalisait que le monstre qui était en lui échappait totalement à son désir. Il voulut faire quelque chose, voire même mourir, mais il était trop tard, trop de jeunes femmes étaient mortes sur son passage...

Durant «ses spéculations» on demanda à Bundy s'il avait eu des conversations avec ses victimes, ce à quoi il répondait: «oui, quelques unes.» Cependant, cette fille devant lui ne représentait pas une personne, mais une chose et nous attendions de lui qu'il la considère comme un être humain. «En d'autres termes, la victime n'était pas une personne mais une chose.»

Bundy avoua s'être intéressé depuis son plus jeune âge aux films pornographiques et violents, avant de commencer à tuer. Il était devenu un psychopathe sans aucune conscience. Il dit aux deux journalistes avoir oublié ce qu'il avait fait dans le passé, déclarant que cette facilité à oublier était «un cadeau du ciel».

Il expliqua que: «de nombreuses personnes s'encombrent l'esprit de culpabilité. En ce qui me concerne je ne me sens coupable de rien. Je suis désolé pour ceux qui se culpabilisent.»

En examinant les différents indices, il fut aisé de repérer les dérives perverses de Bundy. Il aimait avoir tout pouvoir sur ses victimes. Lorsqu'il partait «en chasse», il utilisait son autre personnalité, il entrait en scène et jouait, mais ensuite se souvenait très bien de ce qu'il avait fait.

Après avoir rencontré et discuté avec Bundy, une impression d'effroi marqua les journalistes. Ses amis, dont Ann Rule, étaient horrifiés lorsqu'ils découvrirent que c'était un criminel sexuel. Il paraissait trop bien sous tout rapport pour être capable de telles atrocités.

Rien dans son apparence extérieure ne laissait à penser

que c'était un meurtrier. Ann Rule disait: « Ted Bundy n'a pas le profile d'un tueur. Vous ne pouvez pas regarder ce rapport et dire, ‹ Il était inévitable qu'il tournerait ainsi ›. En fait, c'était incompréhensible. »

Après tout le sang qu'il avait fait couler, après ses deux procès, Bundy resta dans le couloir de la mort pendant près de dix années, ce qui fut un travail énorme pour la police, pour en arriver là. Les enquêtes policières interminables, impliquant des policiers de quatre Etats différents, avaient demandé plus de 100 000 heures de travail pour l'appréhender.

Le 24 janvier 1989, Bundy passa sur la chaise électrique; il avait alors quarante-deux ans. Il refusa le repas du condamné et se dirigea vers la mort empreint d'un calme contrôlé. Il avait interjeté appel, ce qui avait coûté aux contribuables américains plus de quatre millions de dollars. La nuit qui précéda son exécution, afin de retarder l'inévitable, Bundy confessa ses crimes relatant les détails les plus horribles, renvoyant la responsabilité sur ses obsessions pornographiques maladives.

Environ quarante-deux témoins virent mourir Bundy à l'aube, une minute après avoir reçu 2000 volts dans le corps. Ils rapportèrent qu'il avait lentement voûté le dos et serré les poings lorsque le courant parcourut son corps.

A l'extérieur de la prison, des manifestants applaudissaient et envoyaient des pétards. Beaucoup d'entre eux portaient un T-shirt sur lequel la chaise électrique était dessinée avec le slogan: *Brûle, Bundy, Brûle.*

L'homme à l'apparence d'une star et au sourire trompeur s'en était allé. Il avait avoué les meurtres de vingt-trois femmes et jeunes filles, mais la police pensait qu'il en avait tuées au moins quinze autres. Même Bundy à la fin de ses aveux n'était plus capable de dire toute la vérité.

A la fin, l'effronterie de Bundy avait disparu et il passa

les derniers jours qui lui restaient à aider les policiers des Etats de Washington, de l'Utah et de Chicago afin de les éclairer sur les crimes sexuels restés sans réponse. Le fils de l'Amérique le plus impopulaire faisait l'objet de centaines d'articles de presse et de magazines et d'une demi-douzaine de best-sellers. La télévision sortit un film, *Deliberate Stranger*, dont Mark Harmon jouait le rôle de Bundy. De nombreuses américaines conservent des pensées romantiques à l'égard de Bundy et Ann Rule reçoit encore des coups de fil et des lettres de jeunes filles désirant venir vivre en Floride afin d'être près de «Ted». Ann Rule leur répond alors: «Vous n'êtes pas tombées amoureuses de Ted Bundy, mais de Mark Harmon.»

Il n'y a réellement rien de romantique à propos de Bundy. Le Dr James Dobson, psychiatre, qui le vit la nuit précédant son exécution, disait à propos de Bundy qu'il n'avait eu aucun remords après son premier meurtre. «Puis le fantasme sexuel l'envahit et à nouveau il tua et plus il tuait, plus il lui fallait tuer. Il ne pouvait plus ressentir de plaisir.»

Bundy lui-même ne se sentait pas à l'aise lorsqu'un juge disait de lui: «il est de nos jours le plus compétent en matière de crimes sexuels aux USA.» Lorsqu'il avoua les meurtres aux policiers, il interdit aux gardiens de rester dans la salle et il inscrivit le nom de ses victimes sur du papier de brouillon. Un des policiers déclara: «Il ressort de ses aveux qu'il est le plus grand tueur de tous les temps. Il n'y en n'a pas d'autre comme lui.»

La foule devant la prison applaudit de joie au moment de l'exécution de Bundy, montrant la colère d'une masse humaine prête à le lyncher. Juste quelques heures avant sa mort, sa mère Louise, s'adressa à son fils en lui disant: «Tu seras toujours mon fils. Nous t'aimerons toujours.» De son domicile de Washington, elle déclara: «On dirait qu'il est en paix avec lui-même. Bundy répondit: ‹Je suis désolé de t'avoir causé autant de chagrin, mais il y a toujours eu au fond de moi une partie cachée.»

Maintenant cette part de lui-même s'en est allée avec lui. Mais ne ferons pas de Bundy une espèce de légende romantique, car il était tout simplement le démon incarné.

Souvenons-nous plutôt de ses victimes.

Sex killers américains

Albert Fish, surnommé le «Fou Lunaire». Après avoir mangé six enfants, il s'en prit à Grace Budd, le 3 juin 1928.
(pp. 75, 103, 122, 129, 459)

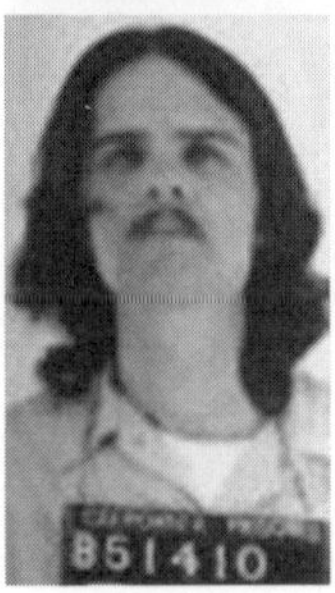

Herbert Mullin (p. 96)

Sex killers américains

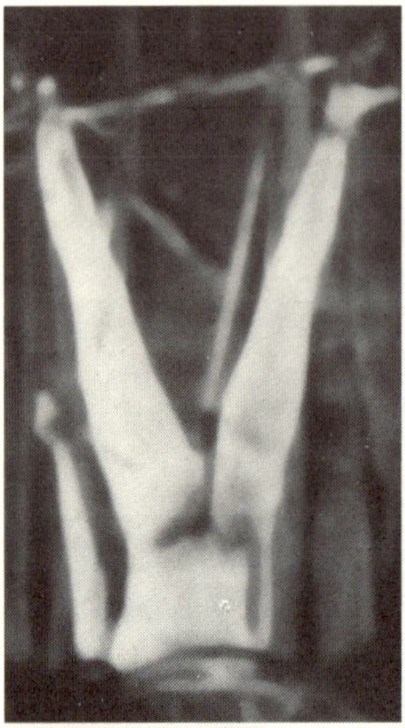

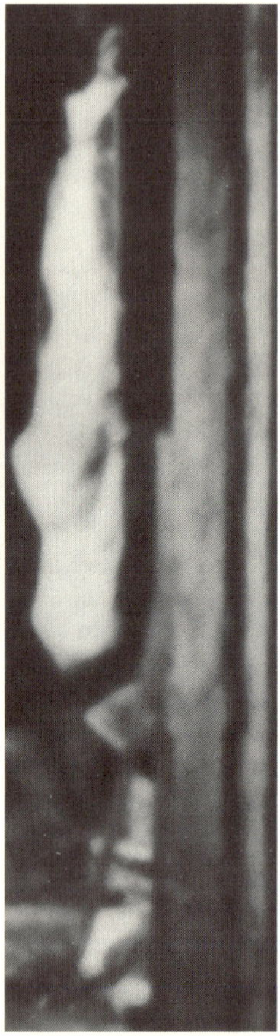

Une des obsessions d'Ed Gein était de détérrer des cadavres de femmes pour les examiner...

Corps de victimes pendus comme dans une boucherie.

Dans la ferme de Gein, on retrouva une collection de restes humains. *(pp. 94, 104, 440)*

Sex killers américains

Kemper préférait couper la tête des femmes dont il faisait se victimes, car de cette façon personne ne pouvait ni le regarder ni l'observer.
(pp. 96, 104, 137, 447)

Sex killers américains

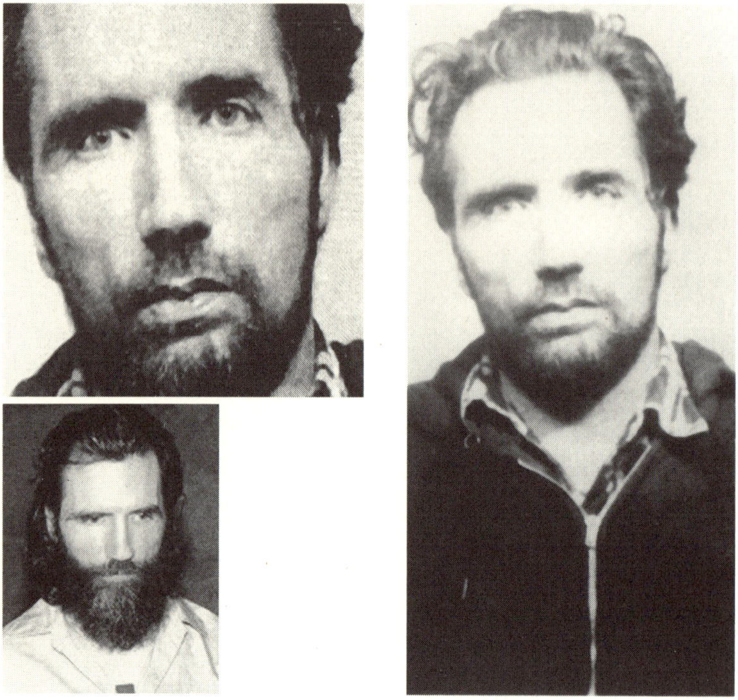

Gary Heidnik tortura à mort des femmes dans ses «cachots de l'horreur» qu'il avait construits à cet effet. (p. 419)

John Norman Collins était surnommé par la presse «L'Eventreur d'Ypsilanti». (pp. 133, 459)

Sex killers américains

Henry Lee Lucas dans sa cellule.

Henry Lee Lucas (pp. 35, 311, 439)

John Wayne Gacy déguisé en clown pour attirer les enfants.

Gacy (pp. 21, 143)

Sex killers américains

Kenneth Bianchi, connu sous le nom de L'«Etrangleur de la Colline». (pp. 35, 142, 454)

Angelo Buono le cousin et complice de Kenneth Bianchi.

Découverte par la police de victimes de Bianchi et Buono.

Sex killers américains

Charles Howard Schmid (p. 129)

Christophe Bernard Wilder (pp. 142, 146, 444)

Jeffrey Dahmer le «Cannibale de Milwaukee à été reconnu coupable de quinze crimes. Il a été tué en prison par Christopher Scarver le 28 novembre 1994. (p. 459)

Christopher Scarver

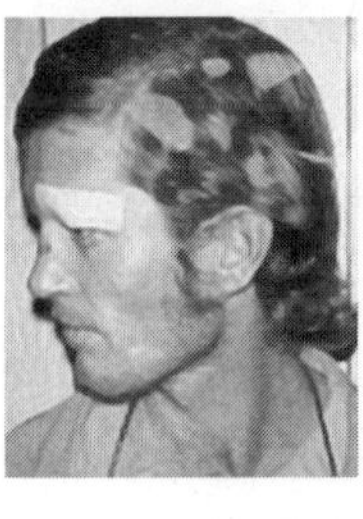

Paul John Knowles (p. 139, 459)

Juan Vallego Corona (p. 134, 447)

Sex killers américains

Richard Speck et ses victimes. (pp. 131, 447)

Sex killers américains

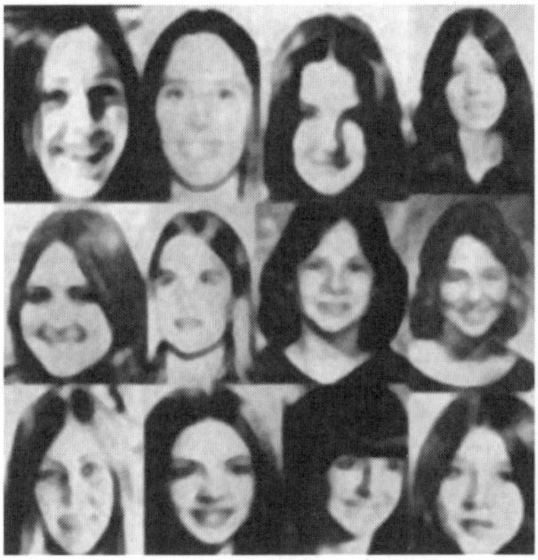

Les malheureuses victimes de Theodore Robert Bundy présentent une apparence physique commune.

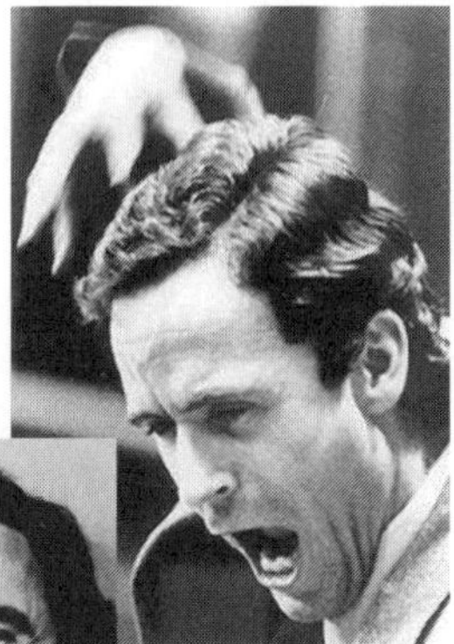

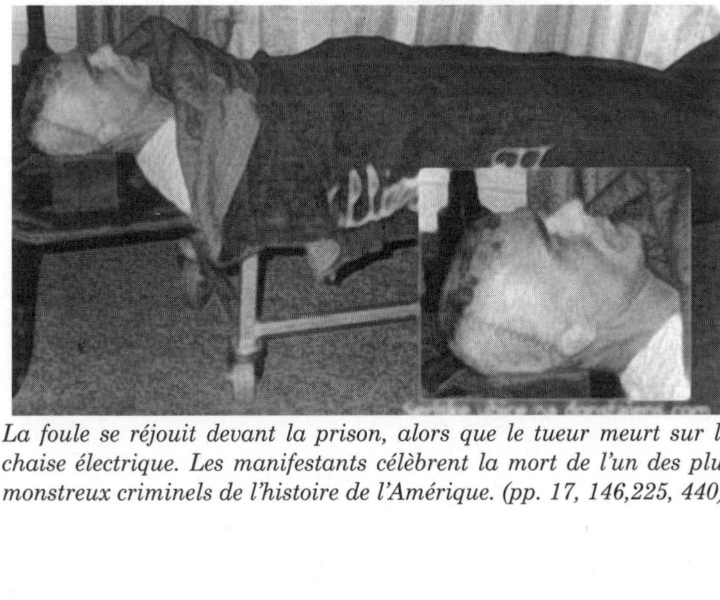

La foule se réjouit devant la prison, alors que le tueur meurt sur la chaise électrique. Les manifestants célèbrent la mort de l'un des plus monstreux criminels de l'histoire de l'Amérique. (pp. 17, 146,225, 440)

Sex killers américains

Melvin David Rees (p.127)

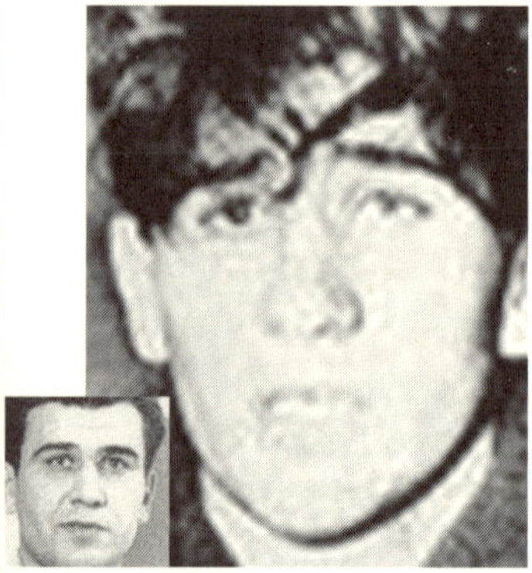

Heirens à des âges différents.

William Heirens est le criminel sexuel classique souvent mentionné dans les cas psychiatriques. (pp. 125, 461)

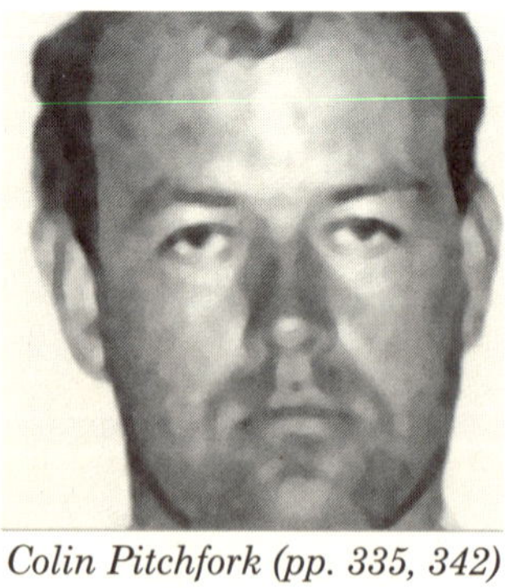

Colin Pitchfork (pp. 335, 342)

Chapitre XI

Dennis Nilsen – Le charognard

Dennis Andrew Nilsen était un criminel unique en son genre et cela sur différents points. En effet, aucun tueur en série n'avait jamais autant parlé de lui. Dans les cinquante manuscrits qu'il avait écrits en prison et remis à l'écrivain Brian Masters pour son livre assez incisif *Killing for Company*, Nilsen essayait d'analyser ses propres motivations. Il était très intelligent et avait une aisance dans l'écriture, ce qui était d'autant plus effrayant.

Quant à ceux qui l'ont précédé, Lacenaire fut le premier criminel des temps modernes à écrire ses mémoires ; puis Kürten raconta son histoire en détail au Dr Berg qui la publia comme prévu dans *The Sadist;* Reginald Sydney Buckfield écrivit un compte rendu romancé de ses crimes alors qu'il était en détention provisoire et depuis, il y ajouta des détails que seul le criminel pouvait connaître, lorsqu'il se retrouva dans le box des accusés. Plus récemment, Ted Bundy passa un contrat avec deux journalistes qui devaient relater l'état d'esprit d'un criminel condamné à perpétuité.

Nilsen se fit remarquer également par les méthodes qu'il utilisait pour tuer et par le nombre de ses victimes. Sur une période de quatre ans et demi, au cœur de Londres, il entraîna quinze jeunes garçons dans la mort lesquels, à part deux d'entre eux, ne furent jamais réclamés car il choisissait ses victimes parmi des jeunes qui ne possédaient rien, des sans-abri, des sans-famille, des cas désespérés, des jeunes à l'esprit de perdant. Il sévissait parmi les homosexuels, les drogués, les jeunes seuls et affamés, qui mettaient leur espoir en cet homme grand et mince, à l'épaisse chevelure brune et portant des lunettes. Il s'attaquait tel un charognard à des jeunes de toutes sociétés, faibles et traînant dans les rues.

Un vieil aphorisme Zen disait : « si un arbre tombe au milieu d'une forêt dense et éloignée de tout, fait-il du bruit ? » Cette question se rapporte à une notion philosophique de l'*intentionnalité*, c'est-à-dire le fait que nous imposions un sens aux évènements simplement en les observant. Le cas de Dennis Nilsen nous fit réfléchir sur la morale, la philosophie et la sociologie car, si quinze jeunes hommes peuvent disparaître et ne jamais être réclamés – alors que penser de notre société et de nous-mêmes ?

Au cours de ce siècle, Nilsen éclipsa pratiquement tous les autres criminels de par son imperturbabilité et sa cruauté, ainsi que par ses choix totalement arbitraires et irrationnels. Un sentiment très étrange se dégageait des études faites sur cet homme et vous laissaient l'impression qu'il aurait pu être votre ami – mais ce n'était pas pour son étrange penchant pour le meurtre... Nilsen était une personne agréable, mais un tueur sans pitié, qui se masturbait sur ses victimes et assouvissait ses désirs sexuels de façon effroyable : périodiquement il ressortait ses victimes cachées sous le plancher, les caressait et « faisait l'amour avec elles », plaçant son pénis entre leurs cuisses. Puis il les asseyait dans un fauteuil pour regarder la télévision avec lui ou écouter de la musique ou simplement converser. Il garda un des corps avec lui pendant une semaine, car disait-il : « c'était si agréable d'avoir quelqu'un chez soi. »

Seul, timide, sans ami, Nilsen tuait véritablement pour avoir de la compagnie. A une certaine période, il avait entassé six corps sous le plancher de son appartement, et ainsi ne se sentait plus seul. Il était obsédé par la mort, imaginant la sienne et celle des autres et avait une tendance à la nécrophilie qui le conduisait à détruire ce qui vivait et ainsi, était un destructeur et non un créateur.

Il aimait aussi la poésie et la musique. Il était tout cela à la fois, mais avait une estime de lui si pauvre et une vie dénuée de tout sens, qu'il créa sa propre légende. Etant insignifiant, sa seule ressource était de s'imposer aux autres, et pour cela il devait exercer un total pouvoir sur l'être humain. Nilsen ne tuait pas seulement pour assouvir ses désirs sexuels, mais surtout pour acquérir un pouvoir sur les autres afin de restaurer une personnalité humiliée.

Nilsen réussit trop bien. Lorsqu'il se retrouva devant la cour d'assises de Londres il était le tueur légendaire de la «Maison des Horreurs», ayant assassiné quinze jeunes gens et tenté d'en tuer sept autres. Cependant depuis qu'il avait créé sa propre légende, tout était faux, de même que ce psychopathe intelligent et manipulateur. En effet, se représenter Nilsen d'une façon objective était une tâche ardue.

Cependant cette tâche valait la peine d'être entreprise, car Nilsen était le modèle parfait du tueur en série sur le plan psychologique; la recherche de sa véritable identité et de ses motifs nous éclaira sur la conduite des tueurs en série en général. Un tel examen n'est pas sans danger, puisqu'il y a un risque réel de contamination psychologique. Nilsen ne se sentait pas bien du tout physiquement, face à ses meurtres il avait l'estomac barbouillé et lire la presse les relatant était pour lui comme aller à l'abattoir.

Nilsen naquit le 23 novembre 1945 dans un village

d'Ecosse appelé Fraserburgh. Fils d'un père norvégien et d'une mère écossaise, le moment le plus marquant pour lui fut à l'âge de sept ans lorsqu'il vit le corps sans vie de son grand-père. Il ne pouvait pas croire que quelque chose qui était vitale pour lui, n'existait plus, au-delà de tout sentiment ou sensation. Plus tard, il écrivit que la vue du cadavre l'avait profondément affecté (Ce fut aussi le cas pour Christie) et que cela avait détruit sa personnalité.

A quatorze ans il entra à l'école militaire et endossa avec plaisir l'uniforme dans lequel il ressentait une certaine importance. Il rejoignit l'armée régulière en septembre 1961, à l'âge de quinze ans pour se former en tant que cuisinier au *Catering Corps*. On lui enseigna les techniques de la boucherie et plus tard il servit à Aden, dans le Golfe Persique et en Allemagne. Durant cette période, entouré de jeunes garçons, il découvrit son homosexualité, mais refoula ses envies.

En 1971, il était en mission aux îles Shetland, où il se découvrit une passion de producteur de films. Le caporal Nilsen fit de nombreuses prises de vue d'un jeune garçon à qui il demanda de s'étendre et de «faire le mort». Ce furent les premières manifestations de sa tendance à la nécrophilie, ce fut un indice important dans son développement ultérieur. Lorsqu'il quitta l'armée en 1972, il avait eu une conduite «exemplaire».

En décembre 1972, alors âgé de vingt-sept ans, il entra à la *Metropolitan Police* et obtint un poste de stagiaire au commissariat de Willesden Green, comme officier Q287. Au cours de ses heures de service, il se frotta au monde homosexuel de Londres et se rendit dans plusieurs pubs «gay». C'est à cette époque qu'il put exprimer son homosexualité ayant des rapports avec un homme et assouvissant ses envies sexuelles par une relation annale dans une pièce du commissariat. Un an après, à la grande surprise de ses collègues, il démissionna de l'armée et ses camarades lui manquèrent.

Pendant un certain temps il alla d'un job à l'autre, travaillant comme gardien de sécurité, jusqu'à ce qu'il en ait assez, portant un uniforme qui ne lui donnait plus aucune identité. Finalement il s'inscrivit au chômage où on lui conseilla de postuler pour un poste administratif au Service de l'Emploi. Il fut nommé au *Denmark Street Job Centre* à London's West End. Il y resta pendant quelques années, eut de nombreuse relations homosexuelles, rencontra de jeunes garçons dans les pubs gay qu'il fréquentait, les ramenant dans son appartement au 195 Melrose Avenue à Cricklewood. Certains n'en ressortirent jamais vivants…

Aux yeux de ses collègues, Nilsen passait pour être quelqu'un d'irritable et d'hostile et de ce fait n'avait pas d'ami et était très solitaire. Mais à l'extérieur, il était complètement différent. Il avait déménagé à Melrose Avenue avec son ami qui finit par le trahir et le quitter. Il se mit alors à boire la nuit, écoutant de la musique pop de façon hystérique.

En 1978, Nilsen prenait plaisir à revêtir l'apparence d'un cadavre, les yeux noirs et vides et la peau blanche, puis il se masturbait en se regardant dans un miroir. Il était devenu complètement obsédé par l'idée de la mort et passa le Noël de cette année-là en solitaire dans son appartement, avec pour seule compagnie son chien, Bleep. Il se sentait extrêmement seul et déprimé. Il rencontrait de jeunes garçons qu'il ramenait chez lui, mais ils ne restaient jamais. Le suivant ne le quitterait pas de son propre gré.

Sa première victime fut un jeune adolescent d'origine irlandaise qu'il rencontra à Cricklewood Arms. Ils dormirent ensemble cette nuit du 30 décembre 1978 et lorsque

Nilsen se réveilla le lendemain matin, il avait étranglé son compagnon au cours de la nuit avec une de ses quinze cravates. Il lava le corps dans la baignoire, le remit dans son lit et fit l'amour avec lui. Puis, avant de placer le cadavre sous le plancher, il se masturba au-dessus. Plus tard il dira: «Je partageais mon appartement avec une personne sous une forme différente.» Il ajouta qu'il voulait absolument avoir de la compagnie «même si ce n'était qu'un corps».

Ce premier meurtre fut un choc pour Nilsen. Il fut tellement perturbé qu'il était sur le point de se livrer à la police ou d'attenter à ses jours. Mais il y renonça, car il n'aurait personne pour s'occuper de son chien.

Le corps du jeune irlandais resta sous le plancher pendant sept mois et demi, jusqu'à ce que Nilsen le brûle dans le jardin le 11 août 1979.

Nilsen avait déjà éprouvé sa nature criminelle, lorsqu'en 1976 il agressa un jeune homme qu'il avait amené chez lui, en essayant de l'étrangler avec sa cravate. Le jeune garçon qui se débattit, réussit à s'enfuir et à se rendre au commissariat afin de relater les faits. Nilsen fut alors interrogé par la police. Mais l'affaire fut classée, car le jeune homme qui n'avait aucune blessure apparente ne désira pas porter plainte et Nilsen déclara qu'il était ivre et ne se souvenait de rien.

Le 31 octobre 1979, Nilsen rencontra un jeune étudiant Chinois dans un pub près de Trafalgar Square. Il le ramena chez lui à Melrose Avenue, puis après quelques verres, tenta de l'étrangler. Andrew Ho, la victime, se défendit et frappa Nilsen avec un chandelier. Il perdit connaissance. M. Ho se rendit à la police afin de relater son agression et parce qu'il avait peur d'avoir tué Nilsen. A nouveau, Nilsen déclara qu'il était ivre et l'affaire fut classée.

La seconde victime fut un jeune touriste canadien de vingt-trois ans, Kenneth Ockenden. Il n'était pas homosexuel, mais était ravi qu'un gentleman lui prête attention. Nilsen le rencontra le 3 décembre 1979, au pub Princess Louise à High Holborn. Il lui fit visiter Londres, puis le ramena chez lui à Melrose Avenue pour dîner. Après avoir bien bu, Nilsen convainquit le jeune homme d'écouter de la musique pop avec un casque et l'étrangla avec le cordon du casque. Nilsen racontera plus tard: «Je l'ai gardé avec moi le reste de la nuit. Il n'y eut entre nous aucune relation sexuelle, seulement des caresses.» Il assit le corps dans un fauteuil et le maquilla. Il regarda la télévision avec lui et lui tint conversation. Finalement, Nilsen le plaça sous le plancher, mais le sortit au moins quatre fois au cours des quinze jours qui suivirent, afin d'assouvir ses envies sexuelles, via les cuisses. Puis comme il le fit à la plupart de ses victimes, il lava son cadavre, ce qui était devenu un rituel afin d'exercer son pouvoir sur ses victimes.

Nilsen dira éprouver du remords pour le meurtre de Kenneth Ockenden et particulièrement lorsque la télévision relata la disparition du jeune homme. Il était perplexe et effrayé devant ses propres actes et à nouveau il fut pris de l'envie de se rendre à la police.

Mais au bout de deux meurtres, Nilsen sentit «son émotion s'amoindrir» et s'accepta en tant que tueur compulsif. Devenu indifférent face à ses meurtres, il se mit à conserver des objets appartenant à ses victimes. C'est ainsi qu'il portait une montre et une paire de lunettes ayant appartenu à ses deux victimes. Il dit à la police: «Je ne ressentais pas cela comme un vol, car leurs propriétaires n'étaient pas vraiment partis très loin.» En effet, ils étaient toujours sous les lattes du plancher.

En mai 1980, Nilsen rencontra sa nouvelle victime,

Martyn Duffey, un jeune homme de Liverpool âgé de seize ans, qui avait déjà eu à faire avec la police pour des vols mineurs et toxicomanie. Une fois à Melrose Avenue, Nilsen l'étrangla et le noya dans la baignoire. Puis il lava le cadavre qu'il déposa ensuite sur le lit afin de se masturber au-dessus. Lui aussi, se retrouva sous le plancher. Pour atténuer l'odeur de putréfaction, Nilsen utilisait un désodorisant et un désinfectant. Lorsque le «problème d'odeur» comme l'appelait Nilsen, devint trop important, il prit les corps et les disséqua à la cuisine. Il mit les têtes dans des sacs en plastique, les parties encombrantes dans deux valises qu'il entreposa dans une cabane de jardin. Il enterra les bras et les mains de Duffey dans un trou du jardin et jeta, sur un tas d'ordures, dans la rue les organes internes des deux hommes. Un jour un homme trouva un sac en plastique contenant des entrailles et l'apporta à la police qui n'y prêta aucune attention.

Billy Sutherland, âgé de vingt-sept ans, et venant d'Edimbourg, était un dur à cuire. Nilsen le rencontra dans un pub près de Piccadilly Circus, il n'avait nulle part où dormir. Nilsen lui proposa de passer la nuit à Melrose Avenue. Là, il l'étrangla et le garda assis dans un fauteuil pendant deux jours avant de le mettre sous le plancher. Nilsen aimait garder ses victimes aussi longtemps qu'il le pouvait, les lavant et leur changeant leurs sous-vêtements, ce qui lui permettait de pouvoir les caresser.

Les quatre victimes suivantes ne furent jamais identifiées, mais toutes étaient de jeunes garçons. Le numéro 5 était appelé le «Mex» de par son allure latine. Le numéro 6 était irlandais et Nilsen le rencontra au *Cricklewood Arms*. Le numéro 7 était une créature pathétique, un jeune homme au visage amaigri, qui selon les dires de Nilsen lui rappelait une de ses victimes. Nilsen le ramena à Melrose Avenue, le nourrit et le fit boire puis, une fois inconscient, l'étrangla avec une cravate. Plus tard Nilsen racontera comment le jeune homme s'était battu pour rester en vie. Il disait que ce meurtre «était aussi facile que de prendre un bonbon à un enfant». Lui aussi se retrouva sous le plancher.

A la fin de 1980, Nilsen avait six cadavres sur les bras – deux coupés en morceaux dans la cabane du jardin et quatre sous le plancher. Avec une touche macabre digne de Hitchcock, très souvent il n'y pensait plus, les laissant sur le plancher ou dans la penderie. Une fois, alors qu'il prenait une chemise dans la penderie, un corps lui tomba dessus. D'un air exaspéré, il pensa qu'il devait faire quelque chose à propos de ces cadavres qui occupaient toute la place...

Il sortit les corps de dessous le plancher et les disséqua. Plus tard il dira: «La chair paraissait comme la viande que l'on voit dans une boucherie et ayant travaillé chez un boucher, ceci n'eut aucun effet sur moi.»

En septembre 1980, Nilsen brûla au fond de son jardin les six cadavres, ajoutant des pneus de voitures afin de déguiser l'odeur de la chair grillée. Toute la journée des enfants se rassemblèrent autour du feu pour le regarder brûler. Le lendemain, Nilsen utilisa un rouleau de jardin pour réduire les crânes et les os en petits morceaux. Enfin soulagé, les corps avaient disparu, il sortit cette nuit-là et rencontra un jeune homme dans un pub qu'il ramena chez lui et avec lequel il eut une relation sexuelle. Celui-ci, il ne le tua pas et le laissa partir le lendemain matin sans lui avoir fait le moindre mal.

Mais le 10 novembre 1980, il rencontra un Ecossais, Douglas Stewart, âgé de vingt-six ans. Nilsen l'invita à Melrose Avenue, ils prirent un verre, et Douglas Stewart s'endormit sur sa chaise. Il se réveilla avec les chevilles attachées et Nilsen qui tentait de l'étrangler avec un cordon.

Il réussit à se dégager grâce à un couteau qu'il avait saisi et se rendit à la police où il relata son agression. Mais les deux policiers de service lui répondirent que ce n'était qu'une querelle amoureuse d'homosexuels et laissèrent tomber l'affaire.

Cinq personnes de plus moururent en 1981. L'envie meurtrière de Nilsen n'était pas éteinte avec le feu. On lui avait refusé de l'avancement, puis il fut agressé dans la rue et dévalisé. Son amour propre en avait pris un coup et le besoin de tuer se fit ressentir. *Il tua par crainte de quelque chose de pire.* Le meurtre était une soupape de sûreté dont il se servait comme un moyen de libération pour éviter de sombrer dans la folie. En effet, 1981 fut une mauvaise année pour Nilsen sur toute la ligne. Le 8 juin sont appartement ayant été saccagé, il appela la police. Les policiers étaient loin de se douter qu'ils marchaient sur des cadavres.

La victime suivante, le numéro 8, fut un jeune et grand hippy avec de longs cheveux blonds. Nilsen le rencontra à West End et il se retrouva sous le plancher, étranglé. Le numéro 9 fut un autre écossais, rencontré dans un pub de Soho au début de 1981. Il rejoignit les autres sous le plancher. Le numéro 10 était irlandais. Nilsen ne se souvenait pas l'avoir étranglé, mais il se réveilla un matin en le trouvant mort, étendu sur le sol. Le numéro 11 était un skinhead londonien plutôt agressif, portant toute une rangée de tatouages autour du cou avec l'inscription suivante: «coupez en suivant les pointillés.» C'est ce que fit Nilsen. Il l'avait rencontré à Leicester Square, l'avait ramené chez lui pour lui servir un verre. Une fois inconscient, Nilsen l'étrangla. De cette victime Nilsen écrivit: «Je me suis couché en pensant: La fin d'une journée. La fin d'un verre. La fin d'un être humain.» Le numéro 11 se retrouva lui aussi parmi les autres sous le plancher.

La victime suivante tomba littéralement dans le giron de Nilsen. Il s'appelait Malcolm Barlow, était âgé de vingt-quatre ans, était orphelin et venait de Rotherham. Il était d'une intelligence très moyenne et souffrait d'épilepsie. Le 17 septembre 1981, il eut une crise dans la rue à Melrose Avenue et Nilsen trouvant ce vagabond effondré contre un mur sur le trottoir, appela une ambulance. Le lendemain Barlow s'échappa de l'hôpital et partit à la recherche de son bon Samaritain. Il trouva l'appartement de Nilsen qu'il attendit jusqu'à ce qu'il rentre de son travail et s'invita à boire un verre. Nilsen était très inquiet pour lui, le mettant en garde contre le mélange de l'alcool avec les médicaments, mais Barlow insista. Plus tard Nilsen avoua l'avoir étranglé uniquement parce qu'il était «casse pieds». Il le cacha sous l'évier, puis le fit brûler sur le tas du jardin tel qu'il était.

Le propriétaire de Nilsen lui demanda de prendre un autre appartement au 23 Cranley Gardens. Nilsen accepta de déménager à la seule condition que son propriétaire le dédommage d'une somme de £ 1000. Nilsen s'arrangea pour déménager en octobre, mais avant cela il devait se débarrasser des quatre corps enfouis sous le plancher. Il les disséqua, suivant les pointillés sur le cou du skinhead, puis fit un énorme feu dans le jardin sur lequel il les jeta. Il lança les entrailles par-dessus la haie pour les animaux, et déménagea le 5 octobre 1981.

Ce fut l'installation de Nilsen dans son nouvel appartement qui causa sa perte, car il n'y avait tout simplement pas de jardin derrière pour faire un feu. Il lui fallut alors trouver un autre moyen de faire disparaître les corps de ses victimes. Pour cela Nilsen les découpa en morceaux qu'il jeta dans ses toilettes et qui bouchèrent les canalisations.

Cranley Gardens est une longue et agréable rue, bordée

de maisons jumelées, à Muswell Hill une banlieue du nord de Londres. Nilsen vivait au numéro 23, dans une maison appartenant à un propriétaire asiatique et géré par un agent immobilier. La maison avait été transformée en six appartements et Nilsen occupait celui qui était dans les combles, constitué de deux pièces, d'une cuisine et d'une salle de bains. Il y demeurait avec son chien, Bleep.

Nilsen avait été promu cadre de l'administration et travaillait au *Job Centre* à Kentish Town, où il était connu de ses collègues sous le nom de «Des». Il s'occupait aussi d'une succursale des syndicats de la fonction publique et se plaisait à titiller les autorités, en se battant contre le système. La silhouette grande, mince et voûtée de Des Nilsen, portant les lunettes de sa victime Martyn Duffey, représentait un certain mystère pour les autres occupants de la maison. Il ne leur parlait pratiquement jamais et ne se fit aucun ami parmi eux. Il vivait seul dans son appartement miteux, ne faisant rien pour le rendre propre, ni pour nettoyer la cuisinière couverte de graisse.

Entre janvier 1978 et septembre 1981, Nilsen tua douze hommes dans son appartement de Melrose Avenue, dont seulement quatre furent identifiés: Ockenden, Duffey, Sutherland et Barlow. A Cranley Gardens, il reprit ses activités et en 1982 tua à deux reprises, mais avant il avait tenté de tuer Paul Nobbs, un étudiant âgé de dix-neuf ans, qu'il avait rencontré le 23 novembre 1981 dans un pub de West End. Il l'invita chez lui à Cranley Gardens pour dîner, puis ils se dirigèrent vers le lit pour s'adonner à des plaisirs sexuels. Paul Nobbs se réveilla le lendemain à six heures du matin avec un terrible mal de tête. Lorsqu'il se regarda dans la glace de la salle de bains, il vit non sans surprise, qu'il avait les yeux injectés de sang et la gorge couverte de bleus. Nilsen lui dit qu'il s'était certainement pris le cou dans la fermeture Eclair de son sac de couchage. En réalité, Nilsen avait essayé de l'étrangler pendant son sommeil et pour une raison qui lui était inconnue n'était pas allé jusqu'au bout. Lorsque Paul Nobbs quitta ce matin-là l'appartement du 23 Cranley Gardens, il laissa un Nilsen qui avec sollicitude lui conseilla de se rendre chez un médecin et lui donna son numéro de téléphone en lui exprimant le désir de le revoir.

La première victime tuée à Cranley Gardens était connue de Nilsen sous le diminutif de «John le soldat de la garde royale». Plus tard, la police l'identifia comme étant John Howlett, un jeune homme de vingt-trois ans, qui venait de High Wycombe. C'était quelqu'un d'instable qui prétendait avoir fait partie des régiments de la garde royale. Ils s'étaient rencontrés par hasard en décembre 1981, puis s'étaient perdus de vue jusqu'en mars 1982 où ils se retrouvèrent dans un pub. Nilsen l'invita chez lui à prendre un verre, mais fut agacé par l'attitude de son invité qui se comportait comme s'il était chez lui. Nilsen lui fit remarquer d'un air tranchant: «Je ne savais pas que vous étiez chez vous.» Puis sous l'emprise de l'alcool, il lui entoura le cou d'un cordon et lui dit sournoisement: «Je pense qu'il est temps pour vous d'y aller.» Il le traîna inconscient et le noya dans la baignoire.

Nilsen se hâta de découper Howlett en morceaux, car il attendait la visite d'un ami le lendemain. Il fit bouillir la tête dans un fait-tout sur la cuisinière et jeta les organes internes et quelques morceaux de chair dans les toilettes. Il mit le reste dans une caisse qui se trouvait dans un coin de l'appartement. Il dira plus tard à la police: «J'ai jeté les os encombrants dans les poubelles pour les éboueurs.»

En avril 1982, Nilsen rencontra au *Black Cap pub* à Camden Town, Carl Stottor, âgé de vingt-et-un ans et mesurant environ un mètre quatre-vingt cinq, danseur professionnel connu sous le nom de «Blondie». Ils rentrèrent tous les deux à Cranley Gardens et se mirent au lit ensemble. Dans la nuit Stottor fut réveillé par un cauchemar qui en fait était réel : on était en train de l'étrangler et il était trop faible pour se défendre. Il se sentit transporté dans un bain d'eau, la tête à plusieurs reprise enfoncée dans l'eau, alors qu'il tentait de demander grâce. Puis il perdit connaissance.

Lorsqu'il se réveilla, il était à nouveau au lit, avec le chien qui lui léchait le visage. En fait, Nilsen pensait qu'il était mort et fut très surpris de le voir reprendre connaissance. Après avoir réalisé qu'il était en vie, il fit son possible pour le ranimer et alluma tous les radiateurs électriques afin de le réchauffer. Il persuada Stottor qu'il avait dû se coincer le cou dans la fermeture Eclair de son sac de couchage et qu'il s'était ainsi lui-même étranglé. Cet épisode fut relaté assez longuement au cours du procès, chacun se demandant pourquoi il avait épargné Stottor et comment il avait réussi à se sortir de cette impasse. Cela semblerait suggérer la présence de deux Nilsen, un Jekyll et un Hyde en chair et en os ?

Puis ce fut le tour de Graham Allan, âgé de vingt-huit ans et originaire de Glasgow. Cela se passa au milieu de l'année 1982, mais nous ne connaissons pas la date exacte de sa mort. Allan qui était toxicomane, fut étranglé puis découpé en morceaux dans la baignoire. Il fut identifié plus tard grâce à une radio de son crâne qui portait une fracture spécifique.

Le 1er janvier 1983, Nilsen tenta d'étrangler Toshimitu Ozawa, un jeune étudiant japonais. Ozawa réussit à s'enfuir, et parce qu'il n'avait aucune blessure apparente sur lui, la police ne prit pas cette affaire en compte.

Nilsen dira à la police qu'il ne sortait pas pour trouver une victime, mais qu'il partait simplement à la recherche d'une compagnie et qu'il ne savait jamais quand l'envie de tuer allait le prendre. Parfois, il ne se souvenait même pas avoir tué. Le 27 janvier 1983 à son réveil, il découvrit un homme mort dans le fauteuil, une cravate autour du cou. Une corde était accrochée à la cravate pour lui permettre de faire un nœud coulant, ce qui laissait à penser qu'il y avait eu préméditation, puisque l'arme du crime avait été fabriquée à l'avance.

La victime qui s'appelait Stephen Sinclair, était un punk toxicomane, âgé de vingt ans. Il avait été en maison de redressement, en prison et souffrait d'hépatite. Sinclair était un enfant adopté qui ne s'était jamais adapté à la société. Nilsen l'avait rencontré au George Off Charing Cross Road, le soir du 26 janvier. De retour à son appartement, Nilsen l'étrangla et en érection s'étendit nu à côté du corps.

Plus tard, Nilsen racontera à la police comment il s'était débarrassé de Sinclair: «J'ai mis la tête dans un fait-tout sur lequel j'ai posé un couvercle, puis j'ai allumé la cuisinière. Lorsque la tête commença à bouillir, je l'ai mise à feu doux et je suis sorti promener mon chien. Plus tard, alors que la tête mijotait toujours, j'ai regardé la télévision.» La plus grande partie des morceaux du corps de Sinclair était dans des sacs noirs dans la penderie. Nilsen avait jeté des morceaux de chair dans ses toilettes et avait ainsi bouché les canalisations.

En février 1983, les occupants des autres appartements avertirent le propriétaire de l'état des toilettes et un plombier vint le samedi 5 février. Mais dans la nuit du 4 février, Nilsen avait découpé le corps de Sinclair. Devant l'ampleur des dégâts, le plombier conseilla à l'agence immobilière de faire appel à l'entreprise DynoRod. Le dimanche, Nilsen termina de découper le corps de Sinclair, déposant différents morceaux dans la penderie.

Le lundi 7 février, Nilsen alla travailler comme d'habitude. L'employé de *DynoRod*, Michael Cattrann, arriva le mardi soir à 18 h 15 et descendit dans les égouts. Il fut envahi d'une odeur repoussante et remarqua comme des morceaux de chair qui bloquaient les tuyaux. Cependant la nuit tombait et étant quelque peu choqué par ce qu'il venait de découvrir, il préféra remonter en disant qu'il reviendrait le lendemain. Mais entre temps il téléphona à son patron pour lui faire part de sa macabre découverte. Cette nuit-là, Nilsen descendit dans les égouts, mit les morceaux de chair dans des sacs et les jeta par-dessus la haie du jardin. Mais malheureusement pour lui, les voisins avaient remarqué sa sortie nocturne.

Nilsen savait que le lendemain serait un jour crucial. Il pensa à nouveau au suicide, mais la seule pensée de son chien Bleep, lui fit oublier cette envie et le lendemain matin, il partit travailler comme d'habitude. Le soir, avant de quitter le bureau il laissa une lettre dans une enveloppe qu'il déposa sur sa table de travail. La lettre disait que s'il devait être arrêté, il n'y aurait pas un mot de vrai dans les rumeurs disant qu'il s'était suicidé dans sa cellule.

Pendant que Nilsen était à son travail, le plombier et son patron retournèrent avec la police à Cranley Gardens, et descendirent dans les égouts, où le médecin légiste déclara que les morceaux qui bloquaient les canalisations étaient de la chair humaine. Lorsque Nilsen rentra chez lui le soir du 9 février, il trouva trois hommes qui l'attendaient devant la porte de son appartement, le commissaire divisionnaire Peter Jay, le commissaire Stephen McCusker et le policier Jeffrey Butler. Ils avaient vérifié le passé de Nilsen et savait qu'il avait été policier.

M. Jay s'adressa à Nilsen, âgé alors de trente-sept ans : « Je viens à propos de vos canalisations. »

Nilsen répondit : « Pourquoi la police devrait-elle s'intéresser à mes canalisations ? »

M. Jay continua: «La raison en est qu'elles sont bouchées par des morceaux de chair humaine.»

Nilsen rétorqua: «Mon Dieu, mais c'est terrible! D'où peuvent-elles provenir?»

«Assez discuté, dit M. Jay. Où se trouve le reste du corps?»

Sans aucune résistance, Nilsen passa aux aveux. «Dans un sac en plastique dans la penderie.» dit-il. Il fit entrer les policiers dans son appartement et leur montra les sacs. Immédiatement il fut inculpé de meurtre.

Dans la voiture de police qui le conduisait à *Hornsey Police Station*, le commissaire McCusker demanda négligemment à Nilsen: «Avons-nous parlé d'un ou de deux corps?»

Nilsen répondit: «Quinze ou seize depuis 1978. Je vous dirai tout. C'est un soulagement de me débarrasser de ce poids.» Une fois au commissariat, M. Jay demanda à Nilsen: «Entendons-nous bien, êtes-vous en train de me dire que depuis 1978, vous avez tué seize personnes?»

«Oui» répondit Nilsen. «Trois à Cranley Gardens et environ treize à mon ancienne adresse, 195 Melrose Avenue à Cricklewood.»

Les restes humains trouvés dans la penderie de Nilsen furent examinés par le Professeur Bowden à Hornsey Mortuary. Il découvrit à l'intérieur de deux grands sacs plusieurs sacs en plastique. Dans l'un d'entre eux se trouvait le côté gauche du thorax d'un homme comprenant le bras, dans un autre un torse, et dans un troisième un cœur, des poumons, une rate, un foie, une vésicule biliaire, des reins et des intestins. Le médecin légiste remarqua que la dissection avait été faite dans les règles de l'art, car peu à peu il réussit à reconstituer le corps de Stephen Sinclair.

L'interrogatoire de Nilsen dirigé par M. Jay débuta le

11 février à *Hornsey Police Station*. Il devait durer trente heures, c'est-à-dire un peu plus d'une semaine, et les policiers qui écoutaient Nilsen étaient pétrifiés. Avec calme, sans aucune émotion comme sait l'être une personne de l'administration, Nilson relata d'une façon précise et détaillée le déroulement de ses meurtres. Des trois personnes qu'il avait assassinées à Cranley Gardens il ne connaissait que le nom de Stephen Sinclair. Il ajouta qu'il était soulagé d'avoir été appréhendé, car disait-il: «Si à soixante-cinq ans je n'avais pas été arrêté, j'aurais eu à mon actif des milliers de cadavres.»

Pendant qu'il racontait comment il avait découpé les corps en morceaux et jeté les restes dans ses toilettes, il demanda un cendrier pour y déposer sa cigarette. Lorsqu'un jeune policier lui dit de jeter son mégot dans les toilette, Nilsen répondit sur un ton pince-sans-rire: «La dernière fois que j'ai jeté quelque chose dans des toilettes j'ai eu des ennuis.» Il coopéra sans aucun problème à son interrogatoire comme s'il désirait que ses actes soient bien enregistrés. Durant sa garde à vue, il rédigea un document intitulé *Unscrambling Behaviour* dans lequel il tentait d'expliquer ses motivations. A aucun moment il ne montra un seul signe de remords et avoua: «Je ne peux pas pleurer mes victimes.»

Les policiers tentèrent d'établir la préméditation et de savoir si Nilsen avait attiré ses victimes chez lui avec l'intention de les tuer. «Non», répondit Nilsen, «c'est arrivé comme ça.» Il ajouta qu'il y avait plus de personnes qui étaient reparties vivantes de son appartement que de cadavres.

Lorsque les policiers lui demandèrent comment il avait pu découper les corps de ses victimes et les tripoter sans s'évanouir, il répondit tout simplement: «La victime est comme un plat sale après une fête, qu'il faut naturellement nettoyer.» Il parla aussi de ses sept tentatives de meurtres aux policiers.

Les policiers remarquèrent qu'il y avait un trou d'une année entre la première et la deuxième victime, mais qu'en revanche il y avait eu dix meurtres en huit mois, en 1980 – 1981. Quelle en était la raison? D'autre part Nilsen pouvait-il dire pourquoi il tuait? «Non» répondait-il. Ce n'était ni un maniaque sexuel, ni un voleur, ni un sadique. «Je suis totalement irresponsable» disait-il.

Après avoir lu les aveux de Nilsen, qui étaient absolument horribles, son avocat le regarda et lui demanda: «Pourquoi?» Nilsen haussa les épaules et répondit: «J'espérais que vous me le diriez.» Moins d'un jour après son arrestation, les gros titres des journaux annonçaient «*La Maison des Horreurs*» que Nilsen se plaisait à commenter en disant: «La seule Maison des Horreurs que je connaisse est le 10, Downing Street.»

Nilsen fut conduit à la prison de Brixton, d'où il envoya une lettre aux policiers s'occupant de son affaire en les complimentant sur leur professionnalisme dans la façon de diriger l'enquête. Il était tout à fait conscient de l'intérêt que les médias lui portaient et conscient qu'il était enfin devenu quelqu'un. Une fois en prison, Nilsen qui faisait partie de la Catégorie A, fut surpris de l'hostilité que lui montraient les autres détenus. Il fut un mauvais prisonnier, essayant de combattre le système, faisant des grèves de la faim, et parfois agressant le personnel. Il se retrouva avec un œil au beurre noir et une dent en moins.

Persuadé qu'il était traité injustement, il se plaignit amèrement au gouverneur et finit par licencier son avocat. A cette époque il tomba amoureux d'un détenu, David Martin, un travesti qui finit par mettre fin à ses jours. Nilsen commença à relater ses crimes dans un cahier afin de faire sa propre analyse de lui-même. Comme Kürten, il écrivait qu'il attendait avec impatience son exécution, et se plaignait d'avoir été envahi par un pouvoir qui le contrôlait entièrement. Il était convaincu d'être possédé par le démon, ce qui expliquerait les mots énigmatiques qu'il écrivit après sa condamnation : « Ils pensent m'avoir enfermé à double tour, mais en fait mon ‹ véritable moi › est à des centaines de miles... »

Le procès de Nilsen débuta devant la cour d'assises le lundi 24 octobre 1983, présidée par le juge Croom-Johnson, avec M. Alan Green, le procureur et M. Ivan Lawrence, l'avocat de la défense. Nilsen accusé de six meurtres et de deux tentatives de meurtres, plaida non coupable, mais coupable d'homicides involontaires.

Le procureur exposa au jury, composé de huit hommes et de quatre femmes, les faits relatant l'arrestation de Nilsen et que sept victimes avaient été identifiées, bien que seulement six étaient inscrites sur l'acte d'accusation. Le procureur s'approcha des jurés pour leur expliquer le processus appliqué à chacun de ces meurtres. Toutes ses victimes étaient des hommes. Il les avait tous rencontrés dans un pub. Ils étaient tous inconnus de Nilsen. Tous, sauf Ockendon, étaient sans domicile fixe. Tous avaient été étranglés. Certains étaient homosexuels, d'autres prostitués. Nilsen avait eu des rapports sexuels avec six des cadavres.

Les aveux de Nilsen furent lus devant une cour choquée. Lorsque la police lui parla des cravates qu'il utilisait pour étrangler ses victimes, Nilsen dit qu'il avait commencé avec quinze et qu'il ne lui restait que celle qu'il avait le jour de son arrestation. Puis, quand on lui demanda combien il y avait de corps à un moment donné sous le plancher, il répondit avec désinvolture : « Je ne sais pas. Je ne vérifiais pas le stock. » Plus tard, il dira à la police qu'en tuant il avait joué le « rôle d'un quasi-Dieu ».

Le premier témoin de l'accusation fut Douglas Stewart, âgé de vingt-neuf ans. Il était marié et n'était pas homosexuel. Il relata la tentative manquée de Nilsen qui voulut l'étrangler.

Le mardi 25 octobre, deux témoins racontèrent avoir été agressés par Nilsen. Paul Nobbs mentionna la partie de sexe avec Nilsen et raconta que lors de son réveil il était à moitié étranglé : « J'avais les yeux complètement injectés de sang. J'avais mal à la gorge et je me sentais barbouillé. » C'est alors que Nilsen lui avait dit : « Mon Dieu, tu es couvert de sang. »

Carl Stottor raconta avoir rencontré Nilsen dans un pub et l'avait suivit chez lui. A cette époque Stottor était assez dépressif et avait confié à Nilsen qu'il désirait en finir avec la vie. Nilsen lui dit de ne pas être ridicule et de ne pas avoir ce genre de pensée. Ils allèrent ensuite se coucher et lorsque « je me suis réveillé, j'ai senti quelque chose autour de mon cou. J'avais mal à la tête et j'avais du mal à respirer... Il me disait d'une voix qui s'éloignait de plus en plus : ‹ Ne bouge pas ! Ne bouge pas ! › Puis, je perdis connaissance... Je me souviens vaguement d'avoir entendu l'eau couler... Quelqu'un me portait. Je savais que j'étais dans l'eau et qu'il essayait de me noyer. Il continuait à m'enfoncer la tête dans l'eau, quand je lui ai dit : ‹ Arrête, s'il te plaît, arrête ›, mais il continuait... Je perdis connaissance. » Il se réveilla sur le lit, le chien lui léchant le visage. Envahi de sollicitude, Nilsen l'aida à rejoindre la station de métro.

L'avocat de la défense lui demanda : « L'accusé était-il à la fois calme et préoccupé avant et après ‹ l'incident › comme s'il était inconscient de vous avoir fait du mal ? » Lorsque le témoin répondit « oui », M. Lawrence pensa à haute voix : « Comme cela est étrange... », puis il se rassit. L'avocat de la défense en conclut que la police était au courant des tentatives de meurtres, parce que Nilsen l'en avait volontairement informée. Nilsen avait épargné Stottor alors qu'il l'avait à sa merci. C'était un moyen d'établir la «responsabilité altérée» de Nilsen.

Le document *Unscrambling Behaviour,* écrit par Nilsen à *Hornsey Police Station,* fut lu en partie :

«Je suis peut-être un psychopathe créatif qui, lorsqu'il perd tout contrôle de la réalité, devient temporairement un psychopathe destructeur... Mon subconscient me conduit à un isolement total et à la recherche désespérée d'une identité sexuelle... Dieu seul connaît le fond de mes pensées lorsque la boisson détruit tout. Peut-être que la ruse, l'instinct du tueur traqué est la seule réflexion à s'échapper d'un esprit qui ne connaît aucune moralité... Il est vrai que je deviens un tueur violent dans certaines circonstances... Je suis étonné de ne pas avoir versé une seule larme pour mes victimes. Je n'ai aucune larme pour moi-même...»

Puis la lettre qu'il adressa à M. Jay fut également relatée : «Mes remords sont une sorte de réflexion personnelle et profonde, qui me rongera pour le reste de ma vie... J'ai tué mon propre dragon aussi sûrement que la presse et les tribunaux me tueront.»

Tout comme l'avocat de la défense, M. Jay pensait que Nilsen avait totalement coopéré et avait avoué de façon neutre, des faits que M. Jay qualifiait «d'atroces». Suite à un contre-interrogatoire, le commissaire Chambers reconnut que la police avait retrouvé la trace de quatorze personnes du sexe masculin qui s'étaient rendues chez Nilsen et n'avaient subit aucun sévices.

Au cours de sa plaidoirie, M. Lawrence s'adressa aux jurés en leur expliquant qu'il n'avait pas la preuve d'une démence chez Nilsen, mais qu'au moment de tuer il souffrait d'une anomalie mentale. Il appela à la barre des témoins le Dr James McKeith, psychiatre, pour qui Nilsen souffrait d'un « désordre sévère de la personnalité » et qui au moment de tuer se trouvait dans un état appelé « dissociation », comme s'il regardait quelqu'un d'autre exécuter ses actes.

Le médecin admit que tout psychiatre connaît l'état mental d'une personne par ce que lui en a dit cette personne. Comme à l'accoutumée, l'accusation et la défense eurent leur petit désaccord. L'accusation soutenait que Nilsen était rusé, avec de nombreuses ressources et savait très bien ce qu'il faisait. Pour M. Green le fait que Nilsen avait épargné certaines de ses victimes, montrait qu'il pouvait s'arrêter de tuer quand il le désirait ; il avait le pouvoir de choisir. Il y eut un petit éclat de voix entre M. Green et le témoin, qui prit fin lorsque le médecin retira son diagnostic laissant entrevoir une responsabilité quelque peu altérée chez Nilsen.

Le Dr Patrick Gallwey ne fit pas mieux. Pour lui Nilsen souffrait du «*syndrome du dédoublement de la personnalité*, une théorie développée par le Dr Lain suite à une idée émise par Jean-Paul Sartre, qui était tout simplement le syndrome de *Jekyll and Hyde*, sous un autre intitulé. Le médecin expliqua que les personnes qui en étaient atteintes avaient une personnalité tout à fait bien quand tout allait bien, mais au moindre stress tout pouvait dériver. Puis il ajouta : « Je ne vois pas comment il pouvait agir avec préméditation quand il n'était pas dans sa personnalité criminelle. » Ces propos firent réagir le juge qui demanda au médecin de ne pas outrepasser la loi et de se cantonner à son domaine, médical en l'occurrence.

L'accusation insista sur la capacité de Nilsen à faire des choix. Il avait choisi d'inviter des hommes chez lui. Il avait choisi de tuer Barlow parce qu'il pourrait lui être nuisible. L'interrogatoire du Dr Gallway par M. Lawrence clarifia ce point de vue. Selon le Dr Gallway, Nilsen tuait pour se sauver lui-même de la démence, car ses crimes détruisaient ce qui se trouvait à l'extérieur, mais cela lui permettait de se sentir mieux en lui. Sans cela, il serait tombé dans la psychose. Il ajouta que si Nilsen ne savait pas intellectuellement ce qu'il faisait, il n'éprouvait aucune émotion, et sans émotion un être humain se comporte comme un robot ou un automate.

Le psychiatre de l'accusation, le Dr Paul Bowden, s'était entretenu avec Nilsen seize fois sur une période de huit mois et avait conclu qu'il n'était pas malade. Dans son rapport il écrivait: «Il m'est impossible de conclure à une anomalie mentale chez Nilsen.» M. Lawrence lui demanda: «Les meurtres ne représentent-ils pas par eux-mêmes un comportement anormal?» Ce à quoi le Dr Bowden répondit: «Il est bien évident qu'étrangler quelqu'un n'est pas un comportement normal.» M. Lawrence cassa son raisonnement en lui montrant que la loi et la psychiatrie ne faisaient pas bon ménage entre elles. L'une traitait de situations statiques, en revanche l'autre traitait de points tangibles de par les preuves.

Le procureur termina sa plaidoirie en s'adressant aux jurés: «Vous allez débattre à propos d'un individu qui aimait tuer et en retirait un bien-être. La défense affirme que cet homme était fou et qu'il ne pouvait pas se faire aider d'une autre façon. La Cour, elle, dit qu'il le pouvait.»

L'avocat de la défense, M. Lawrence commença sa plaidoirie par ces mots: «Ne serait-il pas communément plausible de penser que l'auteur de tant de crimes doit avoir des problèmes mentaux?»

Le juge passa quatre heures à résumer l'affaire en question aux jurés, ne pouvant pas cacher sa tendance évidente contre Nilsen et la psychiatrie. En effet il déclara : « Certaines personnes sont diaboliques et agissent de la même façon. Commettre un meurtre est quelque chose de diabolique… Un homme peut être le diable en personne sans pour autant être dément. »

Le jury se retira le matin du jeudi 3 novembre. A 16 h 30, les jurés firent savoir au juge qu'ils n'étaient pas encore prêts et ils furent ainsi « séquestrés » dans un hôtel pour la nuit. Ils reprirent les délibérations le lendemain matin à 10 heures et réintégrèrent la salle d'audience l'après-midi à 16 h 25. Les deux jurés reconnurent Nilsen coupable de meurtres, sauf pour la tentative d'assassinat sur la personne de Paul Nobbs, où deux d'entre eux le déclarèrent non coupable. Le juge condamna Nilsen à une peine de prison à vie, soulignant qu'il devait purger un minimum de vingt-cinq années d'enfermement.

Nous allons tenter d'aller un peu plus au fond des choses dans cette affaire, notamment concernant la motivation. Il y a quelques années, le Dr Brittain dressa le portrait du tueur en série se basant sur sa propre expérience qui était d'étudier certains criminels sur une période de vingt ans. Son « Portrait robot d'un Tueur » ressemble de façon frappante à Nilsen. Il est introverti et en retrait. Il s'engage dans des poursuites solitaires. Il est très réservé et timide. Il se met rarement en colère et ne se venge pas. Il se sent différent des autres, il est seul. Il peut devenir très dangereux lorsque son amour propre est atteint, comme par exemple être rétrogradé dans son travail ou échoué dans une liaison. Il est arrogant, vaniteux et narcissique. Généralement il a moins de trente-cinq ans… et est très intelligent. Il mène une vie compliquée empreinte de fantasmes… montre peu ou aucun remords et est sans pitié pour ses victimes. Il planifie de manière astucieuse ses meurtres... c'est un menteur convaincant. Le désir du pouvoir sur les autres est un point essentiel de son déséquilibre... Bien que ses crimes soient essentiellement motivés par le sexe, il n'a pas toujours de relations sexuelles avec ses victimes, ni d'orgasme, mais parfois il peut se masturber au côté de sa victime. Le Dr Brittain nous a pratiquement décrit la personnalité de Nilsen.

La presse accusa la police d'avoir commis des «impairs» dans cette affaire. Les faits sont évidents qu'un homme peut tuer tranquillement dans une banlieue calme de Londres sans être inquiété par la police et ce, pendant des années, à condition, comme le faisait Nilsen, de s'en prendre au rebut de la société car ces malheureux ne seront jamais réclamés.

Chapitre XII

Henry Lee Lucas
Le tueur gothique américain

Henry Lee Lucas fit prendre conscience à l'Amérique de la menace que faisait porter sur elle les tueurs en série. Le *FBI* estime à environ 5000 américains tués par ce genre de criminels en 1983 et cette situation semble particulièrement sévir en Amérique. Dans le reste du monde, d'après *Interpole*, pas plus d'une cinquantaine de tueurs en série ont été identifiés ces vingt dernières années. Les journaux rapportèrent que Lucas avait à son actif 360 meurtres, de la côte Est à la côte Ouest, utilisant des méthodes très répandues : agression à coups de couteau, meurtre avec une arme à feu, strangulation, mutilation, décapitation et même crucifixion. La police reconnut qu'il pouvait y avoir jusqu'à trente-cinq tueurs de cette espèce dans toute l'Amérique, à tout moment et que ce nombre était en augmentation.

En septembre 1984, un clochard borgne du nom de Henry Lucas emmena les officiers du *FBI* faire un tour quelque peu morbide à travers le pays pour leur montrer où il avait déposé les corps de ses victimes. A cette époque, la police avait retenu cent quarante-quatre meurtres en série imputables à Lucas qui, à quarante-huit ans était considéré comme le pire des tueurs en série de toute l'histoire américaine. Aujourd'hui condamné à mort au Texas, il est interrogé par une douzaine d'Etats pour des meurtres non élucidés.

Tout commença en juin 1983 lorsque Reuben Moor, un prédicateur qui dirigeait une secte intégriste appelée la *Maison de la Prière* à Stoneburg, au Texas, signala à la police qu'un de ses membres, Henry Lee Lucas était en possession d'un revolver. Lucas étant un ex-détenu, le simple fait de posséder une arme était considéré comme un crime.

La police rendit alors visite à Lucas qui s'occupait du terrain de camping de l'église, connu dans la région sous le nom de *La Cabane des Poules*, qui fut son rôle avant que le propriétaire n'en fasse don à l'Eglise. Lucas vivait ici dans des conditions sordides. C'était un homme de petite taille, avec de longs cheveux blancs et une barbe mal entretenue. Son œil de verre et la bouche pendante lui donnait l'allure d'un personnage caricatural d'un film d'horreur.

La police de la région avait à cette époque des cas très lourds à gérer. Dans la petite ville de Ringgold située à dix miles de Stoneburg, la maison de Kate Rich, une veuve âgée de quatre-vingts ans, avait totalement brûlé en octobre 1982 ; par chance, Kate était partie rendre visite à sa famille ; d'ailleurs on ne retrouva aucun os prouvant la présence d'un être humain.

Puis deux mois plus tard, deux ornithologues amateurs retrouvèrent le portefeuille de Kate dans une crique près de Stoneburg, avec sa carte d'identité, mais tout argent qu'il aurait pu contenir avait disparu. Le shérif W.F. Conway du Comté de Montague s'enquit de retrouver la famille chez laquelle Kate était sensée être au moment de l'incendie. L'enquête n'ayant pas abouti, le shérif pensa qu'il était arrivé malheur à Kate et demanda aux Texas Rangers l'aide de leur spécialiste en homicide Phil Ryan. Le shérif et Phil Ryan partirent à la recherche de Kate Rich, mais sans résultat. Les cendres de sa maison furent à nouveaux examinées, mais elles ne révélèrent aucune traces de restes humains. Puis, en interrogeant les gens de la région, ils apprirent qu'un gars d'âge moyen qui traînait avec une jeune fille se présentant comme son épouse, avec loué une caravane au cours de l'été à Ringgold et avait effectué divers travaux pour Kate Rich. Le couple partit au bout de quelques mois, Lucas avait trouvé du travail à l'église de la secte et la fille avait repris la route. Les deux policiers interrogèrent Henry Lee Lucas, l'homme à tout faire. Il déclara avoir quarante-six ans, bien qu'il fût plus âgé. Originaire de Tecumseh dans le Michigan, il avait parcouru les USA pendant des années, effectuant divers travaux. « J'avais la bougeotte », dit-il. Il y avait chez cet homme, un certain humour sournois qui à la fois irritait et intéressait Phil Ryan.

Il avoua que lui et son « épouse » s'étaient liés d'amitié pour Kate Rich et avaient effectué divers travaux chez elle. Parfois elle les rémunérait en liquide, parfois elle les invitait à prendre un repas. Il était désolé d'apprendre sa disparition, et déclara n'avoir aucun renseignement la concernant.

Lorsque les policiers lui demandèrent ce que son épouse était devenue, il répondit qu'il n'avait aucune nouvelle d'elle. Ils n'étaient pas mariés, mais avaient juste vécu ensemble pendant un moment. C'était une clandestine venant de Floride qui allait sur ses seize ans et se faisait appeler Becky, alors que son nom officiel était Frieda Powell. Il l'avait rencontrée il y avait un an au camping d'Austin dans le Texas et elle était partie sur les routes avec lui.

Après une période passée à Ringgold, elle commença à souffrir de la nostalgie de la Floride, aussi la conduisit-il dans un restaurant routier où elle fut prise en stop. « Elle me disait qu'elle reviendrait après avoir revu les siens », déclara Lucas. « Mais un jour elle m'a envoyé une lettre me disant qu'elle avait rencontré un routier à San Antonio et qu'elle ne reviendrait pas. »

Avec un haussement d'épaules résigné, il ajouta : « Elle est comme un chat errant que vous nourrissez et qui un jour part pour ne plus revenir... C'était vraiment une chouette fille. »

Après avoir vérifié que Lucas ne possédait pas de revolver, les policiers partir nullement convaincus par ses réponses. Ils firent une enquête auprès des cinquante-deux résidents de Stoneburg, dont aucun d'entre eux n'eut un mot méchant à l'égard de Lucas. Il était chaleureux, travaillait beaucoup et ne buvait pas. Il savait pratiquement tout réparer, d'un tracteur en panne à un toit endommagé. Tous étaient d'accord pour dire que Lucas considérait la jeune Becky comme sa fille.

Il était de rigueur dans la police, par simple routine, d'envoyer comme le fit le shérif Conway, au *Centre d'Information National du Crime*, le nom de Henry Lee Lucas. A la réponse à son courrier, le shérif fut stupéfait. Le dossier de Lucas était très épais : il avait été condamné pour avoir poignardé sa mère après l'avoir violée, dans le Michigan, alors qu'il avait vingt-trois ans.

Des informations plus détaillées sur le passé de Lucas révélèrent que ses parents étaient alcooliques et que Lucas avait été battu et abusé par sa mère, qui était une prostituée à Chippewa India. Une fois, elle l'avait frappé si fort avec une morceau de bois, qu'elle lui avait endommagé le cerveau. Son père qui avait perdu les deux jambes lors d'un accident de voiture, avait été mis à la porte par sa femme et était mort de froid. Puis Lucas poignarda sa mère et la viola dans la maison familiale de Tecumseh, où il la laissa mourir.

Il fut condamné à quarante années d'emprisonnement. Mais il bénéficia du fait qu'il n'était pas encore connu de la police. En fait, il avait commis son premier meurtre à l'âge de quinze ans, quand il étrangla une jeune fille de dix-sept ans qu'il avait rencontrée dans le bus et qui avait refusé ses avances.

Après un court séjour en prison, suivi de plusieurs tentatives de suicide, Lucas fut placé dans une hôpital psychiatrique pendant six ans, jusqu'à ce que les médecins le déclarent suffisamment guéri pour retourner dans la société. Il fut mis en liberté conditionnelle en 1970, bien qu'il avait prévenu les psychiatres qu'il recommencerait à tuer s'il était relâché. Lucas avait déclaré : « Je vous laisserai un cadeau sur le seuil de la porte. » Le jour où il fut relâché, il tua une jeune femme à Jackson, à quelques miles, un meurtre qui ne devait jamais être élucidé jusqu'à sa déposition finale.

Pendant les treize années qui suivirent, Lucas mena une existence de nomade, multipliant les délits au petit bonheur la chance ; il choisissait ses victimes au hasard et les tuait quand il le pouvait. Au cours de la dernière partie de son existence de tueur, il fut rejoint par un vagabond, Ottis Elwood Toole, un oncle de Frieda Powell (Becky), qui avait un certain penchant sexuel pour les enfants. Il était homosexuel et sous son emprise, Lucas devint bisexuel. Ce couple étrange tuait parfois ensemble, parfois chacun de son côté. Nous étions en présence de la *folie à deux* – pas rare comme nous l'avons vu – mais qui apportait ici une imprécision sur le partenaire dominant.

Un an après sa libération conditionnelle en 1970, Lucas fut arrêté pour viol et enlèvement. Sa libération conditionnelle, qu'il avait alors transgressée, lui fut supprimée et il purgea quatre années de prison avant de recouvrer la liberté en 1975.

Ainsi l'homme à tout faire de l'église était un matricide et un violeur et cependant, aucun des cinquante-deux résidents de Stoneburg n'eut un mot négatif à son égard... Le fait que Lucas avait un casier judiciaire n'en faisait pas pour autant le meurtrier de Kate Rich, si toutefois elle avait été assassinée, ni ne le rendait coupable de tout autre méfait. Mais les enquêteurs seraient ravis de rencontrer la jeune Becky et d'avoir sa propre version des faits. Si elle vivait vraiment avec un routier en Floride, il ne serait pas difficile de la retrouver.

Ils interrogèrent à nouveau les habitants de Stoneburg, espérant obtenir des indices, quelque chose qu'ils n'avaient pas dit jusqu'à présent. Puis un jour, une femme révéla un point fort intéressant. Elle relata que Lucas lui avait offert de lui vendre deux des bagues de «son épouse», lui racontant qu'après être partie, elle lui avait renvoyé les bagues en question. Ce comportement n'était pas celui d'une jeune fille de seize ans.

Les policiers retournèrent sur le site de l'église afin de questionner Lucas de façon plus approfondie. Il le trouvèrent avec sa valise prêt à partir. Après lui avoir demandé ce qu'il faisait, Lucas répondit qu'il était resté ici suffisamment longtemps et que le temps de changer de paysage était venu. Après lui avoir demandé où se trouvait la jeune fille, il répondit aux policiers qu'elle pouvait se trouver n'importe où. Mis en face du fait qu'il avait essayé de vendre ses bagues, Lucas répondit qu'elle les lui avait données en partant de peur de se les faire voler en faisant de l'autostop.

On ne pouvait rien tirer de Lucas, mais cependant s'il quittait la région il serait impossible de le retrouver et les deux policiers sentir chez ce vagabond un sentiment sinistre et méchant. Ryan demanda à Lucas s'il ne voyait aucune objection à ce qu'il jette un coup d'œil dans sa valise. En haussant les épaules, Lucas lui répondit qu'il n'y avait aucun problème à cela. Fouillant parmi les vêtements, Ryan découvrit un grand couteau doté d'une lame coupante et pointue. Lucas déclara qu'il l'avait toujours lorsqu'il voyageait au cas où il se ferait agresser. « Il y a toujours quelqu'un qui vous cherche des noises. » lança-t-il au policier. Cette fois-ci Ryan avait un motif pour arrêter Lucas : possession et dissimulation illégales d'arme. Il lut à Lucas ses droits et le conduisit à la prison locale de Montague.

Une fois en prison, Lucas qui avait renoncé à la présence d'un avocat, interloqua les policiers en s'adressant à eux d'une façon méprisante : « Ce n'est pas le couteau qui vous intéresse, les gars... Ce que vous voulez ce sont des renseignements au sujet de Kate Rich et de ma femme Becky. » Il parlait de façon discordante, à peine audible, hâtive et violente.

« Je vais vous dire une chose » continua-t-il : « Vous vous fourrez le doigt dans l'œil, les gars. Vous ne saurez jamais ce qu'elles sont devenues, sauf si je vous le dis. » C'était la fin d'une vie de vagabondage, de tueries au hasard. Lucas était fini. Il allait avouer des centaines de meurtres, mais sans aucun remord, ce qui pour lui était plus la reconnaissance d'une futilité empreinte d'ironie et d'un dégoût de soi. Lucas avait atteint un point de destruction de lui-même.

Les policiers interrogèrent Lucas pendant quelques heures, au cours desquelles il faisait des remarques énigmatiques, offrait des moitiés d'indices alléchants, cherchant à manœuvrer psychologiquement les policiers. Puis, finalement, comme si tout cela l'ennuyait, il dit sèchement « Jamais vous ne réussirez à les trouver. Je suis fatigué de tout cela. Je vais vous montrer où elles sont. »

Il conduisit les policiers sur le terrain de camping de l'église où il avait vécu. Derrière le bâtiment se trouvait une vieille cuisinière en fer qui avait été jetée là. « Ce qui reste de Kate est à l'intérieur», dit-il. La cuisinière était remplie d'os carbonisés. «Je l'ai découpée en morceaux et je l'ai brûlée.» dit Lucas tranquillement.

Lorsque les policiers lui demandèrent où se trouvait Becky, il les conduisit dans un champ isolé et leur dit: «Cherchez-la vous-mêmes. Elle est partout, en morceaux.» Et les policiers découvrirent de grosses portions de corps en décomposition ayant appartenu à une jeune femme.

Lucas resta assez peu bavard sur la raison pour laquelle il avait tué Kate Rich, bien qu'il avoua avoir pris l'argent qui se trouvait dans son portefeuille. Concernant Becky, elle désirait le quitter ce qui l'avait rendu fou, lui qui avait été si gentil avec elle. La police soupçonnait que Becky en savait trop sur la disparition de Kate Rich et qu'il l'avait réduite au silence.

Pour les policiers c'était la routine et ils étaient satisfaits. Lucas avait avoué deux meurtres et fut traduit devant la cour pour une audience préliminaire, présidée par le juge Frank Doughit au Tribunal de Montague. Alors que le procureur relatait les détails des meurtres, le juge qui remarqua le petit sourire narquois se dessiner sur le visage de Lucas, lui rappela sèchement qu'il était là pour meurtre et que cela n'avait rien de drôle. «Je le sais, votre honneur, répondit-il, Je l'ai fait une centaine de fois.»

«Qu'avez-vous dit?» s'enquit le juge.

«J'ai tué environ une centaine de femmes» répondit Lucas. «Peut-être plus si je fais le compte. Je sais qu'il n'est pas normal pour un homme de tuer une femme parce qu'elle refuse de se donner à lui, mais c'est pourtant ce que j'ai fait de nombreuses fois.» Il parlait avec une espèce de fierté morbide.

Le juge demanda au procureur: «Cet homme est-il psychologiquement apte à être traduit devant un tribunal?» Avant toute réponse du procureur, Lucas s'empressa de s'adresser au juge: «Monsieur le Juge, si vous pensez que je suis fou, il y a plus d'une centaine de femmes dehors qui pensent le contraire. Oui, je dirais que je suis mentalement apte et que je suis coupable. Tout ce que je souhaite est que tout cela s'arrête une bonne fois pour toutes.»

Le juge suspendit l'audience, remit à plus tard toute investigation et fixa le montant de la caution à un million de dollars. Lorsque l'avocat de la défense désigné par la cour protesta sur le montant trop élevé de la caution, Lucas se mit à rire. Puis Lucas déclara qu'il désirait se libérer de tous ses meurtres et promit à la police de tout avouer. «Je veux finir ce que j'ai commencé, je veux rendre aux morts ce que je leur ai enlevé.» Le juge demanda à trois psychiatres d'examiner Lucas pour savoir s'il était apte à passer en jugement.

De retour à la prison, Lucas relata son long parcours entaché de meurtres, sur des années en arrière et sur tout le territoire américain. «Laissez-moi vous parler de mon dernier crime», dit-il en souriant. Il narra avoir pris une jeune femme en autostop, lui avoir tranché la tête, puis fait l'amour avec son torse encore chaud. «C'était dégoûtant, mais j'aimais ça,» dit-il. Il continua: «J'aime faire l'amour à une femme morte parce que ni elle ne braille, ni ne se débat, elle se laisse faire.»

Un des policiers qui l'écoutait, pensa qu'il pouvait avoir inventé ces meurtres dans l'espoir d'être reconnu dément. Lucas était cinglant dans ses propos et répliqua: «Vous me prenez pour un menteur? D'accord, mais demandez-leur à Plainview si par hasard ils n'ont pas trouvé un corps sans tête et demandez aux habitants de Scottsdale en Arizona, s'ils n'ont pas trouvé une tête sans corps.» Lucas dessina une esquisse grossière des traits de la femme comme il se les rappelait.

Après vérification, la police retrouva le torse d'une femme d'environ vingt ans à Plainview au Texas, en décembre 1981. Les recherches dans la région pour localiser la tête ne donnèrent rien, mais une autopsie révéla qu'elle avait été décapitée alors qu'elle était encore vivante, car il y avait du sang dans les poumons indiquant qu'elle avait suffoqué alors qu'on lui tranchait la gorge.

Dix mois plus tard, des campeurs retrouvèrent un crâne dans le désert près de Scottsdale en Arizona. Les policiers avaient passé des semaines entières à rechercher un corps qui serait susceptible de se marier avec la tête, et avaient confectionné un portrait robot en argile de la tête dont ils avaient fait des photos qu'ils distribuèrent à tous les commissariats. (Les esquisses dessinées par Lucas étaient d'une ressemblance assez troublante avec le modèle.)

Le crâne fut finalement envoyé à Plainview où des anthropologistes le comparèrent au squelette du torse, et il s'avéra qu'il était «très probable» que les deux parties s'emboîtent. La victime était une femme de race blanche, âgée de vingt ans, mesurant environ un mètre cinquante-deux et pesant dans les quarante-cinq kilos. Mis à part la description que Lucas avait faite d'elle, cette femme ne fut jamais identifiée et reste encore aujourd'hui étiquetée sous le nom de «Jane Doe *».

En raison de la confession faite par Lucas – se référant à de nombreux meurtres sur tout le territoire américain, de nombreux policiers d'autres états interrogèrent Lucas. Il avoua au shérif Jim Boutwell du Comté de Williamson, avoir tué une jeune femme non identifiée près de George-

* *Nom donné aux cadavres de femmes non identifiées.*

town, dans le Texas, en 1979. Lucas relata qu'il l'avait prise en stop à Oklahoma City et il révéla au shérif: lui avoir fait l'amour sur une aire de repos, et l'avoir étranglée à mains nues. Puis, une fois morte, il assouvit à nouveau ses envies sexuelles. Lucas conserva son corps dans sa voiture jusqu'au Texas, puis le jeta sur une décharge à Georgetown. On découvrit le corps en 1979, au cours de la nuit de Halloween. N'étant pas certain de l'identité de sa victime, Lucas se rappela son prénom qui était soit Joanie, soit Judy, puis il donna des détails que seuls la police – et le meurtrier – pouvaient connaître.

Lucas déclara avoir tué depuis l'âge de treize ans plus de cent femmes. C'était comme une force qui était en lui, disait-il. Il décrivit la façon dont il tuait, soit par balle, soit en les poignardant, soit en les étranglant, puis disposait les corps un peu n'importe comment, en enterrait certains et brûlait les autres. Souvent il transportait les morceaux des corps découpés avec lui dans sa voiture.

Les détails de plusieurs meurtres qu'il avoua, résolvèrent des cas que la police du Texas essayait d'élucider depuis des années. Ce fut le cas du meurtre d'un jeune couple tué par balle en 1978. Kevan Kay et sa petite amie Rita Salazar, âgés respectivement de dix-neuf et dix-huit ans, étaient allés cette nuit du 5 novembre 1978, voir le film *Midnight Cowboy.* Alors qu'ils rentraient à Georgetown, ils tombèrent en panne d'essence et se virent dans l'obligation de faire du stop. Le corps de Kevan Kay fut retrouvé dans le Comté du shérif Boutwell le 6 novembre 1978 et ce même jour on retrouva le corps de Rita Salazar soixante miles plus loin, près de Waco. Les deux cadavres portaient de nombreuses blessures par balle.

Les deux adolescents avaient été pris en stop par Lucas, qui les avait conduits chez son nouvel «associé», Ottis Elwood Toole, qui était un oncle de «Becky» Powell.

Tous les trois avaient vécu ensemble pendant quelque temps à Jacksonville en Floride, et travaillaient également ensemble sur tout le pays. Lucas avait rencontré Toole à Jacksonville en 1976 dans une mission pour laquelle il faisait la cuisine. Les deux hommes devinrent amis, puis amants.

Lucas s'installa chez Toole et c'est là qu'il rencontra pour la première fois Frieda «Becky» Powell, qui était à cette époque âgée de douze ans. Il passa de longs moments avec elle, lui réparant son vélo, discutant avec elle, jusqu'à ce que petit à petit elle devienne complètement sa chose.

Après avoir narré en détail une demi-douzaine de meurtres rien qu'au Texas, Lucas demanda à faire une pause et dit: «Donnez-moi un bloc de papier et un crayon pour inscrire mes pensées. Je ne peux pas me souvenir de toutes comme cela.»

Alors qu'il était assis dans sa cellule, listant tous les détails et les lieux de ses massacres, la police des différents états qu'il avait mentionnés, vérifia son histoire. Certains des corps avaient déjà été retrouvés et d'autres étaient enterrés comme il l'avait indiqué.

On retrouva dans une carrière de cailloux, le corps nu d'une enfant de douze ans, venant de Denton, au Texas. Puis le corps mutilé d'une autre femme non identifiée fut retrouvé dans un caniveau près de Georgetown au Texas. Une femme fut étouffée à son domicile près d'Odessa, au Texas et Lucas rappela en détail comment l'oreiller avait éclaté, permettant aux plumes de s'envoler. A Fort Bend au Texas, une jeune femme de vingt-deux ans fut retrouvée poignardée sous un pont de chemin de fer. Lucas se souvenait qu'elle portait des dessous noirs avec le mot «Mardi» brodé dessus.

Il avait listé dix meurtres sur son bloc de papier qu'il avait commis en Floride. Lorsqu'il remit le bloc aux policiers, il dit: «Je sais qu'il y en a d'autres, mais cela peut me prendre un moment pour me les rappeler.»

Tous les meurtres listés étaient restés inexpliqués et il avait donné des détails précis que seul le tueur pouvait connaître. Lorsque les policiers lui parlèrent de crimes ayant eu lieu dans différents états, Lucas fronça les sourcils d'un air pensif et répondit: «Oui, c'est moi qui en suis l'auteur», ou «Non, ce n'est pas moi. Vous devez comprendre que je ne suis pas le seul mec à tuer des femmes.»

Finalement, il relata des meurtres qu'il avait commis dans l'état de New York à la Californie, et de l'Etat de Washington à la Floride. Il avait sévi à travers les Etats-Unis, de la côte Est à la côte Ouest. Puis il dit d'une manière triomphante: «Je ne racontais pas de blague lorsque je disais avoir tué cent femmes. Il y en a plus, mais pour certaines d'entre elles je ne me souviens ni où, ni ce que j'ai fait avec elles.»

Au cours des mois qui suivirent, le pays entier lut avec une fascination morbide la déposition de Lucas dans laquelle on répertoriait 360 meurtres. Souvent il se rétractait, puis revenait sur sa déposition, et bien sûr ne faisant pas foi en sa mémoire, nous avions quelques doutes sur l'ensemble de son histoire. Mais la découverte de plusieurs cadavres à plusieurs endroits qu'il avait indiqués, prouvait qu'il ne faisait pas que fantasmer.

La plupart de ses victimes étaient des femmes et de jeunes enfants qu'il avait violés, torturés et tués. Il déclara en avoir crucifié certaines et découpé d'autres «en filets comme du poisson».

Concernant ses motivations, il dira: «J'en voulais beaucoup au monde entier... Je n'avais rien que de la haine. Tuer quelqu'un était comme se promener. Si je voulais une victime, je n'avais qu'à sortir.»

Ce qui était assez curieux dans l'affaire Lucas c'était

son association avec Ottis Elwood Toole, qui avait certaines tendances sexuelles vis-à-vis des enfants. Lorsque Lucas fit référence à Toole comme son complice dans ses massacres, l'enquête prit une autre dimension. Le shérif Boutwell se rendit à Jacksonville en octobre 1983 pour interroger Toole qui se trouvait en détention provisoire pour le meurtre de Kevan Kay et pour enlèvement aggravé et meurtre sur Rita Salazar. La balistique montra que les deux victimes avaient été tuées avec la même arme, un pistolet de calibre 22.

L'équipe Lucas-Toole fut impliquée dans cinq autres meurtres dans l'état du Texas, avec preuves à l'appui. Le 11 août 1983 à Odessa, Lucas fut reconnu coupable du meurtre de Beverly Joyce Luttrell, âgée de quarante-six ans, dont le corps dénudé avait été retrouvé à son domicile le 13 mars 1981. Elle avait été étranglée avec le cordon du téléphone.

Toole fut inculpé le 9 novembre 1983 pour avoir tué d'un coup de matraque «Happy» Howry, âgé de soixante-six ans, un vendeur de chaussures à Odessa, dont le corps fut retrouvé sur un terrain vague à Big Spring, au Texas, à cinquante miles d'Odessa.

Pendant ce temps, Lucas était parti avec les policiers jusqu'à Conroe, à quarante miles au nord de Houston, pour leur indiquer le lieu où il avait déposé trois cadavres de femmes. Lucas fit des aveux écrits à la police de Conroe avec le détail des meurtres de Glorie Stephan, âgée de vingt-huit ans, dont le corps fut retrouvé près de Magnolia, au Texas, le 2 octobre 1981 ; d'une femme non identifiée dont le corps brûlé fut découvert dans la région le 16 avril 1983 ; et Laura J. Donez, âgée de seize ans, étudiante à Houston, dont le corps fut retrouvé le 17 mars 1983. Bien que les corps aient été localisés avant que Lucas n'identifie les sites, il donna de nouveau détails que seul le tueur pouvait connaître. En conséquence, il fut inculpé d'enlèvement, d'agressions sexuelles et de meurtres sur ces trois femmes.

La police continuait à lister de nouveaux cas alors que Lucas parlait. Le 17 septembre 1983, il fut inculpé par le grand jury du Comté de Fort Bend, au Texas, pour avoir poignardé et entraîné la mort de Deion Marie Wilkinson, âgée de vingt-deux ans, à Houston.

A présent, chacun se débrouillait pour charger Lucas. Les autorités de la Louisiane apportèrent des charges à l'encontre de Lucas pour l'enlèvement et le meurtre par balle de Kathy Whorton, une étudiante de dix-neuf ans, le 4 avril 1981. Les autorités de six autres régions du Texas chargèrent également Lucas pour meurtres et demandaient qu'il leur soit remis après avoir été jugé pour les meurtres de Kate Rich et de Frieda Powell.

Lucas narrait encore les détails de certains meurtres, quand le temps arriva pour lui d'être jugé pour celui de Kate Rich. Les trois psychiatres qui l'avaient examiné le déclarèrent apte à assister à son procès. Juste avant de se présenter devant la cour, Lucas fit une tentative de suicide en se coupant les veines avec une ampoule brisée. On le retrouva couvert de sang dans sa cellule et il fut conduit à l'hôpital pour les premiers soins. Lucas dit au médecin qui lui avait bandé les poignets: «Je n'irai devant aucun tribunal! Je leur ai déjà dit – et s'ils me laissent seul, j'en finirai.»

Le 30 septembre 1982, devant la cour où était jugé Henry Lee Lucas pour le meurtre de Kate Rich, l'avocat de la défense plaida non coupable pour démence. Lucas manifesta sa colère et déclara à la cour: «Je ne suis pas innocent. Je ne suis pas fou! Des psychiatres m'ont examiné et tous on dit que je n'étais pas fou. Si vous, vous pensez que je suis malade, alors *vous êtes* fous.» Lucas plaida coupable pour le meurtre de Kate Rich, auquel il ajouta un total de 157 femmes tuées de ses propres mains, y compris sa mère.

Il avait dit au shérif Conway: «Je suis le seul à savoir ce qui est arrivé à Kate Rich et à Becky. Personne ne les retrouvera sauf si je vous le dis.»

Le juge Douthwit s'entretint avec l'accusation et la défense se demandant s'il devait accepter la culpabilité de Lucas, ce qui ferait gagner du temps et de l'argent au pays. Face à l'attitude inflexible de Lucas devant sa reconnaissance de culpabilité, le juge le déclara coupable et le condamna à soixante-cinq ans de prison, ce qui équivalait à la perpétuité.

En octobre 1983, Lucas se retrouva à nouveau devant le tribunal, cette fois-ci pour le meurtre de sa concubine Frieda «Becky» Powell. Le 9 novembre, après avoir été reconnu coupable, il retourna en prison, mais pas pour longtemps. En effet, il restait à sa charge six meurtres dans l'Etat du Texas, la Floride en comptait huit et il en était de même pour d'autres états. Plusieurs procureurs jurèrent de poursuivre Lucas jusqu'à ce qu'il obtienne la peine de mort.

Un procureur dira: «Une chose est certaine, il ne sortira jamais de prison vivant. Il a aujourd'hui quarante-six ans et il y a suffisamment de meurtres retenus contre lui pour qu'il soit condamné à deux fois ce qui lui reste à vivre.»

Un policier à qui l'on demandait si le nombre des crimes commis par Lucas était de 157, répondit: «Je ne sais pas. Il nous a éclairés sur des meurtres qui étaient restés sans réponse depuis des années et nous a montré des tombes avec des corps ensevelis, alors que les victimes étaient portées disparues. Il ne connaît pas le nombre exact de ses meurtres, qui peut dépasser les 157. Il ne se souvient pas, ou n'a jamais su le nom de ses victimes, mais en revanche il peut vous dire la couleur de leurs sous-vêtements et le lieu où il a laissé leurs corps sur tout le territoire américain.»

Le Texas Rangers, Phil Ryan se demandait comment il pouvait être possible pour un homme de commettre autant de crimes, sans jamais avoir soulevé le moindre soupçon. A cela il répond très simplement: «C'était un vagabond, qui se contentait de cigarettes, d'un vieux tacot, et d'un réchaud à gaz. Il ne restait jamais au même endroit plus d'un mois. Il faisait de petits travaux et lorsqu'il était à court d'argent, il vendait son sang à des banques du sang. La plupart du temps il n'avait aucun contact personnel avec ses victimes avant de les exécuter.»

Il continua: «De plus il n'avait aucun *modus operandi:* il pouvait tuer en poignardant ses victimes, en leur tirant une balle dans la tête, en les étranglant ou en les étouffant, puis il déménageait et recommençait. Il n'avait aucune préférence d'âge: il tuait aussi bien des petites filles de douze ans, que des femmes de quatre-vingts ans, si elles refusaient de faire l'amour avec lui.»

Il restait au policier J.T. Terry de Jacksonville, en Floride, à élucider le rôle du tandem Lucas-Toole. Il avait pleinement conscience qu'une douzaine de meurtres et plus à Jacksonville et dans les environs, sur une période de plus de trois années, portaient la marque de fabrique de Lucas.

Il se rendit alors au Comté de Montague afin de discuter avec Lucas du passé de «Becky» Powell. Il passa un jour entier à écouter Lucas se vanter de ses meurtres, se qualifiant à plusieurs reprises comme le «meurtrier du clair de lune». Jamais dans toute sa carrière, le commissaire Terry n'avait entendu une telle narration de sang et de meurtres. Comment croire que ce vagabond, borgne de surcroît, pouvait avoir commis de telles atrocités? C'était un homme qui avait rompu tout contrat avec la société et qui était devenu inhumain.

Avec calme, Lucas dit au commissaire Terry qu'il avait tué huit femmes à Jacksonville, et que Toole l'avait aidé à transporter les cadavres plus loin. Lucas donna alors des détails sur ces meurtres qui ne furent jamais rendus publics.

Lors d'une interview, le policier Terry raconta: «Je n'ai jamais passé un jour aussi déprimant. C'était quelque chose de terrible que de s'asseoir là et de l'écouter parler de ses crimes – dont celui de sa propre mère – et pour lesquels il n'exprimait aucun remord. Lorsque je lui demandai: « Pourquoi avoir tué des femmes?» il me répondit: «Sacrebleu, elles étaient *là.*» «Lorsque je voyais une femme, elle m'appartenait.» «Il ne faisait pas le tour du pays simplement pour rechercher une femme, mais s'il en voyait une seule, elle devenait sienne.»

Terry avait pour tâche de rassembler tout ce qu'il savait lorsque Lucas avait vécu avec Toole et Becky Powell. De retour à Montague, Lucas exprima des remords à propos du meurtre de Becky: ce fut le seul de tous ses meurtres qui lui rongea l'esprit, et il dit à Terry: «Elle fut la seule femme que j'ai aimée.» Terry lui demanda pourquoi, alors, il l'avait tuée. Lucas pencha la tête et il marmonna: «Seulement parce que je devais le faire.»

Les personnes qui avaient connu Lucas et Becky à Jacksonville se les rappelaient très bien, parce que la jeune adolescente et le vagabond débraillé formaient un couple quelque peu incongru. Lucas était âgé de quarante ans, de petite taille et pesait dans les soixante-dix kilos. Il avait des cheveux brun foncé et dans tous les sens, il portait des lunettes à travers lesquelles on ne voyait rien tant elles étaient sales. Ses vêtements étaient toujours dégoûtants et couverts de taches. En revanche, Becky était une «fille adorable» – toujours impeccable sur elle et très bien vêtue. Elle vivait avec sa tante qui prenait soin d'elle.

La police réussit à lister d'une façon chronologique les meurtres de Jacksonville. Le premier meurtre eut lieu le 27 novembre 1979 au cours d'un cambriolage dans un motel, où il abattit d'une balle Elizabeth Dianne Knotts, âgée de trente-et-un ans. Deux semaines plus tard, Debra Lynn O'Quinn, âgée de dix-huit ans fut poignardée à son domicile et l'on découvrit ce qui restait de son squelette dans un bois près de Jacksonville le 10 décembre 1979.

En 1980, Lucas tua plus de cinq femmes. La première fut Jamie L. Collins, âgée de soixante-seize ans qui, le 5 janvier, fut battue, poignardée à mort et agressée sexuellement.

Le 27 mars, Jo Scheffer, âgée de quarante-cinq ans, fut également battue et poignardée jusqu'à ce que mort s'en suive. On retrouva son corps nu dans un centre de soins. Juste quatre mois plus tard, Regina Azell Campbell, âgée de vingt-quatre ans, fut retrouvée le 12 juillet sous une voiture ; elle avait été étranglée. Huit jours après, Tammy Keel Conners, âgée de dix-neuf ans, fut découverte dans un ravin près de Jacksonville. Puis, trois jours avant Noël, on retrouva le corps de Brenda Elaine Harden, âgée de vingt-huit ans et mère de deux enfants, poignardée à son domicile.

La huitième victime de Jacksonville, dont le meurtre fut reconnu par Lucas, était une femme de cinquante-huit ans, appelée Shirley Ogden, de passage à Jacksonville et qui demeurait dans un appartement à côté de la pension de famille de Lucas, Toole et Becky. Son corps fut retrouvé dans une allée le 14 avril 1981.

Puis, la tante de Becky qui avait une grande influence sur le trio, décéda d'un infarctus en juin 1981. Becky fut alors placée dans une famille d'accueil, mais six mois plus tard Lucas et Toole la firent évader et elle vint habiter avec eux à Jacksonville.

A la fin de l'année 1981, Lucas quitta la Floride et emmena Becky avec lui. Jusqu'à l'arrestation de Lucas en juin 1983, le couple traîna d'un état à l'autre, voyageant dans un tas de ferraille en guise de voiture et faisant de petits travaux sur leur route pour gagner un peu d'argent. Et pendant tout ce temps Lucas tua… Si Becky était au courant des habitudes macabres de Lucas ? personne ne le saura jamais, mais Lucas ne montra jamais le moindre remord. Il disait à Terry : « Elles sont mortes, pourquoi être désolé ? »

La police de Jacksonville annonça qu'elle fermait avec satisfaction le dossier de Lucas sur les huit victimes, qu'il avait avoué avoir exécutées. A eux seuls, les détails qu'il avait donnés reflétaient la réalité. En qualité de médecin ayant examiné Lucas, le Dr Peter Lipkovic rapporta aux journalistes : « Dans le cas de Jamie L. Collins, qui était âgée de soixante-seize ans, Lucas décrivit comment il l'avait frappée dans son lit, traînée dans le salon où il lui avait tranché la gorge, puis l'avait violée et recouvert son corps des plumes de son oreiller déchiré. La police n'avait jamais divulgué que le corps avait été traîné d'une pièce à une autre, ni que des plumes d'oreiller avaient été trouvées sur les lieux du crime. Cela était plus qu'une simple coïncidence ; une imagination fertile ? mais peut-être un peu trop. »

Le procureur Ed Austin déclara que la Floride n'insisterait certainement pas pour l'extradition de Lucas concernant les meurtres qui lui étaient reprochés, étant donné que l'essentiel des charges qui pesaient sur lui relevaient d'actes commis au Texas. « Nous devrions regarder soigneusement à utiliser l'argent du contribuable pour le ramener ici. » dit-il.

Au milieu de 1983, une conférence eut lieu à Los

Angeles, à laquelle assistaient quatre-vingts officiers de police venant de vingt états différents afin de mettre en commun leurs informations sur les agissements de Lucas et Toole à travers l'Amérique. A le fin du troisième jour, il fut établi que le duo avait participé à vingt-huit meurtres sur dix états et qu'il restait soixante-neuf crimes à étudier. Lucas avait dit à l'officier Terry: «Nous avons commis un meurtre dans chaque état, à l'exception de l'Alaska et de Hawaii.»

Pendant ce temps, Toole qui était en prison en Floride et purgeait une peine de vingt années pour deux incendies criminels, fit à nouveau la une des journaux lorsque la police de Hollywood annonça le 2 octobre 1983, qu'il était reconnu coupable du meurtre d'Adam Walsh, âgé de six ans seulement. Le commissaire Sam Martin confia aux journalistes: «Toole a tué Adam Walsh seul et nous en sommes absolument certains.»

Le petit garçon avait disparu dans un grand magasin de Hollywood le 27 juillet 1981. On retrouva sa tête flottant sur un canal, près de là, quinze jours plus tard mais la cause de sa mort ne put être établie. La brutalité de ce meurtre outragea l'opinion publique qui partit en croisade afin de modifier la loi pour permettre au *FBI* d'enquêter sur les disparitions d'enfants, et d'avoir accès aux données informatiques du *National Crime Centre*. Les parents du petit Adam firent pression sur le Congrès pour promulguer une telle loi et finirent par obtenir satisfaction. Lorsqu'elle fut votée, les parents du petit garçon se trouvaient à la Maison Blanche pour regarder le Président Reagan signer la loi sur les disparitions d'enfants, en octobre 1982. Le cas fut bien sûr dramatisé dans une série télévisée intitulée *Adam* et dont le film avait été retransmis une semaine avant que Toole ne signe ses aveux à la police de Hollywood.

Toole conduisit les officiers de police sur les lieux où il

disait avoir enterré ce qui restait du petit garçon, mais aucun tronc humain ne fut retrouvé. Cependant le commissaire Martin nota : « Certaines déclarations données par cet homme nous ont convaincus qu'il disait la vérité. Il parla à mes hommes, de détails que seul le tueur pouvait connaître. Ses réponses nous ont satisfaits. » Il ajouta que Toole était allé jusqu'à Fort Lauderdale avec l'intention d'enlever quelqu'un. C'est alors qu'il remarqua Adam sur le trottoir et l'amena à monter dans sa voiture en lui promettant des bonbons.

Le commissaire déclara que c'était Terry qui avait recueilli la déposition de Toole à la prison du Comté de Duval à Jacksonville. Après un mois de discussions suite à une information donnée par Lucas reliant Toole aux incendies.

Suite à un incendie criminel, Toole fut accusé de la mort de Nicholas Sonneberg, âgé de soixante-quatre ans et demeurant à Jacksonville. Sonneberg était en effet décédé le 4 janvier 1982 au cours d'un incendie volontairement mis à la pension de famille dans laquelle il vivait.

Au cours de son interview avec l'officier de police Terry, Toole déclara « qu'il ne savait rien du meurtre du petit garçon de Fort Lauderdale ». Finalement il accusa Lucas, contre lequel il désirait se venger. Malheureusement pour Toole, au moment du meurtre d'Adam, Lucas était en prison à Delaware.

Terry s'adressa à Toole en lui disant : « Je sais que Henry n'a pas pu commettre ce meurtre car à ce moment-là, il purgeait une peine de prison. Avez-vous tué ce petit garçon ? » C'est alors que Toole se mit à pleurer et à sangloter : « Oui, c'est moi. »

Suite à cela, la police de Hollywood interrogea le suspect et obtint une déposition signée, puis le commissaire Martin déclara : « Faites que Charles Manson ressemble à Tom Sawyer et Huckleberry Finn. »

Le commissaire Martin révéla tous les meurtres que Toole avait avoués, seul celui du petit Walsh paraissait l'ennuyer: «Il regrettait d'avoir frappé cet enfant», dit Martin, «Il s'effondra et se mit à pleurer lorsqu'il relata le meurtre d'Adam.»

Le 1er novembre 1983, Toole se rétracta et son avocat fit une conférence de presse au cours de laquelle il dit: «Il nie avoir fait de tels aveux, il nie avoir tué Adam Walsh.»

Le commissaire Martin répondit à cela: «Nous aurions été extrêmement surpris si, à un moment ou à un autre, le suspect n'était pas revenu sur sa déposition. C'est juste une façon de vous faire jouer le jeu.»

La presse, dont les gros titres relataient les meurtres de Lucas-Toole, fit prendre conscience à l'Amérique de la présence des tueurs en série sur son territoire. Lorsque le psychologue Joel Norris commença à étudier le cas de Wayne Williams (coupable du meurtre de deux enfants à Atlanta en Georgie, mais suspecté de plus de vingt-six crimes), il réalisa qu'il y avait au moins six affaires non portées au public, relatives aux tueurs en série seulement en Géorgie et des douzaines dans toute l'Amérique.

Norris écrivit alors un livre sur les tueurs en série, dans lequel il notait: «... la majorité des tueurs en série sont des personnes malades physiquement et psychologiquement. Presque tous ont des cicatrices sur le corps, des doigts en moins, des traces d'anciennes contusions et de multiples écorchures au niveau du cou et de la tête.» Il remarqua aussi que bon nombre d'entre eux avaient subi des blessures à la tête – Earle Nelson en est le cas type. Beaucoup avaient été abusés lorsqu'ils étaient enfants et avaient manqué d'affection maternelle. Mais ce qui intéressait le plus Norris étaient les déformations physiques. A propos de cela il disait: «Curieusement, ils sont nombreux à avoir des problèmes physiques et congénitaux, comme les doigts palmés, les lobes des oreilles collés, les membres étirés, et autres anomalies.» Norris semble confirmer les théories de Lombroso.

Norris remarqua que très souvent le tueur en série se crée un masque, afin de cacher au monde ses tendances perverses. En fait, beaucoup d'entre eux paraissent être des citoyens modèles. John Gracy était un homme d'affaires qui fut photographié serrant la main de Jimmy Carter. Ted Bundy était un militant politique. Wayne Williams s'occupait de sa propre agence de publicité.

Norris conclut en disant qu'un examen médical pourrait diagnostiquer un tueur en série avant qu'il ne passe à l'action. En revanche, il a un avis assez pessimiste sur les résultats de la peine de mort: «Paradoxalement, il désire mourir et la menace de la chambre à gaz, de la chaise électrique ou d'une injection mortelle n'est qu'une motivation à continuer à tuer tant qu'il n'est pas arrêté et condamné à la peine capitale... Le tueur en série ne peut pas plus s'arrêter de tuer qu'un toxicomane ne peut supprimer l'héroïne.»

J'aurais pensé que c'était un argument pour mettre les tueurs en série hors d'état de nuire, tout comme un chien méchant.

Chapitre XIII

Colin Pitchfork: Un tueur piégé par la science

Ce ne sont pas les meurtres de deux collégiennes qui retiennent notre attention dans l'affaire Pitchfork, mais la façon dont la police réussit à l'appréhender. Les «Meurtres d'Enderby» sont devenus un classique international dans l'histoire médico-légale et fut un tournant important dans le combat mené contre le crime, comme le fut la découverte des empreintes digitales en 1901.

En novembre 1983, Lynda Mann, âgée de quinze ans, quitta son domicile *The Coppice* à Narborough près de Leicester, pour se rendre chez une amie dans le village voisin, à Enderby. Prenant un raccourci par le sentier du Black Pad, elle ne devait jamais arriver à destination. Le lendemain matin, on retrouva son corps près du chemin qu'elle avait emprunté. Elle avait été étranglée avec sa propre écharpe et violée. Une longue enquête policière n'aboutit à rien, mais la routine veut qu'en cas de viol, le sperme du violeur soit conservé. En effet, depuis plusieurs années il est maintenant possible de déterminer le groupe sanguin d'une personne à partir de son sperme ou de sa salive.

Face aux Meurtres d'Enderby, la police se trouvait dans une impasse, mais elle était certaine d'une chose:

elle poursuivait le plus dangereux des criminels de notre société, le tueur sexuel et elle savait qu'il frapperait à nouveau.

Il frappa trois ans plus tard en juillet 1986. Cette fois-ci, la victime était Dawn Ashworth, une autre collégienne de quinze ans, demeurant à Enderby. Elle disparut alors qu'elle rentrait de chez une amie et l'on découvrit son corps trois jours plus tard, caché près d'un autre sentier isolé. A demi-nue, elle portait de terribles marques de violence, car elle avait été battue à mort et violée de façon très brutale. De nombreuses blessures à la tête, au visage et aux parties génitales, montraient qu'elle s'était débattue. Son corps fut retrouvé à moins d'un mile du lieu où l'on avait découvert celui de Lynda Mann.

La police était maintenant certaine que le meurtrier des deux collégiennes était une personne de la région. Evidemment, chaque habitant voyait en son voisin un tueur potentiel, abattant ses filles comme des pigeons. Puis un jour, un jeune homme de dix-sept ans qui rôdait aux alentours du lieux du crime, fut arrêté et inculpé du meurtre de Dawn Ashworth. Les policiers poussèrent alors un gros soupir de soulagement, pensant que l'enquête était terminée.

Cependant le commissaire chargé de l'affaire n'était pas satisfait. Il eut connaissance d'une découverte scientifique capitale à l'Université de Leicester. En effet, le Dr Alec Jeffreys, biologiste, avait mis au point « le système d'empreintes génétiques ». La police demanda alors au Dr Jeffreys de vérifier l'ADN du suspect à partir de taches de sperme prélevées sur la victime.

Pour ceux dont les connaissances de la biologie sont un peu justes, il convient de donner quelques explications : « L'empreinte génétique » relève du domaine de la sérologie, une branche de la médecine qui étudie le sang et tout autre liquide du corps humain. Depuis longtemps, les scientifiques peuvent déterminer le groupe sanguin de chaque individu, mais au milieu des années cinquante, ils découvrirent que les cellules de la peau possèdent les caractéristiques du sang et peuvent ainsi être testées exactement de la même façon.

Depuis 1911, nous savions que chaque être humain était formé d'une centaine de millions de cellules et comprenant chacune une protéine entourant un noyau contenant de l'acide nucléique. En 1911, le biochimiste P. Levene découvrit la présence de deux types d'acide nucléique, l'ARN ou l'ADN, selon qu'il contient du ribose ou du désoxyribose. Grâce à un colorant la cellule se colore et met en évidence les chromosomes : des substances ayant l'apparence de filaments. Chaque cellule est composée de quarante-six chromosomes : vingt-trois proviennent du sperme du père, vingt-trois de l'ovule de la mère, et l'ensemble constitue l'ADN.

Dans les années 40, nous réalisâmes que l'ADN était le module magique de la vie, la substance qui imprime le code secret déterminant si nous allons naître avec des cheveux roux ou bruns, des yeux marrons ou bleus – en fait, elle établit ce que nous allons devenir. Si vous êtes gaucher, c'est parce que votre code génétique en a décidé ainsi. Les instructions sont très précises.

Mais comment le code ADN fait-il exactement pour délivrer ces instructions ? Les scientifiques disaient qu'il y avait un code identique à une série de points et de traits. Chaque code est unique à chaque individu (comme le code-barre sur les articles d'une épicerie), ce qui explique pourquoi deux individus ne sont pas exactement identiques, sauf les vrais jumeaux qui partagent le même code génétique. Puisque le code détermine les caractéristiques d'un être humain, dans un certain sens nous sommes tous «programmés» avant la naissance. Dans le monde cloîtré des scientifiques, tout était fondé sur ce «fameux» code.

Crick et Watson résolurent le problème au début des années 50, recevant le Prix Nobel durant leurs recherches. Ils démontrèrent que l'ADN consiste en une structure ressemblant à deux spirales emboîtées l'une dans l'autre – la double hélice. Celle-ci est composée de quatre sortes de produits chimiques de différentes permutations, adénine, guanine, cytosine et thymine – qui sont des ingrédients magiques. Toute permutation, comme par exemple GGGTTCACAA, détermine les caractéristiques de tout être humain, tout comme les lettres de l'alphabet déterminent un mot ou une phrase. Puisque l'œuvre entière de Shakespeare était composée d'une variation de vingt-six lettres, il n'est pas déraisonnable d'imaginer qu'un être humain puisse être constitué d'une combinaison de quatre produits chimiques différents.

Aussi la somme des produits chimiques dans chaque groupe et l'ordre de leur apparition déterminent les caractéristiques éventuelles de tout être humain. C'était un aspect important de la découverte de Crick et Watson: que le code ADN arrive d'un bloc ou successivement comme un message en morse. Il n'y a pas deux personnes qui reçoivent exactement le même message. Ce fut une découverte intéressante, sans beaucoup d'application pratique, mais elle ouvrit le chemin du processus de la compréhension des secrets de la vie, avec la possibilité d'interférer artificiellement avec la spirale. Et, en introduisant un quota déterminé de produits chimiques dont un pouvait modifier le code d'un individu et guérir une maladie héréditaire ou une fragilité.

Lorsque chaque cellule se divise en deux – comme chacune le fait habituellement dans notre corps – les deux spirales se séparent et chacune attire à elle les différentes molécules des quatre substances chimiques qui reproduisent un double de l'hélice initiale. Il est important de se souvenir que les longues sections du code ADN sont les mêmes pour chaque être humain, puisque nous avons tous deux bras et deux jambes, deux yeux et un nez etc... Mais certains codes génétiques s'étirent jusqu'à environ 1,20 m de long et montrent des différences spectaculaires (sauf dans le cas de vrais jumeaux) – ils portent le nom de «régions hypervariables» et consistent en de courtes séquences de code répétées plusieurs fois comme un SOS en morse.

La raison de cette incursion scientifique a simplement pour but de démontrer qu'aucune découverte ne se produit par accident : tout progrès voit le jour et se construit sur ce qui est. C'est ainsi qu'en septembre 1984, le Dr Alec Jeffreys conçut une nouvelle méthode pour «dactylographier» un individu : connue sous le nom populaire d'«empreintes génétiques». La découverte eut lieu presque par accident, mais elle ne pouvait pas exister sans un travail de recherche en amont, particulièrement au cours de ce siècle. Le Dr Jeffreys étudia le code génétique des protéines de myoglobine, qui transporte l'oxygène aux muscles. Au cours de ses recherches, il découvrit un module fait de séquences répétées à l'intérieur de l'ADN, chacune longues de dix ou quinze sections. Comme tout scientifique curieux, il avait hâte de «lire» le message secret.

Il isola deux de ces modules et les fabriqua en série en les clonant, puis il les rendit radioactifs avec un isotope afin de les isoler. Quand il mélangea ses modules traités à une autre substance (tel le sang humain), il put constater qu'ils se dirigeaient vers des modules identiques à eux-mêmes – souvenons-nous de l'attirance des ressemblances.

A la base, le travail de Jeffreys était d'isoler l'ADN des protéines qui entouraient le noyau. Puis il faisait de la substance de l'ADN de minuscules parts, utilisant un enzyme comme catalyseur, puis déposait les substances chimiques découpées en différentes tailles sur une base composée de gel électrophorèse. Ceci produisait des bandes qu'il collait à une membrane de nylon, avant d'ajouter ses «sondes» radioactives. Il plaça alors un film sensible à la radioactivité au-dessus de la membrane qui enregistra les marques où chaque sonde avait rejoint l'ADN avec la variation la plus haute. Ceci produisait un seul «autographe» – unique pour chacun des individus sur terre.

En ayant radiographié les sondes, le Dr Jeffreys était capable de produire de longues colonnes d'éléments sombres et lumineux, chacune différente dans la longueur et la distance qui les séparait. Cela ressemblait à la marque d'un code-barre. En présence de vrais jumeaux, un échantillon de sang, pris sur chacun d'eux, montrait leur propre empreinte génétique, et les deux échantillons placés côte à côte laissaient apparaître des éléments sombres et lumineux dans des positions exactement identiques. Avec d'autres individus aucune des deux colonnes ou bandes ne seront les mêmes. Il y a une chance sur quatre millions et plus pour qu'il y ait une similitude.

Puis, le Dr Jeffreys préleva des échantillons de sang sur les membres d'une famille et tenta de découvrir s'il pouvait prouver leur parenté. Il y réussit, ce qui fit sensation dans son labo. Les tests montrèrent sans aucun doute possible que toutes les bandes d'ADN des enfants venaient de la mère ou du père et le même processus s'appliquait pour les parents par rapport à leurs propres parents.

La première utilisation de la découverte du Dr Jeffreys se concrétisa dans des cas de paternité où le test prouvait indubitablement qu'un homme précis était le père d'un enfant précis. A la suite d'un test de paternité, le Ministère de l'Intérieur fut obligé d'admettre un jeune Ghanéen comme citoyen dans ce pays. Le Dr Jeffreys réussit à faire breveter sa découverte et finalement la remit à l'ICI.

La police eut recours à la technique du Dr Jeffreys pour la première fois en 1987. En juin de la même année, un cambrioleur s'introduisit dans une maison à Avonmouth, à Bristol, et viola une handicapée de quarante-cinq ans, lui dérobant également quelques bijoux. Plus tard, un homme répondant au nom de Robert Melias fut arrêté pour vol et la victime le reconnut lors d'une identification. Du sperme relevé sur les vêtements de la victime fut soumis au Dr Jeffreys qui effectua un test génétique. Il s'avéra que le sperme correspondait exactement avec un échantillon du sang de Melias. Le 13 novembre 1987, Melias fut condamné à huit ans de prison pour viol et cinq ans pour vol. Pour la première fois le test ADN avait réalisé sa première condamnation.

Cependant, la prochaine fois que la police utilisa l'ADN, son implication fut encore plus intéressante. La police envoya les empreintes génétiques de l'individu suspecté dans les meurtres d'Enderby au Dr Jeffreys, à l'université de Leicester. Après avoir effectué le test ADN, il conclut que le jeune suspect n'était pas le tueur sexuel recherché. Le code génétique obtenu à partir d'échantillons du sang du suspect était complètement différent des échantillons de sperme du violeur et celui-ci fut relâché. C'était un homme innocent qui avait été appréhendé au cours d'une chasse à l'homme cauchemardesque et qui, selon les scientifiques aurait probablement végété en prison pendant des années et dont la vie aurait été ruinée.

Pour la police ce n'était pas un bon point; en effet cela voulait dire qu'une enquête qui avait pris fin avec l'arrestation d'un suspect, se voyait devoir repartir à zéro à l'automne 1986. C'était comme si la police avait passé des mois à travailler sur cette enquête pour rien. Mais l'inverse était vrai. La conséquence de la découverte révolutionnaire du Dr Jeffreys, montrait qu'elle n'était pas qu'une arme précieuse et précise capable de détecter la culpabilité d'un individu, mais elle pouvait également prouver son innocence.

L'officier supérieur chargé de l'affaire des meurtres d'Enderby, prit une courageuse décision. Convaincu que le meurtrier était un habitant de la région, demeurant à proximité de Narborough et d'Enderby, y compris le village de Little Thorpe, il décida de pratiquer une prise de sang sur tous les jeunes gens des alentours. Chacun de ceux qui avait l'âge requis, fut répertorié et prévenu de cette démarche. Ce fut un travail énorme se résumant à plus de 5000 prises de sang et analyses. Le résultat fut décevant. Tous avaient été testés et le tueur n'était pas parmi eux.

Puis arriva le premier incident dans cette affaire. Un employé dans une boulangerie avait pris un verre dans un pub de Leicester et s'était vanté avoir dépanné un ami qui demeurait au village de Little Thorpe, en donnant son sang à sa place. Cette conversation fut rapportée à la police qui fit immédiatement chercher cet homme âgé de vingt-trois ans. Il avoua avoir remplacé son ami et collègue de travail, un dénommé Colin Pitchfork, âgé de vingt-sept ans et demeurant à Little Thorpe.

Une rapide recherche dans les dossiers de la police, révéla que Pitchfork avait eu deux condamnations pour outrage public à la pudeur, avant qu'il ne se marie en 1981 à l'âge de vingt-et-un ans.

Lorsqu'il fut convoqué pour se faire faire une prise de sang à la demande de la police, Pitchfork paniqua et s'enquit auprès de ses camarades de travail pour se faire passer pour lui, expliquant que son dossier pour « exhibitionnisme » en ferait évidemment un suspect et qu'il craignait de « très bien convenir » à la police. Il offrit à l'un £ 200 et à un autre £ 500, puis finalement amena le second à falsifier la signature de son passeport et lui fit apprendre par cœur tous les détails concernant sa famille. L'homme qui demeurait à Little Thorne donna son sang et déclina l'identité de Pitchfork comme si elle était sienne.

Pitchfork fut arrêté et soumis à une prise de sang envoyée au laboratoire du Dr Jeffreys. Son code génétique s'avéra identique à l'ADN du tueur sexuel recherché. Mis face à la réalité, Pitchfork avoua les deux meurtres.

Il déclara qu'à deux occasions, il était sorti pour chercher une fille devant laquelle il pourrait s'exhiber et réalisant qu'il n'y avait aucun témoin à sa démarche, il viola et tua ses deux victimes.

Dans le cas de Lynda Mann, il avait conduit sa femme à ses cours du soir, puis viola et tua sa victime avant de retourner chercher son épouse.

Le 27 janvier 1987, Pitchfork se tenait dans le box des accusés devant la Cour de Leicester et avoua les deux attentats à la pudeur. Le procureur, M. Brian Escott-Cox, déclara à la cour que sur plus de 5000 personnes conviées à faire le test, seulement deux s'étaient abstenues. L'un avait une réelle raison et l'autre était Pitchfork. Face à sa supercherie, il déclara: «Cela a marché. L'autre homme se cacha et s'en sortit très bien le 22 janvier.»

Ayant condamné Pichfork à la prison à vie pour deux meurtres et simultanément à dix pour viols, trois pour attentats à la pudeur et trois pour entrave à la justice, le Juge Otton déclara que sans le test des empreintes génétiques, Pitchfork serait encore en cavale. Puis il ajouta: «Dans ce cas, l'ADN n'a pas que servi à appréhender le bon meurtrier, mais aussi à innocenter un homme injustement accusé.» La doublure de Pitchfork fut condamnée à dix-huit mois de prison avec sursis.

L'écrivain américain Joseph Wambaugh se rendit en

Grande-Bretagne pour écrire un livre sur l'affaire Pitchfork, étant très étonné qu'aucun auteur anglais ne se soit aperçu du potentiel des empreintes génétiques. Il avait pris connaissance de l'affaire des «Meurtres d'Enderby» suite à un article paru dans la presse américaine. Son meilleur livre *The Blooding,* une référence évidente au nombre important de tests ADN effectués sur la gente masculine d'Enderby, est une palpitante narration sur l'affaire Pitchfork et à la fois un hommage et un témoignage à une scène de l'histoire scientifique.

La première condamnation américaine au moyen de l'ADN eut lieu en novembre 1987, lorsque, en Floride, un violeur-cambrioleur d'une forte brutalité fut piégé grâce au sperme qu'il avait laissé sur une de ses victimes. Seule une des victimes l'avait reconnu lors d'une confrontation, mais prouver la culpabilité n'était pas chose aisée.

Le procureur avait eu vent de l'affaire Pitchfork, et savait que les *Laboratoires Lifecodes* de New York avaient obtenu la licence pour pratiquer les tests ADN. Le groupe sanguin du suspect était le même que celui appartenant à 30 % de la gente masculine américaine, aussi l'empreinte génétique semblait être le seul moyen pour prouver la culpabilité de cet homme.

Le laboratoire analysa le sperme du suspect et le compara avec un échantillon de son sang. Le résultat montra que les deux étaient identiques et émanaient du même individu.

En septembre 1987, Tommie Lee Andrews, âgé de vingt-quatre ans, fut déclaré coupable et condamné à une peine de prison de vingt-deux ans – il fut le premier américain à être condamné grâce aux tests ADN. Ces tests permirent de découvrir d'autre viols, si bien qu'Andrews fut condamné par la confusion des peines, à plus de cent années de prison.

Chapitre XIV

L'étrangleur de Stockwell

Tout commença au printemps 1986 et devait durer quatre mois qui s'avérèrent terrifiants. Des personnes âgées mouraient... ce qui en soi n'avait rien d'étrange, surtout que dans la plupart des cas ces morts étaient attendues. Mais, les vieillards avaient été assassinés et avaient subi des violences sexuelles. Le tueur bordait ses victimes si soigneusement après avoir satisfait ses désirs sexuels, les recouvrant avec pudeur de leur drap jusqu'au cou, qu'elles paraissaient être mortes dans leur sommeil. Toutes vivaient seules ou dans des foyers pour personnes âgées, dont la tranche d'âge allait de soixante-sept à quatre-vingt-quatorze ans. Sur des personnes d'une telle fragilité, il suffisait d'une très faible pression pour les étrangler et dans la plupart des cas le léger bleu laissé sur le cou était à peine visible. Quatre des victimes demeuraient à Stockwell, un quartier de Londres – d'où le surnom donné au tueur.

Pour chacun des meurtres, le tueur était entré dans les chambres par la fenêtre, sans aucun signe d'effraction, et avait tué ses victimes d'une seule main, permettant à l'autre de les empêcher de crier. Il n'avait laissé aucun signe de désordre sur les lieux du crime. Il était comme un spectre qui flottait dans la nuit et volait des vies.

La première victime fut Miss Eileen Emms, âgée de soixante-dix-huit ans, retrouvée morte par son aide ménagère, dans le sous-sol de son appartement sur West Hill Road à Wandsworth le 10 avril. Le médecin délivra un certificat de décès pour causes naturelles et Miss Emms fut incinérée avant que l'on ne réalise qu'elle avait été assassinée.

Ce fut la deuxième victime qui interpella la police. Mrs Janet Cockett, âgée de soixante-sept ans, demeurant à Warwick House sur Overton Road à Stockwell, fut retrouvée morte dans son lit le 9 juin. Sa chemise de nuit avait été arrachée, mais pliée correctement sur une chaise. Des empreintes de mains furent retrouvées dans l'appartement et comme nous le mentionnerons à chacun des meurtres, les photos de familles accrochées aux murs avaient été retournées. Le tueur n'aimait pas être observé...

Si la police commençait à soupçonner qu'un fou était en cavale, une tentative de meurtre le 27 juin confirma ses craintes et elle n'eut plus aucun doute là-dessus. Un ingénieur en retraite, M. Fred Prentice, âgé de soixante-treize ans, fut agressé dans son lit dans un hospice de vieillards à Clapham. Un intrus pénétra dans sa chambre, enjamba son lit et l'immobilisa.

L'homme commença à lui serrer la gorge et cria: «Tue!» M. Prentice n'oubliera jamais son visage – il avait un regard furieux et un sourire diabolique. C'était comme si au fond de lui-même, secrètement, il s'adonnait à un jeu cruel avec le vieil homme. Finalement, M. Prentice réussit à se dégager la bouche suffisamment longtemps pour lui permettre de crier et à appuyer sur le bouton de l'alarme près de son lit. Le tueur lui frappa la tête contre le mur et s'enfuit.

Le nuit suivante, le 28 juin, comme si ses plans avaient

été contrecarrés et l'avaient frustré, le tueur commit un double meurtre. Il entra par effraction à Somerville Hastings House, une pension pour personnes âgées sur Stockwell Park Road à Stockwell. Les victimes furent retrouvées dans des chambres attenantes. Valentine Gleim, âgé de quatre-vingt-quatre ans, était un ancien lieutenant-colonel de l'armée britannique. Zbigniew Strabrawa, âgé de quatre-vingt-quatorze ans, avait autrefois été juge dans sa Pologne natale et avait travaillé pour la *British Intelligence* durant la guerre. Les deux hommes décédèrent l'un après l'autre dans un laps de temps très court. La police nota que les victimes avaient été sodomisées, ce qui ajoutait une caractéristique à la marque de fabrique du meurtrier.

La police se lança alors dans une chasse à l'homme effrénée, les policiers ayant des tours de garde pour surveiller les hospices. Des experts médicolégaux travaillèrent sans relâche, rassemblant toutes les informations possible. M. Prentice avait donné à la police une description très rudimentaire de l'homme qui était recherché. Il avait aux alentours de vingt-huit à trente ans, mesurait un mètre soixante, avait des cheveux bruns courts et le visage bronzé et rougeâtre. L'adresse avec laquelle le tueur inconnu avait accédé aux appartements et aux chambres à coucher laissait à penser qu'il pourrait s'agir d'un cambrioleur professionnel qui était passé à travers les mailles du filet de la police quelques années auparavant. Si cela s'avérait exact, tout renseignement le concernant devrait être consigné à l'identité judiciaire de Scotland Yard.

Pendant ce temps, les meurtres continuaient. La cinquième victime était un homme âgé de quatre-vingt-deux ans, du nom de William Carmen. C'est sa fille qui le retrouva mort dans son lit, à son appartement au

Domaine de Marquess, à Islington. Il avait été sodomisé, et les photos qui étaient accrochées aux murs, avaient été retournées. Sa mort avait été fixée entre le 6 et 9 juillet.

Maintenant, l'équipe qui recherchait l'Etrangleur de Stockwell (comme l'avait surnommé la presse) comprenait plus de cent policiers travaillant dans quatre bureaux de police, installés provisoirement sur les lieux de l'enquête. Le commissaire de police, Ken Thompson, qui coordonnait cette chasse à l'homme, déclara lors d'une conférence de presse en date du 22 juillet, que la police étudiait la « probabilité » que les personnes âgées étaient devenues la proie d'un véritable boucher. Il avertit, principalement celles qui demeuraient au sud de Londres d'être particulièrement vigilantes. Une patrouille de police avait été spécifiquement détachée dans les quartiers à risques. Pressé de savoir si les crimes étaient l'œuvre d'un seul homme, Thompson déclara : « Il est certain que si tous les délits ont été commis par le même individu, il doit être appréhendé avant qu'il ne frappe de nouveau. Cet homme est extrêmement dangereux. » M. Thompson révéla également que Scotland Yard avait fait appel à un psychologue pour étudier les meurtres et dresser le profil éventuel du tueur. Toutes les données sur les crimes avaient été rentrées dans le super ordinateur *Holmes*.

Parce que de nombreux meurtres avaient eut lieu au sein de foyers de personnes âgées, il était naturel pour la police de penser qu'un employé municipal aurait pu être responsable, car il savait où les victimes demeuraient, si elles vivaient seules et comment accéder à leur domicile. Cependant, la municipalité de Camden refusa de communiquer à la police tout renseignement concernant le personnel actuel ou ancien et vingt-quatre membres du syndicat *NUPE*, c'est-à-dire la moitié du personnel d'un foyer, refusèrent de donner leurs empreintes digitales. Furieuse, la police accusa la municipalité d'entraver leur enquête, ce qu'elle nia fortement. Crimes ou pas crimes, les droits civils doivent être protégés.

La sixième victime fournit à la polices des indices fort intéressants. M. William Downes, âgé de soixante-quatorze ans et quasiment reclus, fut découvert par son fils dans sa chambre meublée à Stockwell, le 9 juillet. Le fils qui était venu préparer le petit déjeuner de son père, le trouva mort, allongé nu sur son lit, les draps tirés jusqu'au menton. Il portait des blessures au visage et avait subi des sévices sexuels. La police trouva les empreintes d'une main sur la barrière du jardin et sur un mur. Elle se rapprochait du but et le sentait, à l'image des chasseurs sur les traces de leur proie.

La septième et dernière victime était une handicapée de quatre-vingts ans, qui se nommait Florence Tisdall. Elle fut retrouvée assassinée à son domicile de Fulham le 23 juillet. Elle avait passé la journée à regarder le mariage du Duc et de la Duchesse d'York à la télévision, avant de rencontrer la mort des mains d'un satyre. Mme Tisdall avait, elle aussi, été abusée sexuellement. La police trouva des indices intéressants sur la scène du crime et, dans les trois jours qui suivirent, le meurtrier fut arrêté.

La police connaissait l'identité du meurtrier avant le dernier crime, ayant identifié les empreintes de ses mains. Après deux jours d'une vérification méticuleuse de plus de quatre millions de fichiers, la police s'arrêta sur un nom, étant certaine d'avoir avancé considérablement. Pendant tout le wee-kend, les policiers passèrent au peigne fin les lieux où le suspect avait l'habitude de se rendre, mais ne le trouvèrent nulle part. La police l'attendit alors au bureau de la sécurité sociale de son lieu de résidence, à Southwark, où il devait venir signer le 28 juillet, son allocation chômage.

Kenneth Erskine, un homme petit et mince, arriva comme prévu ; la police l'arrêta et le conduisit au commissariat de Clapham. Erskine monta dans la voiture de police et s'assit à l'arrière, un sourire grimaçant aux lèvres. La preuve qui avait amené la police à le soupçonner, était sa signature et les empreintes de ses mains au domicile de deux de ses victimes. Par la suite, M. Prentice reconnut Erskine lors d'une séance d'identification.

La police trouva difficile, sinon impossible, d'interroger le meurtrier sur son appétit sexuel quelque peu curieux. Son dossier laissait apparaître un cambrioleur incompétent qui avait passé quelque temps en prison pour délits. Mais, les policiers n'avaient aucune idée de l'endroit où il se trouvait les mois précédents. Ils se heurtèrent à une grande difficulté pour obtenir les réponses à leurs questions ; Erskine arborait un large sourire ou riait sottement lorsque les détails des meurtres lui étaient exposés, et il troublait les policiers qui l'interrogeaient en se masturbant durant les entretiens. Le commissaire Bryan Jackson qui dirigeait cette équipe trouva ses hommes, les plus expérimentés, déroutés par leur prisonnier.

La police prit la décision inhabituelle de publier une photo d'Erskine dans la presse nationale avant son procès, dans l'espoir qu'elle attirerait des témoins pouvant apporter les pièces manquantes au puzzle. La photo apparut comme prévu dans tous les quotidiens du 12 août, avec un encart demandant à toute personne reconnaissant cet homme de contacter le commissariat, afin de retrouver les biens volés au domicile des victimes et de localiser le lieu d'habitation d'Erskine pour d'éventuelles preuves relevées lors d'une expertise médicolégale. La police ignorait encore où Erskine demeurait.

L'appel lancé eut des résultats. Une jeune femme d'affaires s'était retrouvée nez à nez avec Erskine sur Putney

Bridge tout de suite après le meurtre de Mme Tisdall. La femme fut frappée par son sourire terrifiant et n'eut aucun problème à le reconnaître lors d'une séance d'identification.

Erskine comparut devant la cour de Battersea pour les meurtres de Mme Cockett et William Downes. Il se tenait debout dans le box des accusés, pieds nus, un sourire grimaçant, puis fut officiellement placé en détention provisoire. A ce stade de l'enquête, la police savait qu'il avait tué sept personnes, voire plus, y compris celles dont la mort fut attribuée à des causes naturelles. Durant cette série de crimes qui dura quatre mois, il y eut au moins quatre nouveaux cas de personnes âgées mortes dans des circonstances identiques aux victimes d'Erskine. Ce fut le cas de Wilfred Parkes, âgé de quatre-vingt-un ans, qui mourut à son appartement qu'il louait à la municipalité de Stockwell, ainsi que de Trevor Thomas, âgé de soixante-quinze ans, retrouvé mort dans sa baignoire à son domicile de Clapham.

La police fouilla aussi dans le passé d'Erskine, à la recherche d'indices. Ils découvrirent que durant un séjour en prison en 1982, pour cambriolage, il passait son temps à peindre des tableaux représentant des personnes âgées étendues sur leur lit, flanquées d'un bâillon qui les étouffait, de couteaux plantés dans le corps, ou brûlées à mort. D'autres dessins représentaient des silhouettes sans tête, le sang jaillissant de leur cou. Il épinglait ces illustrations au-dessus de son lit et inquiétait fortement les médecins de la prison qui plaidaient auprès des autorités pour ne pas le laisser sortir. Mais il devait être relâché une fois sa peine purgée, car le garder un jour de plus était aller contre ses droits civils. Ses camarades de prison racontaient qu'Erskine se vantait auprès d'eux de tuer des personnes âgées. Cependant, il avait été renvoyé dans la société comme une bombe prête à exploser.

La police n'avait rassemblé que très peu d'éléments sur Erskine lui-même. Il souriait sottement sans arrêt, n'avait aucun but, avait dix ans d'âge mental et parcourait Londres de squat en squat, complétant son allocation chômage avec quelques cambriolages. Il était peut-être retardé mentalement, mais il était rusé comme un renard. Il avait deux comptes en banque, sur lesquels il déposait des centaines de livres sterling provenant de ses crimes.

Les psychiatres réquisitionnés pour l'examiner, furent aussi troublés que la police. Le Dr Gisli Gudjohnsson de l'Université de Londres, dira plus tard «Il gloussait sans cesse, souriant et regardant dehors par la fenêtre lorsque nous discutions d'affaires sérieuses. Il avait d'énormes difficultés à faire la différence entre la réalité et l'imagination».

De son enfance, nous savons qu'il avait fréquenté des écoles pour enfants inadaptés, aux environs de Londres et que, depuis, sa mère et son père Antiguan, avaient décidé qu'il ne vivrait pas avec eux à leur domicile de Shepherd's Bush. Lorsqu'il eut seize ans, ils le renièrent et le jeune garçon retardé et difficile, se retrouva à la rue.

Le 13 août, Erskine fut inculpé pour trois meurtres et une tentative de meurtre. Toujours sans chaussures, et parfois sans chaussettes, Erskine parut devant la cour, souriant et grimaçant depuis le box des accusés, alors que lui étaient énumérées les charges qui pesaient sur lui.

Le procès de Kenneth Erskine devant la cour d'assises, débuta le mardi 12 janvier 1988. Petit et mince, Erskine portant une veste bleue en jean, se tenait debout dans le box des accusés, grimaçant, inconscient de ce qui l'entourait et de ce que disait le procureur. Il plaida non coupable pour les sept meurtres qui lui étaient reprochés, parlant en murmurant d'une façon à peine audible.

M. James Crespi, le procureur, dit aux jurés que les

meurtres d'une «effroyable gratuité» des sept personnes âgées à Londres, entre avril et juillet 1986, étaient empreints de telles similitudes, qu'ils ne pouvaient être que l'œuvre du même homme. «Ils furent commis par un individu qui aime tuer et cet homme était Kenneth Erskine», déclara M. Crespi.

Concernant la mort des sept victimes, M. Crespi ajouta que cinq d'entre elles avaient été sodomisées immédiatement avant ou après avoir été tuées. Toutes ont été étranglées à mains nues. Puis il relata qu'après avoir tué et fini «de jouer» avec ses victimes, Erskine avait étendu les corps nus dans leur lit et remonté soigneusement les draps jusqu'au cou.

Dans deux cas, où tout paraissait si paisible et normal, on ne reconnut pas tout de suite que les deux personnes âgées étaient décédées suite à des violences. D'emblée, il n'y avait aucun signe de brutalité.

M. Crespi déclara que le bilan des meurtres aurait pu être au nombre de huit, si le tueur n'avait pas paniqué et ne s'était pas enfui au cours de l'agression de M. Frederick Prentice. M. Prentice tomba dans une embuscade tendue par un individu qui s'introduisit chez lui aux premières heures du jour ce 27 juin. M. Prentice l'ayant sommé de sortir de sa chambre, l'individu lui fit signe de se taire par un signe du doigt. Il enjamba alors M. Prentice, mit un genou sur chacune de ses mains pour l'immobiliser, lui enserra le cou, le pouce sur la trachée, en pressant dessus avec un mouvement de va et vient. Il semblait jouer avec sa victime, en prononçant sans cesse un seul mot: «Tue.»

M. Crespi relata comment M. Prentice avait reconnu Erskine au cours d'une séance d'identification et que les empreintes de pouces et de mains trouvées au domicile de Mme Cockett et M. Downes, ainsi que celles de chaussures chez M. Prentice, Gleim et Stabrawa avaient un lien avec Erskine. M. Crespi admit qu'il n'y avait que des preuves indirectes liant Erskine à trois des meurtres et à la tentative de meurtre, mais que certains signes se répétaient pour toutes les accusations qui pesaient sur lui. En effet, toutes les victimes étaient des personnes âgées vivant seules ; toutes avaient été agressées par un individu ne laissant aucun signe d'effraction et pour presque toutes, tard dans la nuit ou aux premières lueurs du jour. Chaque fois, le meurtrier était entré par la fenêtre. Toutes les victimes avaient été étranglées d'une main, alors que de l'autre, le tueur les empêchait de crier. Toutes les victimes furent retrouvées dans leur lit et cinq d'entre elles avaient été sodomisées.

M. Crespi continua : « Dans tous ces cas, le crime était gratuit. Il n'y avait aucune raison pour un cambrioleur dans des circonstances normales de tuer. Dans notre rapport, qui rassemblait chacun des faits, il n'y avait pas seulement un motif, mais une raison véritable. »

Le deuxième jour du procès, après une expertise médicolégale, la seule victime survivante de l'Etrangleur de Stockwell, relata en tant que témoin, la nuit de son agression. M. Prentice raconta aux jurés comment il avait été réveillé par un individu qui s'était introduit dans sa chambre et avait vu une paire « d'yeux noirs et furieux » le dévisager. « Je ne pouvait voir qu'une tête et des yeux furieux, puis il sourit en grimaçant. Un sourire effrayant se dessinait sur son visage. » Grâce à la lumière électrique du corridor, M. Prentice put entrapercevoir son agresseur. « Je vis une silhouette et je criai pour le faire sortir... Il me sauta dessus... il avait les jambes au niveau de mon torse. Je ne pouvais bouger ni mains, ni bras, car ils étaient cloués au sol. Je le sentis me serrer la gorge et je criai. Je pensais que tout était fini. Je sentais ses mains autour de mon cou. Il s'arrêta trois ou quatre secondes, puis recommença. Il fit cela trois fois et à la quatrième il me plaqua la tête contre le mur et s'enfuit en courant.»

Six semaines plus tard, M. Prentice, un homme sérieusement handicapé, ne pouvant se déplacer qu'avec des béquilles, reconnut Erskine à une séance d'identification. «Je connais l'homme que j'ai vu ce matin, dit M. Prentice, «et je désire ne jamais le revoir». Il a ruiné ma vie. J'ai encore des douleurs.» Répondant à M. Roy Amlot, l'avocat de la défense, M. Prentice assura que la lumière du couloir lui était suffisante pour voir son agresseur. «Je suis certain que c'était cet homme», dit-il. Je l'ai reconnu à ses cheveux, à la partie supérieure de son visage et à son regard furieux. Il nia avoir vu toute photographie d'Erskine dans la presse avant la séance d'identification.

Mlle Denise Keena, la jeune femme d'affaires, âgée de vingt-cinq ans, qui avait vu Erskine se pencher pardessus la balustrade du Putney Bridge, ne se sentant apparemment pas très bien, relata au jury sa rencontre avec Erskine. C'était le soir du 23 juillet, le jour où Florence Tisdall avait été assassinée à son domicile de Ranelagh Gardens, à Fulham, à quelques minutes à pied du Putney Bridge.

Alors qu'elle se trouvait à quelques mètres à peine d'Erskine, raconta Mlle Keena, et qu'il la regardait pardessus son épaule, elle put voir l'expression qui se lisait sur son visage. «C'était une sorte de sourire grimaçant, des plus horribles», dit-elle. Il paraissait avoir perdu tout contrôle de lui-même. Il avait une expression terrifiante, atroce, infecte. Chaque muscle de son visage était crispé. Il avait de grands yeux fixes et la bouche ouverte.»

Mlle Keena ajouta qu'elle avait dû détourner son regard tant elle était choquée et effrayée par l'expression d'Erskine. Lorsqu'elle se retourna pour le regarder, elle déclara : «Il marchait comme hébété ou comme s'il était en transe.» Plus tard, elle reconnut Erskine lors d'une séance d'identification.

Le jour suivant, le commissaire Bryan Jackson, témoigna sur l'arrestation, l'interrogatoire et le passé d'Erskine. Il fit la description d'un être seul, sans famille, sans amis, vivant de ses cambriolages. Il n'eut aucune visite durant ses dix-huit mois de détention provisoire, à part les représentants de la loi et ceux du corps médical. Erskine n'avait fait aucun aveu, si ce n'est pour déclarer: «Je ne me souviens pas avoir tué. Je l'ai peut-être fait sans m'en rendre compte.»

Le procès dura quinze jours, et pendant tout ce temps, Erskine ne cessa de ricaner bêtement dans le box des accusés. Le vendredi 29 janvier 1988, après la plaidoirie finale de la défense et de la partie civile, puis le résumé du juge, le jury se retira et revint avec le verdict coupable sur toutes les charges retenues. Un court instant, Erskine parut être sur le point de pleurer lorsque le juge s'adressa à lui.

Le juge Rose lui dit: «Je doute de vous voir un jour dehors. En revanche, je n'ai aucun doute, au vu de la nature horrible de vos crimes et de leur nombre, sur la condamnation à une peine de prison de quarante ans que je requiers à votre encontre.» Ce fut la peine la plus longue jamais requise au cours d'un procès en assise en Grande-Bretagne. Erskine fut condamné sept fois à une peine d'emprisonnement à vie.

Chapitre XV

Duffy – Le tueur des chemins de fer

Pour le grand public, cette affaire commença avec la disparition de la «Mariée de la Télévision», Anne Lock, âgée de vingt-neuf ans, secrétaire à la London Weekend Television, le 18 mai 1986 après avoir quitté le studio de South Bank et attrapé un train pour rentrer chez elle. Elle était mariée depuis seulement quatre semaines et venait de rentrer d'une lune de miel dans les Seychelles.

Elle habitait avec son mari Laurence, âgé de vingt-six ans dans une maison d'une valeur de cent soixante mille livres sterling, à Brookmans Park, un village pittoresque de Hertfordshire. Lorsqu'elle disparut, la presse à scandales se rua sur son mari comme une volée de vautours, campa devant sa maison et au travers d'insinuations mal dissimulées et malveillantes, laissa à penser qu'il était impliqué dans la disparition de son épouse.

Les journalistes attachaient beaucoup d'importance au fait que Laurence Lock était toujours prompt à répondre à leurs questions. Il était élégamment vêtu et changeait souvent de costume. Il portait même de l'après-rasage, ce qui pourrait passer pour un comportement assez rare chez un mari anxieux, laissant planer quelques sous-entendus. En fait, Laurence Lock était devenu victime d'une monstrueuse rumeur.

Le vélo de son épouse avait été retrouvé à la gare, là où elle l'avait laissé, devant normalement s'en servir pour rentrer chez elle. De nombreux policiers fouillèrent les alentours et trouvèrent son journal et son carnet d'adresses à un demi-mile l'un de l'autre, les deux en lambeaux. Des hommes grenouilles sondèrent les lacs de la région. Les policiers questionnèrent Laurence Lock. S'il fut le premier à être suspecté, c'est tout simplement parce que dans 75 % des meurtres «conjugaux», la victime est apparentée au tueur.

Les remarques décousues du mari aux journalistes, glanées hors de leur contexte, résonnaient de façon sinistre, même si les mots employés reflétaient un chagrin, une douleur et un sentiment de persécution.

Le corps d'Anne Lock fut retrouvé le 21 juillet 1986, étendu dans un sous-bois, près d'une voie de chemin de fer, par deux cheminots qui trébuchèrent sur le corps. Une expertise médicolégale révéla que le corps était ici depuis environ dix semaines et selon les dires d'un porte-parole de la police «Le corps avait été soigneusement caché et déposé ici par quelqu'un qui l'avait recouvert d'herbes et de branches.» La police déclara qu'Anne Lock avait été bâillonnée et les mains attachées dans le dos. Elle décéda par étouffement. On avait tenté de mettre feu à son corps et les restes gravement décomposés furent identifiés grâce aux empreintes dentaires.

Le commissaire divisionnaire Vincent McFadden, maintenant chargé de l'enquête, fit taire les rumeurs qui laissaient entendre que le corps aurait dû être retrouvé plus tôt. «Les policiers, dit-il, ont fait un travail énorme, bien au-delà de la région, avec des moyens très limités. Il est exagéré de prétendre que le corps n'était qu'à «quelques mètres» du secteur de recherches; en fait il était à des kilomètres.» Il pensait que Mme Lock avait été suivie sortant de la gare de Brookmans Park et agressée par un homme qui certainement l'emmena de force sur un sentier à un demi-mile de là, puis la tua en face du golf de Potter's Bar.

Puis il avoua que le meurtre d'Anne Lock n'était pas le premier, mais s'ajoutait à une série de viols et d'assassinats par le plus dangereux des criminels qui soit, un tueur sexuel en série. La police avait établi des liens certains entre le meurtre d'Anne Lock et ceux de deux jeunes filles à Surrey et dans les quartiers Est de Londres, onze mois auparavant. La particularité qui avait été relevée, mais qui au moment des faits ne fut jamais révélée, était la façon particulière du tueur d'étrangler ses victimes. C'était sa marque de fabrique, à laquelle s'ajoutait le fait de toujours œuvrer près d'une voie ferrée. Nous savions que l'individu qui avait tué l'écolière Maartje Tamboezer retrouvée à West Horsley, à Surrey en avril 1986, appartenait à un groupe sanguin minoritaire, d'après une analyse faite à partir de son sperme. Tous les délinquants sexuels qui partageaient le même groupe sanguin furent interrogés. Les policiers vérifiaient également les empreintes digitales et avaient déjà étudié plus de 90 000 dossiers.

Le commissaire McFadden déclara: «Nous avons à faire à un individu extrêmement dangereux qui, bien évidemment, n'a aucun scrupule à tuer.» Les trois meurtres pouvant avoir un rapport avec les viols commis à Londres, McFadden poursuivit: «Bien que nous gardions un esprit ouvert sur le genre d'individu responsable de ces tueries, il y a une possibilité qu'il ait un rapport avec le réseau ferroviaire, peut-être un employé des chemins de fer britanniques ou un ancien ouvrier.» Ceci devait être un portrait on ne peut plus prémonitoire du tueur.

Au cours de la conférence de presse qui se tint deux jours plus tard dans les bureaux installés provisoirement pour l'enquête à *Hendon Police Cadet College* au Nord de Londres (où plus d'une centaine de policiers travaillaient à pourchasser le tueur), les derniers moments difficiles d'Anne Lock furent relatés. Elle avait été menacée d'un cutter alors qu'elle descendait du train à la gare de Brookmans Park et entraînée sur un sentier éloigné, par un homme surnommé le «Tueur des chemins de fer». L'homme en question qui avec déjà à son actif deux meurtres, lui lia les mains et la bâillonna, puis il la viola et la laissa mourir en s'étouffant avec le bâillon qu'elle avait sur la bouche, laissant le cutter près du corps.

Les policiers qui recherchaient le meurtrier, pensaient qu'il était responsable de viols et de meurtres remontant à 1984. Il avait débuté comme violeur en novembre 1984 près de la commune de Barnes, au sud ouest de Londres. Son viol suivant eut lieu en février 1985 à la gare de Hadley Wood, deux arrêts après celui où Anne Lock rencontra son meurtrier. Le dernier eut lieu en août 1985, près de la ligne de chemin de fer à West Hampstead, au nord de Londres. Puis le violeur se transforma en meurtrier.

Alison Day, âgée de dix-neuf ans, fut tuée en décembre 1985 après être descendue du train à la gare de Hackney Wick, à l'est de Londres. Elle fut saisie par derrière, par son agresseur qui la traîna jusqu'à un garage infesté de rats près de la rivière Lea. Après l'avoir violée, il jeta son corps dans l'eau.

Sa deuxième victime, Maartje Tamboezer, une jolie blonde âgée de quinze ans, la fille d'un directeur néerlandais dans l'industrie pétrolière, vivant en Grande-Bretagne. Elle fut violée et battue à mort dans les bois près de la voie ferrée à Horsley, en avril 1986. Elle dut descendre de son vélo à cause d'une corde qui traversait le sentier, puis coupa par les champs jusqu'à un bois, où elle tomba dans une embuscade. Elle aussi avait été attachée et bâillonnée et on avait tenté, de façon rudimentaire, de brûler son corps.

Tous les viols suivaient le même schéma, tous les viols et les meurtres, d'après une expertise médicolégale, étaient liés entre eux et toutes les victimes étaient tuées de la même façon. Tous les détails des agressions sexuelles dans l'ensemble des comtés de Londres furent enregistrés dans le *National Crime Computer*. Le commissaire insista sur les liens existant entre les meurtres et déclara: «Pour chacun des trois crimes, on lia les mains des victimes, on utilisa un couteau et tous eurent lieu sur un sentier près d'une voie ferrée.»

Une des jeunes filles eut de la chance et s'en tira de justesse. Elle fut menacée d'un couteau et subit des violences sexuelles mais fut sauvée par sa mère, qui d'une voix forte, l'appela. L'agresseur se mit à paniquer et s'enfuit. La police put alors établir une description de l'individu recherché qui était de race blanche, avait dans les vingt-cinq ans, les cheveux blonds et d'allure athlétique.

Quatre forces de police furent dès lors engagées dans la poursuite policière la plus importante en Grande-Bretagne, depuis *l'Eventreur du Yorkshire*. La police de Londres, du Surrey, du Hertfordshire et celle des chemins de fer Britanniques firent partie d'une opération ayant pour nom de code *Opération Cerf*, qui devait durer plusieurs mois et coûter plus de trois millions de livres sterling. Le Ministère de l'Intérieur ordonna au commissaire divisionnaire McFadden, chef de la police judiciaire du Surrey, d'assurer la liaison entre les différentes forces de police et ainsi d'éviter de répéter les erreurs commises au cours de l'enquête de *l'Eventreur*. Le quartier général de l'*Opération Cerf* était installé près de *Scotland Yard* en juillet 1985, essentiellement pour enquêter sur vingt-sept viols qui avaient eu lieu dans la région londonienne. Puis, le 29 décembre 1985, le meurtre d'Alison Day, fut à l'origine d'une véritable chasse à l'homme.

Un fait déconcertant qui devait entraver les recherches, était qu'au cours de certains viols qui faisaient l'objet d'une enquête, deux hommes avaient pris part à ces agissements, alors que dans les autres cas, il n'y en avait qu'un seul. Cependant, suite à une expertise, tous les viols étaient reliés entre eux par le groupe sanguin assez peu répandu. En d'autre termes, l'homme recherché par la police violait parfois seul, parfois avec un compagnon. Mais quand il s'adonna au meurtre, les policiers savaient que celui qu'ils pourchassaient avait dépassé les limites. Il avait goûté au sang et ne s'arrêterait de tuer que le jour où il serait appréhendé. Cependant fort étonnamment, la police avait réussi à mettre le meurtrier sous les verrous.

Le 19 juin 1985, Margaret Duffy laissa son mari en raison de son comportement de plus en plus violent, quittant l'appartement qu'ils partageaient sur Barlow Road, à Kilburn, au nord de Londres. Le 28 août 1985, Duffy agressa son épouse et son petit ami d'origine hongroise et les blessa à l'aide d'un couteau. Le lendemain, John Francis Duffy fut interrogé par le magistrat de West Hendon qui le mit en détention provisoire en attendant d'être jugé pour coups et blessures volontaires. Il pouvait aussi être inculpé de viol sur sa femme, dont il était séparé. Cela devenait une habitude de se retrouver devant le juge tous les quinze jours et d'être mis en détention provisoire, mais le 19 septembre, il demanda sa mise en liberté sous caution au juge des référés. A la Cour d'Acton, le juge Peter Archer écouta sa demande et en dépit d'une opposition en force de la police et d'une inculpation éventuelle pour viol, il accéda à sa requête. Cette décision eut des conséquences épouvantables.

Au cours de sa libération sous caution, Duffy devait commettre trois meurtres et deux viols. Quatorze semaines après avoir été libéré, Duffy viola et étrangla Alison Day. Trois mois plus tard, il tuait Maartje Tamboezer, puis un mois après ce fut au tour d'Anne Lock. Son dernier viol devait être celui d'une écolière de Watford, âgée de quatorze ans, qu'il agressa le 21 octobre 1987.

Alors que l'*Opération Cerf* était commencée depuis juillet 1985, et que la police se rapprochait de plus en plus de John Duffy, au cours du mois d'août après cette agression au couteau, la police découvrit quelques indices assez sinistres. John Duffy avait été menuisier aux chemins de fer britanniques, puis après avoir perdu son job en 1982, il utilisa son laissez-passer et ses connaissances sur le réseau ferroviaire du sud-est pour s'attaquer aux femmes, commençant ainsi son règne de terreur qui devait durer vingt-huit mois. En 1982, cinq femmes se firent violer par deux hommes portant des passe-montagnes. Au début les agressions étaient commises par deux hommes, puis à partir de 1984, ce fut l'œuvre d'un seul. Entre 1982 et octobre 1985, la police enregistra 27 viols, tous commis près des voies ferrées du nord de Londres. Ce fut au moment de cette prise de conscience, que l'*Opération Cerf* se mit en place. Ce n'est que trois années plus tard, suite à des expertises médicolégales, qu'un lien fut établi entre ces viols et Duffy.

L'année 1983 ne fut le théâtre d'aucun viol. Cette année-là, John et Margaret Duffy tentèrent d'avoir un enfant. Mais après plusieurs tests, un spécialiste informa Duffy que le nombre de ses spermatozoïdes était trop bas pour lui permettre de procréer. Cette nouvelle sembla rendre Duffy furieux. Attisé par un sentiment d'impuissance sexuelle et excité par les vidéos et les magazines pornographiques dont il était intoxiqué, il recommença à violer, et cette fois-ci son épouse fit partie de ses victimes. Elle commença à se plaindre de son comportement à son égard. Il avait pris l'habitude de l'attacher contre son gré et ne commençait à s'exciter que si elle se défendait et protestait. Un jour il lui dit: «Je viens de violer une fille à cause de toi. Tout est de ta faute.»

Ce petit homme, d'environ un mètre soixante, au visage grêlé, commença sa carrière de violeur en solo. Son premier complice n'avait jamais eu affaire à la police, bien que cette dernière ait eu un fort soupçon sur son identité. Le premier viol de Duffy en solo, eut lieu sur une jeune fille de Manchester, âgée de vingt-deux ans qui, un jour de juin 1984, attendait seule à la gare de West Hampstead. Au cours des prochains vingt-huit mois, ses proies devaient être plus jeunes, dont une enfant de quatorze ans, une infirmière de dix-sept ans et une jeune fille de dix-huit ans, avant de sombrer dans le meurtre.

Qu'est-ce qui amena cet Irlandais, Duffy, à tuer? C'est une ironie du sort, mais il se pourrait que le responsable fût la police elle-même. Tout au long de cette affaire, les policiers furent accusés de «gaffeurs», ce qui se confirma lorsque le 2 décembre 1985 Duffy qui comparaissait devant le Tribunal d'Instance de Hendon pour violences conjugales, un inspecteur de police chargé d'enquêter sur le dernier viol de la série, fit venir la cinquième victime de Duffy à la cour dans l'espoir qu'elle le reconnaisse comme son agresseur. Le policier pensait que Duffy correspondait à la description donnée par la victime. Malheureusement, elle ne le reconnut pas, mais lui la reconnut. Son fort instinct de conservation, scella le destin de ses futures victimes. Réalisant que l'étau se resserrait de plus en plus sur sa personne, il décida que dorénavant il tuerait les femmes qu'il violerait. Il ne pouvait pas prendre le risque de les épargner et de les laisser raconter leurs mésaventures.

Juste trois semaines après cette confrontation en salle d'audience, le 29 décembre, Duffy tuait Alison Day.

A part choisir ses victimes aux abords d'une ligne de chemin de fer, la marque de fabrique de Duffy s'identifiait dans la façon d'étrangler ses victimes. Il faisait un nœud coulant autour de leur cou avec un de leurs vêtements, puis insérait un morceau de bois qu'il faisait pivoter comme un tourniquet. Alison Day et Maartje Tamboezer eurent les mains attachées derrière le dos, puis après avoir été violées, elles furent étranglées avec une écharpe ou des collants selon la méthode du garrot. Anne Lock avait, elle aussi, eu les mains liées, l'une de ses chaussettes lui entourait le visage et l'autre avait servi de garrot, puis comme pour l'écolière néerlandaise, son corps avait été brûlé. Dans ses viols, Duffy montrait son attirance à torturer et à humilier ses victimes. Certains signes associaient les viols aux meurtres et la chasse au criminel reposait fortement sur ces indices.

L'*Opération Cerf* bâtit un empire de dossiers regroupant une masse de renseignements qui affluaient en nombre. Le 18 mai 1986, lorsque Anne Lock fut assassinée la plus grande partie de l'année était passée. Le 17 mai, le jour précédant la disparition de Anne Lock, Duffy fut arrêté « sur de simples présomptions » par un policier. Il traînait près d'une gare et portait sur lui un couteau à vous faire peur. Il raconta qu'il pratiquait le Zen Budo, une rare forme d'arts martiaux japonais qui allie le jiu-jitsu à la pratique des armes, et qu'il avait besoin de son couteau lorsqu'il allait s'entraîner. Tout cela était parfaitement exact. Duffy était étudiant au centre des arts martiaux de Kilburn et pendant une période de plus de dix-huit mois, on lui avait enseigné à saisir et à tenir son adversaire à la gorge aussi bien qu'à manier les armes telles que bâtons, couteaux et épées. Il se promenait en toute liberté...

Cependant, maintenant le nom de Duffy était inscrit sur la liste des suspects qui regroupait environ deux mille délinquants sexuels ayant le même groupe sanguin. Il était classé parmi les suspects de «quatrième catégorie», le numéro 1594 sur cette liste, liste qui au début rassemblait 4900 noms et que les policiers ramenèrent à 1999.

Le 17 juillet 1986, les inspecteurs de police Andrew Kelly et Peter Code de la police de Londres, interrogèrent Duffy en présence de son avocat. C'était un interrogatoire de routine. Duffy se trouvait sur la liste des suspects suite à l'agression commise sur son épouse et son amant, mais les deux inspecteurs firent immédiatement le rapprochement avec le portrait officiel du tueur et ses réponses quelque peu évasives, ne les satisfaisaient pas. Quatre heures après cet interrogatoire, Duffy rencontra un ami, étudiant tout comme lui en arts martiaux, à qui il demanda de le frapper et de lui taillader la poitrine à l'aide d'un rasoir. Puis il se fit admettre à l'hôpital *Friern Barnet* alléguant une «amnésie hystérique», déclarant avoir perdu la mémoire.

Le lendemain, les inspecteurs Kelly et Code firent leur rapport au commissaire Ken Worker, leur supérieur et chargé de l'enquête, lui signalant qu'ils pensaient que Duffy était dangereux.

Le 6 août, le commissaire Worker essaya d'interroger Duffy, mais les médecins de l'hôpital l'en empêchèrent, sous prétexte que cela pourrait compromettre son rétablissement. (Duffy était en train de regarder un match de cricket à la télévision.) Dès lors, la police de Londres se désintéressa de Duffy, bien qu'elle fut au courant de sa sortie de l'hôpital à la mi-août. Après une brève filature, il disparut de ses lieux de prédilection et la police ne réussit pas à le localiser. Il était toujours considéré comme suspect de «quatrième catégorie» et pendant quatre mois il erra dans Londres sans jamais se faire repérer, violant une écolière le 21 octobre. Durant ces quatre mois, pendant six week-ends en août et septembre, la police examina chacune des gares des comtés qui entourent Londres, sans résultat.

C'est à ce moment là, qu'un véritable «Sherlock Holmes» apporta sa contribution à l'enquête. En juillet 1986, *Scotland Yard* fit appel à un professeur de l'université du Surrey pour aider les policiers à établir «le portrait» du meurtrier-violeur. Le Professeur David Canter, un important psychologue, s'installa tranquillement dans un bureau et examina tous les détails apparemment sans aucune importance et des plus banals, contenus dans chacun des «témoignages», afin d'établir un profil psychologique. Après l'avoir comparé avec les 1999 suspects fichés, l'ordinateur mit en lumière un nom: John Francis Duffy. Le portrait attestait de son exactitude pour treize points sur dix-sept, le professeur allant jusqu'à prédire le quartier dans lequel le tueur demeurait. Aujourd'hui, sa technique révolutionnaire est utilisée dans toutes les écoles de police.

La police du Surrey fut d'accord pour mettre Duffy sous surveillance, mais nous étions déjà en octobre avant qu'une nouvelle enquête sur son passé et son style de vie ne commence. Le 8 novembre, Duffy fut officiellement placé sous surveillance, mais il s'avéra être quelqu'un de très difficile à prendre en filature. C'était un expert pour repérer et semer ceux qui le suivaient. La révélation se fit lorsque le commissaire John Hurst, chef de la police judiciaire de Guidford, détacha une petite équipe de policiers afin d'étudier un des vingt-sept viols en cours d'enquête. De ce travail sortit un nom, celui de John Francis Duffy.

Le 23 novembre 1986, la police judiciaire du Surrey appréhenda Duffy, et ce fut une enfilade d'horreurs du début jusqu'à la fin. Une perquisition à son domicile de Kilburn apporta des preuves accablantes sur sa culpabilité. Les policiers trouvèrent un équipement d'arts martiaux, des vidéos et des magazines pornographiques et violents, ainsi qu'une «collection de preuves» emportée par le violeur après ses agressions et dans laquelle se trouvaient trente clés. Duffy déclara qu'il ne se souvenait pas pourquoi ces clés étaient là, mais la police était convaincue que bon nombre d'entre elles avaient appartenu à ses victimes, à des femmes trop effrayées pour raconter qu'elles avaient été violées et dont Duffy conservait les clés comme des «trophées». La police trouva également une copie du livre *Anarchist's Cookbook*, qui est un condensé de recettes pour rendre une personne invalide, la réduire au silence, ou si nécessaire, la tuer. Le livre insiste sur le besoin vital des échappatoires et la connaissance de Duffy sur les chemins de fer lui fournissait cela.

Duffy était le détenu le plus réfractaire que les policiers n'aient jamais interrogé. Il fixait ses interlocuteurs droit dans les yeux, sans jamais être intimidé, ni prononcer un seul mot. Il plaiderait non coupable pour tous les meurtres et les viols qui étaient retenus contre lui, tout simplement pour lui permettre d'avoir le plaisir de regarder ses victimes souffrir alors qu'elles témoigneraient. C'est comme si, à nouveau, elles étaient violées, mais cette fois-ci en pleine audience.

La procès de John Francis Duffy, âgé de trente ans, débuta le lundi 11 janvier 1988, devant la cour d'assises de Londres présidée par le juge Farquharson qui permit à Duffy d'être cité «dans l'intérêt public», même si le viol avait été mis en cause au procès. En fait, il était jugé pour trois meurtres et sept viols, qui tous eurent lieu aux abords d'une ligne de chemin de fer entre juin 1982 et octobre 1986. M. Anthony Hooper, le procureur, s'adressa au jury composé de six hommes et de six femmes dans les termes suivants: «Duffy plonge ses yeux en vous comme deux rayons laser. C'est quelqu'un qui vous regarde durement et directement... C'est un homme perspicace et calculateur, qui sait exactement ce qu'il fait.» L'homme à la barbe peu fournie, qui se tenait dans le box des accusés, ne prononça pas plus de deux mots au cours du procès: «Non coupable» pour toutes les charges qui pesaient sur lui.

L'accusation retraça les grands traits du passé de Duffy, insistant sur le fait qu'un livre américain, *The Anarchist's Cookbook* avait été trouvé chez lui. M. Hooper lut quelques passages de ce livre qu'il décrivit comme subversif et comme un mode d'emploi pour tuer. Quelques extraits insistaient sur l'importance de trouver une issue de secours lorsque les choses allaient mal. «Duffy est un homme qui sait comment s'échapper à travers bois et champs», dit M. Hooper. Une cassette sur les arts martiaux, *The Jaws of Danger*, avait également été trouvée au domicile de Duffy. M. Hooper déclara: «Duffy aimait les films d'horreur et Bruce Lee, mais c'était une cassette d'une grande violence, avec un nombre de morts par strangulation... Il était clair qu'il portait un certain intérêt à tuer, ainsi qu'aux armes.»

Après son arrestation, la cour déclara que Duffy prétendait avoir perdu la mémoire. «L'amnésie débuta le jour même où il fut interrogé par la police pour plus de renseignements», dit M. Hooper. «Cette amnésie est pure comédie. Si cette imposture est reconnue cela ne fera qu'apporter de sérieuses preuves contre lui.»

Selon M. Hooper, bien que Duffy mesurait un mètre soixante, certaines personnes mises en cause au procès, le diront plus grand, à cause de son abondante chevelure rougeâtre et frisée. M. Hooper pensait que dans deux des trois premiers viols, deux hommes étaient impliqués:

Duffy et un autre individu qui restait inconnu. La première victime, âgée de vingt-trois ans, fut violée en juin 1984 après avoir rendu visite à un ex-petit ami à West Hampstead. Elle était seule à la gare de West Hampstead, attendant sur le quai désert, lorsque deux hommes s'approchèrent d'elle et que l'un d'entre eux la saisit par le cou. L'autre homme sortit un couteau et tous les deux l'emmenèrent sous le pont où ils la violèrent. La troisième victime fut agressée par deux hommes, dont l'un d'entre eux était Duffy, alors qu'elle rentrait d'un bal de charité au nord de Londres. La menaçant chacun d'un couteau à la gorge, il la violèrent.

M. Hooper dit aux jurés que la destruction délibérée d'une preuve médicolégale était une particularité des meurtres et des viols en question. Les victimes qui avaient été violées étaient essuyées avec un morceau de tissu, qui était ensuite brûlé. Il y avait eu des tentatives pour détruire les corps des victimes par le feu. M. Hooper avertit le juge que les jurés auraient à regarder des photos absolument horribles et «choquantes à l'extrême».

Revenant aux trois meurtres, M. Hooper les détailla un par un. Alison Day, âgée de dix-neuf ans, fut tuée alors qu'elle se rendait chez un ami à Hackney Wick. Duffy l'agressa à la gare de Hackney Wick, l'étrangla et probablement la viola avant de jeter son corps dans la rivière Lea. Elle ne fut retrouvée que deux semaines plus tard, un bloc de granite dans sa canadienne. Elle avait été frappée par son assassin qui lui avait lié les poignets avec un morceau de sa jupe, l'avait étranglée avec un deuxième morceau, «et lui avait enfoncé dans la bouche ce qui en restait». Elle avait autour du cou un garrot fortement serré. Sa montre était arrêtée à 20 h 10...

L'écolière néerlandaise Maartje Tamboezer, âgée de quinze ans, dont le père travaillait à cette époque en

Angleterre, fut la deuxième victime. Elle était dans une école du Surrey et le 17 avril 1986, elle était allée faire un tour à vélo le long d'un sentier près de la voie ferrée entre Effingham et East Horsley. Il faisait jour et la jeune fille dut s'arrêter et descendre de son vélo se trouvant face à un fil de nylon en travers du sentier, ce qui l'obligea à faire un détour par les champs et un bois où l'attendait Duffy. Il la viola, la frappa violemment, puis elle perdit connaissance. Il lui attacha les mains de façon inhabituelle, les plaçant en position de prière derrière le dos, puis lui lia les poignets et les pouces pour ne pas qu'elle s'échappe. Il serra si fort qu'il la blessa. Duffy essaya en premier lieu de la tuer par la «méthode du garrot», mais la ceinture de cuir de la jeune fille qu'il utilisa, se cassa alors qu'il actionnait le morceau de bois pour la serrer. «Aussi il essaya à nouveau, mais cette fois-ci il utilisa une écharpe, qu'il serra avec un morceau de bois.» Puis Duffy détruisit toute preuve en mettant le feu au corps et en brûlant particulièrement les environs de l'entrejambe pour effacer toutes traces de viol. Il était tout à fait conscient que les groupes sanguins pourraient être confrontés à partir d'échantillons de sperme. Bien que le vélo de la jeune fille ait été retrouvé appuyé contre une barrière, son corps brûlé ne fut découvert que le lendemain matin par deux chasseurs. Sa montre s'était arrêtée à 17h35. Après avoir tué la jeune fille, Duffy s'échappa par le train, dans lequel plusieurs personnes le virent monter, nota M. Hooper.

Le troisième meurtre fut celui de Anne Lock, âgée de trente ans qui, mariée depuis le 18 avril, revenait de sa lune de miel le 8 mai. C'était un dimanche, le 18 mai 1986, quand elle quitta le studio de la télévision où elle travaillait, pour rentrer chez elle, et arriva à la gare de Brookmans Park aux alentours de 22h. Elle allait reprendre son vélo qu'elle avait laissé le matin à la gare, mais trouva sur son chemin une branche, déposée par Duffy, lui barrant la route. Duffy lui fit mettre son vélo encore cadenassé contre une barrière et l'obligea à marcher dans la direction opposée pendant environ un demi-miles. Il lui attacha les mains en «position de prière» et lui mit une de ses chaussettes dans la bouche. Il n'eut pas à utiliser «la méthode du garrot» car elle décéda avant. Il avait mis le feu à son corps qu'il avait laissé près de la ligne de chemin de fer. Elle avait probablement été violée, mais la décomposition à un stade avancé ne laissa à la médecine légale aucun indice. Les tentatives de destruction de preuves relevées lors d'une expertise étaient une particularité que l'on retrouvait sur les procès verbaux établis pour chaque cas. Les similitudes retrouvées dans les viols et les meurtres interpellèrent les légistes, dit M. Hooper au jury. Un expert avoua qu'en seize années d'expérience, il n'avait jamais rencontré de tels cas. Il y avait des points communs dans l'utilisation des morceaux des vêtements des victimes en guise de bâillon. Les victimes étaient attachées de façon identique. Des tentatives avaient eu lieu pour détruire les preuves en brûlant les corps et en les mettant dans l'eau. Des pièges avaient été utilisés pour obliger les victimes à tomber dans des guets-apens. D'autre part, il y avait eu de menus vols sur chaque victime.

L'épouse de John Duffy dont il était séparé, vint témoigner le deuxième jour du procès, sur le comportement étrange de son mari. Parlant à voix basse, regardant à peine son mari qui se tenait dans le box des accusés, elle relata le comportement étrange de celui-ci, disant qu'à ses moments il pouvait «délirer comme quelqu'un atteint de démence». Elle raconta qu'une fois il avait avoué avoir violé une fille, à qui il avait volé un walkman qu'il m'avait remis, en disant: «D'où penses-tu que je le tiens?» Parlant de son mariage brisé, elle dit: «Les choses allaient de mal en pis et en avril 1985, je ne pouvais plus supporter qu'il me touche. Nous étions toujours à nous quereller et à nous battre.» Lorsque nous parlâmes à Mme Duffy de la sexualité au sein de son mariage, elle répondit: «Le mariage était un combat de tout moment. Il désirait faire l'amour chaque nuit et utilisait la force à mon égard. Il commençait par des menaces verbales, puis me frappait afin d'obtenir des relations sexuelles avec moi. Il était trop fort pour moi... Au début j'essayais de l'arrêter, mais à la fin je capitulais. Il s'approchait et faisait preuve d'amabilité envers moi. Il s'asseyait auprès de moi, me prenait les mains et m'attachait les poignets de telle façon que je ne pouvais pas bouger.» Après avoir montré au jury comment il l'avait attachée avec le cordon d'une robe de chambre, Mme Duffy poursuivit: «Tout d'abord j'étais effrayée, mais cela l'apaisait et je pensais que si je le laissais faire, il me laisserait aller... Une fois, il m'enfonça un mouchoir dans la gorge, après s'être amusé à me faire fermer les yeux et ouvrir la bouche comme pour recevoir une part de gâteau. Je ne pouvais supporter de le regarder, ni de le toucher. Il s'étendait sur moi, si bien que je ne pouvais pas bouger. Il m'attachait les mains... plus je protestais, et plus il s'excitait... Une fois n'est pas coutume, il parla calmement, il me raconta qu'il avait violé une fille, qui, satisfaite, lui avait demandé de recommencer. Il me dit que tout cela était de ma faute, qu'il avait fait un enregistrement qu'il me le donnait comme cadeau.» Mme Duffy quitta son mari en juin 1985. Mais lorsqu'elle revint chez elle pour prendre son courrier, son supplice continua. «Une nouvelle fois il m'obligea à des relations sexuelles... Je pensais qu'il allait me tuer.» Elle relata la façon dont il l'avait agressée ainsi que son nouveau petit ami, les frappant à coups de poings et avec une arme de Kung-Fu.

Au cours d'un contre-interrogatoire par M. David Farrington, l'avocat de la défense, Mme Duffy déclara que son mari avait attenté à ses jours durant les deux premières années de leur mariage et avait à nouveau parlé de suicide en 1985, après avoir appris que faute d'un nombre suffisant de spermatozoïdes, ses chances d'avoir un jour un enfant étaient très faibles. Elle nia lui avoir fait l'amour volontairement quatre ou cinq fois après l'avoir quitté. Durant des échanges quelque peu «chauds» avec M. Farrington, elle nia avoir inventé des «histoires juteuses» à l'endroit de la presse. Elle déclara que son mari l'avait violée après qu'elle l'ait quitté, ajoutant qu'il avait «des yeux perçants, que vous ne pouviez pas regarder. Vous deviez détourner le regard.» Alors que sa femme témoignait, Duffy prenait des notes qu'il donnait à son avocat.

Le nouveau petit ami de Mme Duffy raconta comment ce dernier les avait agressés avec un couteau et une matraque. «Duffy se comportait comme un malade. Il me frappa à la tête. J'ai dû avoir huit points de suture...» Une jeune fille qui avait voyagé dans un train le même jour où Maartje Tamboezer avait été assassinée, raconta avoir vu un «homme au regard étrange et perçant» prendre le train.

Un des quelques rares amis de Duffy, un étudiant en arts martiaux, relata au jury comment Duffy l'avait obligé à lui lacérer la poitrine et à lui donner des coups de poings au visage. Il expliqua: «Il disait que la police le tenait pour responsable d'un viol et qu'il devait simuler une perte de mémoire, sinon il aurait des problèmes. Bien que j'étais terriblement effrayé, Duffy me coupa à la gorge avec un rasoir, et me demanda de lui lacérer la poitrine. Je lui donnai un coup de poing, mais il me demanda de taper plus fort.» Il continua: «C'était difficile d'accepter ce pourquoi John était accusé. Au vu de ma grande amitié et des sentiments que j'avais à son égard, j'essayais tout d'abord de le protéger.»

Il nia, comme le prétendait la défense, avoir inventé cette histoire d'agression sur Duffy dans l'unique but que la police le laisse tranquille.

« Je rejette cela totalement. J'ai prêté serment devant cette cour et ce que je dis est la vérité. » Il ajouta qu'il considérait Duffy comme un grand frère. « J'aimerais dire que jamais je n'ai rencontré homme plus agréable et j'aimerais, plus ou moins, faire quelque chose pour lui. »

David Archer, professeur en arts martiaux déclara au jury que suite à l'agression au rasoir dont il avait été victime, Duffy se souvenait encore des mouvements compliqués qu'il avait appris avant la présumée attaque.

La deuxième victime violée par Duffy, âgée aujourd'hui de dix-neuf ans, décrivit à la cour comment Duffy l'avait kidnappée avec un couteau dans une gare déserte. Elle raconta que Duffy lui fit mettre les bras autour de sa taille afin de passer pour un couple d'amoureux, mais tout en la menaçant de lui trancher la gorge. « Il me disait que si je me débattais ou si je criais, il ma lacérerait la gorge. » La jeune fille, âgée à l'époque de dix-sept ans, raconta comment Duffy l'avait traînée dans les bois à côté de la gare de Hadley Wood, où il lui avait tailladé ses vêtements avec un couteau avant de la violer. Puis il l'obligea à lui donner son argent. Lorsque la jeune fille se plaignit de ne pas avoir le moyen de payer son bus pour rentrer chez elle, il lui donna une livre sterling.

Une autre victime de viol relata qu'il l'avait emmenée sous la menace d'un couteau, dans un bois près d'une piscine dans les quartiers du nord de Londres. Le violeur était avec son bâtard de chien. « Je l'entendis l'appeler Bruce », dit-elle.

Puis nous passâmes aux témoignages concernant les meurtres. Le policier Garry Fyffe raconta que Alison Day avait vraisemblablement passé ses derniers instants dans un garage froid et humide infesté de rats. Il ajouta: «C'était un endroit très déplaisant, très sombre, froid et humide, avec la preuve évidente de la présence de rongeurs. Des ordures jonchaient le sol et il y régnait une odeur de décomposition. C'était en partie inondé, avec des flaques d'eau stagnante.» Les morceaux de granit trouvés dans le manteau de la victime provenaient de ce garage, ajouta-t-il.

Puis la dernière jeune fille violée par Duffy vint témoigner. C'était une écolière de quatorze ans, violée en revenant de l'école, près de Watford le 21 octobre 1986. Sous la menace d'un couteau, Duffy l'obligea à entrer dans les bois, lui découpa ses collants pour lui attacher les mains, puis la bâillonna et lui banda les yeux, avant de la violer contre un arbre. Alors qu'elle narrait son supplice, elle éclata en larmes, décrivant Duffy la menaçant d'un couteau et lui mettant la main sur la bouche pour l'empêcher de crier. Le juge loua son courage d'être venue témoigner.

Le 25 février 1988, le jury reconnut Duffy coupable de deux meurtres, ceux des jeunes filles respectivement âgées de quatorze et seize ans. La plus âgée, qui aujourd'hui a dix-neuf ans, était venue au tribunal pour le voir condamner. Lorsque le verdict tomba, Duffy, le regard vide, fixait droit devant lui, puis il marcha vers sa cellule les mains dans les poches. Le jury se retira à nouveau pour étudier les charges qui pesaient contre lui en tant que violeur et meurtrier. Auparavant, le juge avait donné des instructions au jury de ne pas reconnaître Duffy coupable du meurtre de Anne Lock. Les preuves relevées au cours de l'expertise médicolégale n'étant pas suffisantes pour qualifier cet acte de crime.

Finalement, Duffy fut condamné le 26 février 1988 par le Juge Farquharson à la prison à vie sept fois pour deux meurtres et cinq viols. Le tueur, âgé de trente ans, se tenait dans le box des accusés, impassible à la lecture de la sentence par le juge: «Les meurtres d'Alison Day et de Maartje Tamboezer sont les plus effroyables que j'ai pu voir. La cruauté et la bestialité des meurtres commis sur ces deux jeunes filles sont à peine supportables au cours de leur évocation. Mis à part la vie de ces deux jeunes filles qui d'un seul coup s'arrêta, il y a aussi celle de leur famille. Vous êtes pire qu'un rapace.» Le juge demanda à ce que Duffy purge une peine d'au moins trente ans, puis il ajouta: «La nature horrible de vos crimes signifie que trente ans n'est pas nécessairement ce que vous purgerez. Cela peut être plus. Emmenez-le.» Dans la tribune réservée au public, sa mère, d'origine irlandaise, s'effondra et sanglota, réconfortée par son époux et sa fille.

Le jury avait prononcé à l'unanimité les verdicts sur les deux meurtres et les cinq viols. Le juge, qui fêtait son soixantième anniversaire, avait dispensé le jury de donner son avis sur cinq inculpations en suspens contre Duffy, qui regroupaient deux viols en juillet et en août 1985, deux agressions sexuelles sur son épouse en août 1985 et une agression verbale sur le nouveau petit ami de sa femme.

Duffy paraissait presque inoffensif dans le box des accusés, portant une veste sport marron, un jean avec une chemise et une cravate. Il ne laissa paraître aucune émotion, certainement aucun remord, durant les six semaines de procès, pas même lorsque les jeunes filles qu'il avait violées narraient leur supplice, en larmes. Mais Duffy n'était pas aussi inoffensif qu'il le laissait paraître: c'était un monstre dont l'esprit avait été perverti par des vidéos pornos et des films d'horreur – un autre exemple qui illustrait le lien qui existait entre la pornographie et les crimes sexuels. Il avait cependant fait preuve d'une ruse et d'une intelligence à toute épreuve, utilisant ses connaissances détaillées des horaires des chemins de fer dans le sud-est pour traquer ses victimes, rôdant dans les gares désertes et s'attaquant à des jeunes femmes seules. Tout d'abord, il les soumettait à des pratiques dégradantes, mais dès la fin de son règne de 28 mois de terreur, l'expert en arts martiaux s'était transformé en un tueur froid et calculateur.

Le commissaire John Hurst, directeur adjoint de la police judiciaire, qui avait interrogé Duffy après son arrestation, déclara : « En vingt-deux ans de carrière et confronté sans cesse au monde de la criminalité, je n'ai jamais rencontré un homme aussi calculateur et rusé. C'est un manipulateur sans pitié, doté d'un esprit vif. Il est très intelligent et vigilant. Il donne l'impression d'être capable de réagir à toute situation. » Le commissaire divisionnaire, chef de la police judiciaire du Surrey, Vincent McFadden, dira après le procès avoir été satisfait que tout ce soit passé aussi rapidement et que Duffy soit en prison. Ceci se passait après que la presse ait accusé la police d'avoir commis des impairs au cours de l'enquête, dressant dans un journal une liste de « cinq bévues » qui avaient permis à Duffy de régner aussi longtemps.

Bien que le cas de Anne Lock fut officiellement inexpliqué, le commissaire John Hurst déclara : « Duffy a tué Anne Lock. Nous en sommes certains. Il le sait et nous le savons. Nous n'avons pas pu fournir de preuve pour l'inculper, mais les similitudes entre ce meurtre et les deux autres sont surprenantes. Nous avons décidé de le condamner là où les preuves étaient sans contestation, bien que nous soyons certains qu'il ait à son actif d'autres agressions. Il prenait un malin plaisir à la résistance et aux protestations de ses victimes. Nous savions qu'il allait plaidé non coupable, uniquement pour que certaines d'entre elles aient à souffrir à la barre des témoins. Sa dernière victime, la jeune écolière de quatorze ans, me rapporta qu'il la fixait du regard alors qu'elle témoignait, ce qui la troublait et l'empêchait de poursuivre. Chaque fois qu'il la regardait, elle était prise de sueurs froides. Elle fit preuve d'un grand courage pour aller jusqu'au bout de ses dires.» M. Hurst ajouta : «Je passai plusieurs heures en compagnie de Duffy. Son regard perçant m'effrayait et je n'osais pas imaginer l'effet qu'il avait dû avoir sur ces pauvres femmes. Pas une seule fois il n'avoua les viols et les meurtres, mais il me dit qu'il serait tout à fait heureux de passer trente ans en prison.»

Le père de Alison Day, Kenneth, déclara amèrement : «il devrait être pendu.» M. Frederick Adams, professeur en arts martiaux et gardien de prison déclara de façon cinglante qu'un homme tel que Duffy aurait dû apprendre les manières de tuer. Il ajouta : «Je suis contrarié et consterné vis-à-vis des professeurs privés qui dispensent ce genre de compétences pour de l'argent. Pour dix livres sterling, en une heure, ils enseignent pratiquement tout, même le garrot.» Le mari de Anne Lock disait : «Je sais que les gens me montrent encore du doigt...»

Il est difficile d'établir un portrait de Duffy en tant qu'être humain. Il refusa de rencontrer un psychiatre et ne prononça pas un mot durant son procès.

Le commissaire McFadden dépeignit Duffy comme le pire des scélérats qu'il n'ait jamais rencontré, ce qui s'est confirmé. Prenant la défense de la police contre les critiques apportées par la presse au cours de l'enquête, il ajouta : «Ce qui est important c'est que la police définisse les critères dans lesquels se range Duffy.» Il est connu que le tueur sexuel est difficile à appréhender, et même pour trois millions de livres sterling, on devrait lui rendre hommage pour avoir mis ce dangereux animal sous les verrous.

Duffy n'a aucune excuse. Contrairement à l'étrangleur de Stockwell qui avait des pulsions sexuelles qu'il ne pouvait réfréner, le tueur des chemins de fer, John Francis Duffy était un homme rusé et intelligent qui connaissait très bien les conséquences de ses actes et détruisait toute preuve médicolégale, s'assurant ainsi la liberté.

Chapitre XVI

Peter Sutcliffe : L'Eventreur du Yorkshire

5 juillet 1975: Première agression à Keighley.

15 août 1975: Deuxième victime survivant à une agression à Halifax.

30 octobre 1975: Meurtre de Wilma McCann à Leeds.

20 janvier 1976: Meurtre d'Emily Jackson à Leeds.

9 mai 1976: Une prostituée survit à une agression à Leeds.

6 février 1977: Meurtre de Irene Richardson à Leeds.

23 avril 1977: Meurtre de Patricia Atkinson à Bradford – la seule victime tuée à son domicile.

26 juin 1977: Meurtre de Jayne McDonald à Leeds. George Oldfield, directeur adjoint de *West Yorkshire Police*, est chargé de conduire l'enquête sur l'Eventreur.

10 juillet 1977: Une femme est agressée à Bradford.

1er octobre 1977: Meurtre de Jean Jordan à Manchester. Une semaine après le meurtre, Sutcliffe retourne auprès du corps à la recherche d'un billet de cinq livres susceptible de le compromettre. Il tente de décapiter le corps à plusieurs reprises.

2 novembre 1977: Peter Sutcliffe est interrogé par la police pour la première fois depuis 1969. Cette fois-ci à propos du billet de cinq livres.
8 novembre 1977: Peter Sutcliffe est interrogé par la police pour la deuxième fois, toujours à propos du billet de cinq livres.
14 décembre 1977: Une femme agressée survit à Leeds.
21 janvier 1978: Meurtre d'Yvonne Pearson à Bradford.
31 janvier 1978: Meurtre de Helen Rytka à Huddersfield.
8 mars 1978: Première lettre de l'Eventreur envoyée à George Oldfield.
13 mars 1978: Deuxième lettre de l'Eventreur envoyée au Daily Mirror à Manchester. Cette lettre avertit qu'il allait à nouveau sévir à Manchester et Liverpool.
16 mai 1978: Meurtre de Vera Millward à Manchester.
13 août 1978: Peter Sutcliffe est interrogé pour la troisième fois dans cette enquête par la police, sa voiture ayant été aperçue à plusieurs reprises dans les quartiers chauds de Bradford et de Leeds.
23 novembre 1978: Peter Sutcliffe fut à nouveau questionné par la police, qui examina les pneus de sa voiture afin de voir si les marques correspondaient à celles trouvées sur les lieux du meurtre d'Irene Richardson. Sutcliffe avait changé ses pneus et ainsi fut relâché.
8 mars 1979: Troisième lettre envoyée par l'Eventreur.
4 avril 1979: Meurtre de Joséphine Whitaker à Halifax.
18 juin 1979: La cassette du canular arrive à la police.
26 juin 1979: La police visionne la cassette de l'Eventreur à la presse.
29 juillet 1979: Sutcliffe est interrogé par la police pour la cinquième fois.

2 septembre 1979: Meurtre de Barbara Leach à Bradford.
23 octobre 1979: Sutcliffe une nouvelle fois questionné sur sa présence dans les quartiers chauds des péripatéticiennes.
Janvier 1980: George Oldfield se voit retirer l'enquête de l'Eventreur.
13 janvier 1980: Sutcliffe à nouveau interrogé à propos du billet de cinq livres.
30 janvier 1980: A nouveau Sutcliffe est interrogé sur le billet de cinq livres.
18 août 1980: Meurtre de Marguerite Walls à Farsley, entre Leeds et Bradford.
24 septembre 1980: Une femme médecin sort indemne d'une agression à Leeds.
5 novembre 1980: Une femme sort saine et sauve d'une agression à Huddersfield.
17 novembre 1980: Meurtre de Jacqueline Hill à Leeds.
28 novembre 1980: Trevor Birdsall, un ami de Peter Sutcliffe, envoie une lettre anonyme à *West Yorkshire Police*, dénonçant Sutcliffe comme étant l'Eventreur.
29 novembre 1980: Birdsall avoue au commissariat de Bradford, que Sutcliffe est l'*Eventreur du Yorkshire.*
2 janvier 1981: Sutcliffe est appréhendé à Sheffield.
5 janvier 1981: Sutcliffe comparaît devant la cour de Dewsbury.
22 mai 1981: Sutcliffe est condamné à la prison à vie, avec une mention précisant qu'il devra purger au moins trente années de sa peine. Il fut incarcéré dans le quartier de haute sécurité à la prison de Parkhurst. Durant son séjour, il fut agressé par ses «pairs» qui lui lacérèrent le visage avec un morceau de verre. Trois années plus tard, en mars 1984, il fut transféré à Broadmoor.

Il y a plus de dix ans que Peter Sutcliffe, l'homme qui terrorisa le Yorkshire pendant au moins cinq ans, sous le nom de L'*Eventreur du Yorkshire,* fut arrêté en compagnie d'une prostituée à Sheffield par des policiers de la brigade des mœurs. Plus tard, Sutcliffe admettra qu'il avait essayé de tuer la prostituée.

Le 5 janvier 1981, Sutcliffe comparut devant la cour de Dewsbury afin d'être officiellement inculpé. A l'extérieur, une foule attendait des cordes à la main, en criant vengeance. «Je m'y trouvais et la soif de sang qui régnait autour de moi, était vraiment effrayante. Si la foule avait réussi à atteindre Sutcliffe, elle l'aurait mis en pièces.»

Le 22 mai 1981, Sutcliffe fut condamné à perpétuité par la cour d'assises de Londres, pour treize meurtres et au moins sept agressions avec violence à l'encontre de femmes. Le juge demanda à ce que Sutcliffe purge un minimum de trente années.

Le jury le reconnut coupable de meurtres et non d'homicides involontaires, cependant aujourd'hui, Sutcliffe occupe une confortable chambre meublée à Broadmoor, dans un hôpital sécurisé réservé aux criminels déments, où il fut transféré en 1984.

Mais retournons vingt années en arrière, quand un jeune bachelier du nom de Peter Sutcliffe fut impliqué dans la «préparation» d'une série de meurtres qui devaient être à leur paroxysme au cours des six années suivantes, pendant lesquelles Sutcliffe fit régner la terreur.

Si *Jack the Ripper* avait sévi aujourd'hui, s'il avait été soumis aux progrès de la médecine légale: empreintes digitales, groupes sanguins, empreintes génétiques et les nouvelles méthodes de communication de la police, dont l'utilisation de l'ordinateur – aurait-il été arrêté ? Au vue du dossier de l'*Eventreur du Yorkshire,* la réponse devrait être négative. Peter Sutcliffe fit régner pendant plus de cinq ans et demi la pire des terreurs, une période au cours de laquelle il tua 13 femmes et commit sept tentatives de meurtres. Il fut finalement appréhendé par pur accident, pourrait-on dire, nonobstant la police.

Né à Bingley, dans le Yorkshire, le 2 juin 1946, Peter William Sutcliffe fut la déception de son père, John. John Sutcliffe était un homme dominateur. Son épouse, Katleeen, était une belle femme et une fervente catholique. C'est dans cet environnement que Peter arriva, le premier de cinq enfants.

Peter était un enfant de nature frêle et maladive. A l'école, il était persécuté et c'est pourquoi il devint secret et solitaire, faisant souvent l'école buissonnière et se cachant pendant des heures dans le grenier.

Il quitta l'école à quinze ans et devint apprenti monteur. Puis, à l'âge de dix-huit ans, il se mit à pratiquer le culturisme désirant devenir le macho du Yorkshire.

En 1964, il obtint un travail au cimetière de Bingley en tant qu'ouvrier et commença à étaler son sens de l'humour macabre. Il souillait les cadavres, faisait des farces avec les crânes et volait les bagues aux doigts des morts, allant jusqu'à donner des petits coups de ciseaux pour permettre à certaines qui se montraient réfractaires, de mieux glisser.

En 1967, âgé de vingt-et-un ans, Sutcliffe fut renvoyé de son travail de fossoyeur pour manque de ponctualité. Il rencontra et commença à courtiser Sonia Szurma, une jeune fille tchèque issue d'un milieu social bien meilleur que celui de Sutcliffe. Elle avait de réelles perspectives à devenir professeur. Leur relation se transforma en sept années de tumulte.

Sonia devait avoir quelques doutes sur la capacité de Peter à faire un époux convenable, car elle eut une relation avec un autre homme. Lorsque Peter l'apprit, il devint furieux. Il s'afficha alors avec une prostituée des environs de

Bradford «pour régler ses comptes», comme il le dira plus tard. Mais la péripatéticienne l'escroqua de cinq livres sterling et lorsqu'il lui en parla plus tard dans un pub, elle se moqua de lui. Il se sentit extrêmement humilié et devait déclarer quelque temps après, que cet incident n'avait fait qu'accroître sa haine vis-à-vis des putains.

En 1969, Sutcliffe commit sa première agression connue – une «préparation» au meurtre. Alors qu'il était en voiture avec son meilleur pote de beuverie, Trevor Birdsall, Sutcliffe s'arrêta à Manningham et disparut quelques minutes. Il revint en se dépêchant et raconta à Trevor qu'il avait frappé une prostituée à la tête avec une chaussette remplie de briques.

Tous deux furent interrogés par la police à propos de cette agression, mais la victime ne portant pas plainte, ils eurent un simple avertissement et furent relâchés.

Le 29 septembre 1969, Peter Sutcliffe fut arrêté pour s'être caché derrière une haie un marteau à la main. Sa voiture était garée à proximité, le moteur allumé. Il comparut devant la cour sous le chef d'inculpation «se déplace équipé d'outils destinés à cambrioler» et fut condamné à une contravention de 25 livres sterling. Ce qui est incroyable, est que ce premier indice ne fut jamais retenu pour identifier l'*Eventreur du Yorkshire.*

Le 10 août 1974, Peter et Sonia finir par se marier. Peter obtint son permis de conduire poids lourds et décrocha un travail bien rémunéré en tant que routier.

Le couple demeura chez les parents de Sonia jusqu'en 1977, le temps d'économiser pour disposer de leur propre maison à Garden Lane, Heaton à Bradford.

La première agression meurtrière eut lieu à Keighley le 5 juillet 1975. La victime frappée à la tête à coups de marteau fut sérieusement blessée et laissée pour morte, mais elle retrouva ses esprits.

Sutcliffe et son ami Trevor Birdsall étaient allés faire un tour et se trouvaient dans un pub le 15 août 1975, lorsqu'une femme de ménage des bureaux alentours, âgée de quarante-six ans, fit son entrée. Sutcliffe la prit pour une prostituée et le lui dit. Furieuse, la femme lui sonna les cloches et parut avoir marqué un point. Mais lorsqu'ils rentrèrent, Peter aperçut la femme en question qui marchait le long de la chaussée. Il somma Trevor de s'arrêter et descendit de voiture. En quelques minutes, il était derrière elle, légèrement essoufflé.

La victime survécut, ce qui ne fut pas le cas de la suivante qui n'eut pas autant de chance. Wilma McCann, âgée de vingt-huit ans, mère de quatre enfants, fut retrouvée morte sur un terrain de jeux à Leeds, le 30 octobre 1975. Les meurtres de l'Eventreur avaient commencé !

Le médecin légiste, le Professeur Gee, effectua une expertise sur Wilma McCann. Il ne trouva aucune trace de sperme dans le vagin, mais en découvrit derrière son pantalon et sa culotte. Le tueur avait dû éjaculer alors qu'il poignardait sa victime.

Le commissaire Dennis Hoban, chef de la police judiciaire de Leeds, fut chargé de cette affaire. Il avait un parcours fort intéressant, ayant résolu plus de 50 meurtres. Il fit circuler une note interne à toutes les divisions, qui disait : « Le mobile paraît être une véritable haine vis-à-vis des prostituées. »

Celle d'après sur la liste fut Emily Monica Jackson, âgée de quarante-deux ans, originaire de Morley. Aperçue vivante pour la dernière fois le mardi 20 janvier 1976, elle fut retrouvée morte le lendemain matin dans le quartier des prostituées de Chapeltown, à Leeds.

Elle était étendue sur le ventre, un manteau jeté sur elle. Elle avait les jambes écartées, et un morceau de bois partiellement enfoncé dans le vagin. Elle avait les seins découverts et avait reçu deux coups de marteau sur la tête entraînant la mort. Elle avait été poignardée cinquante fois à la poitrine et au ventre. De nombreuses blessures provenaient d'un tournevis *Philips* assez gros, qui avait laissé des marques particulières en forme d'étoiles. Le tueur avait également donné des coups de pieds à la victime, laissant des traces de bottes *Dunlop* de taille 7 sur la cuisse. Mme Jackson avait trois enfants.

Le commissaire Hoban déclara à la presse: «Il y a une corrélation entre ce meurtre et celui de Wilma McCann. Les deux femmes étaient des péripatéticiennes. Dans les deux cas, la haine profondément enracinée vis-à-vis des prostituées était évidente et se manifestait par le nombre important de coups de poignard.»

La victime suivante fut une prostituée de couleur noire. Elle prit un client le 9 mai 1976, au Parc de Roundhay à Leeds. En un clin d'œil, l'homme la frappa à la tête d'un coup de marteau. A demi-inconsciente, elle vit son agresseur se masturber à côté d'elle. Il lui remit cinq livres sterling dans la main, lui disant de ne rien dire à la police, puis il partit. Sa blessure demanda cinquante-deux points de suture, mais l'on ne tint pas compte de la description qu'elle fit de son assaillant, car elle était mentalement retardée.

Les mois passèrent, la police travaillant sans relâche sur cette affaire. Le dossier s'épaississait de jour en jour. Des centaines de personnes furent interrogées, mais où se trouvait l'Eventreur? Pourquoi avait-il cessé de sévir? L'année prit fin et la frayeur des rues s'était estompée. Les policiers ne comprenaient pas pourquoi l'Eventreur ne faisait plus parler de lui. Que fit le meurtrier pendant les huit derniers mois? Ils allaient découvrir une méthode de tuer atroce, quand en février 1977, l'Eventreur réapparut.

Irene Richardson, âgée de vingt-huit ans, fut retrouvée morte sur un terrain militaire au Parc de Roundhay à

Leeds, par un joggeur à huit heures moins dix ce dimanche matin du 6 février 1977. Elle était étendue sur le ventre, recouverte de sang. Elle avait été enveloppée dans son manteau afin de cacher les mutilations qu'elle avait subies. La mort provenait de trois coups de marteaux à double tête, des blessures faites au couteau au cou et à la gorge et trois entailles sauvagement portées au ventre qui laissaient se déverser les intestins. Curieusement, ses bottes avaient été soigneusement disposées entre ses cuisses. Le seul indice était des marques de pneus à proximité.

Puis Patricia «Tina» Atkinson, une prostituée de trente-trois ans, subit le même sort. Elle se distinguait des autres victimes de l'Eventreur, car ce fut la seule à être tuée dans son propre appartement à Bradford. Elle fut découverte le 24 avril 1977, tuée de quatre coups portés à la tête et six blessures de ciseaux à l'abdomen. Son soutien-gorge lui avait été retiré afin de lui découvrir la poitrine et le meurtrier avait laissé sur les draps du lit des empreintes de bottes Dunlop taille 7, ainsi que la marque d'une main ensanglantée sur la cuisse.

Le 26 juin 1977, Jayne Michelle McDonald, âgée de seize ans, disparut lors d'une soirée. Elle fut retrouvée le lendemain matin à 9h45 dans une aire de jeux près de Chapeltown Road, à Leeds. Elle était à plat ventre, son soutien-gorge retiré laissait voir ses seins. La mort provenait de coups portés à la tête et de blessures au couteau à la poitrine et au dos.

Suite à ce meurtre, la police déclara à la presse: «Une jeune femme innocente a été massacrée», ce sous-entendu effrayant de la police qui soupçonnait que les victimes précédentes n'étaient pas innocentes.

L'inspecteur George Oldfield dirigeait l'enquête à présent.

Dès lors, le *modus operandi* de l'Eventreur était évident. Tout d'abord il frappait ses victimes à la tête, puis les traînait sur le lieu du crime. Il les poignardait toujours après avoir enlevé ou soulevé leurs vêtements, mais jamais à travers. Il aimait à montrer les seins de ses victimes. Il utilisait un marteau à deux têtes de mécanicien et un tournevis *Philips*, mais variait souvent ses outils, parfois à la place du tournevis, il prenait un couteau et une pierre au lieu du marteau.

Le Professeur Gee qui examina la plupart des victimes, reconnut l'œuvre de l'Eventreur. D'autre part, cinq des victimes ayant été agressées à Leeds et une à Bradford, laissait à penser que le meurtrier habitait la région.

La dixième agression eut lieu dans la nuit du samedi 10 juillet 1977, à Bradford. Une femme âgée de quarante-deux ans fut frappée à la tête d'un coup de marteau et poignardée à cinq reprises à la poitrine et à l'abdomen. Cependant, le meurtrier fut dérangé et prit la fuite avant d'achever ce qu'il avait entrepris. La victime fut retrouvée le lendemain matin à 8 h 30, agonisant. A l'hôpital, on découvrit une entaille partant de la poitrine jusqu'au nombril. Après une opération, la victime survécut et déclara à la police que son agresseur était de race blanche, avait environ trente-six ans et portait de longs cheveux qui lui tombaient sur les épaules. Elle ajouta qu'il conduisait une Cortina blanche. Cependant cette description fut jugée quelque peu fantaisiste suite au choc que la victime avait subi.

L'Eventreur avait alors à son actif cinq morts et trois blessés.

Les recherches actives de la police dans les quartiers chauds de Leeds et de Bradford obligèrent Sutcliffe à traverser les Pennines pour sa prochaine victime.

Jean Jordan, vingt ans, alias Royle, était une prostituée de Manchester et mère de deux enfants. Elle fut tuée dans la nuit du 1er octobre 1977 et son corps ne fut retrouvé qu'une semaine plus tard au cimetière de la *Croix du Sud* dans le quartier du Moss Side, à Manchester. La mort était due à onze coups portés à la tête, dix-huit coups de couteau dans le dos, à la poitrine et dix entailles à l'abdomen, chacune étant suffisamment profonde pour atteindre la colonne vertébrale.

Ce meurtre devait apporter à la police un indice important. Le meurtrier avait remercié Jean Jordan de son attention personnelle, en lui remettant un billet de cinq livres flambant neuf, dont le numéro de série était AW 51 121565. Sutcliffe, nous le savons maintenant, avait pris conscience de la portée de ce billet, qui appartenait à une des séries émise par une banque unique, et distribuée pour verser les salaires de seulement 5943 personnes, dont Sutcliffe faisait partie. Il fut interrogé deux fois à propos de ce billet, une fois le 2 novembre et à nouveau six jours plus tard.

Toutefois, aucun rapprochement ne fut établi entre le fait que Sutcliffe avait été rémunéré avec les billets de cette série et sa précédente arrestation pour détention d'un marteau et d'un équipement de vol.

Sept ou huit jours après le meurtre de Jordan et avant la découverte de son corps, Sutcliffe retourna sur les lieux du crime pour la dévêtir, et parce qu'il n'avait pas retrouvé le billet de cinq livres l'incriminant, il lui lacéra le corps avec acharnement. Alors qu'il était en train de la découper avec un couteau *Stanley*, l'odeur nauséabonde qui provenait de son ventre le fit vomir. Il essaya de la décapiter afin de camoufler qu'elle était une victime de l'Eventreur. Pour plus de sûreté, il tenta de la brûler sur un feu de jardin, à l'endroit où le propriétaire d'un lotissement contigu la découvrit.

Sutcliffe avait dû être inquiété par l'attention que lui portait la police, car il ne reprit ses activités meurtrières que quelques semaines plus tard, lorsqu'il retourna à son ancien lieu d'agression à Leeds. Il agressa une mère de deux enfants, le mercredi 14 décembre 1977. Sutcliffe ayant été dérangé, elle survécut, mais souffrait de blessures à la tête et avait entendu son agresseur hurler : « Sale putain ! »

Elle avait parlé avec celui qui aurait pu devenir son meurtrier et put en faire une description à la police. Elle l'avait entendu s'appeler « Dave », c'était un homme de race blanche, entre 25-28 ans, portant une moustache à la Jason King. C'était un indice capital, car Sutcliffe portait la moustache et la barbe devenue populaire à travers un personnage d'une série télévisée.

Le premier mois de l'année fut marqué par deux meurtres en dix jours.

Yvonne Ann Pearson, âgée de vingt-deux ans, fut assassinée au cours de la nuit du 21 janvier 1978, mais son corps ne fut retrouvé que quelques mois plus tard. Elle avait été cachée sous un canapé abandonné sur un terrain vague de Lumb Lane, à Bradford. Elle avait la bouche remplie du rembourrage du sofa. En fait, elle fut découverte le 26 mars et il était évident que le tueur était revenu commettre des agressions sur son cadavre et plus important, s'assurer qu'il serait trouvé.

Sutcliffe, indubitablement obsédé par la une des journaux, devait avoir ressenti une certaine négligence, car il avait placé soigneusement une copie du *Daily Mirror* datant d'un mois après le meurtre, sous l'un des bras de sa victime.

La présence d'asticots dans les blessures initiales, et leur absence dans les entailles fraîches, était la preuve que le meurtrier était revenu sur les lieux. Elle avait été frappée à la tête avec une massue.

Le Professeur Gee soupçonnait que c'était « quelque chose comme une grosse pierre » et tout d'abord la police pensa que ce n'était pas forcément l'œuvre de l'Eventreur.

Elle avait été jetée avec une telle force que ses côtes s'étaient brisées. Cependant, à nouveau son soutien-gorge avait été retiré, laissant voir ses seins.

Dix jours plus tard, Helen Rytka, âgée de dix-huit ans, une Jamaïcaine métisse, fut retrouvée morte à Huddersfield, le mardi 31 janvier. Elle avait été frappée à coups de marteau à la tête et avait été poignardée plusieurs fois à l'abdomen. Son soutien-gorge était enlevé. Ce fut la seule victime avec laquelle le tueur eut des relations sexuelles. Suite à ce meurtre, le *Yorkshire Post,* un journal de Leeds, offrit une conséquente récompense pour l'arrestation du meurtrier.

Le 8 mars 1978, l'inspecteur George Oldfield reçut la première des trois lettres, postée de Sunderland et signée *Jack the Ripper,* Il prit ses lettres très au sérieux. Sa détermination était si forte, qu'elle le conduisit sur une fausse piste.

Au printemps 1978, le commissaire Dennis Hoban décéda et fut remplacé par James Hobson. Toutefois, quoiqu'il ait pu arriver au sein de la police, cela ne concernait en rien Sutcliffe, qui continua à sévir.

Sutcliffe retourna à Manchester où il tua à nouveau. A 8h15 le vendredi matin 17 mai 1978, Vera Evelyn Millward, âgée de quarante ans, alias Brown ou Barton et mère de sept enfants fut retrouvée morte sur le parking derrière le *Manchester's Royal Infirmary.* Elle avait été frappée à trois reprises à la tête à l'aide d'un marteau et poignardée avec une telle perversité que ses intestins se répandaient sur le sol. Elle avait également reçu un coup de couteau à l'œil droit. Ses chaussures avaient été soigneusement déposées sur son corps, et on découvrit l'empreinte d'un pneu à proximité.

En juin 1978, la West Yorkshire Police diffusa un rapport de dix-huit pages, intitulé «Meurtres et Agressions sur les Femmes du nord de l'Angleterre», aux autres forces de police. Il relatait seize agressions que l'on pensait être l'œuvre du même homme et exposait ses modes opératoires. Ce rapport soulignait que le criminel pourrait être un maniaque des bottes.

Cela paraissait invraisemblable, mais le 13 août 1978, Sutcliffe fut interrogé pour la quatrième fois. Le fait d'apercevoir très souvent la voiture de Sutcliffe dans les quartiers chauds, interpella la police qui le questionna sans pour autant le soupçonner. Vers la fin novembre de la même année, on confronta les empreintes des pneus de la voiture de Sutcliffe avec celles laissées sur les lieux du crime de Irene Richardson. Sutcliffe avait pris le temps de remplacer les pneus qui l'auraient mis en cause et ainsi aucun soupçon ne pesa contre lui.

Il se déroula pratiquement une année avant le meurtre, année au cours de laquelle la police espérait que l'Eventreur aurait disparu ou mis fin à ses jours. Certains spéculaient qu'il avait peut-être abandonné son *«hobby»*, mais à 6h30 de ce matin du 5 avril 1979, le corps de Josephine Anne Whitaker, une jeune employée d'une société de crédit immobilier, âgée de dix-neuf ans, fut retrouvé à Savile Park à Halifax. Elle avait été frappée à la tête et traînée sur les lieux du crime où elle avait reçu 25 coups de couteau à la poitrine, au ventre et au vagin. On retrouva de l'huile de machine dans ses blessures et la fameuse empreinte de bottes taille 7. Une de ses chaussures avait été soigneusement déposée entre ses cuisses.

George Oldfield reçut deux nouvelles lettres de l'Eventreur, les analyses médicolégales effectuées sur la salive qui avait permis de cacheter les enveloppes, démontrèrent que l'auteur de ces lettres était du groupe sanguin B, groupe rare, car il ne concernait que 6% de la population.

La police dut alors reconsidérer le meurtre non résolu

de Preston, qui avait eu lieu le 23 novembre 1975. Joan Harrison, âgée de vingt-six ans, avait été retrouvée morte dans un garage fermé à clé. Elle était là depuis trois jours, étendue sur le ventre, le corps recouvert de son manteau. Elle avait été frappée à la tête et brutalisée sauvagement à coups de pieds, mais n'avait pas été poignardée. Une marque de morsure sur le sein droit montrait qu'il manquait une dent à la mâchoire supérieure du meurtrier. Un frottis révéla qu'elle avait été sodomisée et le sperme prélevé appartenait au groupe sanguin B. Cela correspondait avec la salive relevée sur les enveloppes et le sperme retrouvé dans le vagin de Helen Rytka. Mais le tueur de Preston était du groupe B sécréteur *, et bien que Sutcliffe soit lui aussi du groupe B, il n'était pas sécréteur, ce qui pour la police était une nouvelle impasse, qui ne menait à rien. C'était du temps perdu. La frustration subie par la police avait conduit certains de ses membres à un point de rupture. L'enquête avait pris le dessus sur la vie privée de l'inspecteur Oldfield. Il avait tout donné. Il avait été critiqué pour s'être laissé envahir par cette enquête, mais quel bon policier ne serait pas obsédé par la capture d'un meurtrier en cavale, sachant que tant qu'il ne serait pas arrêté, il tuerait encore et encore? Aussi, George Oldfield avait récupéré une affaire qui avait mal commencé. Les méthodes mises en place pour obtenir des renseignements étaient désuètes.

Les dépositions et les fichiers s'empilaient au siège de la criminelle – les ordinateurs n'étaient pas disponibles. S'ils l'avaient été, alors le nom de Sutcliffe aurait certainement dû s'inscrire en premier sur la liste des suspects. Puis, arriva pour George Oldfield le moment le plus cruel de tous, lorsque le 17 juin 1979 il reçut la cassette du

* N. de E.: Il s'agit d'un nouveau typage sanguin.

tristement célèbre canular. Il la fit écouter à la presse convaincu qu'elle était authentique.

Pour George Oldfield, la fausse cassette était une sorte de saint Graal. Il crut en chaque mot. Le scepticisme et l'indifférence vitale envers chaque policier s'évanouirent. Il l'écouta et la réécouta, déclarant à la presse: « C'est une affaire personnelle entre lui et moi. »

L'homme de la cassette ayant l'accent de Georgie, la police concentra ses recherches sur toute personne ayant cette façon à s'exprimer. Sutcliffe avait été interrogé par la police à cinq reprises: le 2 novembre 1977, à propos du billet de cinq livres; le 8 novembre pour une vérification par recoupement; le 13 août 1978 car sa voiture avait été remarquée dans les quartiers chauds de Bradford et de Leeds; le 23 novembre 1978 pour vérifier les pneus de sa voiture; et le 29 juillet 1979. Au moins au cours de l'une de ces entrevues, Sutcliffe portait des bottes Dunlop de taille 7, mais la police le renvoya comme un suspect probable, car il parlait avait un accent haut perché du Yorkshire.

Le 13 août 1979, George Oldfield frappé d'un infarctus, fut remplacé temporairement par le commissaire Dick Holland. C'est lui qui, lorsque les journalistes lui demandèrent s'il pensait faire appel à *Scotland Yard,* répondit brusquement: « Pourquoi le ferions nous? Ils n'ont pas encore attrapé leur propre Eventreur. » (référence au premier Jack de 1888.)

Le succès de l'été 1979, *Donna Summer's Bad Girls,* sortait de tous les juke-box des pubs de Bradford et de Leeds. Les paroles mettant en garde les filles seules dehors, la nuit, n'eurent aucun effet pour dissuader les prostituées du coin d'exercer leur métier. De plus, cataloguer Sutcliffe comme « le meurtrier des péripatéticiennes » était de toute évidence inexact. En effet, la moitié de ses victimes ne l'était pas. Si cela lui arrivait de tuer des prostituées, ce n'était que parce qu'elles étaient des proies faciles.

A cinq reprises Sutcliffe passa à travers les mailles du filet de la police. Il eut beaucoup de veine et, indubitablement le canular lui permit de continuer à tuer.

Le 2 septembre 1979, Barbara Leach, une étudiante de l'université de Leeds, âgée de vingt ans, fut assassinée à Bradford. Elle avait été frappée à la tête et poignardée à huit reprises à l'abdomen. C'est un policier qui la découvrit dans une allée, cachée sous un vieux morceau de moquette, le dimanche matin. Son soutien-gorge lui avait été retiré.

Un mois après le meurtre de Leach, le commissaire divisionnaire Jim Hobson déclara à la presse: «Après avoir tué douze femmes, l'*Eventreur du Yorkshire* a maintenant atteint son but et de lui-même devrait abandonner.»

A la fin de l'année 1979, 259 officiers de police, dont 120 privés, travaillèrent à plein-temps sur l'enquête de l'Eventreur, qui avait coûté plus de cinq millions de livres. D'autre part, 169 538 individus furent interrogés, 161 500 véhicules vérifiés, 51 921 pistes furent suivies et 23 052 habitations fouillées. Nous devions aussi constater que 25 enfants avaient été privés de leur mère.

On demanda au Dr Stephen Shaw, psychiatre à l'hôpital *Stanley Royds,* à Wakefield, d'établir un profil psychologique de l'Eventreur. Son rapport fut le suivant: «L'Eventreur est un psychopathe agressif hors de tout contrôle, probablement un homme jeune. Il part en croisade – une guerre sainte – contre les prostituées.»

D'autres personnes, dans un but moins scientifique, offrirent leurs services à la police. Des douzaines de parapsychologues, venus du monde entier, exposèrent leur propre vision sur l'Eventreur. La plupart le situait à Sunderland et la plupart avait tort. Cependant, une habitante du sud de Londres, Mme Nella Jones, une médium dont *Scotland Yard* avait déjà utilisé les compétences, fut interrogée par le *Yorkshire Post* en octobre 1979. La description qu'elle fit de l'Eventreur ne fut en fait jamais publiée, mais elle déclara que c'était un routier du nom de Peter, qu'il conduisait un camion dont l'inscription sur le côté débutait par un « C » *(Clarks Transport)* et demeurait à Bradford au numéro 6 d'une rue. Sutcliff vivait au 6 Garden Lane. Mme Jones prédit également la date exacte de sa prochaine agression.

Le canular de l'Eventreur avait conduit la poursuite désespérée de la police sur ses traces, grâce à son accent de Georgie. Le détective privé, Jim Lyness, basé à Oldham, qui avait été engagé par les parents de l'étudiante assassinée pour retrouver son meurtrier, se rendit rapidement à l'évidence que la cassette était un canular et que le meurtrier était « un bel homme », un chauffeur demeurant à Bradford. Il se basait sur les descriptions apportées par les victimes survivantes.

Le 29 juillet 1979, l'inspecteur de police Laptew interrogea Sutcliffe à son domicile à propos de sa voiture qui avait été aperçue à Lumb Lane, trente-six fois en un mois. Interpellé par la personne même de Sutcliff, le policier conseilla à ses supérieurs de voir en lui un suspect de premier choix. Nous en étions au dixième meurtre et son avis ne fut pas pris en compte.

Le 23 octobre 1979, moins d'un mois après le meurtre de Barbara Leach, Sutcliffe fut à nouveau interrogé à propos de sa voiture. La police avait depuis longtemps enregistré les numéros d'immatriculation des véhicules aperçus dans les quartiers des péripatéticiennes. Sutcliffe expliqua se trouver là-bas pour son travail. Dès lors, Sutcliffe fut pris de « crises de panique », souvent son épouse Sonia, devait lui faire du bouche à bouche pour le ramener à la vie.

En janvier 1980, George Oldfield se vit retirer l'enquête de l'Eventreur, suite à sa mauvaise santé. Au cours du mois, Sutcliffe fut interrogé à deux reprises, le 13 et le 30, sur ses premières dépositions concernant le billet flambant neuf de cinq livres.

Le 18 août 1980, Sutcliffe tua à nouveau. Sa victime, Miss Marguerite Walls, âgée de quarante-sept ans, était une fonctionnaire. Elle avait été enterrée sous un tas d'herbe coupée, près d'une maison de Farsley entre Leeds et Bradford. L'Eventreur avait changé son *modus operandi,* utilisant un cordon pour l'étrangler.

D'après M. Hobson ce n'était pas l'œuvre du Ripper.

Le mois suivant, le 24 septembre, une jeune femme de Singapour, médecin, âgée de trente-quatre ans, et étudiante à l'université de Leeds, fut agressée par l'Eventreur qui tenta d'utiliser un garrot. La victime survécut grâce à une patrouille de police qui passait par là, ce qui effraya Sutcliffe.

Très frustré suite à cette attaque manquée, Sutcliffe voyant ses projets contrecarrés, plongea son couteau dans le corps d'une femme, ce qui lui permit d'éjaculer. Le 5 novembre 1980, au cours de la nuit, une jeune fille de seize ans fut agressée à coups de marteau près de chez elle à Huddersfield. L'Eventreur ayant été dérangé, elle survécut et put décrire correctement son agresseur.

Jacqueline Hill n'eut pas cette chance. Agée de vingt ans, étudiante à l'université de Leeds, elle fut retrouvée morte le lundi 17 novembre 1980. Elle avait reçu des coups de marteau à la tête et avait été poignardée à plusieurs reprises avec un tournevis *Philips*. Elle avait aussi été poignardée à l'œil droit.

Moins de deux semaines plus tard, Trevor Birdsall, l'ami de Sutcliffe, envoya une lettre anonyme au commissariat de West Yorkshire, dans laquelle il écrivait que Sutcliffe était l'Eventreur. Parce que sa lettre ne fut pas prise en compte, Birdsall se rendit en personne le 29 novembre à la police de Bradford, pour dénoncer Sutcliffe. Il fit une déposition et fut courtoisement remercié de sa coopération. Mais, Sutcliffe ne fut pas, pour autant, appréhendé.

Après cinq années et demie, en ce début 1981, dans la plupart des villes les femmes vivaient une situation frôlant la panique et la police n'était pas à la veille d'attraper l'Eventreur. Treize femmes avaient été tuées, sept autres gardaient de sévères blessures. Cinq des meurtres avaient été commis à Leeds, trois à Bradford, deux à Manchester et un respectivement à Halifax, Huddersfield et Farsley. Par une étrange coïncidence, quatre des victimes avaient été agressées près d'un hôpital. Bien que l'on ne parle que de la croisade contre les prostituées, sur vingt femmes agressées, la moitié n'appartenait pas à ce milieu. L'enquête de l'Eventreur dépassait les six millions de livres sterling et le *Ripper* avait été interrogé neuf fois.

Dans la soirée du vendredi 2 janvier 1981, Sutcliffe se rendit à Sheffield dans sa Rover marron, immatriculée FHY 400K. Le lieu où il avait l'habitude de tuer était envahi par la police, aussi espérait-il pouvoir être actif dans une nouvelle ville.

Il rencontra une prostituée dont il avait l'intention d'en faire sa quatorzième victime et lui parla des fausses couches et du harcèlement de sa femme. Il lui dit s'appeler «Dave», et lui expliqua qu'il «ne pouvait rien faire» avec son épouse, qui ne lui permettait pas de l'approcher.

Les deux officiers de police en patrouille remarquèrent la Rover et reconnurent la passagère, une prostituée qui leur était familière. Lorsqu'ils rentrèrent, espérant avoir découvert un réseau de prostitution, une brève vérification sur ordinateur au centre des vignettes de Swansea, révéla que les plaques de la voiture étaient fausses. Sutcliffe fut convoqué au commissariat. En premier lieu, il fut inculpé pour vol.

Cependant, une fois à Dewsbury, il fut interrogé sur les meurtres de l'Eventreur. Les policiers qui l'avaient arrêté à Sheffield trouvèrent un marteau à double tête, un tournevis *Philips* sur les lieux de son arrestation et envoyèrent ces renseignements à Dewsbury. L'inspecteur Des O'Boyle, détaché à la brigade en chasse de l'Eventreur, interrogea Sutcliffe énergiquement, qui finit par avouer: «Je suis l'*Eventreur du Yorkshire.*» Il fut mis en garde à vue pendant quarante huit heures et mit plus de seize heures à dicter ses aveux complets.

Sutcliffe confessa trois agressions pour lesquelles la police n'avait pas fait le lien avec l'Eventreur: le meurtre de Marguerite Walls et les deux agressions de Leeds sur une jeune fille noire et une femme médecin. Il nia fermement le meurtre de Joan Harrison à Preston, ce qui indiquait que deux tueurs sexuels agissaient séparément, chacun tuant des femmes au nord de Londres, chacun ayant un espace entre les dents de devant, chacun portant des bottes fétiches et appartenant chacun au groupe sanguin B, qui se voulait être rare.

Lorsqu'on lui demanda comment il faisait pour se rappeler chacun de ses crimes avec autant de précision, Sutcliffe répondit: «chacune de mes victimes est en moi, me rappelant le monstre que je suis.» Il admit avoir tenté de tuer la prostituée de Sheffield, mais ne fit aucunement allusion à une croisade contre les péripatéticiennes.

Le plus jeune frère de Sutcliffe lui rendit visite à la prison de Leeds et lui demanda pourquoi il avait agi ainsi. Peter sourit et répondit: «Juste pour nettoyer les rues, mon gamin. Juste pour nettoyer les rues.»

Lorsque la police fouilla le camion de Sutcliffe chez *Clarks Transport,* les policiers découvrirent à l'intérieur de la cabine une carte manuscrite qui disait: «Dans ce camion il y a un homme dont le génie est caché, si on le lâchait, il ébranlerait la nation, son énergie dynamique écraserait tous ceux qui sont autour de lui. Il vaut mieux le laisser dormir.»

Sonia Sutcliffe apprit l'arrestation de Peter légèrement avant la presse. La nouvelle qu'un homme avait été appréhendé comme étant l'Eventreur fut ensuite diffusée à la radio et à la télévision.

A Bingley, deux sœurs exultèrent à l'annonce de la nouvelle «Nous fêterons cela par un bon repas après le travail», promit l'une d'entre elles. En arrivant à l'usine, elle trouva ses camarades de travail groupées autour d'un homme qui lisait le journal, «... Heaton... Routier... marié à un professeur...» Soudain, toutes ses appréhensions à propos de son frère lui revinrent en mémoire et elle s'effondra sur le sol de l'usine.

Le père de Sutcliffe, apprit lui aussi la nouvelle par accident. Il buvait un thé en faisant une pause, quand un de ses collègues vint à lui un journal à la main, lui disant que l'homme que la police avait arrêté comme étant l'Eventreur se nommait Sutcliffe et plaisanta en lui demandant s'il faisait partie de sa famille. La photo de la maison de son fils à Heaton était bien en vue et reconnaissable. Son chef de chantier le ramena rapidement chez lui.

L'arrestation de Peter Sutcliffe comme l'*Eventreur du Yorkshire* et son inculpation pour avoir fait régner la terreur durant cinq ans au nord de l'Angleterre, ne marquèrent pas la fin de cette affaire. Toutefois cela signifiait la fin de la plus longue chasse à l'homme dans toute l'histoire britannique, regroupant plus de 30 000 dépositions, près de 300 000 personnes interrogées, 200 000 voitures vérifiées et quelques 700 000 heures de travail ayant coûté aux contribuables plus de six millions de livres.

Les policiers pouvaient maintenant se détendre et même fêter l'évènement et les prostituées exercer à nouveau leur métier sans crainte de l'Eventreur. Mais l'histoire n'était pas terminée. On ne pouvait pas en rester là, sans avoir compris les motifs de Sutcliffe.

Il est aisé de critiquer la police pour ses manquements, mais il faut aussi se rendre à l'évidence que les meurtres aléatoires sont de notoriété difficiles à résoudre et dans le cas de l'*Eventreur du Yorkshire,* il faut avouer sans aucun ménagement, que l'enquête était depuis le début, partie sur une mauvaise piste et une fois la machine lancée, il était impossible de la rattraper.

Commençons par l'arrestation de Sutcliffe qui avait eu lieu dans une atmosphère de mépris désinvolte par des faits et des procédures qui avaient caractérisé toute l'enquête.

Les officiers supérieurs de la police de West Yorkshire tinrent une conférence de presse et insistèrent lors de leur apparition à la télévision, sur le fait que la police avait arrêté le tueur qu'elle poursuivait depuis si longtemps. Les deux policiers de Sheffield lurent à la télévision un télégramme de félicitations à West Yorkshire. On avait l'impression que le tristement célèbre meurtrier qu'ils avaient traqué pendant si longtemps, était en sécurité derrière les barreaux.

Le 5 janvier 1981, le pays regarda à la télévision les officiers supérieurs de la police souriants, donner une conférence de presse. Ils livrèrent des détails sur l'arrestation de Sutcliffe à Sheffield, disant qu'un homme était détenu à West Yorkshire et était interrogé sur les meurtres de l'Eventreur du Yorkshire. Cela était très bien, mais la police maintenant confirmait que la chasse à l'Eventreur perdait de son ampleur.

En d'autres termes, avant même que le nom de Sutcliffe n'ait été officiellement prononcé et qu'il ne comparaisse devant le tribunal, le pays entier parlait de l'arrestation de l'Eventreur. Le dénommé Sutcliffe était ainsi coupable des meurtres de l'Eventreur.

Mais le principe de base de la loi est qu'un homme est présumé innocent tant que sa culpabilité n'est pas prouvée et cela au-delà de tout doute raisonnable. Cela préjudiciait de la possibilité d'un procès équitable.

Suite à cela, le substitut du procureur général écrivit (au nom du procureur général) aux rédacteurs des journaux, exprimant son inquiétude à propos de la publicité faite autour de l'affaire Sutcliffe.

Ce n'était pas entièrement la faute des rédacteurs qui ne faisaient que rapporter les nouvelles.

Le point sur lequel nous pouvions blâmer la presse, fut le montant des sommes d'argent versées pour obtenir des confidences. Les journaux rémunéraient grassement de nombreux témoins afin qu'ils leur racontent leur histoire. De telles pratiques devraient être illégales de peur de pervertir le cours de la justice.

Les journaux commencèrent à payer des milliers de livres sterling pour obtenir des photos et des renseignements sur Sutcliffe et sa famille. Une prostituée qui avait survécu à sa rencontre avec Sutcliffe fut payée quatre mille livres sterling par un journal qui ainsi, raconta à ses lecteurs que Sutcliffe ne pouvait pas avoir d'érection ! Les meurtres de l'Eventreur devinrent une véritable industrie.

Souvenons-nous que Sutcliffe fut arrêté par accident. La brigade était plus intéressée par la péripatéticienne que par Sutcliffe lui-même, jusqu'à ce que les policiers remarquent que les plaques d'immatriculation de la Rover étaient fausses. Ce fait fut rapidement vérifié grâce à l'informatique nationale.

Sutcliffe fut arrêté pour vol de plaques, puis les policiers lui permirent de faire quelques pas pour se soulager avant de l'emmener au poste de police. Une fois au commissariat de Dewsbury, les policiers étaient prêts à le remettre en liberté sous caution, quand, soudain, une femme qui faisait partie de la brigade de l'Eventreur, eut une idée. Elle envoya chercher un de ses collègues afin d'interroger Sutcliffe de façon plus approfondie. Il fallut quarante-huit heures pour le faire craquer.

Ce qui causa la perte de Sutcliffe, fut que l'un des policiers qui l'arrêta à Sheffield, le brigadier Bob Ring, rentra de son service dans la nuit du samedi pour apprendre (à sa grande surprise) que Sutcliffe était encore interrogé. Suivant son intuition, le brigadier Ring retourna là où Sutcliffe s'était soulagé. Il y trouva un marteau à double tête et un couteau – les outils de l'Eventreur.

Peu de temps avant le début du procès, la défense passa un marché avec le ministère public. Sutcliffe était prêt à plaider coupable pour treize homicides involontaires et sept autres pour tentatives d'homicides involontaires – mais non pour meurtre. C'était un accord passé entre le procureur et l'avocat de la défense visant à revoir à la baisse les chefs d'accusation, ce qui n'avait jamais été une particularité de la loi anglaise.

Le ministère public était prêt à accepter cet accord, car l'ensemble des psychiatres diagnostiquèrent Sutcliffe schizophrène et par conséquent irresponsable de ses actes. Si le marché avait été accepté, cela aurait conduit à un procès de très courte durée, ne faisant aucunement référence au public, des travaux stériles effectués par les officiers de police chargés de l'enquête.

Cependant, le juge refusa un tel marché.

Le 29 avril 1981, le procès débuta devant la cour d'assises, chambre numéro 1. Les familles de certaines des victimes s'assirent au fond de la salle d'audience. Les policiers chargés de cette affaire furent installés autour d'une table sur laquelle étaient exposées les pièces à conviction: sept marteaux à double tête, huit tournevis, un couteau de cuisine, un couteau de cordonnier et une longue corde.

Ces instruments de la mort avaient ôté treize vies et les familles des victimes pouvaient à peine en détourner leur regard.

Sir Michael Havers et Harry Ognall représentaient le ministère public, James Chadwin et Sidney Levine la défense.

A 10 h 30 ce matin-là, Sonia Sutcliffe se présenta avec sa mère devant la cour. Sutcliffe arriva dans le box des accusés à 11 h, mince silhouette, flanquée d'une voix haut perchée. Il ressemblait au démon. La barbe et la moustache lui donnait l'apparence d'un garçon de café affable venu de l'extérieur. Les charges pour lesquelles il était inculpé furent exposées en sept minutes, Sutcliffe plaidant d'une voix quelque peu hésitante, «non coupable» pour chacune d'elles.

Sir Michael dit au juge que le ministère public acceptait l'allégation de Sutcliffe, déclarant qu'il avait en sa possession quatre rapports de psychiatres qui, après s'être entretenus avec le prévenu, étaient d'accord pour affirmer que Sutcliffe n'était pas responsable de ses actes. «Selon l'opinion générale des médecins, nous sommes en face d'un cas de responsabilité atténuée, du nom de schizophrénie paranoïaque.»

Le juge Boreham répondit: «Je suis très inquiet à propos de Sutcliffe et de ses arguments. J'aimerais que vous donniez plus d'explications que les décisions habituelles que vous allez exposer pour obtenir l'acceptation de ces allégations.»

Il se passa alors quelque chose d'extraordinaire. En cas

de meurtre, si la défense souhaite plaider la démence ou un état d'esprit comme moyen de défense, alors les charges de la preuve de cette maladie ou de cet état d'esprit incombent à la défense. Cependant, l'accusation en fit la preuve au nom du détenu !

Sir Michael parla pendant deux heures, essayant de persuader le juge d'accepter les allégations de Sutcliffe. Il exposa tous les arguments en faveur du mauvais état mental de Sutcliffe. Le décès de sa mère « l'avait profondément bouleversé» (Sutcliffe avait tué pendant des années avant la mort de sa mère.) Puis l'accusation ajouta : « Il dit être sous l'influence de Dieu et que sa mission est... de tuer toutes les prostituées. » (La moitié des victimes de Sutcliffe n'étaient pas des péripatéticiennes.)

Sir Michael expliqua comment Sutcliffe avait entendu la voix de Dieu s'adresser à lui depuis une tombe, dans le cimetière de Bingley.

En 1968, affirma le procureur, il était convaincu que Sonia avait une liaison et en 1969, afin de rétablir la balance ou de prendre sa revanche, il prit une prostituée à Manningham qui lui déroba son argent. Plus tard, se moquant de lui dans un pub, elle l'humilia.

En septembre 1969, alors qu'il était en voiture avec Trevor Birdsall, il s'arrêta dans la région de Minningham. Il descendit de son véhicule, laissant Birdsall et partit agresser une femme à l'aide d'une brique qu'il avait mise dans une chaussette. Quand il revint à la voiture, il ne donna aucune explication.

Sir Michael raconta à la cour comment Sutcliffe après avoir subi un interrogatoire par la police, fut remis en liberté sous caution, car la victime n'avait pas désiré porter plainte. Puis, en octobre 1969, Sutcliffe fut appréhendé s'étant caché dans un jardin de Manningham, en possession d'un marteau. Il fut condamné à 25 livres sterling par le tribunal de Bradford pour « détention de matériel de cambriolage. »

Puis, le juge écouta les témoignages des psychiatres et leurs histoires sur la « mission de tuer » que Sutcliffe avait reçue et fit la remarque qui suit : « Ce qui me trouble dans cette affaire, c'est que toute opinion n'est basée que sur ce que le prévenu a raconté aux médecins et rien d'autre. »

En d'autres termes, le juge voulait dire que si Sutcliffe avait menti aux médecins, leurs opinions seraient alors sans valeur.

Le juge continua à faire remarquer que Sutcliffe n'avait rien dit à la police à propos de sa mission de tuer et finalement déclara sévèrement : « Il me semble qu'il serait plus approprié de traiter cette affaire avec un jury. »

Le jury devrait être juge de la santé mentale de Sutcliffe et non les médecins !

La défense qui ne s'attendait pas à cela, demanda le renvoi et le procès proprement dit commença le lundi 5 mai.

Une fois de plus, Sutcliffe se tenait dans le box des accusés, récusant des jurés à deux reprises. Ni ses paroles, ni ses actes ne laissèrent paraître le moindre signe de maladie mentale et ainsi Sir Michael Havers qui avait déjà argumenté d'une façon, avait maintenant les éléments pour soutenir l'inverse, sans aucun embarras.

Il s'adressa aux jurés en leur disant : « C'est à vous de décider si cet homme cherchait à duper les médecins. C'est à vous de décider si, comme un meurtrier intelligent et insensible, il voulait inventer une histoire à dormir debout afin d'éviter une inculpation pour meurtre. »

Sir Michael se concentra sur les « divergences » entre les propos que Sutcliffe avait tenus à la police et ceux que, plus tard, il avait tenus face aux médecins. Le procureur général faisait part de sa propre tendance à deux poids deux mesures, quand il se mit à parler des victimes: «Certaines étaient prostituées, d'autres étaient des femmes faciles, mais les six dernières agressions, entre 1979 et 1980, touchèrent des victimes dont la réputation était sans faille», ce qui laissa sous entendre que la cour considérait les six derniers meurtres plus graves que les sept précédents.

Confirmant que les lettres et la cassette envoyées par le «Ripper» étaient des canulars, le procureur général déclara: «La dure vérité est que l'auteur des lettres et de la cassette n'a rien à voir avec cette affaire. Malheureusement, de nombreux policiers pensaient que l'homme qui avait envoyé la cassette était en fait l'Eventreur et qu'il parlait avec l'accent de Wearside. Ceci conduisit les policiers chargés de l'enquête à éliminer les suspects interrogés qui n'avaient pas l'accent de Sunderland.»

Les aveux que Sutcliffe avait faits à la police de Dewsbury pendant de nombreuses heures, furent exposés à la cour.

Pour la première victime, Sutcliffe déclara:

«Je lui ai demandé si elle avait envie. Elle répondit ‹Même pas en rêve›. Je l'ai suivie et frappée à la tête avec un marteau. Mon intention était de la tuer, mais je fus dérangé.»

Concernant la deuxième victime:

«Je l'ai vue au Royal Oak. Elle m'agaçait, certainement pour des choses futiles. Je l'ai prise pour une prostituée. Je l'ai frappée à la tête et lui ai égratigné les fesses avec la lame d'une scie à métaux ou peut-être un couteau. J'avais l'intention de la tuer, mais je fus dérangé par une voiture qui passait.»

A propos de sa première victime, Wilma McCann, Sutcliffe dira:

«Allez, il faut t'en remettre», me dit-elle «ne t'inquiète

pas» lui ai-je répondu et je l'ai frappée avec un marteau. Comme elle faisait beaucoup de bruit, j'ai sortis mon couteau de ma poche et je l'ai poignardée environ quatre fois.» (en fait c'était quinze fois.)

Lorsque la police lui demanda pourquoi il avait poignardé nombreuses de ses victimes en plein cœur, Sutcliffe répondit: «Vous les tuez plus rapidement de cette façon.»

Pour Emily Jackson, il déclara:

«Je lui ai enfoncé un morceau de bois dans le vagin pour montrer comme elle était répugnante.»

Il la poignarda aussi cinquante fois avec son tournevis dans la région de l'utérus. Il rappela à propos de sa première victime noire, qui survécut:

«Elle était allée derrière des arbres pour faire pipi et proposa de nous rouler dans l'herbe. Je l'ai frappée une fois à la tête avec le marteau, mais je ne pouvais pas me résoudre à la frapper de nouveau. (En fait, il lui asséna neuf coups de marteau.)

Irene Richardson: «Pour elle, j'ai utilisé le marteau et un couteau Stanley. Alors qu'elle était accroupie en train d'uriner sur l'herbe, je l'ai frappée à la tête au moins deux ou trois fois. Je lui ai soulevé ses vêtements et je lui ai lacéré l'abdomen et la gorge.»

Tina Atkinson: «je l'ai entendue parler grossièrement, et c'est pourquoi je l'ai choisie. Aucune femme décente n'aurait utilisé un tel langage, avec un tel ton de voix. Après l'avoir tuée, je l'ai soulevée et déposée sur le lit.» Il avait utilisé un marteau à pied-de-biche pour essayer de lui découper le corps.

Les détails donnés par Sutcliffe au cours de sa déposition sont précis. Après l'avoir assommée des habituels coups de marteau à la tête, il raconta à la police qu'il avait essuyé son couteau sur le dos de Jayne McDonald après l'avoir poignardée à dix-neuf reprises. Puis il relata qu'il était retourné auprès du corps de Jean Jordan six jours après l'avoir tuée, afin de tenter de lui couper la tête. Pourquoi? «Pour rendre ce meurtre plus mystérieux.»

Il confirma avoir utilisé un marteau de pierre pour briser le crâne d'Yvonne Pearson en 17 morceaux, puis lui enfonça dans la bouche le rembourrage d'un canapé pour arrêter ses gémissements. Mais il dut lui asséner d'autres coups de marteau afin de la faire taire pour de bon, avait-il dit à la police.

La narration du meurtre de Helen Rytka fut encore plus pathétique, la jeune métisse ayant enduré une vie d'une extrême tristesse avant de rencontrer Sutcliffe.

«Elle défaisait mon pantalon et semblait se préparer à faire l'amour sur-le-champ, sur le siège avant de la voiture. J'ai eu beaucoup de mal à la faire descendre.»

Pourquoi était-il aussi empressé de lui faire quitter son véhicule? «Parce que cela aurait laissé des traces et de plus aurait été très compliqué.» Sutcliffe avait suffisamment de bon sens pour savoir qu'en laissant des preuves dans la voiture, il aurait des ennuis.

Pendant près de cinq minutes, il chercha de quelle manière il allait la tuer. «Elle commençait à m'exciter. Je sortis de la voiture prétextant que j'avais envie d'uriner, et je réussis à la faire descendre afin de pouvoir faire l'amour derrière. Alors que je la pénétrais, j'ai réalisé que c'était ma chance. J'ai alors saisi mon marteau qui se trouvait dans l'encadrement de la porte et ne lui ai donné qu'un léger coup. Elle me dit: ‹Ceci n'est pas nécessaire, vous n'avez même pas à payer.› Je m'attendais à ce qu'elle appelle à l'aide. De toute évidence elle était effrayée et dit: ‹Qu'est-ce que c'est?› Ce à quoi je répliquais: Juste un petit échantillon de cela et je lui donnais un gros coup sur la tête. Elle s'effondra en gémissant fortement. Je réalisai alors que j'étais visible par deux conducteurs de taxi qui discutaient à proximité. Je la traînai par les cheveux jusqu'à un bois à quelques mètres de là. Elle cessa de gémir, mais elle n'était pas morte. Elle ouvrit les yeux et leva la main afin de parer les coups. Je lui sautai dessus et lui mis la main sur la bouche. Cela parut durer une éternité, elle se débattait encore. Je lui dis alors que si elle se tenait tranquille, tout irait bien. Alors qu'elle m'avait excité il y avait quelques instants, je ne vis aucune autre alternative que de lui faire l'amour afin qu'elle se tienne tranquille. Cela ne prit pas longtemps. Elle continua à me fixer. Elle ne participa pas beaucoup.»

Finalement, les conducteurs de taxi partirent et Helen en profita pour se redresser et se diriger en titubant vers la voiture. Sutcliffe qui avait laissé tomber son marteau dut le ramasser avant de poursuivre Helen.

«Je l'ai alors frappée de deux coups très forts derrière la tête. Je l'ai traînée jusqu'à la voiture et ai jeté ses effets personnels par-dessus la clôture.»

«Elle était de toute évidence encore vivante. Je pris un couteau qui se trouvait dans la voiture et la poignardai à plusieurs reprises du cœur aux poumons. Je pense que c'était le couteau de cuisine que la police retrouva, plus tard, à mon domicile.» Il fut en effet retrouvé dans le tiroir des couverts de la cuisine de Sutcliffe parfaitement rangée.

Puis le procureur général relata la mort de Josephine Whitaker, la décrivant comme une «victime respectable». «Maintenant venons-en à quelque chose de très triste» dit-il à la cour, brandissant un énorme tournevis *Philips*, d'environ 60 cm de long, il continua: «Sutcliffe confessa à la police avoir utilisé cet outil sur Josephine Whitaker et Barbara Leach. En fait, il s'en servit après leur avoir fracassé le crâne à l'aide de son marteau, laissant des traces révélatrices de la taille d'une balle de golf sur leur scalp. Il utilisa le bout rond de son marteau à deux têtes. Puis, il utilisa le tournevis comme un substitut du pénis qu'il introduisit à plusieurs reprises dans leurs vagins.»

Lorsqu'il fut interrogé sur le meurtre de Barbara Leach, Sutcliffe déclara: «C'était quarante-six semaines après la dernière (Whitaker). Jusqu'alors je n'avais pas eu envie de recommencer cela.»

Sir Michael avait dans les mains une longue corde que Sutcliffe avait utilisée pour étrangler Marguerite Walls et qui fut retrouvée sur lui au moment de son arrestation. Quand la police lui demanda pourquoi il avait changé son mode opératoire, Sutcliffe répondit: «Parce que la presse et les médias m'avaient mis une étiquette. Pendant quelques temps je fus surnommé l'*Eventreur du Yorkshire* et je n'aimais pas cela. Cela sonnait faux. J'étais sur la route qui me conduisait à Leeds pour tuer une prostituée, lorsque je vis Margo Walls. Ce n'était pas de chance pour elle de se trouver là, à ce moment-là. Je n'aime pas tuer par strangulation, car cela demande plus de temps pour mourir.»

Il expliqua le meurtre de sa dix-huitième victime dans les termes suivants: «Elle marchait lentement comme une prostituée et je l'ai frappée à la tête avec un marteau. N'ayant pas d'autres outils sur moi pour terminer mon travail, je pris une corde». Mais elle survécut.

Le procès se poursuivit le lendemain, avec plus de détails sur la déposition de Sutcliffe qui dura seize heures. «Ma dernière victime fut Jacqueline Hill à Headingley. J'étais assis dans ma voiture... lorsque je vis Miss Hill. C'est alors que j'ai décidé qu'elle pourrait faire l'affaire. Je l'ai dépassée, je me suis garé et j'ai attendu qu'elle passe. Puis je suis descendu de ma voiture et je l'ai suivie. Sortant le marteau de ma poche, je l'ai frappée à la tête. Je l'ai ensuite traînée dans un terrain vague. Alors qu'une voiture passait, je me suis jeté à plat ventre. La victime bougeant encore je l'ai à nouveau frappée. Puis je lui ai retiré la plupart de ses vêtements. A l'aide d'un tournevis à manche jaune, je l'ai poignardée aux poumons. Elle avait les yeux grands ouverts et semblait me regarder d'un regard accusateur. Ceci me troubla un peu, je lui ai alors donné des coups de tournevis dans les yeux.»

Puis nous arrivâmes aux témoignages des médecins. Un rapport du Dr Hugo Milne, psychiatre, énonçait: «Rien n'indique qu'il soit un sadique sexuel déviant. Je suis convaincu que ses meurtres n'eurent en aucun cas une tendance sexuelle.

Trevor Birdsall vint témoigner et relata cette «préparation», la nuit où Sutcliffe agressa sa première victime.

«En rentrant nous avons traversé Halifax. Peter s'est arrêté et est descendu de voiture. Je me souviens avoir vu une femme. Elle marchait à toute allure, Sutcliffe se dirigea derrière la voiture et disparut... Il fut absent pendant dix à vingt minutes. Lorsqu'il est revenu, il me raconta qu'il avait parlé à une femme. Le lendemain soir, alors que je lisais un article relatant une agression sur une femme dans la région, il me vint à l'esprit que Peter pourrait bien avoir un lien avec elle.»

Nous étions en août 1975.

Il fallut attendre le 26 novembre 1980 pour que Birdsall, qui jusque là n'était pas sûr de lui, envoie une lettre anonyme à la police qui dénonçait Sutcliffe comme étant l'Eventreur. Ceci se passa juste après le meurtre de Jacqueline Hill. Voyant que la police ne répondait pas, il se rendit personnellement au commissariat quelques jours plus tard et fut courtoisement renvoyé. Cet incident ne fut jamais révélé au procès et l'on ne sut jamais pourquoi la police n'avait pas pris en compte les allégations de Birdsall et ne l'a toujours pas fait.

L'inspecteur principal John Boyle vint à la barre des

témoins relater l'interrogatoire le plus important de sa vie, celui de Sutcliffe à Dewsbury la nuit du 4 janvier, qui dura près de quarante-huit heures.

Boyle demanda à Sutcliffe pourquoi il avait jeté à la décharge le marteau et le couteau au moment de son arrestation, ce à quoi Sutcliffe répondit: «Je pense que vous voulez en venir à cela.»

«En venir à quoi?» s'enquit Boyle.

«A l'Eventreur du Yorkshire.»

«Que savez-vous à propos de lui?»

«C'est moi.»

Les gardiens de prison témoignèrent ensuite. L'un d'entre eux avait entendu Sutcliffe dire aux familles: «Je vais passer un long moment en prison, peut-être trente ans ou plus, à moins que j'arrive à persuader les gens ici que je suis fou et peut-être qu'ainsi je resterai dix ans dans un asile de fous.»

Un autre rapporta une conversation qu'il avait eue avec Sutcliffe au cours de laquelle ce dernier disait: «Mon psychiatre m'a dit que je n'aurai pas plus de dix ans à faire pour contenter le public.»

Un troisième déclara: «Il me disait que les médecins le considéraient comme perturbé, ce qui le surprenait beaucoup et il souriait en se balançant sur sa chaise. Il me disait: ‹Je suis aussi normal que n'importe qui›.»

Le 11 mai, Sutcliffe vint à la barre des témoins et déclara: «J'ai tué ces treize femmes. J'avais l'intention de tuer les sept autres». Avant de poursuivre la mission qui lui venait de Dieu de tuer les prostituées et d'avoir été «choisi» pour cela, il prenait le canular de l'Eventreur comme preuve que Dieu le protégeait.

Cependant le fait était que Sutcliffe qui disait considérer les prostituées comme des rebuts, les rémunérait régulièrement après avoir eu recours à leurs services. Sutcliffe avait avoué à la police ressentir une forte envie de tuer toutes les femmes.

Lors d'un contre-interrogatoire, on demanda à Sutcliffe : « Pensez-vous que vous êtes fou ? »

« Non » répondit-il.

« Pensez-vous avoir des problèmes mentaux ? »

« Non, rien de sérieux en tout cas. »

L'accusation termina en déclarant que Sutcliffe avait fait preuve d'une maîtrise de soi et d'une ruse extrême pendant toutes ces années où il fit régner la terreur. Il utilisait son « histoire de mission lui demandant de tuer les péripatéticiennes » pour berner les médecins.

Puis ce fut le tour des membres du corps médical qui, se suivant à la barre des témoins, déclarèrent Sutcliffe fou.

Le Dr Hugo Milne dut admettre qu'il n'était pas impossible que Sutcliffe lui ait menti et que les meurtres étaient purement sexuels. Le deuxième médecin s'était entretenu avec Sutcliffe pendant une heure et ne pouvait pas être certain qu'il ne mentait pas. « S'il avait menti, alors mon diagnostic tomberait. »

Un troisième médecin déclara que, soit il était lui-même un incompétent, soit c'était Sutcliffe qui était très bon acteur.

Un quatrième médecin refusa d'accepter qu'en insérant un tournevis de 60 centimètres de long dans le vagin d'une victime sans en déchirer les tissus, Sutcliffe ne tirait pas une satisfaction sexuelle de son acte.

Le procureur général, Sir Michael Havers résuma le tout en demandant au jury de trancher à savoir si Sutcliffe était « pervers ou fou ».

Le juge fit de même lors de son récapitulatif.

Le jury se retira le 22 mai 1981.

Incapable de donner un verdict après quatre heures, le juge décida de continuer les délibérations afin que le jury se prononce à la majorité. Une heure plus tard, il revenait, déclarant Sutcliffe coupable de treize meurtres et sept tentatives de meurtres. Il était pervers, mais pas fou.

Le verdict signifiait que Sutcliffe avait en effet piégé les médecins, selon l'opinion des jurés.

Chapitre XVII

Heidnik

La pornographie d'une certaine époque reflétait ses craintes et ses fantasmes, alors que la pornographie moderne semble être une perversion de la volonté de contrôle absolu. Elle n'est peut-être pas si différente des écrits de Sade et de Nietzsche, qui étaient uniques à leur époque et dont leur philosophie diabolique est aujourd'hui monnaie courante. Le roman fort de John Fowles, «The Collector», n'est pas pornographique mais littéraire. Toutefois, même la littérature peut inspirer des passionnés à exprimer des fantasmes imaginaires. Le roman relate l'étude d'un homme atteint d'obsession maladive qui gagne les pronostics sur des matchs de football pour ses fantasmes à exécution. Il achète une maison dans un endroit isolé, transforme le sous-sol en une cellule de prison, puis «récupère» une fille qu'il séquestre dans son cachot personnel.

Le plaisir qu'il en retire est comparable à une collection fanatique de papillons composée d'espèces rares, mais ce qui est fortement rendu dans le livre est le pur plaisir d'avoir une femme soumise à la volonté dominante et masculine d'un homme – comme un sultan avec son harem.

Le livre qui fut un best-seller, puis qui devint par la suite un film, semblait capturer quelque chose de l'esprit de son temps; le sentiment que les femmes ne devraient exister que pour servir les caprices des hommes et, en un certain sens, ce roman était une prophétie qui allait se réaliser aux USA en 1987 dans une affaire que la presse avait appelée «La Maison de l'Horreur» de Philadelphie.

Juste avant minuit, ce 24 mars 1987, Josefina Rivera, une prostituée de race noire, frappa fermement à la porte de l'appartement de son petit ami à Philadelphie. Il ne l'avait pas vue depuis quatre mois, depuis ce fameux soir du mois de novembre, où elle était sortie «faire des passes». Il fut bouleversé de voir de quelle façon elle avait changé ; elle était maigre et hagarde, avec de profondes cicatrices et des plaies autour des chevilles.

Son petit ami, Vincent Nelson, dira plus tard : «Lorsqu'elle entra, elle avait un langage incohérent, vous savez, parlant à toute vitesse de ce gars qui avait enchaîné trois filles au sous-sol de sa maison, où elle fut retenue en otage pendant quatre mois. Elle disait qu'il les battait, les violait et les mangeait mortes... Un chien qui était dans les parages mâchouillait leurs os. Je pensais qu'elle était folle...»

Toutefois, ils se rendirent tous deux à une cabine téléphonique et composèrent le numéro des urgences de la police. Deux policiers arrivèrent dans une voiture de patrouille et écoutèrent son histoire. Tout d'abord, ils furent sceptiques, se disant qu'elle pouvait être droguée, mais voyant les cicatrices qu'elle avait autour des chevilles, ils pensèrent que cette histoire valait la peine d'être vérifiée.

Elle raconta que le 26 novembre 1986, elle avait été kidnappée par un homme de race blanche portant une barbe, qui conduisait une Cadillac Coupé de Ville, bien vêtu et portant une Rolex. La maison dans laquelle elle prétendait avoir été séquestrée se trouvait juste trois rues plus loin. Elle dit avoir été torturée et sexuellement abusée, comme d'autres femmes qui se trouvaient aussi dans la maison. Elle fut aussi témoin du meurtre de ses camarades enfermées avec elle.

La police mit la maison sous surveillance, puis une équipe de policiers fut mise en place pour la fouiller, dotée d'un mandat de perquisition. La maison de briques à deux étages, était située dans un quartier blanc de la classe ouvrière et avait des barreaux aux fenêtres. A l'extérieur se trouvait une pancarte sur laquelle on pouvait lire *Eglise Réunie des Ministres de Dieu* et la maison était gardée par deux chiens féroces, un berger allemand et un doberman.

L'adresse – 3520 North Marschall Street – semble destinée à se retrouver dans les annales du crime avec le même impact terrifiant que le 10 Rillington Place.

La police força l'entrée de la maison à 4 h 30 ce matin du 25 mars et se trouva face à un homme de race blanche portant une barbe, qui leva les bras à la vue des policiers pistolet à la main. Il déclara s'appeler Gary Michael Heidnik, et être âgé de quarante-trois ans.

Il fut mis en garde à vue et conduit au département des criminels sexuels au siège de la police. Il semblait penser que la police l'avait envoyé chercher pour ses retards dans le paiement de sa pension alimentaire.

Dans son sous-sol, la police trouva deux femmes de race noire dénudées et enchaînées à un tuyau d'égout par les chevilles. Tout d'abord elles furent terrifiées, mais réalisèrent rapidement que c'était la police et elles se mirent à crier leur joie avec un « Hosanna, nous sommes libres ! » et embrassèrent les mains des policiers en signe de reconnaissance.

Le brigadier Frank McCloskey leur demanda : « A part vous, y a-t-il quelqu'un d'autre ici ? » Les deux femmes, une de dix-huit ans et l'autre de vingt-quatre ans, lui désignèrent une planche sur le parquet.

« Elle est ici. Elle est dans le trou. » Poussant la planche sur le côté, les policiers découvrirent une fosse dans laquelle se tenait, accroupie, une autre femme de race noire dénudée. Elle aussi était enchaînée, seulement elle avait les mains menottées derrière le dos. Elle était si faible qu'elle dut être tirée hors du trou et immédiatement se mit à crier. « Tout va bien » lui dirent les deux autres femmes pour la rassurer. « C'est la police. Nous sommes libres. »

Encore sous le choc, la femme qui avait été trouvée dans le trou, se mit à délirer : « Il m'a pris mes trente dollars ; donnez-moi mon argent ! »

La police dut utiliser des pinces pour enlever les chaînes, et les femmes furent conduites à l'hôpital. Toutes étaient extrêmement maigres et affaiblies, couvertes de bleus. La police fouilla la maison où elle trouva un tas de magazines pornographiques de femmes de race noire. Sur la cuisinière se trouvait un fait-tout noirci par la cuisson, l'intérieur recouvert d'une épaisse croûte.

En ouvrant le réfrigérateur, un policier découvrit un avant-bras humain. Voyant cela il s'empressa de sortir pour vomir.

Les policiers envoyèrent chercher rapidement des experts en médecine légale pour les aider. Le brigadier Lamont Anderson, qui se trouvait sur les lieux, raconta aux journalistes que d'autres parties de corps humains avaient été retrouvées dans la maison et vraisemblablement au moins deux femmes avaient été tuées au sous-sol.

Le lendemain, tous les journaux affichaient cette monstruosité en gros titres, dans lesquels on retrouvait toujours les mêmes termes : meurtre, viol, esclavage, torture et cannibalisme. On savait depuis le début que Heidnik était un « Evêque » dans sa propre église imaginaire et faisait des transactions considérables en bourse. Il pesait un demi-million de dollars et avait une Rolls-Royce dans le garage de son domicile délabré. Les journaux l'appelaient le «Révérend à la Rolls-Royce» et affirmaient qu'il était «sadomasochiste».

D'autres gros titres affichaient: *Un homme détenait des femmes torturées à mort; Un fou et ses parties de sexe avec des femmes enchaînées;* et *Femmes enchaînées dans un cachot.*

Alors que la police continuait à emporter des boîtes en carton remplies de restes humains provenant de la maison, les quatre survivantes étaient interrogées à l'hôpital et relataient les détails monstrueux et écœurant de leur supplice. Trois d'entre elles étaient séquestrées depuis trois mois, torturées et violées quotidiennement par l'homme à la peau blanche, qui les gardait vivante en leur donnant à manger de la nourriture pour chien, du pain et de l'eau.

Elles étaient enchaînées au sous-sol, n'étant libérées de leurs menottes que pour des séances de sexe et de torture à l'étage.

La police resta muette de saisissement en apprenant que parfois les prisonnières affamées étaient nourries de chair humaine moulinée et mélangée à de la nourriture pour chien. Un chien avait été aperçu mâchouillant une jambe humaine...

Une des victimes libérées conduisit la police là où le corps d'une autre femme était enterré. La rescapée, Lisa Thomas, âgée de dix-neuf ans, raconta avoir vu une femme qu'elle connaissait sous le nom de «Sandy» tomber alors qu'elle était menottée à une chaîne accrochée au plafond et se taper la tête sur le sol en béton. Sandy fut plus tard identifiée sous le nom de Sandy Lindsay, âgée de vingt-quatre ans.

Mlle Rivera, la femme qui avait donné l'alerte, raconta à la police que l'homme à la peau blanche se vantait de l'avoir nourrie, ainsi que les autres prisonnières des restes bouillis de «Sandy». La police apprit aussi que Debbie Dudley, âgée de vingt-trois ans, avait été mise dans une fosse remplie d'eau et électrocutée par des fils dénudés attachés à ses chaînes.

Cette fosse avait aussi un autre but; c'était le «trou» dans lequel les prisonnières étaient gardées en cas de punition, et également pour éviter qu'elles ne s'échappent lorsque le «maître» s'absentait. Une planche de bois le recouvrait, avec dessus un sac de sable.

Josefina Rivera fut la première prisonnière conduite ici, le 26 novembre 1986, dans un but sexuel. Heidnik l'avait amenée chez lui, où après lui avoir fait l'amour, il commença à la soumettre à son bon plaisir. Il la menotta et la fit descendre au sous-sol où il lui enchaîna les chevilles. Elle dut le regarder creuser une fosse dans le sol en béton, craignant d'y reconnaître sa tombe. Il lui avait assuré que ce trou ne servirait qu'en cas de punition si elle se comportait mal et lui confia qu'il n'était attiré que par les femmes de race noire. Son ambition était d'avoir dix femmes séquestrées à la cave et d'avoir des enfants avec chacune d'entre elles. «Nous serons une grande et heureuse famille», promettait-il.

Il lui dit également avoir purgé quatre ans de prison pour avoir violé une noire retardée mentale, de qui il désirait avoir un enfant. C'était injuste, dit-il, car la relation était voulue et la fille qu'il avait eue avec cette femme noire avait été placée dans une famille.

«La société me doit une femme et une famille», dit-il à Joséfina, avant de l'obliger à faire l'amour avec lui.

Plus tard dans la journée, Joséfina avait réussi à ouvrir le vasistas en haut d'une fenêtre et à appeler à l'aide. Personne ne vint. L'entendant ainsi hurler, Heidnik descendit pour la battre et la jeta dans la fosse. Il la laissa seule, avec une radio jouant à plein tube de la musique rock, afin de couvrir ses cris.

Le 29 novembre, trois jours plus tard, Heidnik descendit sa deuxième prisonnière au sous-sol. C'était Sandra Lindsay. Elle connaissait Heidnik depuis des années et avait été une fois enceinte de lui. Il fut furieux lorsqu'il découvrit qu'elle s'était fait avorter. Heidnik la força à écrire une lettre à sa mère lui disant que tout allait bien, qu'il posta plus tard de New York.

Le sous-sol était froid, éclairé d'une simple ampoule. Le sol était recouvert de détritus. C'était tous les jours la même routine : corrections et sexe, repas de prison composé de bouillie et de pain. Plus tard, Heidnik commença à leur donner de la pâtée pour chien avec laquelle il faisait des sandwich.

Une par une les autres prisonnières furent amenée au sous-sol.

Le 22 décembre, Lisa Thomas fut accostée par un homme de race blanche assis au volant d'une Lincoln. Elle accepta son invitation à dîner et rentra avec lui pour regarder des cassettes vidéos.

« Je tombais de sommeil et je savais qu'il était en train de m'étrangler et de me menotter », dit-elle. « Il me descendit au sous-sol et m'enchaîna les jambes. Il me frappa avec un bâton de bois. Il y avait aussi deux autres femmes enchaînées. »

Plus tard, plus de deux filles se trouvèrent attachées au sous-sol. Le 1er janvier 1981, Deborah Dudley rejoignit les autres. Heidnik commença à regretter de l'avoir séquestrée, car elle était d'un caractère fort et lui tenait tête, incitant ainsi les autres à la révolte. Elle était très fréquemment battue.

Le 18 janvier, Jacqueline Askins, âgée de dix-huit ans,

fut kidnappée. Elle avait les chevilles si maigres qu'il ne réussit pas à lui mettre des chaînes. Heidnik se servit alors de menottes.

Jusqu'à maintenant, Heidnik traitait Josefina Rivera avec un régime de faveur, l'autorisant à sortir de la cave pour prendre ses repas avec lui et lui demandant de faire régner la discipline parmi les prisonnières. Elle déclara avoir tenté de s'évader à plusieurs reprises. Le 23 mars, Heidnik emmena Josefina en voiture et ensemble kidnappèrent Agnes Adam, une autre prostituée âgée de vingt-quatre ans. Elle était fort utile, car ces temps-ci deux des prisonnières étaient décédées.

Le 7 février, Sandra Lindsay, mourut. Elle était restée suspendue par les mains au plafond pendant une semaine, pour avoir essayé de s'échapper du trou et mourut tout simplement d'épuisement.

Le 18 mars, Heidnik remplit la fosse d'eau et, à part Josefina, y fit entrer chacune des filles. Il leur envoya des décharges électriques à l'aide un fil dénudé. Le fil toucha les chaînes de Deborah Dudley qui fut électrocutée et mourut sur le coup.

Heidnik se débarrassa du corps de Sandra en le mettant dans un broyeur à viande et fit bouillir la tête dans une casserole sur la cuisinière. Les voisins se plaignirent de l'odeur nauséabonde de viande cuite, mais lorsqu'un policier vint interroger Heidnik, il répondit qu'il avait laissé son dîner brûler. Le policier ne se donna pas la peine de regarder ce que contenait la casserole sur la cuisinière...

Puis vint un autre raffinement de cruauté. Afin de rendre les filles sourdes pour qu'elles ne puissent pas entendre les tentatives de sauvetage, Heidnik leur enfonça un tournevis dans les oreilles, le tordant jusqu'à la rupture du tympan. Josefina échappa à cette torture. Jusqu'à maintenant, elle avait gagné la confiance de

Heidnik en mouchardant auprès de ses camarades d'enfermement et en les frappant sur les ordres de Heidnik. Il l'emmenait souvent au fast-food et faire un tour dans sa Cadillac ou sa Rolls-Royce.

Elle était avec lui lorsqu'il enterra Deborah Dudley dans un parc du New Jersey le 22 mars et qu' il s'arrêta sur le chemin du retour pour acheter un journal. «Je veux vérifier mes actions», lui dit-il.

C'était l'acte d'un fou que de vérifier les prix du marché financier après s'être débarrassé d'une femme qu'il avait assassinée.

Le 24 mars 1987, Rivera qui avait la totale confiance de Heidnik, le persuada de la laisser aller voir sa famille afin de se reposer l'esprit. Elle promit de revenir... Heidnik la déposa au même endroit où il l'avait enlevée quatre mois auparavant, mais elle se hâta de se rendre à l'appartement de Vincent Nelson et lui raconta en bredouillant son histoire on ne peut plus étonnante.

Lors de son arrestation, Heidnik avait sur lui plus de 2000 dollars et de nombreuses cartes de crédit. Il avait des papiers pour quatre voitures et un relevé d'actions en bourse *Merril Lynch*, faisant apparaître un solde de compte d'une somme de 377 382,52 dollars. Moins de quelques heures après son arrestation le 25 mars, Heidnik fut agressé par des détenus écœurés qui lui cassèrent le nez. Mis en isolement pour sa propre sécurité, Heidnik essaya de se pendre dans les douches le 2 avril. Il fut retrouvé inconscient, mais vivant.

La police continua à fouiller la maison de Heidnik, sondant les égouts, déchirant les parois à la recherche d'autres corps. Les policiers qui avaient déjà retrouvé les morceaux du corps d'une jeune fille, enveloppés dans du plastique et conservés au congélateur, étaient à la recherche d'un troisième corps.

Pendant ce temps, d'autres policiers commençaient à enquêter sur le passé de Heidnik. C'était un soi-disant «Evêque» riche, qui insistait pour que la police s'adresse à lui en l'appelant «Révérend». Il était très violent, ayant été inculpé l'année précédente suite à une plainte pour viol déposée par son épouse orientale, qui depuis l'avait laissé. Pour la police son mode opératoire se résumait à séduire les femmes avec un mélange de religion et de bonté, puis il les terrorisait avec sadisme.

Né en novembre 1943, à Cleveland, Heidnik est l'archétype du tueur en série ; le produit d'un ménage brisé, ses parents ayant divorcé alors qu'il avait deux ans. Sa mère se suicida en 1970 après avoir appris qu'elle avait un cancer, et Heidnik ne vit pas une seule fois son père en vingt ans.

Heidnik eut une enfance sans amour, qu'il passa en fantasmant dans la solitude. Il souffrait aussi d'énurésie, ce qui mettait son ivrogne de père dans des colères noires, et le frappait souvent.

Heidnik était source de ridicule à cause de la forme de sa tête. Ses camarades de classe le nommait «tête de ballon de foot», car il avait le crâne légèrement déformé par suites d'une blessure qu'il s'était faite en tombant d'un arbre. (Une forte proportion de tueurs en série a une histoire de blessure à la tête.)

Suite à l'arrestation de Heindnik, son père déclara à la presse : «J'espère qu'il sera pendu et qu'il ira en enfer et vous pouvez rapporter mes paroles. J'irai même jusqu'à tirer sur la corde.»

Le plus jeune des frères de Gary Heidnik, Terry, âgé de quarante-et-un ans, donna un aperçu intéressant du personnage de Jekyll et Hyde qui avait été catalogué comme «la Bête de Philadelphie», en expliquant que lui-même et son frère Gary avaient tous deux grandi dans une atmosphère familiale de violence et de racisme. Ce fut une triste enfance.

Après avoir quitté l'école, Heidnik rejoignit l'armée où il devint usurier et commença à se faire de l'argent. Durant son enfance, ses fantasmes étaient toujours centrés autour de l'argent et il rêvait de devenir millionnaire.

Le 25 août 1962, il se plaignit au médecin de l'armée de maux de tête et de vertiges. Il fut alors diagnostiqué schizoïde ou schizophrène. Le 23 janvier 1963, il fut renvoyé honorablement de l'armée, avec une pension de 100 % à vie pour incapacité mentale, car il travaillait au service des relations. Il n'avait effectué que quatorze mois de son engagement.

Pendant plus de vingt ans, Heidnik vécut sur sa pension de deux mille dollars par mois, agrémentée d'aides sociales.

Ayant échoué dans sa carrière militaire, Heidnik s'établit à Philadelphie. Tout d'abord il tenta de s'accréditer auprès de l'université de Pennsylvanie dans un certain nombre de matières. Il avait une QI de 130, trente au-dessus de la moyenne. Ses tentatives dans les années soixante pour vivre tout d'abord avec sa mère, puis avec son père, furent un échec. Son père n'en voulait pas, aussi il allait d'un travail à un autre, le dernier comme infirmier. Mais il ne restait jamais longtemps.

Au cours des années qui suivirent, il fut admis au moins vingt-et-une fois en hôpital psychiatrique, et attenta à ses jours à treize reprises. Au printemps 1971, il fonda sa propre Eglise, qui s'inscrivait comme une institution caritative et lui comme Evêque à vie. Il semblait faire beaucoup de bien, mais ses projets, pour procurer de l'argent à son Eglise, incluaient les jeux et l'usure.

En 1975, l'Evêque Heidnik ouvrit un compte chez *Merrill Lynch* au nom de son église et commença à jouer en bourse, avec de remarquables succès. En 1976, c'était un homme riche. Au cours de cette même année, il se fit arrêter pour la première fois, pour port d'arme à feu sur la voie publique. Il avait loué un appartement à un homme, mais lorsque son locataire grimpa une nuit par la fenêtre, Heidnik lui tira dessus. Il fut cependant inculper pour agression avec une arme entraînant la mort.

En mars 1978, Heidnik devint père. Une femme de race noire, handicapée mentale, donna le jour à son enfant. Sa sœur se trouvait dans une institution psychiatrique et le 9 mai Heidnik l'aida à s'échapper et la cacha chez lui. Il considérait lui rendre service. Lorsque la police la retrouva, elle était cachée au sous-sol de Heidnik. Il y avait une grande quantité de matériel pornographique dans la maison et il était évident que la fille avait été cruellement abusée sexuellement. Depuis elle avait une infection vénérienne à la gorge, ce qui prouvait qu'elle avait pratiqué une fellation et Heidnik fut condamné d'enfermement illégal et de déviance sexuelle.

En novembre 1978, il fut condamné à sept années de prison dans un pénitencier de l'état, d'où il fut mis en liberté conditionnelle le 12 avril 1983, à l'âge de quarante ans, après avoir purgé quatre ans.

Heidnik acheta la maison du 3520 North Marschall Street et fut remarqué par son comportement sexuel inhabituel. Chaque nuit il semblait faire l'amour à trois, toujours avec des femmes noires, qu'il allait chercher dans sa congrégation.

Ayant décidé qu'il lui fallait une femme orientale, il s'adressa à une agence matrimoniale et une Philippine du nom de Betty Disto, s'envola de Manille à Philadelphie pour le rejoindre. En trois jours ils étaient mariés. Une semaine plus tard, rentrant chez eux après avoir fait des courses, elle le trouva au lit avec trois femmes. Heidnik essaya de la rassurer en lui racontant que c'était une coutume de la culture américaine, mais après l'avoir soumise à une sodomie, elle le quitta en janvier 1986. La cour le condamna à lui verser 135 dollars par semaine.

En novembre de cette même année, Heidnik commença à former son harem, en kidnappant en premier Josefina Rivera...

Le procès de Gary Heidnik débuta le 20 juin 1988, au tribunal de Philadelphie, chambre 653, présidé par une femme juge Lynn M. Abraham. Il était évident dès le début, que la tactique de la défense serait de plaider la démence, cependant le substitut du procureur Charles Gallagher fit comprendre qu'il demanderait la peine de mort.

L'avocat de la défense, Charles Peruto, un flamboyant juriste ayant à son actif bon nombre d'acquittements, savait que dans cette affaire il se livrerait à une bataille perdue d'avance.

Le choix du jury demanda un certain temps. La défense, pour des raisons évidentes, préférait un jury composé de blancs. Le procureur exposa les faits aux jurés, leur relatant que Heidnik avait tué, violé, kidnappé et agressé six jeunes femmes âgées de dix-huit à vingt-cinq ans.

«Gary Heidnik emmenait ces femmes chez lui», dit Gallaher. «Il les attirait avec de la nourriture et dans certains cas avec le sexe. Il les agressait, les étranglait, les menottait et les descendait au sous-sol où il les enchaînait par les chevilles. Il les laissait mourir de faim. Il les torturait et faisait l'amour avec elles à plusieurs reprises.»

Il ajouta que Heidnik avait tué deux d'entre elles, dont une qu'il avait découpée, faisant cuire les morceaux dont il nourrissait les autres prisonnières.

«Les témoignages relateront que depuis le soir de Thanksgiving 1986 jusqu'au 25 mars 1987, le prévenu avait commis à plusieurs reprises des actes de sadisme. Il agissait de façon méthodique et systématique. Il savait exactement ce qu'il faisait et que c'était mal. Il s'attaquait davantage à des personnes défavorisées.»

Lorsque l'avocat de la défense se leva, le juge lui rappela qu'il n'avait pas besoin d'exposer les faits, son client étant présumé innocent jusqu'à preuve du contraire.

Peruto rétorqua: «Mon client n'est pas innocent. Il est totalement coupable.» Il déclara que son client était en effet l'auteur de tous les actes qui lui étaient reprochés, mais ajouta qu'alors que le procureur avait promis d'élaborer un ensemble de témoignages conduisant tout droit à la culpabilité de Heidnik, il ne désirait pas s'en tenir à cela. Il voulait amener les jurés à regarder plus loin et leur faire découvrir Heidnik au plus profond de lui-même.

«Il n'y a ici aucun mystère», continua-t-il. «Ce n'est pas un roman policier. Si tous ici nous avions décrété qui avait fait cela et ce qu'il avait fait, ce serait trop facile. Vous n'êtes pas ici pour déterminer si Gary Heidnik sortira d'ici en homme libre. Il ne reverra jamais la lumière du jour. Il sera derrière les barreaux ou dans un hôpital psychiatrique. Quiconque fait une mixture de la nourriture pour chien et de restes humains pour nourrir les autres, a perdu la raison.»

Peruto déclara au jury qu'il invoquerait la démence et appellerait des experts pour en témoigner.

«Il faut comprendre deux choses», déclara-t-il au jury. «Une, Gary Heidnik ne désirait pas la mort de ses prisonnières. Deux, ses problèmes mentaux l'empêchaient de discerner le bien du mal.»

Les témoins furent appelés à la barre les uns après les autres. L'on demanda à Josefina Rivera ce que les femmes faisaient pour passer le temps au sous-sol.

«Pas grand-chose... elles ne quittaient le sous-sol que pour avoir des relations sexuelles et aller dans le trou.

Nous sommes descendues dans le trou à trois reprises, tentant vainement de trouver un peu d'air pour respirer. Nous avons alors commencé à crier et à brailler, quand Gary est descendu pour nous frapper... Nous ne prenions pas de bains, ni nous ne nous lavions les cheveux... Il y avait de la musique vingt-quatre heures sur vingt-quatre.»

A propos de la mort de Sandra Lindsay, Josefina raconta: «Il transporta son corps à l'étage, puis nous avons entendu une scie électrique. Un peu plus tard une odeur nauséabonde nous est parvenue. Il était en train de faire cuire les morceaux du corps de Lindsay qu'il nous apporterait comme nourriture.»

Elle déclara que Heidnik avait cessé de la frapper en janvier, parce qu'il sentait qu'il pouvait lui faire confiance. Mais il avait des problèmes avec Debbie Dudley. «Il avait sans cesse des ennuis avec elle car lui tenait tête.»

Peu de temps après la mort de Lindsay, Heidnik emmena Debbie à l'étage. «Cinq minutes plus tard, elle était de retour. Elle était très calme.» Josefina ajouta lui avoir demandé ce qui s'était passé, ce à quoi Debby avait répondu: «Il m'a montré la tête de Sandra en train de cuire dans une casserole. Ses côtes rôtissaient dans une poêle sur la cuisinière et ses jambes et bras étaient au congélateur. Il me dit que si je ne l'écoutais pas, je subirais le même sort...» Six semaines plus tard Debbie Dudley était morte.

Le témoignage troublant de cette femme se poursuivit dans le silence de la cour. «Nous subissions toutes ce châtiment depuis début mars. Nous mangions de la nourriture de chien mixée à des déchets humains.»

On lui demanda alors si elle savait d'où Heidnik tenait ses idées, ce à quoi elle répondit clairement: «Oui, il les prenait en regardant des films et la télévision. L'idée de nous nourrir avec les parties du corps de Sandy lui est venue en regardant *Eating Raoul* et celle du châtiment avec *Mutiny on the Bounty.* Il avait également vu *The World of Susie Wong* et disait apprécier la façon dont étaient traitées les femmes orientales. C'est la raison pour laquelle il alla chercher une épouse philippine.»

Lisa Thomas fut le témoin suivant. Le jour après l'avoir enchaînée, Heidnik sembla montrer un brin de compassion et adapta une chaîne plus longue entre ses chevilles. «Pourquoi a-t-il fait cela?» demanda Gallaher.

«Ainsi je pouvais écarter plus facilement les jambes lorsqu'il me faisait l'amour», répondit-elle.

«Vous frappait-il vous aussi?»

«Oui, pratiquement dès le début. Il me frappa à cinq reprises avec un gros bâton marron... Il me disait qu'il battait Sandy régulièrement; cela l'excitait beaucoup de nous voir nous battre entre nous... Il était aux anges et me fit sucer son pénis.»

Jacqueline Askins était la plus jeune de ses victimes, et n'avait pas dix-neuf ans lorsqu'elle vint à la barre des témoins. Elle paraissait terriblement effrayée lorsqu'elle décrivit les jeux de sexe auxquels Heidnik la forçait à se joindre. «Je devais lui sucer le pénis et une autre fille, les couilles. Puis, il faisait l'amour à une fille et je m'allongeais à côté de lui et ainsi je pouvais baigner dans son jus.» Elle raconta qu'elle devait endurer fréquemment des coups et manger des sandwiches faits avec de la nourriture pour chien.

Les derniers témoins furent des policiers et des médecins. Les officiers de police relatèrent ce qu'ils avaient trouvé dans la maison de Heidnik.

Le Dr Robert Catherman, qui avait pratiqué l'autopsie sur Dudley, confirma qu'elle était morte par électrocution. «C'était un exemple classique de blessure électrothermique» dit-il. L'ironie de tout cela est que si Heidnik était reconnu coupable, il mourrait exactement de la même manière que sa victime.

Le Dr Paul Hoyer avait étudié les parties du corps retrouvées dans le congélateur de Heidnik. Il certifia avoir découvert un os couvert de poils de chien dans la cour. Il provenait d'un bras gauche et d'autres membres congelés, dont plusieurs côtes et des fragments de dents, ainsi que des dents entières. La victime put être identifiée grâce aux restes d'un poignet retrouvés dans le congélateur. Lindsay s'était blessée au poignet un an auparavant et avait passé des radios qui se trouvaient dans son dossier. «La taille, la forme et les caractéristiques, tout correspondait. Il y a un modèle d'os mais chacun est unique. Par comparaison, nous pouvions affirmer que c'était celui de Sandra Lyndsay.»

L'accusation conclut sa plaidoirie. Un psychiatre appelé à la barre par la défense, le Dr Clancy McKenzie affirma que dans son mental, Heidnik était à la fois adulte et infantile et c'est cette dernière partie qui l'amenait à kidnapper et violer les femmes. Il déclara finalement et fermement que Heidnik était schizophrène.

Le juge se montra ouvertement sceptique à cette explication et statua que la défense ne pouvait pas se prévaloir d'une maladie mentale qui datait de plus de vingt ans, ou même de produire les enregistrements de différents témoignages de médecins. Ce fut très mauvais pour la défense.

Un courtier en bourse de Merrill Lynch déclara que l'«Evêque» Heidnik avait ouvert un compte en déposant dessus 1500 dollars. Au cours des sept années qui suivirent, Heidnik avait acheté par téléphone des actions et sa mise avait augmenté de plus d'un demi-million de dollars.

Le procureur Gallaher demanda au témoin: «Quel sorte d'actionnaire était-il?»

«Très astucieux», répondit le courtier.

Peruto termina sa plaidoirie en s'adressant aux jurés: «Quel était le but de Gary Heidnik? C'était d'élever une dizaine de gosses et non pas de tuer qui que ce soit. Un meurtre du troisième degré insouciant à l'indifférence vis-à-vis de la vie humaine. C'est un cas classique de troisième degré.

Il constata que l'une des prisonnières de Heidnik était mentalement retardée et que trois autres étaient des péripatéticiennes.

«Aussi malsain que cela puisse paraître, c'est lui qui les avait choisies. C'était avec elles qu'il voulait se reproduire. Est-ce sensé? Nous sommes face au Dr Jekyll et M. Heidnik. N'est-il pas plutôt fou? Quelle sorte d'homme peut découper de la chair humaine, scier les os, envelopper les restes du corps et les mettre au congélateur? Quelle sorte d'homme peut faire cuire de la chair humaine et en nourrir les autres? Qui essayait-il d'impressionner avec ces fantasmes?

Peruto plaida la non-culpabilité pour démence.

Le procureur Gallaher riposta en disant que Heidnik avait planifié chacun de ses enlèvements, tué froidement avec préméditation et s'était débarrassé du corps de Sandra Lindsay en le découpant en morceaux et en faisant cuire certaines parties, dont la tête et les mains, qui auraient pu conduire à son identification.

«Simplement parce que quelqu'un effectue des actes bizarres, la loi ne les reconnaît pas comme insensés... Ses meurtres étaient prémédités et commis délibérément», déclara-t-il.

Le 1er juillet 1988, le jury reconnut Heidnik coupable au premier degré de toutes les accusations retenues contre lui. Sous la loi de l'Etat de Pennsylvanie, le jury qui décide un verdict de culpabilité pour meurtre au premier degré, doit aussi décider de la sentence, qui se résume en deux possibilités : la prison à vie ou la peine de mort sur la chaise électrique. Le jury revint le lendemain avec un verdict désignant la peine de mort.

Peruto était furieux, insistant sur le fait que les jurés avaient agi sous l'émotion et non intellectuellement.

Il demanda au juge Abraham de donner l'ordre aux responsables de la prison d'assurer la sécurité de Heidnik en le gardant en isolement. « S'il est mélangé avec les autres détenus, le désir du jury sera immédiatement mis à exécution », avertit-il.

La juge Abraham répondit : « Si votre client à l'intention de se suicider, il le fera. Les dirigeants de la prison ne désirent ni cela, ni que les prisonniers s'entretuent. Je n'ai pas autorité pour donner l'ordre de le maintenir en isolement, mais je leur demanderai de surveiller qu'il n'attente pas à ses jours, et à ce qu'il soit soigneusement traité. »

La cour condamna alors immédiatement Heidnik à la peine de mort pour le meurtre de Sandra Lindsay, fixant une date, trois mois à l'avance, pour la condamnation concernant le crime de Dudley. Un journaliste téléphona au père de Heidnik pour lui faire part des nouvelles et lui demander ce qu'il en pensait. Son père déclara : « Cela ne m'intéresse pas. Je m'en fiche. Cela ne me dérange même pas. »

Gary Heidnik se trouve alors dans le Couloir de la Mort de l'établissement pénitencier de Pittsburgh. C'est un simple prisonnier sous le numéro F1398. Il mange seul, se douche seul et est sans cesse sous surveillance de peur qu'il ne trompe le bourreau.

Il fut agressé par d'autres détenus sur le chemin de la prison et fut sévèrement battu, mais c'était si peu comparé à ce qu'il avait fait subir à ses victimes.

L'horreur de ses activités ne devrait pas exclure notre

objectivité dans la recherche de la vérité. Et la vérité devait être que Heidnik fut fou à lier pendant des années. Il fut enfermé à vingt-et-une reprises dans des hôpitaux psychiatriques et relâché vingt-et-une fois.

La psychiatrie n'est pas une science exacte et les experts sont toujours en désaccord, mais la folie de Heidnik ne fait aucun doute. Aucune nation civilisée n'exécute des malades mentaux.

Heidnik devra attendre des années son exécution, si toutefois elle arrive*. Pendant ce temps il est enfermé en sécurité, tout comme il mettait en cage ses victimes inoffensives. Alors qu'il est encore là, il serait intéressant de l'étudier, de le connaître mieux, d'essayer de s'immiscer dans la folie glaciale de son mental et de voir si cela nous renvoie à notre propre image.

Combien d'autres comme lui sont là ?

* Heidnik fut exécuté le 6 juillet 1999 à 22 h 29. (N. de l'ed.)

Conclusions

1 – Le tueur en serie en film, en livre, dans la réalité

Avec le surprenant succès des films comme The Silence of the Lambs *et des romans tels que* American Psycho, *et d'autres films et livres du même genre, dont en 1989 le film Henry :* Portrait of a Serial Killer, *qui relate le parcours de Henry Lee Lucas, le public montra un désir insatiable de connaître plus en détail le phénomène tueur en série, qui le plus souvent est un criminel sexuel. C'est une étude sur la nature humaine à rendre célèbres de telles créatures, qui probablement n'ont pas toutes leurs facultés mentales, ce qui nous fait oublier une importante vérité : ce sont des personnes on ne peut plus ordinaires.*

Avant de passer à l'étude de différents cas en détail, il serait intéressant d'examiner un point nouveau. Le roman écrit par Thomas Harris, *The Silence of the Lambs,* était basé sur des faits réels et des techniques de travail du département du comportement du FBI en Virginie. (C'est la première fois que le FBI permettait l'accès de son unité aux cinéastes.) Le FBI fut la première force de police à étudier le tueur en série. Le véritable terme *serial killer* fut inventé dans les années 70 par un agent du FBI du nom de Robert Ressler, qui avait choisi ce nom car les tueurs en série agissent de manière épisodique, ce qui lui rappelait les séries qu'il regardait lorsqu'il était enfant.

Ed Gein, le macabre tueur psychotique en 1957, avait servi de support au roman et film *American Psycho*. Pour la première fois, d'impétueux héros qui sortaient de la tradition étaient mis en vedette. Depuis, on rencontra de nombreuses imitations, telles que des films comme *Friday the Thirteenth*.

Au niveau films, nous avons eu *American Psycho* en 1960 ; *Homicidal* en 1961, avec Jean Arless qui jouait le rôle d'une tueuse en série ; *Paranoiac* avec Oliver Reeds en 1963 ; *In Cold Blood* en 1967, tiré du roman de Capote ; *The Boston Strangler* en 1968 avec Tony Curtis ; *The Honeymoon Killers* en 1970 ; *Texas Chainsaw Massacre* en 1974. Pendant ce temps, sévissaient réellement, dotés d'un art dans l'imitation, Ed Gein en 1957 ; Charles Manson en 1969 ; Edmund Kemper en 1973 ; David Berkowitz en 1976-77 ; Ted Bundy en 1978 ; Henry Lee Lucas exécuté en 1979 ; Peter Sutcliffe condamné en 1981 et le tueur de la Rivière Verte à Seattle, ainsi que le Tueur du Zodiac à New York, en 1990, tous deux encore en cavale.

The Silence of the Lambs est le meilleur des films traitant des tueurs en série, car il est totalement fondé sur la réalité. La façon qu'a le tueur d'attirer ses victimes avec un bras dans le plâtre, était un stratagème utilisé par Ted Bundy.

L'intrigue vous retourne l'estomac. Un agent du FBI Clarice Starling (Jodie Foster) doit attraper « Buffalo-Bill », meurtrier de cinq femmes, qui écorche ses victimes et se revêt de leur peau. Elle a pour mission d'interroger le Dr Hannibal Lecter en prison. Lecter est surnommé Hannibal le Cannibale, à cause de son penchant à manger ses victimes. Campé avec une concrète malveillance par Anthony Hopkins, Lecter est un psychiatre doublé d'un esprit de génie. En échange pour l'agent du FBI de le nourrir de certains passages de sa propre vie, Lecter lui fournit des indices sur l'identité de Buffalo Bill. Mais bien entendu, tout cela avec un certain décalage...

L'agent tente de comprendre comment un homme aussi brillant que Lecter, a pu tuer neuf personnes et lui demande ce qui s'est passé pour arriver à changer ainsi. «Il ne s'est rien passé, officier Starling. C'est comme ça. Vous ne pouvez pas me réduire à un assortiment d'influences... Un agent recenseur tenta une fois de m'évaluer. J'ai mangé son foie avec des haricots. Il faut retourner à l'école, petite Starling.»

Mais il y a un passage où Lecter essaie de s'expliquer. «Vous me créez», dit-il. «Tout ce qui parle de rompre avec les timides compromis de la moralité bourgeoise, tous ces majestueux signes de liberté, tout ce sexe où que vous regardiez, j'en suis le monstrueux produit.» Et ce qu'il dit est vrai.

Norman Mailer dans son essai *The White Negro* nous conseille de «libérer le psychopathe qui est en nous». Les années 60 furent une époque où chacun se tourna vers la drogue et le sexe et où la moralité était mise de côté comme étant «passée de mode». En fait, il n'y avait rien de nouveau dans cela; en effet le Marquis de Sade s'était fait l'avocat des mêmes croyances il y a deux cents ans dans ses livres tels que *Philosophy in the Bedroom,* dans lequel il déclare avec véhémence, que chacun doit pouvoir faire ce qu'il aime – dans son cas, ce qu'il aimait, c'était torturer les femmes.

Les critiques s'accordent à reconnaître que Sade était un génie. Friedrick Nietzsche, le philosophe allemand du siècle dernier, était certainement lui aussi un génie. Nietzsche conseillait à ses adeptes d'aller *Au-delà du Bon et du Mal* (titre d'un de ses livres). Deux de ses disciples,

Leopold et Loeb, qui croyaient en la philosophie de Nietzsche concernant le « Surhomme » – c'est-à-dire l'homme du futur qui se place au-dessus des règles qui gouvernent les hommes ordinaires et fait sa propre létalité – et qui le lisaient à l'université, décidèrent de mettre sa philosophie en pratique et, en 1925 à Chicago, enlevèrent et tuèrent le petit Bobby Franks afin de montrer leur « supériorité ». Pas besoin de dire qu'ils furent rapidement arrêtés, car ce n'étaient pas des surhommes, mais des meurtriers incompétents. Génie ou non génie, Nietzsche mourut fou.

Mais Hannibal le Cannibale était-il un génie ? Dans le film il campe le portrait d'une panthère en cage avec l'esprit d'un ordinateur. Lorsqu'il nous reproche de l'avoir construit de toutes pièces, la vérité est qu'il n'ose pas explorer les zones interdites. Il est allé au-delà du bien et du mal dans un domaine où nous n'osons pas aller. Ceci, Richard Ramirez, «le Désaxé de la Nuit» l'illustre bien par la remarque sarcastique qu'il fit devant la cour de Los Angeles qui le condamna récemment pour le meurtre de douze personnes : « Vous, asticots, me faites vomir. Je suis au-dessus de votre expérience. » Il y a ici une forte vanité, un mépris pour nous qui manquons de courage pour aller où il est allé, dans l'ultime réalité. Mais pour apprendre ce qu'il a appris, pour aller là où il est allé, cela se paie. Vous devez devenir fou...

Le motif récemment décelé chez de nombreux meurtriers de ce genre, était mieux illustré dans l'affaire Eugène Chantrelle, pendu en 1878 pour avoir tué sa femme. Alors que dans sa cellule de condamné, il grommelait à un gardien : « Si seulement je pouvais mettre un fusible au centre de cette terre, si seulement je pouvais la faire exploser et avec elle toute l'espèce humaine. Je déteste l'être humain. » On rencontre cet étrange ressentiment chez de nombreux tueurs. Henry Lee Lucas expliquait la multiplication de ses crimes en disant: «J'avais une certaine amertume vis-à-vis du monde.»

Il semble que les criminels de ce type souffrent d'une frustration du Moi, du désir d'être reconnu, d'un besoin insatisfait d'estime, quand bien sûr il leur manque la considération d'eux-mêmes. Leur colère n'étant pas reconnue, de tels criminels décident de détruire le monde et eux avec. Leurs crimes sont comme un long suicide, des actes de vengeance contre un monde indifférent et dément.

L'énonciation «Vous asticots» est la résurgence des préludes du journal de Ian Brady. Lui aussi avait lu avidement Sade et s'était construit une philosophie personnelle morbide dans laquelle l'autre était «un crétin, un asticot, un légume... qui ne méritait pas de vivre». Charles Manson nous lançait le même défi quand il disait: «Les enfants qui vous attaquent avec des couteaux – ce sont vos enfants, c'est vous qui leurs avez enseignés...» En d'autres termes, la société est à condamner pour sa cupidité, sa négligence et son indifférence. Cette société est reproduite dans le roman épouvantable de Brest Easton Ellis, *American Psycho*. Le personnage principal, un meurtrier du nom de Patrick Bateman, est un jeune agent de change qui passe ses soirées à regarder de la pornographie hard ou à tuer des gens, principalement des femmes, mais aussi des hommes, des enfants et des chiens, utilisant une perceuse puissante sur le visage d'une fille, arrachant nonchalamment les yeux d'un clochard, laissant des corps dans son sillage comme une bobine de film. C'est une de ses idées pour s'amuser. Tout comme certains articles de consommation sont jetables, dans son monde à lui, les gens sont également jetables.

Mais curieusement, c'est un livre tout à fait moral, dont l'auteur nous indique un indice sur la personnalité des tueurs en série, lorsqu'il écrit: «Il n'y avait pas de sentiment honnête, ni repérable en moi, excepté la cupidité et peut-être une totale répugnance. J'avais toutes les caractéristiques d'un être humain – chair, sang, peau, cheveux – mais ma dépersonnalisation était si intense et si profonde, que la capacité normale à ressentir de la compassion avait été éradiquée... Je ne faisais qu'imiter la réalité, une vague ressemblance avec un être humain, dont seule travaillait une petite partie de mon esprit.»

Les victimes étant des femmes, cela conduisit un groupe d'Américaines à brûler cérémonieusement le livre en public et l'auteur à recevoir des menaces de mort. Mais l'ultime question est de savoir ce que de tels romans veulent nous faire passer.

Ce n'est pas aussi éloigné de la réalité. Dans les années 80, Leonard Lake tua vingt-cinq femmes dans la région de San Francisco, enregistrant leur mort sur vidéo. Son bungalow isolé était un lieu de torture équipé de chaînes et de fers. Ce n'était pas assez de tuer ses victimes, il les gardait prisonnières pendant des jours pour les torturer.

Le film de John McNaughton, Henry: *Portrait of a Serial Killer*, raconte quelques jours dans le sillage de Henry, un meurtrier de Chicago, qui tue pour se sentir mieux. (Il est basé sur la vie réelle du tueur Henry Lee Lucas.) Il associe son ami Otis à son hobby et ils enregistrent des cassettes vidéos les montrant en train de torturer et de tuer leurs victimes, puis rentrent chez eux boire une bière devant la télévision. Après leur premier meurtre ensemble, Henry demande à Otis: «Te sens-tu mieux maintenant?» Ce n'est pas une surprise d'apprendre que lors de la première du film, 15% des spectateurs sortirent écœurés.

Bien entendu, la réalité du tueur en série, qui actuellement représente aux USA cinq cents meurtres par an, est qu'il est un monsieur tout le monde. Christopher Wilder, millionnaire, meurtrier de huit femmes, était considéré par ceux qui le connaissaient comme «un gars tranquille qui se laissait vivre». Ted Bundy était un étudiant en droit intelligent ayant à son actif le meurtre de vingt-trois femmes; Dennis Nilsen, tueur de quatorze garçons à Londres, travaillait pour la société *Manpower*. Peter Sutcliffe était routier. Aucun d'entre eux n'avait la séduction du tueur du grand écran. Les noms portés par ces démons sont tellement communs, Gary, Frank, Harry, Henry, Jack. Ce peut-être le nom du voisin d'à côté... Comme Sutcliffe en fut l'exemple, votre voisine pourrait même être son épouse.

Peut être que faire de la publicité à de tels démons n'apporte pas le résultat escompté; peut-être ne méritent-ils pas d'être montrés sous un jour séduisant. Mais le fait est, que depuis la publication du *Dracula* de Bram Stoker, il y a un siècle, les gens aiment avoir peur. Nous avons raison d'être effrayés par la réalité de certains cas, mais peut-être pourrions-nous apprendre en les étudiant.

Une chose est certaine. Bien que le tueur en série fasse la une des journaux aux USA, il existe aussi ici en Grande-Bretagne, comme Sutcliffe et Nilsen l'on montré. Et même, alors que vous lisez ces lignes, quelque part dans ce pays, un tueur en série exerce son travail en secret, sans éveiller le moindre soupçon de ses voisins...

2 – Comment attraper un tueur en serie Les profilers

Au début des années 1980, les USA furent la proie d'une augmentation dramatique des meurtres dans leur pays. De 20 000 cas en 1980, ils passèrent à 23 000 en 1981. Les médias entretenaient une espèce d'hystérie, à tel effet que le 21 juin 1984, le Président Reagan mit en place une Unité Nationale d'Etude du Crime Violent à l'école de police du FBI à Quantico en Virginie. Il voulait faire de cette unité un moyen pour combattre les «meurtriers étrangers», comme étaient alors appelés les tueurs en série.

De par son étendue, l'Amérique rencontre des problèmes vis-à-vis des tueurs en série, qui peuvent voyager dans le pays en passant d'un état à un autre, laissant des corps derrière eux sans aucun risque de repérage. Chaque ville a ses propres forces de police et une fois que le tueur a déménagé, elles n'ont aucun espoir de le poursuive et cela devient le problème d'autres forces de police quelque part ailleurs.

Seul le FBI peut traquer le meurtrier sur tout le territoire. En effet, c'est la seule force de police qui a le droit d'agir partout aux USA. Ils utilisent des moyens très scientifiques pour repérer et poursuivre de tels criminels. L'*Unité Nationale de l'Etude du Crime Violent* sortait tout droit du département des sciences du Comportement du FBI à Quantico, qui forma son personnel à cet effet.

L'école du FBI possède 600 hectares de forêts, très bien protégés par des gardes vérifiant toutes les entrées et les sorties. Cette unité est située dans un énorme bunker de béton à soixante pieds au-dessous de l'école de police. Il n'y a aucune fenêtre, juste l'éclairage et la lueur de nombreuses consoles. Le centre est dirigé par John Douglas, un homme de quarante-cinq ans.

Il raconte comment à l'âge de vingt-cinq ans il intégra le FBI, sortant tout droit de l'armée de l'air américaine. «Aux alentours de 1964, je me mis à m'intéresser aux criminels violents, à leur psychologie et au pourquoi de leur comportement. Après avoir effectué de nombreuses arrestations, j'ai pu parler avec eux de leur vie privée, pourquoi ils en étaient arrivés là.» Sa curiosité le conduisit à devenir un expert de premier plan sur les tueurs en série, il travailla sur la réalisation du film *The Silence of the Lambs* et dirigea Jodie Foster. Pour lui le film exprime exactement la réalité. Je ne me laisse pas facilement impressionné, mais c'est un film angoissant. Hopkins campe un rôle diabolique dans la peau du Dr Lecter. Le film fit une grande publicité à l'*Unité de l'Etude du Crime.* La plupart des gens ne connaissaient même pas son existence.»

En 1979, Douglas et son équipe commencèrent à se rendre dans les prisons pour interroger des tueurs en série notoires sur les raisons de leurs agissements, leur demandant de remplir un questionnaire de cinquante-sept pages contenant des milliers de questions. La plupart des trente-cinq tueurs sélectionnés, coopérèrent, tels Charles Manson et David «Fils de Sam» Berkowitz, Juan Corona et Richard Speck. Jamais ce genre de questions ne leur avait été posé auparavant. Comment sélectionnaient-ils leurs victimes? Où les prenaient-ils? Parlaient-ils à leur victime? Que leur faisaient-ils? Suivaient-ils les quotidiens qui consacraient une page entière à leurs crimes, et si oui, comment cela affectait-il leur comportement?

Aller à la prison afin de s'entretenir avec un homme tel que Emil Kemper, mesurant près de deux mètres et bâti comme un camion, n'est pas sans risque. Douglas explique: «Pour eux, le fait d'être un meurtrier leur donne un statut et quel meilleur statut que celui de tuer un agent du FBI?» Les détenus qui se trouvent dans le couloir de la mort n'ont plus rien à perdre et ne sont pas menottés. Avant de les interroger, l'agent du FBI doit signer une décharge établissant qu'il «n'est pas négociable», c'est-à-dire que s'il est pris en otage, il ne peut y avoir aucun moyen d'obtenir sa libération.

Kemper tua ses grands-parents à l'âge de quatorze ans. A vingt ans, il tua une étudiante avant de décapiter sa propre mère. Kemper s'adressa alors à l'agent qui était seul à le questionner: «Les pièces ici sont insonorisées. Personne ne peut entendre vos cris. Avant que vous n'appuyiez sur ce bouton, je vous aurai mis en morceaux.» L'agent dut bluffer pour se sortir de cette situation!

Sous la direction de Douglas, l'Unité développait le concept du *«profil psychologique»* (*PROP*) qui avait abouti à de remarquables résultats. Il fut utilisé pour la première fois en 1987 afin de piéger Duffy, le Meurtrier des voies de chemin de fer. Le but est de dresser un portrait psychologique du tueur à partir d'indices laissés sur les lieux du crime. Par exemple si un corps est jeté sur une décharge dans un lieu isolé, sur un terrain ardu, cela peut laisser à penser que le tueur conduisait une Jeep et est sans doute un personnage macho.

Un cas type est relaté par Douglas. En 1979, Francine Evelson, une enseignante, fut retrouvée mutilée et morte sur le toit de son immeuble à New York. Dans les propos tenus pas Douglas, «le tueur attaqua sa victime par surprise, afin de la rendre inconsciente, et lui brisa le nez et la mâchoire. Il la transporta sur le toit de son appartement. Il passa des heures à lui mutiler le corps. Ce qui est surprenant c'est qu'il avait passé tellement de temps sur le toit qu'il dut déféquer dans les escaliers et recouvra le tout! Quelque fut la raison, mais cela le répugna.»

Douglas fut appelé à l'aide par la police de New York. Après avoir étudié les lieux du crime, il déclara : « Le tueur est un homme de race blanche, allant sur trente ans, qui demeure ou travaille dans l'immeuble. » Il ajouta qu'il n'était pas marié et qu'il possédait une collection de romans policiers ou de magazines pornographiques ; qu'il avait déjà été interrogé et qu'en fait il avait probablement été trop coopératif.

C'était une supposition éclairée. La plupart des tueurs ont tendance à aller chercher leurs victimes dans leur propre communauté ethnique. Un grand nombre de tueurs ont autour de vingt-cinq ans. D'autre part, le fait qu'il passe autant de temps sur le toit, montre qu'il s'y sent en sécurité. Il avait une connaissance parfaite du toit en question. Il s'avéra être le gardien de l'immeuble, Carmine Calabro qui correspondait parfaitement au portrait établi. Les policiers étonnés du résultat, demandèrent à Douglas sur le ton de la plaisanterie, pourquoi il ne leur avait pas également donné le numéro de téléphone.

Douglas expliqua son point de vue sur cette affaire. « Il se sentait trop bien sur le toit. Il y passa beaucoup trop de temps. Parfois le tueur s'insinue dans l'enquête des policiers, qui peuvent ainsi garder sa trace et revivre tout en détails. Je sentais qu'il n'était pas marié. »

Douglas alla beaucoup plus loin dans ses techniques. « Tout d'abord, j'essaie de me mettre dans l'esprit de la victime, ce qu'elle avait expérimenté, ce qui lui était arrivé et ainsi de suite. Puis je fais de même pour le meurtrier. J'ai interrogé tant de criminels, que je sais pourquoi ils font telle ou telle chose. Il faut une certaine mise en condition pour arriver à ce résultat.

Faut-il être dans le même état d'esprit pour les appréhender ? Douglas est modeste. « Parfois, selon le cas, je peux le faire et parfois, non. Ce n'est pas tout à fait juste. »

Aux USA toutes les forces de police envoient les détails de leurs homicides au FBI, où ils sont étudiés et analysés. Si l'affaire en question reste insoluble, le FBI peut demander que lui soit envoyé des photos vidéos. Des équipes de policiers examinent les lieux du crime, cherchant des indices psychologiques. Suite à une longue expérience et une étude des indices, ils ont développé une capacité à prédire le meurtrier potentiel, son âge probable, sa couleur de peau, la voiture qu'il est le plus susceptible de conduire et l'endroit probable de son habitation. Dans un sens, nous retournons dans le monde de Sherlock Holmes.

Les officiers du FBI sont devenus des *profilers* et en parlant avec des tueurs, ils ont découvert des points communs entre eux. Ils s'aperçurent incidemment que tous ces gens avaient une chose en commun : tous étaient intelligents, mais tous avaient été abusés et rejetés au cours de leur enfance et avaient réagi en se retirant dans un monde fait de fantasmes.

Grâce au programme établi par cette unité, nous avons maintenant des policiers qui ont la capacité de penser comme des criminels, ce qui leur permet de prévoir leurs prochains agissements. Ils apprennent à interpréter les fantasmes pervers qui alimentent les tueurs en série et grâce au passé des meurtriers, les *profilers* peuvent prédire quel fantasme sadique est en train de se dérouler, prévoir quand et où le tueur frappera à nouveau, entrer dans son esprit et arriver à comprendre pourquoi il fait ce qu'il fait et essayer d'imaginer son comportement après le crime. S'en vantera-t-il ou aura-t-il des remords ? Quelque soit son comportement, le propre fantasme du tueur peut être utilisé contre lui pour le piéger. (Par exemple, s'il exprime du remord, le tueur peut se rendre aux obsèques de sa victime.)

Mais il y a un danger évident pour les *profilers,* en

effet, ils peuvent avoir tendance à trop s'identifier avec les tueurs fous qu'ils pourchassent. C'était la raison de la raillerie que le Dr Lecter lança à l'agent du FBI responsable de son arrestation dans le film *The Silence of the Lambs.* «C'est parce que vous me ressemblez que vous m'arrêtez.»

Douglas n'avait pas peur de sa propre santé mentale, mais admit: «Parfois, vous devez prendre du recul par rapport à une enquête pour vous en sortir, mais il vous arrive toujours d'y penser ou d'en rêver.» C'est un travail dangereux.

Douglas commença à s'impliquer dans l'affaire de la Rivière Verte à Seattle au début des années quatre-vingt, à l'âge de trente-neuf ans. Cette affaire était et est encore, le pire des meurtres en série impossible à résoudre dans l'histoire de la criminalité, avec un total de quarante-neuf femmes assassinées. Douglas sortit faire la leçon à son détachement spécial et le lendemain fut retrouvé dans la chambre de son motel fortement fiévreux, avec une paralysie faciale. Le stress avait eu gain de cause sur lui.

Au-delà des années, les psychologues conçurent ce qu'ils appellent *The Diagnostical Statistical Manual*, un guide qui englobe presque toutes les catégories de fous. Le tueur en série ne se trouve pas dans ce livre, car par définition il est inclassable. «Vous n'apprenez pas ce truc-là à l'université, ni dans un livre», explique Douglas. Ted Bundy lui-même disait: «Si quelqu'un cherche une réponse sur-le-champ, ce n'est pas la peine d'y penser. S'il y en avait une, les psychiatres auraient trouvé une solution depuis bien longtemps.»

Pour Douglas, les psychiatres sont de peu d'utilité pour la police. En effet, ils refusent d'examiner les photos d'autopsie, ou de se rendre sur les lieux du crime, craignant que ceci les incite à des idées préconçues sur le meurtrier. Mais, Douglas ajoute: «A moins qu'ils ne consultent ces rapports-là, ils ne sauront pas qui est assis sur la chaise en face d'eux.»

Les *profilers* ont établi leur propre manuel sur les tueurs en série. Le tueur type est de race blanche, de sexe masculin, travaille seul, commence à tuer aux alentours de vingt-cinq ans, mais peut continuer jusqu'à un âge avancé, tout dépend de la façon dont il est organisé. Henry Lee Lucas se vantait d'avoir tué 360 personnes au cours de sa carrière et avait la cinquantaine lorsqu'il fut arrêté.

Les motivations ne sont pas sexuelles, même si l'on trouve quelques éléments de ce type, tel un viol, ou un rapport sexuel sur un cadavre. «Ce que le tueur en série désire réellement, c'est avoir le contrôle sur sa victime pendant un certain temps, la manipuler, la dominer, avoir tout pouvoir pendant des heures, sinon des jours. Il désire voir la peur traverser le regard de sa victime, il désire l'entendre supplier pour rester en vie. Cela l'excite.»

La plupart des tueurs en série tendent à agresser un certain genre. La plupart des victimes de Bundy portaient de long cheveux et étaient étonnamment identiques en apparence. Ils peuvent avoir une préférence pour les blondes ou pour les brunes, les filles minces ou grassouillettes, mais dans la plupart des cas, l'opportunité recouvre chacune de ces caractéristiques.

Ils visent une femme seule, qui devient alors leur «cible». La victime ne fait que se trouver au mauvais endroit, au mauvais moment.

Douglas appelle les tueurs en série, les «sportifs» du crime, car le vertige est aussi bien au niveau de la chasse que dans l'acte de tuer. Il cite le cas de Chris Hanson, un boulanger âgé de quarante-deux ans, qui tua 182 prostituées. «C'était un grand chasseur et possédait un avion. Il ramassait ses victimes, les menottait, les emmenait en avion dans des coins perdus, les injuriait, les déshabillait, et leur disait de courir. Il les laissait prendre un peu d'avance et les chassait comme on chasse un animal.»

Bien que la plupart des tueurs en série ne soient pas rangés dans une catégorie psychologique, comme Norman Bates dans *American Psycho*, les recherches ont montré que la plupart d'entre eux étaient énurétiques alors qu'ils étaient enfants, cruels avec les animaux et incendiaires. Ils sont souvent brillants, mais leurs résultats sont décevants. La plupart d'entre eux ont été abusés étant enfant, soit physiquement, soit mentalement. Suite à une enquête, 43 % de ceux qui ont été interrogés ont subi des abus sexuels dans leur enfance, 70 % se disaient impuissants et un pourcentage important avait recours à la pornographie.

Le FBI avait scindé les tueurs en série en deux catégories. Le tueur «isolé», retiré du monde et asocial. Il tue lâchement, frappant les femmes et les laissant inconscientes. Il laisse les lieux du crime «en désordre», souvent avec des empreintes et sans avoir essayé de cacher les indices qui pourraient l'incriminer. La victime demeure tout près de chez lui et il a tendance à exercer un métier subalterne.

L'autre catégorie de tueurs en série vient d'un milieu plus élevé, entretenant des relations normales avec des amis et des femmes, et paraissant à première vue tout à fait correct. Il est organisé, mobile, créatif et s'adapte rapidement à toutes les situations sans paniquer. Il va s'attaquer à un certain type de victimes et souvent taquiner les policiers avec des messages, les accablant car il se sent beaucoup plus fort lorsque son adversaire sort de ses gonds.

C'est ce style de tueur novateur qui attire l'attention des médias. Il fascine le public par sa normalité apparente. Il pourrait être notre voisin d'à côté, ce qui souvent est le cas. Gary Gilmore reçut des milliers de lettres, des e-mail de fans et des propositions de mariage. David Berkowitz, «Le Fils de Sam», qui terrorisa New York au cours des années 1976-77, adressa plusieurs lettres sarcastiques à un chroniqueur de New York. Suite à son arrestation, le public fit de sa maison un lieu de pèlerinage, découpant des morceaux de tapis pour emporter en guise de souvenir. Ils en avaient fait un endroit de légende.

Le tueur a un besoin maladif de publicité, que le public est malheureusement prêt à lui accorder. Par exemple, le public est fasciné par les séries policières à la télévision, tout comme le sont les criminels. La plupart des tueurs en série aimeraient être policiers; des hommes qui essaient de se joindre aux forces de police, mais qui sont rejetés, ou qui travaillent comme agents de sécurité portant un insigne de fer blanc, comme Kenneth Bianchi, l'*Etrangleur des Collines*. De Gerald Schaffer qui était un véritable policier, Douglas dira: «Il prenait les auto-stoppeurs, les conduisait jusqu'à un lieu éloigné et les suspendait par le cou. Il serrait bien fort, les nourrissant de bière et désirant les voir uriner et déféquer. Puis il les détachait et faisait l'amour avec eux. Si vous aviez vu ce gars: il ressemblait à un jeune garçon qui chante dans les chœurs. Il paraissait tout à fait normal. Cependant, il se peut qu'il ait tué jusqu'à vingt-quatre fois.»

Ce sont des types paraissant tout à fait normaux, imaginatifs et organisés, pour qui la fascination des Américains n'a rien d'étonnant. Ils auraient pu être n'importe qui, tout comme leurs victimes. C'est un processus tout à fait démocratique.

Aux dernières nouvelles, deux femmes, ce qui est très rare, sont recherchées comme tueuses en série aux USA. Elles opèrent ensemble, se font prendre en stop par des automobilistes de sexe masculin, les tuent et leur font l'amour... Si vous conduisez, faites attention à qui vous prenez en stop... Grâce à de nouveaux moyens, la police a plus de chance d'appréhender votre meurtrier, mais cela ne vous ramènera pas à la vie...

3 - La psychologie du criminel sexuel

Ce livre fut une tentative d'introspection chez le criminel sexuel, mais maintenant, il serait peut-être bon de nous demander ce que nous avons appris sur les mécanismes de son mental. A première vue, la réponse pourrait être: pas grand-chose. Mais en fait, notre apprentissage a été fructueux et nous le devons aux connaissances du travail de pionnier effectué par les «profilers» du FBI et avant eux des personnes telles que le Dr James Brussel et des écrivains de fiction comme GK Chesterton, qui nous indiqua le chemin dans ses récits du Father Brown.

Dans *The Secret of Father Brown,* un américain curieux lui demande comment il a pu résoudre autant de meurtres. Versait-il dans les sciences occultes? Quel était son secret? Le Père Brown répond: «Voyez-vous, c'était moi qui tuais tous ces gens... Je les ai tous tués moi-même... Je planifiais soigneusement chacun de mes crimes. Je pensais exactement comment un tel acte pouvait être réalisé, de quel genre et dans quel état d'esprit un homme pouvait agir. Et lorsque j'étais certain de me sentir dans la peau du meurtrier, alors je savais qui il était.»

Le Père Brown décrit sa technique comme «un exercice religieux» qui lui avait été recommandé par un ami du Pape. Mais en fait, Chesterton décrivait en 1927 comment un policier pouvait s'immiscer dans l'esprit d'un tueur, en pensant comme lui, puis l'appréhender. On tira rapidement avantage de telles idées dans la réalité.

Le Dr James Brussel était autrefois assistant du département de l'hygiène mentale pour l'Etat de New York et psychiatre consultant auprès de diverses forces de police. Ce ne fut pas une surprise d'apprendre sa collaboration avec la CIA. La presse le surnommait le «Sherlock Holmes du divan» et son fascinant recueil des affaires criminelles dans lesquelles il fut impliqué, *Casebook of a Criminal Psychiatrist* en 1968, corrobore tout cela.

La police fit pour la première fois appel au Dr Brussel, dans l'affaire du «Terroriste Fou» qui déposa vingt-huit bombes autour de New York pendant plus de seize ans, la première en 1940. Avec les bombes apparurent les lettres reportant la faute sur la Société de «Con Edison», qui fournit la ville en électricité. En décembre 1956, une bombe dissimulée sur le siège d'un cinéma, blessa six personnes, ce qui amena les forces de police à provoquer une importante chasse aux terroristes.

L'inspecteur Howard Finney des laboratoires du crime de la police de New York, rendit visite au Dr Brussel lui remettant les copies des lettres du terroriste et le dossier de cette affaire. Après avoir étudié les documents, le Dr Brussel dit au policier: «C'est un homme d'une cinquantaine d'années, qui est paranoïaque. Bien bâti, il est célibataire, solitaire, vivant peut-être avec une vieille parente. Il est très soigné et rasé de près. Il fut très bien éduqué et d'origine étrangère: slave. Il demeure probablement à Bridgeport dans le Connecticut. (Où se trouve une importante communauté polonaise.) Il a été gravement malade, peut-être un problème cardiaque. Lorsque vous l'arrêterez, il portera un costume croisé, boutonné.»

Lorsque George Metesky, «le Terroriste Fou» fut appréhendé à son domicile à Bridgeport dans le Connecticut, c'était un homme bien bâti, âgé de cinquante-et-un ans, d'origine polonaise, célibataire, vivant dans une maison avec deux de ses sœurs plus âgées que lui, il portait une costume croisé, boutonné.

Comment la description faite par le Dr Brussel pouvait-elle être aussi exacte? Parce qu'elle était basée sur un raisonnement de déduction très solide, de l'expérience et du jeu des approximations. La paranoïa prend du temps à se développer, soit dix ans avant la première bombe en 1940, ce qui signifiait qu'il était tombé malade en 1930 et qu'il avait une cinquantaine d'années en 1956. Les paranoïaques ont une tendance à se sentir intellectuellement supérieurs, ils sont impeccables et maniaques de la propreté de l'ordre de l'excès. D'où l'écriture méticuleuse et le costume croisé. Les lettres sont celles d'une personne de bonne éducation, sans un mot d'argot américain, comme si elles avaient été traduites en anglais. Les actes ignobles de l'ère victorienne dans une des lettres laissaient entendre que nous avions affaire à un étranger. Pourquoi un Slave ? Parce que historiquement, les bombes étaient développées en Europe centrale. Bien proportionné ? Parce que des études ont montré que 85 % des paranoïaques étaient du genre athlétique. Pourquoi paranoïaque ? Parce que ce sont les champions des détenteurs de rancune. Pourquoi célibataire ? Parce que de toutes les lettres en majuscules soigneusement imprimées sur les messages, seul le « W » était bizarre, il avait la forme de deux U liés ensemble, la forme d'une poitrine de femme, ce qui nous soufflait que le *Terroriste Fou* avait des problèmes sexuels…

Tout ceci semblait tiré par les cheveux, mais en fait s'avéra exact et le Dr Brussel continua à résoudre de nombreux autres cas utilisant les mêmes techniques. Le *profiler* du FBI doit beaucoup à ses nouvelles recherches.

Nous pouvons résumer les données acquises à ce jour en disant que l'archétype du tueur sexuel est généralement une âgée de moins de trente-cinq ans et fantasmant longtemps sur le meurtre avant de passer à l'acte. Il a une tendance à la quiétude, en retrait du monde, (comme le témoignent Sutcliffe et Denis Nilsen) et dans la plupart des cas ne tue pas pour des besoins sexuels, mais pour dominer.

Généralement, il a depuis son plus jeune âge, des problèmes de comportement, tel celui de voyeur chez Kürten et Patrick Byrne. Il peut souffrir d'énurésie, être incendiaire ou cruel avec les animaux. On trouve habituellement des éléments nécrophiles et le plus souvent une propension latente à l'homosexualité. La plupart d'entre eux ont des vies riches en fantasmes.

A présent, il y a une grande agitation concernant les affaires de cannibalisme, et ce, suite à l'arrestation de Jeffrey Dahmer à Milwaukee en août 1991, et à sa déposition ultérieure dans laquelle il avoue avoir mangé dix-sept victimes. On trouve même un tueur cannibale en liberté en Russie, Nikolai Dzhumagallev, surnommé «le Croc de Métal», qui après avoir découpé des douzaines de femmes, servait leur chair cuite au barbecue à ses voisins, totalement incapables de soupçonner une telle chose. Le psychologue Joel Norris a écrit quatre livres sur trois cents tueurs en série séparément et raconte qu'environ un sur trois touche au cannibalisme, souvent gardant des portions de leurs victimes comme talisman, tel Christie qui avait conservé des poils pubiens...

Cela peut-il aider à tenter de connaître ce que ces tueurs ont en commun? Par exemple, ils ne se ressemblent pas, ou peuvent avoir les mêmes situations conjugales. Alberto deSalvo qui était jeune et avait belle allure, commit treize meurtres et mille trois cents crimes sexuels et sa femme se plaignait qu'il était insatiable sexuellement. Ted Bundy avait une vie sexuelle active et Norman Collins avait des rendez-vous amoureux deux ou trois fois par semaine. Paul Knowles était un homme attirant qui eut des relations sexuelles normales avec de nombreuses femmes. Ils étaient intelligents, des hommes dominants qui portaient ce que Norris appelle un «masque de santé mentale».

En revanche, Dennis Nilsen était lamentablement seul, tout comme l'était Henry Lee Lucas, sauf à l'époque où il avait sa « Becky » qu'il tua lorsqu'elle le menaça de le quitter. En d'autres termes, nous ne pouvons pas déceler les tueurs sexuels de par leur apparence, ou leur vie conjugale ou leur vie quotidienne, ni par ce à quoi nous devrions nous attendre. La pulsion sexuelle est d'abord un processus mental comme le meurtre, elle commence dans la tête. C'est un univers intérieur secret et fermé.

Nous ne pouvons étudier ce qui se trouve au fond d'un tueur sexuel qu'après son arrestation et alors seulement, avec le bénéfice du recul, certains de ses comportements premiers prennent un sens et révèlent un style. C'est là tout l'intérêt de cas élaborés comme ceux-ci : chaque nouveau cas nous fournit plus de données, afin de pouvoir commencer à voir se dessiner un profil de tueur sexuel, dans l'espoir de pouvoir rapidement l'identifier.

Maintenant, nous sommes en position de bâtir des théories sur la nature du tueur sexuel, bien que dans la plupart des cas, il n'y ait que des généralisations approximatives. Il est un fait que le crime sexuel est expressément une activité masculine motivée par un attrait pour le pouvoir ou par un moyen intense d'exprimer sa colère. Dans ce domaine, Adler semblerait avoir été plus près du but que Freud.

Généralement, le tueur sexuel appartient à l'un des trois grands genres dont les caractéristiques peuvent se chevaucher dans certains cas.

Premièrement, nous avons le tueur « biologique » dont les crimes sont provoqués par un défaut physique de tout genre. Un nombre surprenant de ces tueurs ont eu une histoire de blessure à la tête dans leur petite enfance. On pourrait penser qu'Alberto deSalvo était né avec une pulsion sexuelle débordante, suite à un défaut organique du cerveau.

Le deuxième type de tueur est psychologiquement prédisposé à tuer. Peut-être a-t-il subi un traumatisme dans sa petite enfance, ou a-t-il grandi dans un environnement féminin, ou a-t-il été rejeté par des personnes de sexe féminin. Il est plus que probable qu'il soit motivé par le complexe d'un besoin de pouvoir et qu'il tue de manière compulsive et répétitive pour se libérer d'une pression psychique interne. Bundy et Sutcliffe appartenaient tous deux à cette catégorie de tueur.

On pourrait mettre un terme sociologique sur le troisième type de tueur, faute de mot plus adapté. Il sont «faits» tueurs, nés dans un environnement sinistre, c'est le syndrome type de l'enfant défavorisé. Cette catégorie peut se sentir trompée, penser que la vie lui doit plus, que son travail l'a rendu violent, ainsi que son mariage et la vie en général. Il accueille la prison positivement, car elle lui assure une structure et lui donne les moyens et les consignes pour exister. D'où la réflexion de Heirens: «Pour l'amour de Dieu attrapez-moi avant que je ne recommence à tuer.» Pour une personne aussi lamentablement déséquilibrée, seul le fait de tuer peut apporter un sens à sa vie qui, en réalité, n'est que torpeur. Pour ce genre de tueur, tuer est thérapeutique.

Pour Norris la peine capitale ne semble pas être très efficace, car dit-il: «Paradoxalement, il désire la mort et la menace de la chambre à gaz, ou de la chaise électrique, ou encore de l'injection mortelle n'est pour lui qu'une motivation à continuer à commettre des meurtres jusqu'à son arrestation ou son exécution... Le tueur en série ne peut pas davantage s'arrêter de tuer qu'un toxicomane ne peut décrocher.»

Finalement, qu'elle est l'utilité de toutes ces information? Nous devons le dire: aucune sur un plan pratique. Peut-être dans le futur pourrons-nous imaginer un test de diagnostique pour repérer les tueurs en série avant qu'ils ne commencent à sévir. Mais nous n'en sommes pas encore là.

Cependant la situation n'est pas aussi sombre qu'elle y paraît et il y a de bonnes raisons d'être optimiste pour le futur. Seules les avancées techniques aideront à repérer les tueurs en série beaucoup plus facilement.

Mais les progrès les plus excitants et prometteurs ont été réalisés au niveau de la science du comportement. Le policier n'est plus simplement un limier, mais il doit être aussi psychologue. Les nouveaux policiers-psychologues seront de loin plus efficaces que les anciens chasseurs de prime. Vous ne pouvez pas espérer attraper un tueur sexuel en série avec les mêmes moyens que vous utiliseriez pour un voleur de vélo. Il est nécessaire d'être *profiler.* Et en réalité, c'est ce que sont devenus les lecteurs de ce livre…

TABLE DES MATIÈRES

Les crimes cannibales

Etienne Jallieu

ISBN 2-940349-02-9

L'Allemagne a, pour sa part, une longue liste de tueurs cannibales. Chaque criminel ajoute sa part d'horreur, l'un tue et mange des enfants, l'autre tue des femmes ou des hommes et déguste de la chair humaine. Le Cannibale de Rotenburg mange avec sa victime consentante le sexe de cette dernière après l'avoir fait cuire dans une poêle. Il le tue, le découpe et congèle des petits paquets de chair bien étiquetés, à consommer plus tard. Il invite des amis à dîner… Vous trouverez dans ce livre d'autres cas terrifiants qui vous sont rapportés comme celui du tueur cannibale et nécrophile sud-africain Stewart Wilken et l'Ogre du Montana, ils avaient tous les deux une chose en commun, ils aimaient tellement les enfants…

Les légistes enquêtent

Hans Pfeiffer

ISBN 2-940349-00-2

Cette partie de la science est l'une des moins connues du grand public. Aujourd'hui la génétique permet de reprendre et d'élucider des cas qui depuis des années restaient non résolus et même d'innocenter de faux coupables. Aux Etats-Unis des prisonniers condamnés à mort ont été blanchis et les responsables enfermés. L'histoire des trois os nous rapporte comment un médecin légiste du début du XXe siècle a résolu un meurtre à partir de trois fragments d'os. Le poison souvent employé car indécelable, ne l'est plus actuellement grâce aux nouvelles techniques d'analyse. En fait les légistes font raconter aux corps leur dernière histoire afin de ne pas laisser leur mort impunie.

Ces femmes qui tuent sauvagement

Mike James

Qu'est-ce qui pousse des femmes à commettre des crimes d'une cruauté inimaginable ?
Ce livre relate des faits réels, étudiant les motifs et les causes qui en font des tueuses sauvages.
Lors de son voyage de noces, l'une d'elle tue, découpe et grille au barbecue les côtes de son mari, qu'elle déguste.
« C'était comme au restaurant », dira-t-elle aux enquêteurs. Chaque récit que nous vous rapportons vous mène à la limite extrême du concevable.

ISBN 2-940349-03-7

Fans jusqu'à tuer

David Harvey

Des millions d'hommes et des femmes suivent, avec beaucoup d'intérêt, la vie des célébrités à travers les médias, mais certains avec une passion telle, qu'ils arrivent à s'imaginer avoir une relation réelle voir passionnelle avec l'une d'elles. Des personnalités comme Spielberg, Brad Pitt, Madonna, Jody Foster ont été poursuivies par des harceleurs qui ont été contraints, par les tribunaux, de cesser d'importuner leurs victimes parfois avec l'aide de longues condamnations à la prison. John Lennon et Gianni Versace ont payé de leur vie cette célébrité, cause d'envie, de jalousie et d'amour impossible. Comment un fan se transforme-t-il en un meurtrier et en vient-il à tuer son idole ?

ISBN 2-940349-01-0

Les couples sanglants

Patrick Blackden

ISBN 2-940349-04-5

Le beau couple canadien Paul Bernardo et Karla Homolka semblait être l'image même de la réussite. Personne n'aurait pu imaginer qu'ils se droguaient, violaient et tuaient des jeunes femmes ensemble pour assouvir les besoins et phantasmes sexuels de Bernardo. Que dire de Fred et Rose West qui ont commis dans leur maison à Gloucester en Angleterre des crimes innommables. Violant et tuant leurs propres enfants, ainsi qu'un grand nombre de jeunes filles pendant près de 20 ans. Rien n'inspire plus d'horreur et de fascination que les couples qui, ensemble, tuent pour le plaisir. Obsédés par leur folie partagée, leur attraction est toujours fatale et leurs actions cauchemardesques.

Serial killers – Les nouveaux monstres

Etienne Jallieu

ISBN 2-940349-05-3

Une «veuve noire» qui empoisonne ses amants, un pédophile qui étrangle ses victimes, deux tueurs sadiques qui violent et torturent des auto-stoppeuses, une profileuse qui traque un serial killer meurtrier de dix-sept femmes, un «boucher fou» qui terrorise Cleveland poursuivi par Eliot Ness, le célèbre policier des «Incorruptiblcs»...
Tels sont ces «nouveaux monstres», ces tueurs en série popularisés par des films tels que Le *Silence des agneaux* ou *Seven* et dont les crimes sont ici retracés par «Etienne Jallieu», pseudonyme de Stéphane Bourgoin, le spécialiste français des serial killers.

Crimes de femmes

Jacqueline Sergent Cahen

Narration sous forme journalistique de faits divers réels dans lesquels les femmes sont des meurtrières dans le cadre de ce que l'on appelle des crimes passionnels. Les condamnations sont souvent beaucoup plus lourdes pour elles que pour de mêmes meurtres commis par des hommes.

Jacqueline Sergent Cahen relate les faits avec humanité mais laisse toutes les questions en suspens, à vous de voir...

ISBN 2-940349-06-1

Crimes sur Seine

Jean-Frédéric Tronche

Jean-Frédéric Tronche, journaliste chevronné, grand reporter pendant quinze ans pour *France soir* a eu beaucoup de mal à choisir parmi les faits divers qui ont eu lieu dans la capitale, quelques-unes des «Histoires vraies» qui l'ont marqués. La cavale meurtière de Florence Rey et Audry Maupin qui ont causé la mort de nombreuses personnes. Guy Georges, violeur et tueur en série, surnomé «Le tueur de l'est parisien». H. B. «Human Bomb», cadre au chômage qui prend une classe d'école maternelle en otage pour mourir. Jean-Thierry Mathurin et Thierry Paulin, «Les tueurs de vieilles dames». On leur attibue plus de trente meurtres. Et il y a encore beaucoup à raconter...

ISBN 2-940349-08-8

Ogres, Vampires et Démons

Sarah K.

ISBN 2-940349-09-6

L'histoire rivalisant de cruauté avec la modernité pourrait être un constat rassurant. Oui, mais... Vous noterez, dans ce volume, la confirmation d'un adage très galvaudé : « La réalité dépasse la fiction. » Tous les criminologues en confirment la véracité. Et cela, ce n'est guère rassurant. Certaines figures légendaires ont trouvé vie ailleurs que dans les contes. Par exemple, celle de l'Ogre qui tue les enfants pour les dévorer... Une foule de héros légendaires vous feront frémir au fil des pages. Après Dracula, il est d'usage de citer Frankenstein. La célèbre créature, passant de l'autre côté du miroir littéraire, s'est faite, elle aussi, de chair et d'os dans la réalité...

Le Crime et la Mer

Phillipe Remy

ISBN 2-940349-11-8

La criminalité maritime est un sujet très particulier puis que régit par ses propres lois. Allant de la piraterie à l'escroquerie en passant par le terrorisme, la mutinerie. Ce thème englobe quasiment toute l'histoire maritime de l'humanité passée, présente et future...

Philippe Remy, écrivain belge de renom, a publié plusieurs ouvrages sur des personnages exceptionnels tels que le Conte de Saint Germain etc...